"十二五"普通高等教育规划教材·国际经济与贸易学系列

国际技术贸易

刘 晶 刘 欣 刘 珅 主编

清华大学出版社

北 京

内容简介

本书从技术在经济发展中的作用的新视角，系统、深入地阐述了国际技术转让的标的、方式、交易程序，以及与知识产权保护相关的国际惯例；详细介绍了国际技术转让所涉及的主要合同条款，技术贸易的政策与管理，以及如何在国际技术贸易中获得更多的贸易利得，跨国公司怎样在其全球化战略中处于技术贸易的有利地位；全面地反映了国际技术转让的最新发展趋势，以及国内外相关法规的变化。全书在编写过程中突出“应用性”和“实践性”，注重互动式教学内容设计和应用性的特色，力求与国际技术贸易的新特点紧密联系。本书在体例设计上，通过设置学习目的与要求、本章小结、本章重要概念和思考题，帮助学生更好地掌握和巩固每章的学习内容，并通过配备资料和案例，拓展学生的视野。

本书适合我国高等院校国际经济与贸易专业大学本科生使用，还可作为高等院校经济类、管理类各专业的学生和教师的通用教材或辅导书，同时也可作为从事外贸、运输、保险、银行、海关、商检等工作的专业人员的通用教材和参考读物。

图书在版编目（CIP）数据

国际技术贸易 / 刘晶，刘欣，刘珅主编. —北京：清华大学出版社，2018（2023.1重印）
（“十二五”普通高等教育规划教材 • 国际经济与贸易学系列）
ISBN 978-7-302-49946-6

Ⅰ. ①国… Ⅱ. ①刘… ②刘… ③刘… Ⅲ. ①国际贸易-技术贸易-高等教育-教材 Ⅳ. ①F746.17

中国版本图书馆 CIP 数据核字（2018）第 066126 号

责任编辑：邓　婷
封面设计：刘　超
版式设计：楠竹文化
责任校对：马军令
责任印制：从怀宇

出版发行：清华大学出版社
网　　址：http://www.tup.com.cn，http://www.wqbook.com
地　　址：北京清华大学学研大厦 A 座　　邮　　编：100084
社 总 机：010-83470000　　邮　　购：010-62786544
投稿与读者服务：010-62776969，c-service@tup.tsinghua.edu.cn
质量反馈：010-62772015，zhiliang@tup.tsinghua.edu.cn
印 装 者：三河市龙大印装有限公司
经　　销：全国新华书店
开　　本：185mm×260mm　　印　　张：21.25　　字　　数：514 千字
版　　次：2018 年 7 月第 1 版　　印　　次：2023 年 1 月第 3 次印刷
定　　价：69.80 元

产品编号：076595-02

编 委 会

丛书序

我国改革开放三十多年，成就卓越、举世瞩目，取得如此的经济成就，可以归因于成功地抓住了世界经济的梯度转移契机。一次发生在20世纪七八十年代，中国以“市场换技术”战略，全面承接了国际制造业巨头们的“制造产业”，中国人的勤劳和智慧得到充分发挥，通过“引进、消化、吸收和创新”，中国迅速成为“世界工厂”，进而成为“世界制造中心”。21世纪初，随着新信息技术、全球网络技术的发展，又一次发生了世界范围内的产业转移。作为新兴产业的现代服务业加快了从发达国家向发展中国家的转移速度，其中与全球化进程紧密联系的服务外包产业发展迅速，同时也推动着全球化进程的深化。

在经济全球化浪潮的推动下，我国于2001年加入世界贸易组织，十几年来我国面临的国际经济与贸易环境发生了翻天覆地的变化。正是在这样的历史大背景下，党中央高瞻远瞩，审时度势，宣布成立中国（上海）自由贸易试验区。上海自由贸易试验区是我国改革开放史上的一件大事，必将在金融创新、商务服务等方面大有作为。

面对纷繁复杂、千变万化的外部世界，我国国际经济与贸易专业的人才培养必须适应时代的变迁和需要。国际经济与贸易人才的培养经历过20世纪八九十年代的大发展期，2001年加入WTO后的机遇期，以及2005年以来人民币升值后的困难期，该专业人才的培养不仅仅是掌握国际经济与贸易知识和惯例就能满足需求，更重要的是要结合时代的变迁，培养出符合时代要求的专业人才。

“‘十二五’普通高等教育规划教材·国际经济与贸易学系列”丛书的编写正是适应了我国国际经济与贸易专业人才培养的时代需要，强调对基础理论知识的把握，同时注重对高素质应用型人才的培养，兼顾专业发展前沿动态。具体来说，本套丛书主要有以下几个特色。

一、内容新颖，关注专业动态前沿，体系完整

丛书关注国际经济与贸易专业发展的最新动态，关注前沿

发展，介绍国际经济与贸易的新变化和新发展。例如，在《国际贸易理论与政策》中，强调对服务贸易和服务外包内容的介绍，增加了上海自由贸易区的内容；在《国际贸易实务》《国际贸易单证实务》和《国际结算》中，对 INCOTERMS 2010 和 UCP600 等作了重点介绍。另外，丛书还采用其他形式介绍了专业动态和前沿发展。

二、注重互动式教学内容设计和应用性特色

丛书编写体例统一，每章均以开篇案例的形式出现，用实际案例切入，这有助于引起学生的学习兴趣，提高学生思考问题的能力。为了加强互动式教学，我们在每章中都穿插了案例；为体现应用性和实用性强的特点，在编写教材时和国际经济与贸易类资格考试密切联系，每章后均有练习题，对目前我国经济类各种资格考试有一定的帮助。为了方便教师高效、便捷地使用丛书，我们将通过清华大学出版社数字教学服务平台，建设"'十二五'普通高等教育规划教材·国际经济与贸易学系列"教材网站，主要提供 PPT 课件、每章思考题参考答案、案例讨论、练习题以及实训模拟模块等，并跟踪国际贸易最新发展动态，及时更新网站内容。

三、突出特色，强化应用

丛书围绕培养应用型人才的目标，构建应用型本科特色教材，编写遵循"特色鲜明、应用务实"的基本精神，完全符合 2014 年 6 月 24 日教育部在北京召开的全国职业教育工作会议"关于加快构建中国特色现代职业教育体系"有关教育改革的相关精神。参与编写教材的多位作者都是双师型教师，编写内容对学生考取本专业的证书很有帮助，与教育部提出的职业教育要培养"双证书"的学生之理念一致。

清华大学出版社的编辑老师在这样的时代背景下，前瞻性地邀请我组织全国高等院校相关老师编写这套应用型系列教材，他们为这套教材的面世倾注了极大的心血，在此我代表丛书编写组表示衷心的感谢。

当然，由于丛书的编写者来自不同高校，在编写风格等方面可能存在一些差异，加之水平有限，我们这套丛书难免有不尽如人意之处，请全国各地院校使用本丛书的同仁多提宝贵意见，我们将在以后修订的过程中进一步完善。在此我代表丛书编写组和清华大学出版社向大家表示诚挚的谢意！

丛书总主编

上海对外经贸大学　吴国新教授

前言

本书着重介绍了国际技术贸易的理论、国际技术贸易的主要标的、国际技术贸易的操作方式、国际技术贸易惯例、知识产权的国际保护等内容。本书探讨了国际技术贸易的发展演变，以及近年来国际技术贸易呈现出的特点和未来的发展趋势。本书的特色在于突出“应用性”和“实践性”，从技术在经济发展中作用的新视角，系统、深入地阐述了国际技术转让的标的、方式、交易程序，以及与知识产权保护相关的国际惯例，详细介绍了国际技术转让所涉及的主要合同条款，技术贸易的政策与管理，以及如何在国际技术贸易中获得更多的贸易利得，跨国公司怎样在其全球化战略中处于技术贸易的有利地位，及时、全面地反映了国际技术转让的最新发展趋势，以及相关国际和国内法规的变化。此外，本书在介绍国际技术贸易具体操作方式的同时，穿插了国际技术贸易项目可行性研究、相关国际技术贸易国际惯例，以及相关知识产权国际保护方面的法律法规等内容的介绍。该书集理论和实际操作于一体，力求理论清晰、实践突出，有利于培养国际贸易和国际商务专业学生的综合能力。

本书的特色具体表现在以下两个方面。

一是内容新颖，体系完整。本书介绍了国际技术贸易呈现出的特点、新形式和未来的发展趋势。每章开篇通过案例引入，引起学生研究的兴趣；每章后均有本章小结、本章重要概念、思考题或案例分析题、学生课后阅读及进一步学习的参考文献及相应学习网站等，便于学生把握重点，加深对教材内容的吸收和消化，有利于提高学生分析问题和解决问题的能力。

二是注重互动式教学内容设计和应用性。为了加强互动式教学模式的应用，我们在每章内容中穿插了案例和阅读资料。

本书共分为十二章，主要内容包括：国际技术贸易概述、与技术贸易相关的经济理论、知识产权与国际贸易的关联、专利权、商标权、专有技术、商业秘密与未披露信息、国际技术贸易的其他标的、国际技术贸易的主要方式、国际技术贸易的其他方式、国际技术贸易合同的适用法律与争端解决、知识产权及其国际保护等内容。

参与本书编写的有：天津财经大学经济学院国际经济贸易系的刘晶老师（第一、第三、第四、第五、第六、第七章），天津财经大学经济学院国际经济贸易系的刘欣老师（第八、第九、第十章），天津财经大学经济学院国际经济贸易系的刘珅老师（第二、第十二章），天津财经大学经济学院国际经济贸易系研究生王俊青（第十一章）。最后，由刘晶老师对全书进行修改、总纂和定稿。

由于编者水平有限，书中难免存在疏漏与不足之处，敬请指教匡正。

编者

目录

第一章 国际技术贸易概述

学习目的与要求

通过对本章的学习，使学生了解国际技术贸易的发展概况，熟悉技术的分类和国际技术贸易的特点，理解国际技术贸易对经济增长的作用，掌握技术以及与国际技术贸易相关的概念。

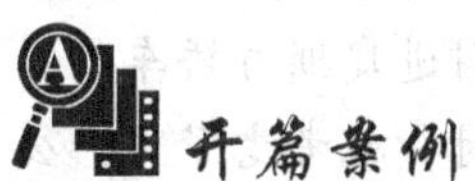

开篇案例

战后崛起的科技强国——日本汽车工业发展史

【案例内容】

日本于1868年进行明治维新，1869年从意大利引进纺织技术，“二战”后其纺织技术已超过欧洲国家。此后20年，日本花了60亿美元从40多个国家引入3万多项先进技术，这是这些国家在50年内用2 000亿美元研发成本获得的。

一、空前的引进

日本在1950—1981年，共引进38 000项先进技术和设备，支付费用约133亿美元。其技术引进的方式多种多样，最主要的是购买专利和设计图纸，大约占全部技术引进的80%，进口成套设备不超过10%。日本在20世纪70年代中期就赶上，甚至超过世界先进水平，但其并没有停止引进活动。日本在1985年引进技术2 436项，是20世纪50年代平均每年引进230项技术的10倍多，仅这一年支付的专利提成费就达23.61亿美元。

二、技术引进的效果

首先，节省了大量的人力，物力和财力。日本在1950—1975年，一共引进了25 777项技术，花费的代价仅为57.3亿美元，而国外在开发研制推广这些先进科技成果时，大约花费了1 800亿～2 000亿美元，是日本引进费用的31～35倍。

其次，缩短了日本赶超世界先进水平的时间。日本通过技术引进，从消化吸收到成批生产只需要自己从头搞起的1/2～1/5的时间。日本只用10～15年时间，就走完了欧美各国技术发展大约半个世纪的历程。如果说20世纪50年代初，日本在科技上落后于美国20～30年，那么到60年代初就缩短为10～15年，70年代初基本上消除了这个差距，甚至在钢铁、汽车、家电等领域处于世界领先地位。

最后，促进了经济增长。1961—1970年，日本劳动生产率年平均增长速度为11.1%，而同期美国仅为 3.1%，英国 3.2%，联邦德国 6%。1950—1970 年，日本经济增长率年平均为 9.7%，其中 60%是来自技术的引进。

三、成功的吸收性发展战略：分步引进，连续消化吸收

在消化吸收方面加大投资：20 世纪 50—70 年代，日本技术引进费用增加了 14 倍，而用于消化、吸收、创新方面的科研费用却增加了 73 倍。强调引进与消化吸收的内在联系：日本一般只允许引进后 5 年内能使国产化率达到 90%以上的企业引进技术。结合自己的条件引进技术，以利于消化吸收和创新：在引进中不一定最新的技术就最适合于引进，这往往要看技术引进国的具体条件，如技术、资金、资源、环境、社会等。

首先是外国车型的“日本化”。经济恢复的 1945—1955 年，发展重点是装备技术。目标是实现外国车型的“日本化”。为此，日本分别从英国的奥斯汀和劳斯莱斯、法国的雷诺、美国的威利斯汽车公司引进零部件，在国内组装生产。日产汽车公司于 1952 年 9 月与奥斯汀公司合作，购买了制造奥斯汀轿车的专利，合作的内容是日产公司 CKD 每年组装 2 000 辆 A40 型轿车，在日本市场上销售。为了实现组装和国产化，奥斯汀公司对日产公司提供技术援助。A40 的零部件可以用于日产公司生产的其他轿车。日产公司引进奥斯汀轿车的目的在于将其技术应用到自己生产的轿车上，因此，在建设奥斯汀装配线时，就考虑了日产公司尼桑轿车的平行生产。

其次大批量生产国产汽车，挤向国际市场。经济高速增长的前半期 1956—1965 年，发展重点为小汽车的制造和设计技术，目的是大批量生产国产汽车，挤向国际市场。经济高速增长的后半期 1966—1973 年，发展重点是小汽车的车身设计、自动化、节能、消除污染等技术。为此，日本从意大利引进车身设计，从美国引进控制汽车燃料蒸发装置的制造技术，制造出日本的小型化节能汽车。丰田、日产等公司在消化吸收国外先进技术的同时，极其重视工艺技术的革新，大量采用数控机床、工业机器人、机械加工中心及柔性制造系统，并首创了“全面质量管理”“看板管理”“及时生产方式”等管理方法，最终形成了小批量、多品种、高质量、高效率的生产体制。

最后是大量的输出——以技术引进带动技术输出。20 世纪 50 年代中期，日本在“贸易立国”“出口导向”的前提引导下，边引进、边创新、边出口，做到“以出养进”良性循环。50 年代日本技术出口值不足引进额的 1%，60 年代两者比例为 1∶10，1970 年为 1∶7.5，到 1985 年达到 1∶3.3。为了更好地扩大技术出口，在技术引进项目的选择上，1952—1960 年主要考虑对日本的实用性，但到 1960—1965 年，则趋向于引进与可供出口的商品有关的技术上，而到 1966—1972 年，技术的引进则比较集中在消化吸收后有利于扩大产品出口的技术上。技术出口部门拓展，在技术出口部门中，50—60 年代出口主要是轻工业产品、食品和纺织品；70 年代最集中的部门是化学部门和钢铁部门，其中钢铁出口值 1970 年为 30 亿美元，1975 年增到 100 亿美元；进入 80 年代，技术输出则扩展到家电、电子计算机、汽车等行业，其中汽车出口值 1975 年为 50 亿美元，1985 年则为 340 亿美元，而且越来越趋向于高科技领域。技术输出方式革新，在技术输出方式上，更多的是技术输出与商品输出相结合，或用直接投资方式把资本输出与技术输出结合起来，这样既可占领国际市场也可提高技术出口的附加值。技术输出对象变化，在技术输出对象方面，开始主要是对发展中国家。日本 1975 年向发展中国家出口技术价值达 1.23 亿美元，1983 年增加到 5.92

亿美元。但随着日本科技水平的不断提高，凭借其在高科技中的领先地位，开始向发达国家进行技术输出。

【分析】

外资政策方面：外国企业在日本国内的投资，股份不得超过50%，而且要有益于提高日本国民的收入水平和增进就业及改善日本的国际收支。外资进入和技术引进的前提条件是，国内企业及产品要初步具有与外国进行竞争的能力。"国产化"方针方面：一直贯彻"一号机进口，二号机国产，三号机出口"的不成文方针。科技管理体制方面：日本设有国立大学和国立科技机构，主要从事基础研究及应用研究，也设立各种中介机关积极促进对企业的技术转让。从整体上来说，不存在政企不分、官商一家等问题。政府采购政策方面：日本政府有提倡使用"国货"的传统。1961年内阁会议通过的文件强调，"特别是政府需求，要坚决贯彻使用本国产品的方针"。

资料来源：http://www.360doc.com/content/17/0121/14/9165926_623872319.shtml.

第一节　技术及其特征

一、技术的含义

技术最早的含义是技艺、手艺。1615年，英国的巴克爵士创造了"Technology"一词，表示技术原理和过程。18世纪末，法国科学家狄德罗（Denis Diderot，1713—1784）给技术下了一个定义，他指出："技术是为某一目的共同协作组成的各种工具和规则体系。"该定义包括五个方面的含义：（1）技术是"有目的"的；（2）技术的实现是通过"社会协作"完成的；（3）指明技术的首要表现是生产"工具"，是设备，是硬件；（4）指出技术的另一重要表现形式——"规则"，即生产使用的工艺、方法、制度等知识，是软件；（5）技术是成套的知识系统。技术在不同的场合和不同的研究领域中的含义是不尽相同的。自然科学中，技术是科学知识在生产活动中的应用；经济学中，是生产要素（资本和劳动）的有效结合；社会科学中，是在特定的社会条件下和时间里，人们用以解决社会发展中所面临的问题的科学知识。

关于技术（Technology）的含义，国际学术界和一些国际经济组织曾先后给技术下过一些定义，世界知识产权组织（WIPO）1977年出版的《供发展中国家使用的许可证贸易手册》中所下的定义是：技术是为制造某种产品，采用某种工艺或提供某种服务的系统知识，不论这种知识是否反映在一项发明专利，外形设计专利，实用新型或植物品种的专利，或者反映在技术情况或技能中，或者反映在专家为设计、安装、开办、维修、管理一个工商企业而提供的服务或协助等方面。这是目前国际上公认的比较完整的定义。上述定义强调技术是一种特殊的商品，技术的价值是凝结在技术商品中的活劳动和研究开发过程所耗费的物化劳动。

综合各个国际组织对技术的定义及国际贸易对技术的特殊要求，我们提出技术的定义如下：技术作为国际技术贸易的重要标的，是指制造产品，适用某种生产方法或提供某种劳务的系统知识。它可以通过文字、语言、图表、数据、配方、软件等方式表达出来，也可以是个人技能或经验的直接传授。即技术的范围包括产品的设计、生产工艺和生产的组织管理。

资料 1.1

“multi-touch”触屏技术

2007 年 1 月 10 日，在 Macworld2007 大会上，Steve Jobs 发表了长达两个小时的演说，其中绝大多数时间是在谈新发布的 iPhone。据说，这款手机总共申请了超过 200 项专利。比如，“multi-touch”技术是对触摸屏的一个重大改变，它允许用户同时通过多个触点进行操作。用户可以利用两个手指将图片拉大，或者收缩。用户打电话时，手机会自动关闭屏幕，以防屏幕与耳朵接触而产生误操作；又比如，我们都有这样的经历，在阳光下，手机亮度不够，屏幕看不清楚。而该款 iPhone 可以根据环境，自动调整屏幕亮度。它把短信按联系人进行组织，打开某个联系人的短信，就可以显示机主和该联系人的对话（Conversation）记录。一问一答的显示方式，聊天的感觉一下就出来了。

资料来源：http://www.doc88.com/p-993956097577.html.

二、技术的特征

（一）技术具有系统性

这种系统性通常包括产品设计、生产实施、生产管理乃至市场开拓、经营销售等环节的知识、经验和技能。根据知识的内容，可以把技术划分为产品技术和管理技术两大类。产品技术包括产品的原理和设计、制造方法和工艺、使用方法和维修等；管理技术指生产的组织和管理方法，包括产品发展的研究、生产计划的制订、各部门的协调以及质量管理、成本管理和经营销售等。产品技术和管理技术是现代化生产过程中不可缺少的两个部分，先进的产品设计和工艺设备，加上科学的管理方法，可以使生产率成倍地增长。

（二）技术具有操作性

技术能够通过操作制造某种成品或提供某种服务，而不仅限于增加人们的知识。作为商品进行交易的技术成果应是一种创造发明，技术方法具有创造性，技术产品具有新颖性。当技术应用于生产时，能比现有的其他同类技术，取得更大的经济效益，如果技术不具备这种先进性，就不可能成为商品，先进性是技术商品的基本特征。当然，先进性是相对的，例如，同一技术在某一国家或地区可能不属于先进的技术，但在另一个国家或地区却是先进的技术，它照样可以作为商品进行交易。技术商品是实用的技术成果，它能直接应用于生产，大大提高生产效率，创造更多社会财富。但有的技术在生产中实施时比较复杂，不易掌握，难以取得显著的效益，这种技术就缺乏实用性，不易成为技术商品。

（三）技术具有周期性

任何技术都有生命周期，都会经历发明过程（引入阶段）、应用过程（成熟）、新的发明（衰老）的过程。在技术引入阶段，专利数量较少，这些专利大多数是原理性的基础专利，由于技术市场还不明确，只有少数几家企业参与技术研究与市场开发，表现为重大的基本专利的出现。此时，专利数量和申请专利的企业数都较少（集中度较高）。随着技术的不断发展，市场扩大，介入的企业增多，技术分布的范围扩大，表现为大量的相关专利申请和专利申请人的激增。当技术处于成熟期时，由于市场有限，进入的企业开始趋缓，专利增长的速度变慢。由于技术的成熟，只有少数的企业继续从事相关领域的技术研究。当技术老化后，企业也因收入递减而纷纷退出市场。此时，有关领域的专利技术几乎不再增加，每年申请的专利数和企业数都呈负增长。当前，技术更新换代的加快，导致技术商品的寿命不断缩短。在高技术领域内，这种情况尤为明显，以电子计算机技术为例，第一代计算机（电子管）的寿命是12年，第二代计算机（晶体管）的寿命是7～8年，第三代计算机（集成电路）的寿命是5～6年。当前，第四代电子计算机使用了高集成度的电路，使计算机运行速度大大提高，成本大幅度下降。目前，美国、日本和西欧的高新技术产品的发展周期一般为5～7年，电子产品和化工产品的发展周期更短。因此，一项新技术如果不尽快投入生产，几年后也许就落后了。

（四）技术具有无形性

技术是一种无形的知识，具有商品的属性。技术可以用文字、数据、图表、公式和配方等方式记录下来，经验和技能也可以储存在人的头脑中，这种无形的知识与有形的商品完全不同。技术属于认识论的范畴，有形的物品，如生产设备则不属于技术。技术所有人既可以自己使用这种技术，也可以通过转让的方式传授给他人使用，并获得一定的报酬。

（五）技术具有目的性

技术能直接应用于生产。任何技术的产生和发展，总是从一定的具体目的出发，针对具体的问题，形成解决的方法，从而满足人们某方面的具体需求。人类有目的、有计划、有步骤的技术活动推进了技术的不断优化和不断发展。没有目的的活动就不能称为技术了。比如，在地上挖一条沟，如果不告诉我们为什么要挖这条沟，单单是挖沟这个行为就没有技术的意义；如果挖这条沟是为了修水渠灌溉，或是准备引水当护城河，或是排水设施，或是为了种地、种树、埋东西、挖东西，那么它就具有技术的意义。总之，必须有目的，一种行为方法才会带有技术意义。技术的目的性要求我们在应用技术时要认识到，应用一种技术除了能够达到我们想要的结果，还有可能会产生一些我们不在意的结果，而这些结果产生的影响可能对我们有间接的意义。相同或相似的技术方法可以用来实现不同的目的，这就是源自技术的可迁移性（借鉴性）。灌溉时总结的技术方法很可能在排水时也有用，我们在解决特定问题时可以从其他活动的技术方法中寻求灵感。借鉴其他领域的做法，是技术创新的另一途径，走这种途径进行创新的例子比比皆是。福特从屠宰场学到流水线“真经”就是一个很好的例证。福特制是典型的资本主义大工业生产的组织形式，代表了传统机器大工业生产的最高水平。工业化时代的主题，就是追求更多的产量，创造更大的市场。当时，屠宰场所使用的可以称为“拆卸线”，即将一头宰好的牛体或猪体从切肉工人面前移动经过，每一个切肉工人只割下特定的部分。福特将这一过程颠倒过来，来加速汽车上磁石发电机的生产。不让一个工人组装一台完整的磁石发电机，而是将发电机的一个部件放在传送带上，在它经过时，每个工人都给它添装上一个部件，每次都装配同样的一个部件。生产线改装前，完成整个组装过程的工人，平均每人每 20 分钟组装一台磁石发电机。生产线改装后，在这条装配线上的装配组，每人平均每 13 分 10 秒钟就组装一台。不到一年，装配时间便减到 5 分钟。1913 年，福特改革了装配汽车的全过程。用绳子钩住的部分组装好的车辆被拖着从工人身旁经过，工人一次只组装一个部件。不久，福特公司一年就生产出几十万辆汽车，在当时是一项极出色的成就。这一新的系统如此有效而且经济合算，以致福特将自己生产出来的汽车削价一半，降至每辆 260 美元，使那些在此之前一直买不起汽车的人都有能力买了。不久，全世界的汽车制造商都仿效起福特来。于是，汽车的时代到来了。今天，在机器人和其他形式的自动化推动下，从烤面包机到香水，全都是在装配线上生产出来的。

福特不仅设计出完善的装配线和统一精确的通用零部件，还创造出依靠非熟练工人在中心装配线上使用通用零件的大规模生产方式。依照“只需按工序将工具和人排列起来，以便能够在尽量短的时间内完成零配件的装配”的装配线工作原理，进一步降低了对工人手工技能的依赖。工人无须动脑思维就可以完成单一而简单的工作，从而降低成本，提高效率，实现了机械化的大批量生产。工业制成品被大量生产出来，尤其是花样百出的日用消费品，在流水线上变成了标准化产品，被大规模地制造出来时，规模经济诞生了。

1908 年，福特生产了 6 000 辆 T 型车，每辆售价 850 美元；到了 1916 年，他卖出 6 万辆，每辆售价为 360 美元；在 T 型车销售的最后一年中，第 1 500 万辆车走下生产线，售价仅为 290 美元。福特以其极具特色且简明扼要的方式说：“轿车价格每降低 1 美元，我就可以新增 1 000 个购买者。”

福特制彻底实现了泰罗制的“计划与执行分离”。老福特认为：“降低部分工人的思考的必要性和将工人的移动次数减至最低，因为工人移动一次只可能做一件事。”“我们希望工人只做那些要求必须做的事情。组织是高度分工的，一部分与另一部分是相互依赖的，我们一刻也不能允许让工人按他们自己的方式来工作，没有最严格的纪律，我们就会陷入极大的混乱。”这种思路，同泰罗毫无区别。在具体做法上，福特把 T 型车的整个生产过程分解为 84 个步骤。他带领一群高效率专家，探讨装配线上的每一道环节、每一个工序，实验各种方法。第一条移动式装配线用来组装飞轮式磁发电机，测试结果，比较老方法快 6 分 50 秒。当其他装配线全部更换为移动式时，一辆 T 型车的装配时间由 12 小时 30 分，缩短为 5 小时 50 分。制造工程师继续实验起落架、滚筒、输送带等数百种大小零部件。1914 年 1 月，链式带动输送带装配完成，工人操作台完全固定。3 个月后，生产线再次改进，工人在等腰工作台上完成所有重复装配，连脚也不必移动。

又如，iPhone 的虚拟键盘。以往的手机，要么是数字键盘，要么是 QWERTY 标准键盘。数字键盘只有 12 个键，能节省空间，但输入字母不方便；而 QWERTY 键盘输入字母方便，但是占用太多空间，每个键相对太小，操作不便，容易误操作。iPhone 是怎样处理这两种键盘之间的关系的呢？它使用了 QWERTY 标准键盘，为了克服这种键盘所固有的缺陷，它设计了一个虚拟键盘显示在屏幕上，当手指放到某一个键上时，这个键就会凸显出来，以防止误操作。

资料 1.2

助听器的发明——向微型化方向发展

【助听器的发展历程】

为了让听觉不灵敏的人能清楚地听到外界的声音，可以正常地与别人交流，1878年，美国科学家 Bell 发明了第一台炭精式助听器。这种助听器是由炭精传声器、耳机、电池、电线等部件组装而成。1890 年，奥地利科学家 Ferdinant 制造出了第一代电子管助听器。到 20 世纪 40 年代，已经有气导和骨导两种类型的助听器了。这个时期的助听器在技术上已经有了较大的发展和提高，虽然能够满足一些有听力障碍的人的需要，但还存在许多缺点，如噪声太大、体积笨重、不易携带等。1920 年，热离子真空管（热阴极电子管）问世不久，就出现了真空管助听器。1943 年，开始研制集成式助听器，将电源、传声器和放大器装在一个小盒子内，为现代盒式助听器的雏形。1948 年，半导体问世，电子工程师们立即将半导体技术应用于助听器，获得较好效果。1953 年，晶体管助听器问世，为助听器向微型化发展提供了可能性。1954 年，出现了眼镜式助听器。1956 年，制成了耳背式助听器。1957 年，耳内式助听器问世。随后，半耳甲腔式、耳道式、完全耳道式助听器相继出现。

【讨论】

1. 为什么要发明助听器?
2. 助听器的发明解决了什么具体问题?
3. 助听器的发明满足了什么具体需求?

【参考答案】

1. 使听觉不灵敏的人能清楚地听到外界声音。
2. 把声音放大，传入耳中。缩小体积，便于使用。
3. 使耳聋的人能正常地与别人交流。

资料来源：http://www.doc88.com/p-2415618795408.html.

（六）技术具有综合性

技术活动往往需要综合运用多种知识。任何技术都不可避免地涉及各种知识领域，凝结着各种知识的精华。袁隆平是世界著名的水稻育种专家，具有全面、深厚的农业科学知识。1973 年，袁隆平和他的助手成功地实现了水稻的三系配套，使水稻的产量提高了 20%。这一成果轰动了世界。杂交水稻技术是植物学、作物育种学、作物栽培学、土壤肥料学、植物保护学等诸多学科知识的综合应用。这说明技术具有很强的综合性。

三、技术的法律地位

（一）公共技术

公共技术是指其产权归属整个社会公众，任何人不能主张所有权（专有权）的技术，又称普通技术或公有技术。公共技术既不受工业产权法的保护，也不属于专有技术的范围；掌握需要付出一定的代价，但是可以自行掌握；通常只有与专利技术或专有技术结合在一起才更有意义。公共技术的转让通常是就该技术提供相应的技术服务，因为其所有权为公有，所以不存在所有权的转让或使用权的许可问题。

公共技术包括已经在公开的出版物上发表的技术。我国专利法将是否在国内外公开的出版物上发表，作为专利技术是否具有新颖性的标准，即技术的内容一旦被公开出版物刊登，就被认为该技术已经丧失了新颖性，进入了公有技术领域。公开出版物主要指公开发行的各种印刷品，如各种书籍、报纸、杂志和专利文献资料等。在其他有形物上公布出来的技术—科学技术的发展，使得技术的载体已经不仅仅局限于传统纸张，以文字资料的形成展现出来，还可以以其他介质为载体，如录音录像制品，微缩胶卷等；已经在公有领域得到实际应用的技术。一项技术如果在实际中已被使用，并且已脱离秘密状态，为公众所了解，那么，这项技术便成为公共技术；已经被公布过的技术，以语言传播的方式，如讲话、广播、交谈等将技术的主要内容公开的，也会使技术丧失新颖性，成为公共技术。

（二）私有技术

私有技术是指其产权归属某个经济个体，只有该技术所有人可以主张所有权（专有权）的技术，又称半公开技术。比如，专利技术的内容公开，核心技术被隐藏。（1）专利。专利一般是由政府机关或者代表若干国家的区域性组织根据申请而颁发的一种文件，这种文件记载了发明创造的内容，并且在一定时期内产生这样一种法律状态，即获得专利的发明创造在一般情况下他人只有经专利权人许可才能予以实施。美国的专利情况如图 1-1、图 1-2 所示。在我国，专利分为发明、实用新型和外观设计三种类型。（2）商标。商标是商品的生产者、经营者在其生产、制造、加工、拣选或者经销的商品上或者服务的提供者在其提供的服务上采用的，用于区别商品或服务来源的，包括文字、图形、字母、数字、三维标志、颜色组合和声音，以及上述要素的组合等。具有显著特征的标志，是现代经济的产物。注册商标图标商标，是识别某商品、服务或与其相关具体个人或企业的显著标志。注册商标是指已获得专用权并受法律保护的一个品牌或一个品牌的一部分。注册商标是识别某商品、服务或与其相关具体个人或企业的标志。1875 年，英国颁布注册商标法案。一年后，巴斯啤酒将 Bass Ale 红色三角形的形象注册为商标形象，成为英国第一个官方注册商标（见图 1-3）。

The United States of America

The Commissioner of Patents and Trademarks

Has received an application for a patent for a new and useful invention. The title and description of the invention are enclosed. The requirements of law have been complied with, and it has been determined that a patent on the invention shall be granted under the law.

Therefore, this 5,860,492

United States Patent

Grants to the person(s) having title to this patent the right to exclude others from making, using, offering for sale, or selling the invention throughout the United States of America or importing the invention into the United States of America for the term set forth below, subject to the payment of maintenance fees as provided by law.

If this application was filed prior to June 8, 1995, the term of this patent is the longer of seventeen years from the date of grant of this patent or twenty years from the earliest effective U.S. filing date of the application, subject to any statutory extension.

If this application was filed on or after June 8, 1995, the term of this patent is twenty years from the U.S. filing date, subject to any statutory extension. If the application contains a specific reference to an earlier filed application or applications under 35 U.S.C. 120, 121 or 365(c), the term of the patent is twenty years from the date on which the earliest application was filed, subject to any statutory extension.

图 1-1　美国专利证书封面

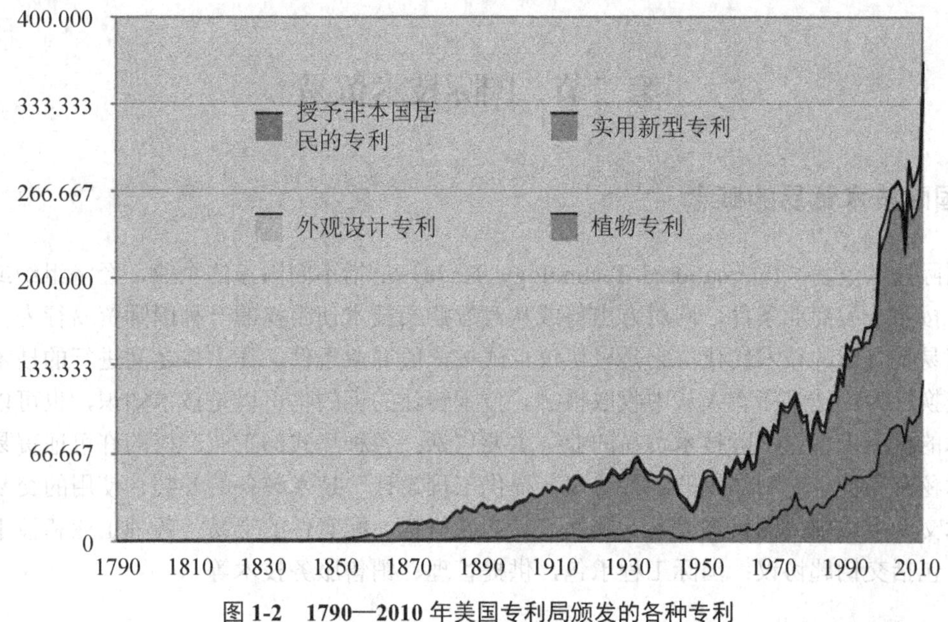

图 1-2　1790—2010 年美国专利局颁发的各种专利

数据来源：USPTO。

图 1-3　巴斯啤酒的红色三角形商标成为世界上第一个被注册为商标的形象

（三）秘密技术

秘密技术又称专有技术，指不为公众所知悉、能为权利人带来经济利益、具有实用性并经权利人采取保密措施的技术信息和经营信息。它主要包括：商业工作规划、计划，重要商品的储备计划、库存数量、购销平衡数字，票据的防伪措施，财务会计报表；军用商品的库存量、供应量、调拨数量、流向；商品进出口意向、计划、报价方案、标底资料、外汇额度、疫病检验数据；特殊商品的生产配方、工艺技术诀窍、科技攻关项目和秘密获取的技术及其来源，通信保密保障等，不属工业产权范畴。秘密技术的核心只有技术的权利人或相关具有保密义务的人或组织才能知悉，其他组织或人员要想获得此秘密技术就只能花费相应劳动去探究（不违反社会道德的前提下）或付出足够的酬金去得到权利人的许可。

第二节 国际技术贸易

一、国际技术贸易的概念

国际技术贸易（International Technology Trade）是指不同国家的企业、经济组织或个人之间，按照一般商业条件，向对方出售或从对方购买技术使用权的一种国际贸易行为。国际技术贸易是有偿的技术转让，它是以协议形式按一般商业条件，在主体之间进行的技术使用权的交换行为。技术所有人从中收取报酬。技术转让的标的物可以是技术知识，也可以是含有技术的机器设备。国际技术贸易的业务主要包括：各种形式的工业产权的许可证贸易；提供技术秘密和技术专门知识的各种协议；提供工程设计、技术装备的安装、使用的交易；作为技术交易组成部分的机器设备、中间产品和原材料、配套件的交易；各种工业和技术合作安排，包括交钥匙协议；国际工程承包，供提管理、销售服务技术等。

二、国际技术贸易的特点

国际技术贸易是以技术作为交易内容，在国际发生的交换行为，遵循商品交换一般规律。但是，由于技术这类商品有自己的特点，在某些方面不同于物质商品，因此，技术贸易也不同于一般的商品贸易，形成了相对独立的国际技术贸易市场。国际技术贸易有以下特点。

（一）国际技术贸易中的技术转让是技术使用权的转让

商品所有权是指对商品的占有、使用、收益处分的权利。一般商品的所有权随贸易过程发生转移，原所有者不能再使用、再出卖，而技术贸易过程一般不转移所有权，只转移使用权，绝大多数情况是技术转让后，技术所有权仍属技术所有人。因而，一项技术不需要经过再生产就可以多次转让，这与技术贸易的特点有关。因为技术的所有权与使用权可以完全分开，技术转让只是扩散技术知识，转让的只是使用权、制造权、销售权，并非所有权。

（二）技术转让常常同资本输出和机械设备出口结合起来

狭义的国际技术转让方式是指该转让只是技术的转让，而不包括其他标的的转让。此转让包括两种形式：技术所有权的转让（assignment）和技术使用权的转让（licence）。技术贸易可以是单纯的技术知识交易，但实际上技术贸易往往既包含了技术知识的转让，也包含了与实施技术相关的机器设备的买卖。前者称为软件（software），后者称为硬件（hardware），两者可以结合在一起交易，但单纯的硬件买卖，则不属于技术贸易范畴。也就是说，如果在一笔交易中，只有机器设备的买卖，而不带有任何相关技术知识内容的转让，那么这种交易就不同于技术贸易，而是一般的商品贸易。

（三）技术价格的确定难度比较大

一般物质商品的价值量是由生产该商品的社会必要劳动时间决定的，而技术商品的价值量是由该技术发明所需的个别劳动时间直接构成。因为新技术具有先进性、新颖性，是社会唯一的，不可能形成社会平均必要劳动时间，同时新技术又具有垄断性、独占性的特点，这就决定了技术商品作价原则的特殊性，其价格构成也就复杂得多。

（四）技术转让受到政府干预

为了维护本国的政治和经济利益，世界上大多数国家都采取立法和行政手段加强对技术贸易的管理和干预。技术的转让，包括技术的输出和引进，都必须遵循有关国家的法规。以我国的法律为例，涉及技术转让的法规有《中华人民共和国专利法》《中华人民共和国商标法》《涉外经济合同法》《中华人民共和国外商投资企业和外国企业所得税法》《中华人民共和国个人所得税法》《中华人民共和国技术引进合同管理条例》以及《技术引进合同管理条例施行细则》等。技术能否用于转让还受到各国技术贸易法律的制约，一些重要的涉及国防的高级工业技术的转让，往往受到各国政府的控制，例如，发达国家的高级电子通信技术和新一代计算机制造技术的转让，以及相应的技术产品的出口，都受到相关国家政府的干涉。技术输出国为了控制尖端技术和保密技术（例如，核军事技术）的外流，通常规定对技术输出合同进行审批；许多发展中国家规定，重要的引进技术协议必须报政府主管部门审批或登记后才能生效。为了协调国际技术贸易中的各方关系，一些国际或地域性的协定和公约应运而生，如《保护工业产权的巴黎公约》《商标国际注册的马德里协定》《联合国国际技术转让行动守则（草案）》等，公约的成员国，在国际技术贸易中必须遵循这些国际条约。

（五）限制性商业条款的设定

限制性商业条款是指在国际许可协议中由技术转让方向技术受让方施加的，以违背公平竞争原则保障其竞争优势，从而获取高额利润的非法条款。一般商品贸易条件比较简单。而技术贸易的条件非常复杂，包括转移的技术，专利使用范围，承担的义务和责任等。由于技术市场本质上是卖方市场，一般来说，技术引进方总是处于较被动的地位，特别是当今各国都重视科学技术进步对经济发展的作用，采用新技术速度快、需求量大，使国际技术贸易的卖方市场特征更加明显，因此，技术供给方常常利用提供新技术附带一些限制性条款。

三、国际技术贸易的意义和发展概况

（一）国际技术贸易的历史

国际技术贸易或技术转让有着悠久的历史。早在公元6世纪，我国的养蚕丝织技术就通过“丝绸之路”传到了中亚、西亚和欧洲各国。我国的造纸、火药和印刷术三大发明也在12—15世纪先后传到了欧洲。西方的一些技术，例如，意大利的眼镜技术和钟表技术于16—17世纪传到了中国。17世纪以前，由于交通和通信条件的限制，技术传播速度非常缓慢，从技术的发明到技术向国外传播一般要相隔几百年的时间。而且，各国的经济都以农业和手工业为主体，社会生产力水平低，技术不发达，导致技术交流的数量十分有限。17世纪，欧洲的工业革命商品经济不断发展，也推动了技术的进步。18世纪以来，工业革命的开始为科学技术提供了广阔的空间。三大技术革命标志着世界科学技术的发展进入了崭新的阶段，这三大技术革命的标志分别是18世纪中叶英国发明的蒸汽机和纺织机技术，19世纪电磁发明及其广泛应用和20世纪初的电子技术、原子能和空间技术。目前，可以说已进入了以电子计算机、生物工程、激光技术和电子信息等高技术为标志的第四次技术革命阶段。技术革命大大推动了社会生产力的发展，也促进了技术贸易的迅速发展。19 世纪以来，专利制度的诞生，是国际技术贸易产生的重要前提。第二次世界大战以后，技术作为一种特殊的商品成为贸易的重要对象。

以许可方式进行的国际技术贸易产生于 19 世纪，第二次世界大战以来得以迅速发展。伴随着新的技术革命的深入发展和世界经济一体化进程的加速，技术贸易发展速度迅猛、规模日益增大，这让技术贸易研究受到了广泛的关注。伴随着技术转让而进行的有：货物贸易、技术咨询和技术服务、知识性的贸易、物化技术的贸易，以及技术性服务。贸易方式扩大到许可证贸易、关键设备和高新技术产品贸易、技术咨询与技术服务等多种技术交易方式。“国际技术贸易”从“国际贸易”中逐步分离出来，成为有着自己独特的研究对象及规律的一门新兴学科。

现代国际技术贸易主要是从第二次世界大战以后发展起来的。第二次世界大战后，国际经济技术合作出现了新的局面，各国积极引进技术，推动本国经济和对外贸易的发展。尤其是近 30 年来，国际技术贸易发展速度惊人，技术贸易在国际贸易中所占的比重稳步上升，地位日趋重要，技术贸易成为国际贸易的一个重要组成部分。至今，全世界技术贸易额已经超过 2 000 亿美元。如图 1-4、图 1-5 所示，20 世纪 60 年代中期以来，全球专利引进和转让费用呈现稳定增长趋势。20 世纪 80 年代中期至今全球专利引进支出和专利转让收益进入快速增长时期，其中，全球专利引进费用从 20 年代 80 年代中期的 1 000 万美元增长至 2014 年的 3.5 亿美元，2014 年以后其增长率轻微下降；全球专利转让收益从 20 年代 80 年代中期的 980 万美元增长至 2015 年的近 4 亿美元。跨国公司在全球国际技术贸易的蓬勃发展中发挥了巨大的作用，当今跨国公司控制了全世界技术贸易的 60%～70%，技术专利转让交易的 80%。如图 1-6 所示，美国、日本、德国等发达国家在技术引进支出（payments）与技术转让收益（receipts）的规模远远超过中国等发展中国家，其在技术转让方面的优势尤为明显。美国在发达国家中依然处于绝对的技术引进与输出优势。

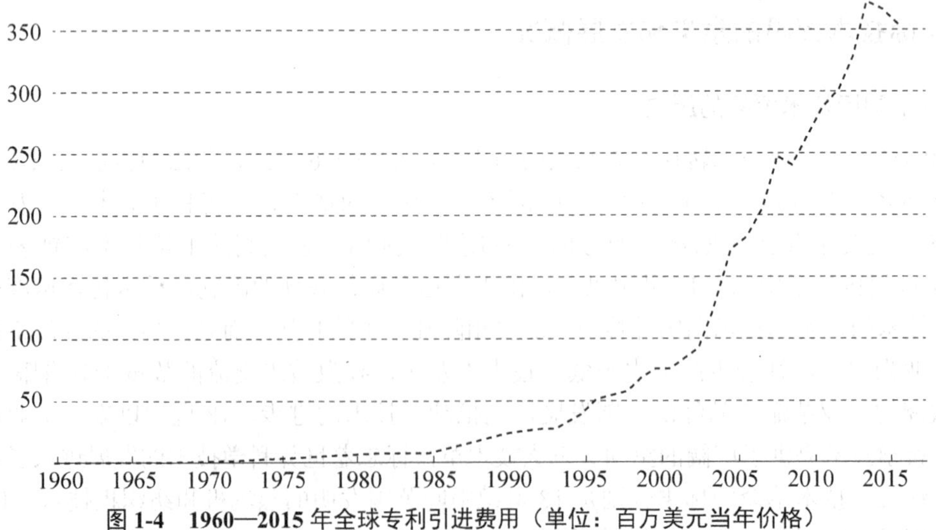

图 1-4 1960—2015 年全球专利引进费用（单位：百万美元当年价格）

数据来源：作者根据世界银行 WDI 数据库数据绘制。

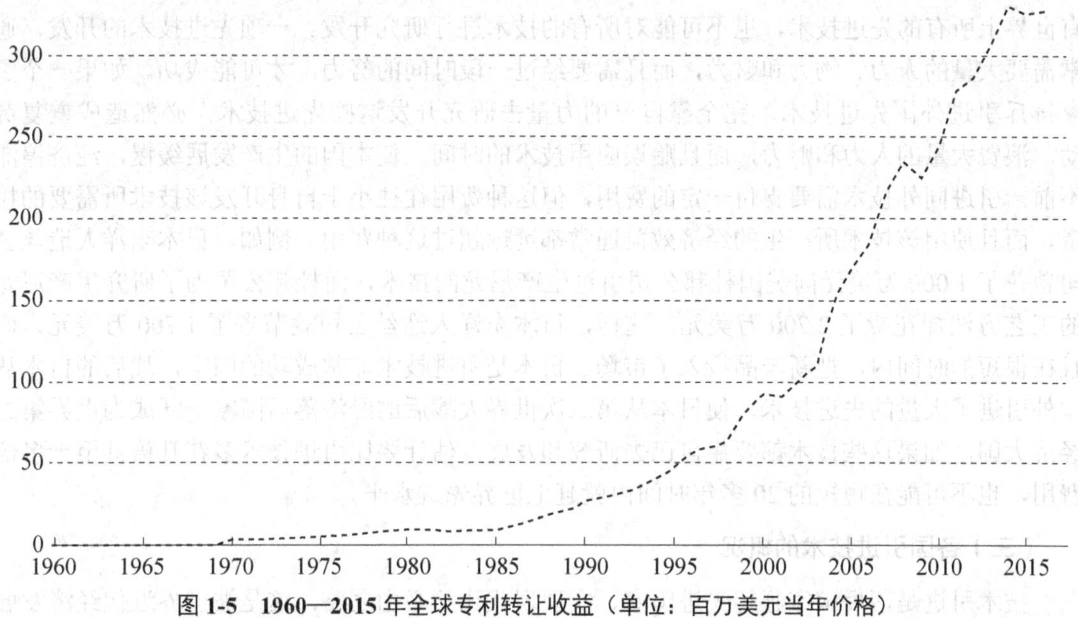

图 1-5　1960—2015 年全球专利转让收益（单位：百万美元当年价格）

数据来源：作者根据世界银行 WDI 数据库数据绘制。

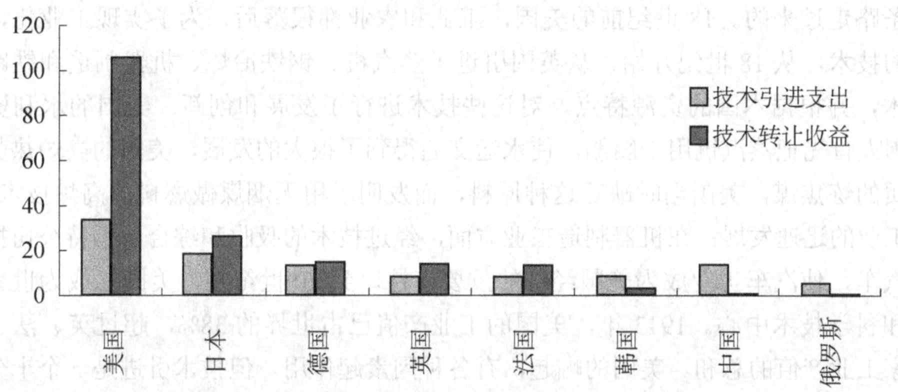

图 1-6　部分发达国家与发展中国际技术引进费用与技术转让收益（单位：百万美元当年价格）

数据来源：作者根据世界银行 WDI 数据库数据绘制。

（二）国际技术贸易的意义

国际技术贸易不以广泛的技术为对象，只研究具有商业价值的技术。有商业价值的技术是指能通过转让获得报酬的技术。以商业性技术同其他生产要素的结合形式为对象，主要表现为技术载体上的差异：有人格化技术、硬件技术（物化技术）、软件技术、资本化技术等。研究技术在国际的有偿转移运动。国际技术贸易比国内贸易在复杂程度、内容和形式、贸易、动机、运行机制的发展规律上更复杂，因而它是技术贸易的整体。

国际技术贸易已成为国际经济活动中的一个重要内容，无论是经济发达国家还是发展中国家都非常重视技术的引进，各国之所以重视技术引进，是因为它对本国的经济发展起了巨大的推动作用。这种作用主要表现为它可以节省技术研究和开发的投资，尤其是争取了时间，缩短了经济和技术现代化的进程。科学技术是人类社会的共同财富，一个国家不可能拥有世界上所有的先进技术，也不可能对所有的技术进行研究开发。一项先进技术的开发，通常需要大量的人力、物力和财力，而且需要经过一段时间的努力，才可能成功。如果一个国家排斥引进外国先进技术，完全靠自己的力量去研究开发这些先进技术，必然造成重复劳动，浪费大量的人力和财力，而且贻误应用技术的时间，使本国的生产发展缓慢，经济停滞不前。引进同外技术需要支付一定的费用，但这种费用往往小于自身开发该技术所需要的投资，而且使用该技术所产生的经济效益通常都远远超过这种费用。例如，日本东洋人造丝公司曾花了 1 000 万美元向美国杜邦公司引进生产尼龙的技术，而杜邦公司为了研究生产尼龙的工艺方法却花费了 2 700 万美元。这样，日本东洋人造丝公司就节省了 1 700 万美元，而且在很短的时间内，把新产品投入了市场。日本是引进技术非常成功的国家，战后的日本从国外引进了大量的先进技术，使日本从第二次世界大战后的经济落后国家一跃成为世界第二经济大国。如果这些技术都要靠自己去研究和发展，估计要比引进技术多花几倍甚至十多倍费用，也不可能在短短的 20 多年时间内就赶上世界先进水平。

（三）各国引进技术的概况

技术引进是落后国家赶超先进国家、实现现代化的必由之路，这是被世界近代经济发展史所证明了的一条重要经验，无论是工业发展较早的美、英等国，还是后来居上的日本，都是从这条路走过来的。18 世纪前的美国，工业和农业都很落后，为了实现工业化，它引进了大量的技术，从 18 世纪开始，从英国引进了蒸汽机、钢铁冶炼、机器制造和铁路运输方面的技术，并根据本国的资源特点，对这些技术进行了发展和创新。美国的水利资源较丰富，美国人首先把蒸汽钒用于船舶，使水运交通得到了很大的发展，美国的高炉热鼓风技术需要优质的炼焦煤，美国当时缺乏这种原料，而发明了用无烟煤做燃料的高炉技术[①]，促进了钢铁工业的迅速发展；在机器制造工业方面，经过技术的吸收和综合，福特公司推出了几百万辆汽车，使汽车工业成为美国经济的重要支柱。到 20 世纪初，美国已成为世界第一经济大国和科学技术中心。1913 年，美国的工业产值已占世界的 38%，超过英、法、德、日四个国家工业产值的总和。美国的崛起，有各种因素起作用，但技术引进是一个十分重要的因素。当前，美国的经济和技术仍处于领先地位，是技术的主要输出国，但在技术输出的同时，又积极引进技术，每年花在引进技术方面的费用达 5 亿～10 亿美元。美国还从世界各地网罗技术人才，对维持技术优势起了重要的作用。日本是第二次世界大战后，技术引进成效最大、受惠最多的国家，在“二战”中，日本的经济遭到了严重的破坏，技术水平落后西方国家 20～30 年。从 50 年代初开始，日本大量引进国外先进技术，从 1950 年至 1980 年共引进技术 3.6 万多项，耗资 115 亿美元，引进项目之多、范围之广超过任何其他国家。日本还投入大量资金对技术进行消化、吸收和创新，很快地缩短了与世界先进水平的差距。战后的日本在技术上，只用 10 年时间就超过了法国，用 15 年时间超过了英国，用 20 年时间超过了原西德。目前，日本已成为世界第二经济大国。日本除了输出技术外，每年花在引进国外先进技术的费用仍达到 10 亿美元。

---

① 没有资料显示具体发明人，在叶渚沛（1955）的文献中表明美国史料也无记载，应是当时产业工人集体智慧结晶。叶渚沛. 无烟煤用作高炉燃料［J］. 科学通报，1955（5）：81-83.

我国从中华人民共和国成立初期就开始了技术引进工作，1979 年以前，我国以引进成套技术设备为主，以软件技术引进为辅，引进项目 1 000 多个，支出 100 多亿美元，这种引进促进了一批骨干企业的建立，形成了较强的生产能力，促进了国民经济的发展。1979 年以后，我国调整了技术引进的战略，把引进的重点转移到软技术上。十多年来，我国技术引进发展迅猛，第六个五年计划期间（1981—1985 年）技术引进项目达 1 552 个，合同金额 51.92 亿美元；而在第七个五年计划期间（1986—1990 年）引进项目猛增到 2 326 个，比“六五”增长 49.9%，合同总金额达 152.11 亿美元，比“六五”增长 193.1%，而且，软技术引进项目达 1 214 个，占总项目数的 52.2%。《2016 年技术贸易发展报告》指出，我国技术引进方式从传统的成套设备、关键设备和生产线引进为主，转为以专业技术许可、核心关键技术咨询、技术服务为主的方式。虽然我国技术出口能力逐渐提升，但受外部经济环境的影响，技术贸易发展下行压力有所增加。海关的统计数据显示，2015 年我国生物技术产品、航空航天技术产品、计算机集成制造技术产品等高新技术产品（货物）进出口贸易总额达到约 12 033 亿美元，同比 2014 年略有下降。商务部对国际技术贸易进出口额的统计与海关数据存在较大差异，2015 年的国际技术贸易额降至 545.2 亿美元。在技术贸易出口下降的趋势下，我国高附加值的技术出口逆势增长。2015 年，我国技术出口合同中设备费为 31.6 亿美元，同比下降 70.2%；技术费占合同金额的 88%，同比提高 25.3 个百分点。与此同时，技术咨询与技术服务出口占了我国技术出口总额的 57.7%，专有技术或转让合同金额同比增长 81.3%，专利技术许可或转让合同金额则同比增长 24.7 倍。

我国技术出口的最主要目的地为美国、中国香港和日本。随着技术创新能力的提升，我国对伊朗、美国、新加坡、瑞典、芬兰等国家的技术出口发展最为迅速。目前，外商投资企业仍然是我国第一大技术出口企业的类型，占技术出口总额的 70.7%；但 2015 年，民营企业的技术出口合同额达 33.5 亿美元，同比增长 6.2%，超过国有企业成为我国第二大技术出口企业主体，占总额的 12.7%。国企技术出口下滑明显，同比下降 74.2%。和出口一样，技术进口的主体也呈现出以外商投资企业为主，民企增幅强劲的态势。

然而，我国技术贸易规模仍然偏小，高新技术产品贸易占我国对外贸易的份额每年基本维持在 30%左右，出口规模尤其小，仅在 15%～17%徘徊。以全球软件市场为例，目前，全球软件市场 70%以上的份额被欧美占领，中国在全球软件市场的排名非常落后，甚至低于印度。

据海关统计，在我国高技术产品的进出口中，技术服务和技术许可等“软技术”进出口总额占比不到 10%，而“硬技术”进出口总额占比却高达 90%以上，存在自主知识产权产品过少，自主创新能力低，产品附加值小等问题。另一个显著的问题是技术贸易的摩擦进一步加剧。据中国贸易救济信息网的统计，2015 年，共 17 个国家（地区）对中国启动了 75 起反倾销和反补贴的调查；与此同时，我国对外启动贸易救济调查 11 起，全部为反倾销。截至 2015 年年底，我国对外启动贸易救济调查 240 起，其中反倾销案件 232 起，反补贴案件 7 起，保障措施案件 1 起。

资料 1.3

聪明的钱分配给聪明的技术

基础投资公司，在选择一种技术投资时，需要考虑哪些问题?

基础资本公司（Foundation Capital）这家位于加利福尼亚州门罗帕克市的基金公司有着15年历史，管理的资金达到25亿美元，投资的对象—致力于提高能源效率。

全球领先的智能能源网络平台和解决方案供应商银泉网络公司（Silver Spring Networks）是目前这个仍令人失望的清洁技术行业中最有前途的上市股票。硅谷的其他公司都把精力放在开发生物燃料上，供方一向视其为解决替代能源的途径。然而，银泉网络公司则集中关注用户需求。如今，这家公司在所谓的智能电网技术方面成了领先的开发者，这项技术帮助公共事业公司监测用户的使用情况，而这些数据能帮助电力公司预测问题、解决断电及节约能源。基础资本公司随后进行了大量类似的投资，包括美国清洁能源公司（EnerNOC），另外还有两家从事客户应用程序的公司——智能电网管理软件公司（Emeter）和康朔孚智能控制科技有限公司（Control4）。

基础资本公司醉心于独辟蹊径。韵康建筑产品有限公司（Serious Materials）和美国凯勒达有限公司（CalStar）分别开发出石膏板和波特兰水泥的替代材料，石膏板和波特兰水泥都有几十年的历史，都是能源密集型产品。美国医疗器械公司（Trans Medics）公司正在开发一种设备，便于做移植手术的外科医生保存取出体外的器官的活性，从而提高术前器官存活率。在很多情况下，基础资本公司之所以成为一家新兴公司最大的投资人是出于信念，但有时候是因为没有其他公司愿意参与投资。几年来对银泉网络公司的投资就属于后者。基础资本公司的信念可为它换来大丰收：如今，银泉网络公司价值已超过10亿美元。

资料来源：Adam Lashinsky. 聪明的钱分配给聪明的技术［J/OL］. 财富，2010，169［2010-08-31］. http://www.fortunechina.com/magazine/c/2010-08/31/content_40493.htm.

案例

创业——投入早教品牌

【内容】金宝贝将目标锁定为国内金领一族。自2003年进入中国以来，在一年不到的时间里，金宝贝已在上海超白金地区开设了两家旗舰级中心。金宝贝每个成员发自内心的热诚服务使每个顾客都感到宾至如归，全球领先的专业早教与高质服务为赢得高消费群体的认同奠定了基础，也为中心带来出众的销售业绩：上海古北中心在13个月内收回260万元的投资成本；上海浦东中心18个月收回330万元投资成本。

【问题】如果要自我创业，寻找到一个技术，需要具备哪些能力?

【解析】技术商品的选择、技术资本化、技术商品化、技术贸易方式的确立——技术贸易：许可贸易、技术服务、工程承包、合作生产、合资经营、合作开发等。除遵守商品交换的一般规划外，还须涉及技术质量、计价、法律等更复杂方面，须遵守特殊的规定与程序，承担特殊的义务。技术价格的确定；限制性商业条款的设定；交易方式和技巧交易程序与策略。

资料来源：https://wenku.baidu.com/view/5c05aff8aef8941ea76e0501.html.

资料 1.4

日本战后引进技术的经验

战后日本大量引进了欧美国家的先进技术，到 1981 年为止，共引进技术 3 万余项。这些技术的引进为日本经济的发展赢得了时间，节约了资金，促进了日本产业结构的高级化，增强了日本在国际市场上的竞争能力，是日本经济高速度增长的主要原因之一。

一、日本战后技术引进的主要特点

（1）政府干预，统一管理。从 1950 年到 1968 年的近二十年间，政府对引进技术一直实行严格的审批制度。这样做使政府既能控制外汇平衡，又能控制进口技术的构成，使之符合调整产业结构的要求，还能影响技术贸易的成交价格和其他成交条件。

（2）技术引进与政府产业政策挂钩。政府通过各种法律与经济手段引导、控制技术引进活动，使之与政府的产业政策相协调。在政府的指导下，有重点、有系统地引进外国技术，使企业井然有序地进入特定的技术领域，促进重点产业的发展，成功地塑造了日本现代化的产业结构，同时使引进技术与国家技术体系协调一致，基本上解决了社会横向配套能力对技术发展的制约问题。

（3）引进技术以扩大出口为目标。日本在经济发展中，注意根据世界市场的变化，发挥本国的优势，选择特定的产品优先发展。技术引进也主要为这一目的服务。引进的技术既包括特定产品的制造技术，也包括影响产品质量的相关技术。技术引进是有计划有步骤的，由简到繁，循序渐进，以使产品具有国际竞争力，扩大国际市场占有率为直接目标。政府在对引进技术进行审批时十分注重该技术对提供进口替代产品或出口产品的贡献。

（4）重视对引进技术的消化、吸收和国产化。广泛引进世界各国的先进技术，兼收并蓄，博采众长，并在此基础上发展本国的“自主技术”是日本技术发展的主要特色。日本的“企业主导型”研究开发机制也比较适合于对引进技术进行消化、吸收与国产化。为了在国际竞争中取胜，日本企业不惜投入大量的资金、人力，用于引进技术的消化吸收与发展，这方面的费用往往几倍乃至十倍于技术引进的费用。20 世纪 50 年代，日本研究开发费用的一半用于对引进技术的消化吸收。日本技术引进获得成功的关键就在于技术引进后的消化、吸收和国产化工作做得好。

（5）技术引进以市场机制为基础，以企业为主体。虽然在相当长的一段时期内，日本政府对技术引进进行了直接干预，但是，日本战后技术引进的基础仍是市场机制，技术引进的主体是企业。日本战后的发展模式是“加工贸易立国”，在国际竞争的条件下，日本企业为了自身的生存与发展，必须经常地寻求新技术，这成为日本技术引进活动的根本动力。也正是这种机制促使日本企业特别重视技术引进的经济效益。

二、战后各个时期日本技术引进的重点

战后日本各个时期引进技术的构成与引进重点逐步有所变化，主要表现为：（1）由低级向高级发展；（2）由基础工业，重、化学工业向消费品生产领域和高技术产业过渡；（3）受国际经济环境和世界市场变化的影响。

20世纪50年代前半期，日本经济处于恢复期，技术落后，设备陈旧，资金短缺，市场狭窄。为了节约外汇，技术引进仅限于政府指定的重要产业，如钢铁、有色金属、运输机械、采矿业等基础产业和通信器材、医药品、农药等需要进口大量国外产品的产业。引进的技术多属于欧美国家在战前和战时开发的技术。

20世纪50年代后半期，日本经济进入发展期，经济实力、市场规模和技术水平等有了明显改善。从1956年起，出现了前所未有的民间投资热。这一时期技术引进的特点是围绕重、化学工业逐步向引进资本密集的大型技术的方向发展。同时开始引进以培植新产业、开发新产品为目的的技术。例如，氧气顶吹转炉炼钢技术、一部分石油化工技术、电子计算机技术和原子能技术等。

20世纪60年代是日本经济高速增长时期，在经济思想上突破了强调提高资源自给水平的传统认识，实现了从“经济自立主义”到“经济合理主义”的转变。日本经济产业省规定：以机械工业和化学工业为轴心，推动产业结构的高级化，同时谋求生产的多样化，以便构造一个适合于世界市场的输出结构。这一方针对日本60年代的技术引进有着直接的影响。

20世纪60年代前半期，技术引进的重点仍在重化学工业，但同时与消费品和其他可供出口产品有关的技术引进项目开始增多。原来比较落后的机械工业也开始大量引进国外先进技术，电子工业、通信器材的技术引进大幅度增加。石油化工技术的引进仍很活跃。随着产业结构的高级化和大型化，大型技术的引进数量已经超过小型技术，从而在技术引进活动中占了主导地位。这个时期引进的技术主要是战后开发的新技术。

20世纪60年代后半期，技术引进向多样化发展。在各个产业部门内部，引进的重点放在消费品生产技术上，如，电气机械制造业引进技术主要用于室内空调器和彩色电视机之类的家用电器。在引进技术中，以满足消费者对产品的省力化、高速化、自动化等要求为目的的技术占很大比重。此外，宇宙开发、原子能、海洋开发等尖端技术的引进也逐步增多。

20世纪70年代，日本经济由高速增长逐步过渡到稳定增长。这时，日本的工业生产已跃居资本主义世界第二位，本国技术也已接近欧美先进国家的水平。但是，接踵而来的两次石油危机，对主要依赖于国外廉价能源的日本经济产生了巨大的冲击。此外，从60年代末开始，工业污染和公害引起了人们的普遍关注，成为经济发展中不可忽视的问题。为了适应这些变化，日本的产业结构开始从重、化学工业向知识集约化、服务化方向发展。1973年以后，大规模生产技术的引进大大减少，引进的重点转向了原子能、飞机、宇宙开发、电子计算机、激光、光纤通信、超大规模集成电路等尖端技术，以及一些与能源开发和节能有关的技术。与流通、消费、防止公害有关的“软技术”的引进也大大增加。另外，开始注意引进那些在技术提供国也尚未付诸实用的有发展前途的“实

验室技术”。

日本各个时期技术引进重点的变化，反映了世界工业发达国家技术进步的趋势。日本所走过的道路是一条发展技术、提高经济效益、促进经济高涨的道路。这是通过下述手段实现的：

（1）采取各种经济政策影响和干预企业的技术引进。在财政金融政策方面，采取一些特别措施给特定产业中引进先进技术的企业提供财政、信贷方面的支持，以促进产业结构的改善，推动经济、技术的现代化。例如：实行“设备现代化资金贷款制度”；制定“中小企业现代化促进法”，对中小企业购买外国专利给予财政补助；设置“技术指导设施费补助金”“指导事业费补助金”“技术人员进修事业费补助金”等。在通商政策方面，根据国际经济形势和本国经济发展水平，在一定时期内限制外国投资，执行严格的进出口审批制度，实行贸易保护。在税收政策方面，通过一系列的税收减免措施和特别折旧制度鼓励在特定产业中引进国外先进技术，促进对引进技术的消化吸收。

（2）对企业的技术引进活动给予直接的行政指导。日本通产省经常通过咨询机构邀集技术专家共同研究确定某个时期技术发展和技术引进的方向和重点。为指导企业界有系统、有目的地引进国外技术，从1950年开始，每年公布日本所需要的技术的清单，供企业参考，使企业按照政府的意图引进国家最需要的技术。例如：1950年公布了一份日本所需要的33种技术的清单，其中大部分是重、化学工业技术，而消费品生产技术仅占3项，都是医药方面的。1959年的补充清单则包括电子技术，飞机部件制造技术以及各个产业中能使生产实现流水作业或自动化的技术。清单实际上是技术引进的指南，凡是符合清单要求的技术均可优先获准进口。此外，日本每年还出版《外国技术导入年度报告》，对每年引进的技术项目都给予详细的报道。科学技术厅和通产省在各个时期还分别制订长期的科研规划、产业结构展望以及各个科学领域和产业部门的中期计划，向大学的研究机构、国立和公立研究机构以及企业指出战略方向和技术目标，使这些单位的研究开发工作与技术引进活动同国家发展目标保持一致。日本政府的这种行政指导，在很大程度上减少了企业技术引进与研究开发活动的盲目性。

（3）建立与完善技术情报系统，促进技术情报的收集、整理与传播，为企业技术引进提供服务。日本政府在这方面所做的努力，对于日本企业，尤其是中小企业技术引进的成功，起了举足轻重的作用。政府主要采取了下面的做法：

一是建立与完善官方技术情报系统。1957年，在科学技术厅下设立了日本科学技术情报中心，从此日本有了科学技术情报流通的中枢机构。1969年，内阁的科学技术会议提出了“科学技术情报全国流通系统”（NIST）的设想，开始致力建设一个广泛而有效的全国性技术情报体系，并准备把这一体系同联合国的世界技术情报体系联系起来。1973年，在中小企业振兴事业团内设立了中小企业情报中心，在各县也开始普遍设立技术情报中心，逐步形成了一个主要面向中小企业的技术情报网。二是鼓励与资助民间技术情报组织的活动。在日本，像欧美国家咨询公司那样的专业技术传播媒介是比较少的，主要是由政府促成并资助的各种各样的行业组织充当技术传播媒介。这些行业组织具有本行业情报中心的各种职能。例如：日本政府在法律、金融、财政等各方面支持各行业成立了技术研究协会，这些协会的活动内容之一就是选择并鉴定本行业应该引进的适用的外国技术。其他民间组织在技术情报的收集与传播方面也发挥了重要的作用。政府资助的日本生产率本部自1955年成立以后，组织了多次赴美考察活动，为增进国内企业对美国技术的了解起了显著的作用。1958年成立的日本贸易协会的重要任务之一就是搜集国外技术情况。战后，日本大力从国外引进先进技术，特别是购买专利权。到1972年共买进专利1.7万项，耗资31亿美元。1981年日本政府提出了“技术立国”的口号。在开发科技方面，20世纪50年代用于引进外国技术的费用占科研总经费的45%左右，60年代降至24%，70年代再降至10%，对外国技术的依赖明显降低。

（4）设立专门机构，按照规定程序对引进项目进行审批。1950年，日本政府颁布了关于引进外资和技术的“外资法”。根据“外资法”的规定，政府成立了对引进外资和引进技术进行审批的专门机构“外资审议会”，隶属大藏省，下设作为执行机构的干事会。日本银行负责受理技术引进申请并对有权处理的申请自行审批，对于不在日本银行审批权限范围之内的申请则呈报主管大臣（工业技术引进由通产大臣负责）以及大藏大臣和科学技术厅长官，由各省厅分别进行审议。在各省厅初审的基础上，外资审议会干事会定期召开会议进行复审，最后提交“外资审议会”核准，审议结果由日本银行通知申请者。

对于引进项目，主要审议以下六个方面的内容：引进该项技术的根据和目的何在，引进后有无足够的消化能力；对对方公司的实情了解到何种程度；该项技术的国内、国外差距有多大，各有何特点；引进合同（草案）的内容有无问题；引进后五年内产品的内销和出口额、生产成本和盈亏预计各有多少；引进费用、引进后五年内的收益、产品出口换汇额以及替代进口的节汇额预计各有多少。

日本政府通过行使对技术引进的审批权，引导、控制技术引进活动，借以推行其产业政策。具体做法有：一是通过把技术引进的机会比较均等地分配给所有的主要财团，促使各企业或企业集团之间的竞争，防止个别企业或企业集团实行垄断。同时，也注意防止出现过度竞争和生产能力过剩的现象。二是对于对国民经济的发展有重要影响的外国技术，努力促使其在一家企业引进后向全国推广普及。三是当涉及一些新兴技术领域时，积极组织有关企业共同引进，协作开发。这样，一方面可以避免重复引进从而节省外汇，另一方面可以集中几个企业的资金与技术力量对引进技术进行消化、吸收与发展。四是重视技术引进后的国产化效果，优先批准那些技术水平高、生产条件好的企业引进技术。一般来说，要求引进技术在五年后国产化程度能达到90%。五是为了减少对国内工业的冲击，政府有时推迟批准引进某些外国技术，或者在批准引进某些技术、设备时，附有在一定时期内限制市场占有率的条件，以便其他有关企业有时间采取措施，迎头赶上，目的在于推动全行业的技术进步，同时尽量减少损失。六是在必要时，参与日本企业同外国公司的技术转让谈判，以推迟批准或不予批准为筹码，要求修改不利的合同条款，力争以最有利的条件引进技术。

日本政府在采取上述种种政策手段与行政措施的同时，还致力于发展教育，培养人才，增强本国的研究开发能力，完善与充实专利管理制度，推行工业标准化与规范化，扶持信息产业等方面的工作。这些对于日本技术引进的成功都起了重要作用。

资料来源：日本战后引进技术的经验［J/OL］. 外国经济管理，2014［2014-07-04］. http://study.ccln.gov.cn/fenke/lishixue/lsjpwz/lssjs/89429.shtml.

本章小结

本章主要介绍了有关技术和国际技术贸易的基本概念，国际技术贸易的特点，国际技术贸易政策；分析了国际技术贸易与其他学科的关系，国际投资与其他学科的关系、国际技术贸易的作用等。

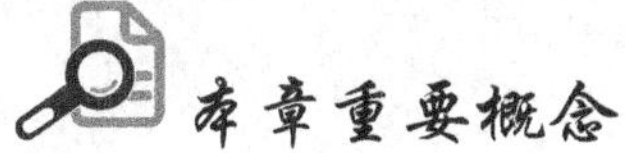

本章重要概念

国际技术贸易　国际技术贸易方式　技术创新　技术的特征　国际技术转让　国际技术贸易政策

思考题

1. 你认为近十年来改变了生活方式的技术创新有哪些？

2. 你认为 Google glass 是一项成功的技术创新吗？为什么？

3. 国际贸易当中如何获取知识产权？

4. 请用本章学过的知识和搜集的其他信息、资料评估我国“以市场换技术”政策在汽车行业的实施效果。

5. 为什么珠江三角洲地区（而不是人力成本更低的越南、印度）能够吸引高精技术的外资企业？在外资企业向中国技术转移的过程中需要克服哪些瓶颈？

6. 为什么要发明水龙头？ 水龙头解决了什么具体的问题？水龙头满足了人们什么需求？市场上有多少种能控制水的开关？

学生课后参考文献阅读

［1］王玉清，赵承壁. 国际技术贸易［M］. 北京：对外经济贸易出版社，2013.

［2］林珏. 国际技术贸易［M］. 北京：北京大学出版社，2016.

［3］徐元. 当前我国实施外贸领域国家知识产权战略的思考［J］. 国际贸易，2013（4）：27-30.

［4］杨林燕，王俊. 知识产权保护提升了中国出口技术复杂度吗？［J］. 中国经济问

题，2015（3）：97-108.

［5］许陈生，高琳. 我国知识产权保护与高技术产品进口［J］. 国际商务：对外经济贸易大学学报，2012（6）：36-46.

［6］林秀梅，孙海波. 中国制造业出口产品质量升级研究——基于知识产权保护视角［J］. 产业经济研究，2016（3）：21-30.

［7］徐元. 转型升级背景下我国应对知识产权壁垒存在的问题与对策［J］. 财政研究，2015（5）：75-79.

［8］HELPMAN E. Innovation，imitation，and intellectual property rights［J］. Econometrica，1993，61（6）：1247-1280.

［9］HAZEL V J Moir. Innovation，intellectual property，and economic growth［M］// Innovation，intellectual property，and economic growth/. Princeton University Press，2011：177-181.

［10］http://en.wikipedia.org/wiki/Technology.

［11］中国技术贸易网 http://www.zgjsmy.com/.

［12］https://data.worldbank.org/indicator/BM.GSR.ROYL.CD.

第二章　与技术贸易相关的经济理论

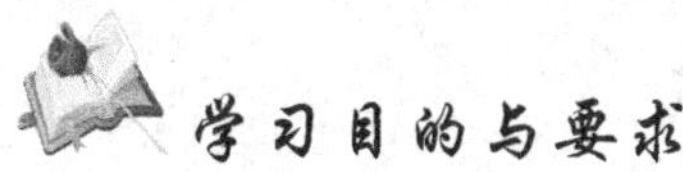

学习目的与要求

通过本章的学习，了解技术创新的定义、特点和类型，熟悉技术创新模式及模式之间的区别与联系，理解生命周期等理论的主要含义。通过国际技术贸易相关理论的学习，了解国际技术贸易选择的标准。

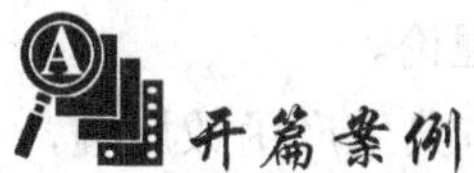

开篇案例

我国汽车技术的引进历程

【案例内容】

我国汽车工业是通过从苏联引进、消化技术起步的。改革开放以来，在“以市场换技术，以市场换资金”的背景下，我国主要的汽车企业大都与跨国汽车公司实现了合资。我国内资汽车企业、合资汽车企业积极从跨国汽车公司引进整车和零部件生产技术，通过人员交流与培训等方式引进管理经验，实现了产品的升级换代。

20世纪八九十年代我国引进了以桑塔纳、捷达为代表的轿车，以依维柯为代表的商务车，以斯太尔为代表的重型载货汽车，以尼奥普兰为代表的大客车生产技术，引进技术的范围非常广泛。通过合资合作，彻底改变了我国汽车业“缺重少轻，轿车几乎空白”的局面，逐渐适应并满足了国内快速增长的市场需求，缩短了与世界汽车产业之间的差距。

不过，这一阶段引进的技术大多是国外汽车厂商认为过时的技术，并不是最先进的技术。自身技术力量薄弱，导致在合资企业中关键技术都是合资企业的外方提供的，造成了中方对外资技术的依赖及绝对服从。上汽大众曾经有这样的例子，外方提供的设计图纸中有一个螺帽的尺寸是错的，中方在生产中明知道有问题，却只能严格按照图纸生产，直到外方对图纸进行更改。

在中外合资合作的初期，跨国汽车公司为延长产品生命周期以获取最大利益，曾采用拖延向我国市场投放换代车型、向我国转移在其母国已经比较落后和过时技术的策略，获得了超额利润。

20世纪90年代中后期以来，由于多家跨国汽车公司在我国设立了合资企业，国内汽车市场的竞争日益国际化，各大跨国汽车公司意识到再把过时技术和老产品拿到我国进行生产已无竞争力，跨国汽车公司才被迫加快了向我国技术转移的速度和层次。

以美国通用别克轿车和日本本田雅阁轿车为前导，德国大众帕萨特、奥迪 A6 以及后来一系列的欧、日、美、韩的轿车进入我国并实现当地化生产，各车型在我国投产的时间与其在国外投产的时间差大幅缩短，一般只有 2～3 年，个别车型甚至实现了同步上市。此阶段引进技术最多的是轿车领域。重点的技术发展在于环保、节能与安全。

资料来源：调研报告：长安集团汽车自主创新模式研究［J］. 中国汽摩配，2006（10）：43-46.

第一节　国内技术转让理论

一、技术创新理论

技术创新理论（Technical Innovation Theory）由熊彼特（Joseph A · Schumpeter）在《经济发展理论》系统中首次提出。从熊彼特提出技术创新理论至今已有将近 100 年的时间。这期间有众多学者对技术创新问题进行了大量研究，形成了许多有特色的理论。

技术创新的新古典学派以索洛（R.Solow）等人为代表，运用了新古典生产函数原理，表明经济增长率取决于资本和劳动的增长率、资本和劳动的产出弹性以及随时间变化的技术创新。他区分出经济增长的两种不同来源：一是由要素数量增加而产生的“增长效应”，二是因要素技术水平提高而产生的“水平效应”的经济增长。索洛提出了创新成立的两个条件，即新思想的来源和以后阶段的实现和发展。这种“两步论”被认为是技术创新概念界定研究上的一个里程碑。

（一）技术创新的定义

创新概念的起源可追溯到 1912 年美籍经济学家熊彼特的《经济发展概论》。熊彼特在其著作中提出：创新是指把一种新的生产要素和生产条件的“新结合”引入生产体系。它包括五种情况：（1）引入一种新产品；（2）引入一种新的生产方法；（3）开辟一个新的市场；（4）获得原材料或半成品的一种新的供应来源；（5）实现任何一种工业新的组织。熊彼特的创新概念包含的范围很广，如涉及技术性变化的创新及非技术性变化的组织创新。

到 20 世纪 60 年代，随着新技术革命的迅猛发展，美国经济学家华尔特 · 罗斯托提出了“起飞”六阶段理论，将“创新”的概念发展为“技术创新”，把“技术创新”提高到“创新”的主导地位。

1962 年，伊诺思在其《石油加工业中的发明与创新》一文中首次直接、明确地给技术创新下了定义，“技术创新是几种行为综合的结果，这些行为包括发明的选择、资本投入保证、组织建立、制定计划、招用工人和开辟市场等”。伊诺思的定义是从行为集合的角度来下的。而首次从创新时序过程角度来定义技术创新的林恩认为，技术创新是“始于对技术的商业潜力的认识而终于将其完全转化为商业化产品的整个行为过程”。

美国国家科学基金会（National Science Foundation，NSF）从 20 世纪 60 年代开始兴起，并组织对技术的变革和技术创新的研究，迈尔斯和马奎斯作为主要的倡议者和参与者。在其 1969 年的研究报告《成功的工业创新》中将创新定义为技术变革的集合。认为技术创新是一个复杂的活动过程，从新思想、新概念开始，通过不断地解决各种问题，最终使一个有经济价值和社会价值的新项目得到实际的成功应用。到 70 年代下半期，他们对技术创新的界定大大扩宽了，在 NSF 报告《1976 年：科学指示器》中，将创新定义为"技术创新是将新的或改进的产品、过程或服务引入市场"。明确将模仿和不需要引入新技术知识的改进作为最终层次上的两类创新而划入技术创新定义范围。

20 世纪 70—80 年代开始，有关创新的研究进一步深入，开始形成系统的理论。厄特巴克在 70 年的创新研究中独树一帜，他在 1974 年发表的《产业创新与技术扩散》中认为："与发明或技术样品相区别，创新就是技术的实际采用或首次应用。"缪尔赛在 80 年代中期对技术创新概念做了系统的整理分析。在整理分析的基础上，他认为："技术创新是以其构思新颖性和成功实现为特征的有意义的非连续性事件。"

著名学者弗里曼把创新对象基本上限定为规范化的重要创新。他从经济学的角度考虑创新。他认为，技术创新在经济学上的意义只是包括新产品、新过程、新系统和新装备等形式在内的技术向商业化实现的首次转化。他在 1973 年发表的《工业创新中的成功与失败研究》中认为，"技术创新是技术的、工艺的和商业化的全过程，其导致新产品的市场实现和新技术工艺与装备的商业化应用"。其后，他在 1982 年的《工业创新经济学》修订本中明确指出，技术创新就是指新产品、新过程、新系统和新服务的首次商业性转化。

综合以上观点，技术创新是在经济活动中引入新产品或新工艺，以实现生产要素的重新组合，并在市场上实现其商业价值的过程。这是我国国内理论界赞同者较多的表述。经济合作与发展组织（Organization for Economic Co-operation and Development，OECD）认为技术创新包括新产品和新工艺，以及原有产品和工艺的显著技术变化。因此，国务院在《关于加强技术创新、发展高科技、实现产业化的决定》中，将技术创新或科技创新定义为："企业应用创新的知识和新技术、新工艺，采用新的生产方式和经营管理模式，提高产品质量，开发生产新的产品，提供新的服务，占据市场并实现市场价值。"

企业创新是创新的核心内容，也是众多企业关注的核心。技术创新是企业家的特殊工具，企业家可以利用这一工具来开发新的市场。

（二）技术创新的特点

1. 技术创新是一种经济行为

与发明创造不同的是，技术创新是一种经济行为。技术创新论的鼻祖熊彼特的重要功绩之一，就是明确地将发明创造与技术创新区别开来。他的观点是："只要发明还没有得到实际上的应用，那么在经济上就是不起作用的。而实行任何改善并使之有效，这同它的发明是一个完全不同的任务，而且这个任务要求完全不同的才能。"他认为，发明创造不过是一种新概念、新设想，至多也只是试验品的产生，即使是为人类的知识宝库做出了巨大贡献的伟大发明也不例外。发明创造仅仅是一种科技行为。但技术创新不同，它是一种把知识转化为产品或生产过程的活动，即是以知识为基础的技术经济活动。

技术创新也是以知识为基础的，这是和发明创造的共同点。毫无疑问，知识是创新的源泉；从世界经济发展的长期趋势来看，创新使得知识在现代经济中的地位日益提高。经济合作与发展组织（OECD）提供的关于产业知识密集的统计表表明，从 20 世纪后期开始，绝大多数产业的知识密集度显著上升［见表 2-1，我们用 R&D（研究开发）密集度来表示知识密集度］，也就是说越来越多的产业与知识的联系日益紧密。

表 2-1　主要产业部门技术密集度

产业部门	1979—1981 R&D 密集度	1987—1989 R&D 密集度	R&D 密集度上升率
除造船、汽车和航天以外的其他交通设备	0.7	1.9	171
产业部门	1979—1981 R&D 密集度	1987—1989 R&D 密集度	R&D 密集度上升率
航天	14.2	20.2	42
造船	0.6	1.4	133
计算机	9.0	12.4	38
电子	7.4	10.8	46
制药	7.5	10.3	37
化工	2.1	3.4	62
石油加工	0.6	1.1	83

资料来源：P.J.Sheehan. 澳大利亚与知识经济［M］. 北京：机械工业出版社，1997.

由于技术创新的主体是企业，这就决定了技术创新不是纯粹的技术活动，更重要的是一种经济活动。这一点，主要从以下三个方面来体现：第一，技术创新需要一定的经济投入。创新投入主要体现在企业的 R&D 投入上。一个企业必须在 R&D 上多投入，才有可能创立领先的技术创新成果。但 R&D 是一个高风险高收益的领域，是否投资、选择哪个研发项目进行投资，都是需要仔细权衡的经济决策行为。第二，技术创新能够为企业带来经济效益。通过技术创新，企业能够实现产品差异，或者生产出新的产品，开发新市场，甚至垄断市场，从而从市场上获得相应的利润。第三，技术创新还具有资产性。对于企业而言，技术创新是生产要素的重新组合，具有与固定资产投资相似的专用性、生产性。当投入达到一定规模的时候，就会产生有效率的创新成果。

2. 技术创新是一个动态的完整的过程

与研究开发不同，技术创新是一个动态的完整的过程。技术创新过程，指的是技术创新是一个把知识性的科学技术构想转变成有关新产品和新生产方式的活动，是一个新设想、新发明走向产业化、走向市场的过程。这种理解，一方面意味着技术创新包括了新设想的构思、技术发明、研制、生产以及销售等多个互不相同却又紧密相连的环节，另一方面意味着技术创新既包括重大的（根本性的）技术进步，也包括小的（渐进性的）技术改进和技术进步。重大的、根本性的技术进步往往是在一系列小的、渐进式技术进步的积累基础上产生的。可见，创新过程就是技术变化与进步不断积累的过程。另外，成功的技术创新过程往往还伴随着组织创新、管理创新、生产创新以及营销创新等过程。正是这些创新促成了技术创新的实现，并促成技术创新过程成为一个价值追加过程、成为一个价值追加过程和战略优势的形成过程。可见，技术创新是一个动态的完整的过程。

经济合作与发展组织对于研究开发（Research and Development，R&D）的定义是："研究和实验开发是在一个系统的基础上的创造性工作，其目的在于丰富有关人类、文化和社会的知识宝库，并利用这一知识进行新的发明。"它是创新的前期阶段，是创新的投入，是创新成功的物质和科学基础。但研究开发和创新并不是完全相同的。研究开发活动不一定有创新，而创新也不一定非要有研究开发活动。技术创新也有来自于生产实践经验的，而研究开发成果也并不能都实现产业化。诚然，研究开发活动总是有助于创新的，技术创新的构思往往是通过研究开发才转化为现实生产力，即重点通过技术开发和商品开发把构想化成具有价值与实用价值的商品。一些重大的技术创新，更需要有研发工作的支持。

3. 技术创新是一种企业行为

与创新扩散不同，技术创新一般来说是一种企业行为。企业是技术创新的主体。技术创新的过程事实上是企业学习、搜索和选择知识的过程。作为创新主体，企业既是创新活动的组织实施者，又是创新权益的所有者。这一点，我们可以从技术创新经费的来源与使用格局得到证实（见表 2-2）。从技术的研究开发，到技术产品化投入市场，在实践当中，大部分都是企业主导。从这个角度来说，我们认为技术创新是一种企业行为。

表 2-2　部分国家 R&D 经费的来源与分配格局

	按经费来源分							
	企业		政府		其他国内来源		国外	
	1981	1993	1981	1993	1981	1993	1981	1993
日本（经调整）	67.7	73.4	24.9	19.6	7.3	7.0	0.1	0.1
北美	48.4	57.6	49.3	39.6	2.0	2.3		
欧盟十五国	48.7	53.2	46.7	39.7	1.1	1.4	3.5	5.7
OECD 成员国	51.2	58.8	45.0	36.2	2.4	2.9		
	按执行部门分							
	企业		政府		高校		非营利机构	
	1981	1993	1981	1993	1981	1993	1981	1993
日本	66.0	71.1	12.0	10.0	17.6	14.0	4.5	4.9
北美	69.3	70.3	12.6	10.8	15.1	15.7	3.0	3.2
欧盟十五国	62.4	62.6	18.9	16.5	17.4	19.5	1.4	1.4
OECD 成员国	65.8	67.4	15.0	12.7	16.6	17.1	2.6	2.9

资料来源：OECD. 以知识为基础的经济［M］. 北京：机械工业出版社，1997.

技术扩散是指创新的产品、技术被其他企业通过合法手段采用的过程。技术创新的出现会给采用它的企业带来潜在的超常规的利润，从而在社会上产生巨大的示范效应。一方面，未取得潜在的超常规利润的企业会渴望分享其利，从而出现模仿的企业行为。另一方面，发展中国家政府会根据其产业发展的要求有计划地向技术创新国引进技术。从这个意义上而言，技术扩散不同于技术创新，不完全是一种企业行为。

（三）技术创新的类型

技术创新因其主体的不同，所处行业、技术水平、规模、环境以及创新程度的不同而表现出不同的类型。按技术变革的程度分类，可以分成渐进型创新和根本性创新；按技术变革的对象分类，可以分成产品创新和过程创新。

1. 渐进型创新和根本性创新

把技术创新分成渐进型创新和根本性创新，是英国萨塞克斯大学的科学政策研究所在20世纪80年代提出的一种基于性质、程度和规模的创新分类，也有人称之为科学政策研究所（SPRU）分类。

（1）渐进型创新。渐进型创新，也称“螺丝—螺母”型创新，是一种不断进行着的累积性质的改进，它既可以是产品的变型，也可以是生产工艺的改进。也就是说，渐进型创新是对现有技术进行局部改进的创新。在激烈的市场竞争中，技术创新与技术模仿随时都在发生。一家企业如果想要在竞争中始终保持领先地位，那么，一旦你的竞争者生产出与你同样的产品甚至比你更好的产品，你就必须对你的产品进行改进，或者在产品的工艺上做出改进，或者使产品的性能增强，再或者使产品的生产成本降低。这种类型的创新虽然不大，但总能在降低成本、提高质量、改进包装、增加品种、提高生产效率等方面起到一定的作用。一般来说，这类创新从数量上来说是最多的，但所需的资源并不一定很多，往往对于企业的发展有着重大意义。在社会的生产实践中，几乎每时每刻发生在我们身边的大量技术变革都是属于这种渐进式的创新。我们通过近几年来移动通信装备不断出现的创新，以及年年更新的各类汽车款式，可以对渐进型创新有所理解。正是这种对持续改善的不懈追求，推动着经济的不断前进。

（2）根本性创新。根本性创新，也称突破性创新、原创性创新，是技术上有重大突破的技术创新。它往往是不连续的，其结果将导致产品性能与功能，或者是生产工艺发生质的变化，而这种突破可能会改变整个行业的特征。所以，在全球工业化进程中扮演过重要角色的技术创新，如蒸汽机技术、电动机技术、内燃机技术、涡轮发动机技术、人造卫星技术和数字通信技术的结合而产生的全球卫星通信系统、全球定位导航系统都属于这一类创新。突破性创新大多都是产生于科学发现的基础之上，如电磁理论、激光等，但也有例外，如活字印刷等。一般来说，这类创新的数量较少，所需资源较多，对经济发展影响较大，而且可能导致一个或几个新产业的出现以及产业组织结构的变化。

2. 产品创新和过程创新

厄特巴克和艾伯纳要等人把技术创新分成产品创新和过程创新，他们是基于技术变革的对象进行分类的，因此也有人称之为厄特巴克分类法。

（1）产品创新。产品创新是指在产品技术变革的基础上进行的创新。它既包括在技术发生较大变化的基础上而推出的新产品，如移动电话（相对于固定电话）、数字照相机（相对于光学感光照相机）、磁悬浮列车（相对于内燃机车或电动机车）等，也包括对现有产品进行局部改进而推出的改进型产品，如随身听（相对于录放卡座机）、笔记本电脑（相对于台式PC机）等。另外，发生于服务业的大量创新也属于产品创新的范畴，如保险业推出的为各类顾客定制的险种，金融业推出的个人理财业务以及各种衍生金融产品等。

（2）过程创新。过程创新，也称工艺创新或生产技术的创新，是指在生产加工工艺变革的基础上的创新。它既包括全新工艺的创新，如奠定了制造业大规模生产模式基础的互换性制造技术，钢铁制造业的连铸—连轧工艺（相对于炼钢—钢锭—轧钢的分段工艺），由精密铸造、精密锻造和粉末冶金而形成的金属少、无切削加工技术；也包括对原有工艺的改进所形成的创新，如复合型刀具的采用、成组技术、用工业工程的方法对企业物流的优化等。

技术创新的核心是产品创新和过程创新。在产品生命的不同周期，产品创新和过程创新的重要性有所不同。当产品处于新产品阶段时，如果企业强调利用过程创新来应对拥有新产品的竞争者，那么该企业将很难在竞争中处于优势地位；而当产品进入成熟阶段之后，生产和成本才能为企业带来主要的竞争优势，因此，过程创新就成为企业在竞争中取得成功的一个重要因素。虽然技术创新的应用范围不同，其经济意义不同，在这一点上不完全取决于是产品创新还是过程创新，但是产品创新较之过程创新能给企业带来更显著的经济效益和更为强劲的发展动力。这是因为产品创新使新产品能率先进入市场，从而为企业创造出一段时间的垄断优势，在此期间，企业能凭借这一优势获得超额利润。另一方面，技术创新的所有内容最终都是以产品创新为载体进入市场的。因此，一般来说，产品创新是企业技术创新的重点目标。

案例 2.1

技术创新提高了美国的贸易竞争力

美国的对外贸易一直保持着强劲的增长势头，巨额贸易赤字并没有减弱其出口能力。在技术要素更为密集、更需要技术创新的服务贸易和高技术产品贸易方面，美国依然具有强大的竞争力，这种竞争力主要得益于技术创新。每年活跃的技术创新带来的大批创新成果，以专利技术、专有技术等方式迅速运用于产品生产，从而对不同生命周期阶段产品的竞争力产生不同的影响。

技术创新不断地创造处于导入期的新产品。众所周知，美国技术创新一直领先，他国技术模仿需要时间，美国技术创新产品据此获得了绝对的竞争优势。这些新产品保持自身市场优势时间长短，既取决于技术扩散的时间，也取决于本国同类产品的急速创新速度。

技术创新有利于成长期产品的市场竞争：一方面，新产品对原有产品的价格形成很大的压力，迫使它降价，通常消费者接受新产品的价格都有一个上限，例如，信息产业的芯片更新速度很快，但每次最新芯片的价格却基本不变，那些其实并不落后的原有芯片只好降价销售。另一方面，新技术提高了生产率，在规模经济作用下，产品的成本不断下降。技术创新的双重效应，使美国在部分处于成长期的技术密集型产品出口上具有一定的价格优势，使得美国的技术密集型产品在世界市场上始终保持着很强的贸易竞争力。

技术创新加快了产品进入成熟期的速度。原有产品的标准化生产导致其他国家竞相模仿，美国国内工资水平较高，同类产品在世界市场上并不具有竞争优势。随着产业结构的调整，美国不断将此类产业向其他国家转移，但这绝不是免费的午餐，随之而来的大批量技术贸易，如专利权和版权的许可使用、特许经营权的授予、技术支持及相关的管理咨询等，通通是要收费的。这也是美国在服务贸易方面具有较强竞争力的一个重要原因。

资料来源：陈继勇，胡艺. 技术创新：美国经济增长的有力支撑 [J]. 求是，2007（8）.

（四）技术创新的模式

技术创新的模式研究的是技术创新的动力源泉。长期以来，该领域的研究一直是以引发技术创新活动的诱因为标准来对各种模式进行划分。国内外相关学者一般认为，科学技术的发展与社会需求和市场需求是技术创新的主要推动力。1982 年，美国麻省理工学院管理学教授和斯隆管理学院计划部主任唐·马奎斯（D.Marquis）在对美国工业中 500 多个成功的技术创新案例研究后发现技术创新的推动力远远大于技术发展的推动力。目前，多数学者接受的模式有：技术推动模式、市场需求拉动模式和综合作用模式。

1. 技术创新模式

（1）技术推动模式。技术创新的技术推动模式是指，在技术发展的推动作用下产生的技术创新。当科学和技术有了重大突破，使科学技术明显走到了生产的前面之时，这种突破就会创造出全新的市场需要，或者激发出市场的潜在需求，从而实现技术创新的全过程。20 世纪 60 年代以前，这种技术推动模式在西方技术创新理论界占主导地位。这种模式产生的技术创新一般是比较重大的技术创新，往往不仅改变生产技术和管理技术，而且会引起技术体系的根本变革，改变一国的产业结构，产生新的产业、改造传统产业、淘汰落后产业。世界历史上的三次产业革命中，技术创新的主要推动模式就是这种模式（见图 2-1）。

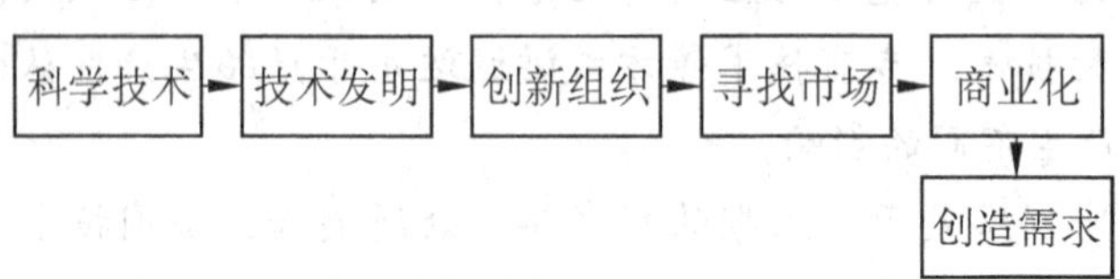

图 2-1 技术创新的技术推动模式

事实上，技术创新理论的鼻祖熊彼特最初提出的技术创新模型正是这种模式。他认为，创新在技术增长的过程中起到核心作用，而大企业在资本主义的经济发展和创新中起着决定性的作用。他曾说："只要我们深入事情的细节，追踪最惊人的个别项目的颈部的由来……我们不免要吃惊地怀疑，大企业也许和创造这种生活水平，而不是和降低这种生活水平有更多的关系。""一个现代企业只要觉得它花得起，它首先要做的事情就是建立一个研究部门，其间的每个成员都懂得他的面包和黄油取决于他们发明的改进方法的成功。"

（2）市场需求拉动模式。市场需求拉动模式是指，技术创新始于市场需求。具体形式是，市场的需求提出了对产品和技术的明确需求，促使科学技术的发展，进而制造出适应市场需求的产品。这一模式是由施穆克勒第一个提出的。他对 19 世纪上半叶到 20 世纪 50 年代美国铁路、炼油、农业和造纸业等的投资、存量、就业和发明活动进行了研究，发现投资和专利的时间序列表现出高度的同步效应，往往投资序列领先于专利序列，相反的可能性则较少。他认为，市场需求主导了投资的方向，而技术创新则是市场需求增长的结果。因此，他强调市场需求对技术创新的推动力，从而被认为是创新需求理论的倡导者。英国的布鲁斯曾指出："与创新的成功更加紧密地联系在一起的是那些对未来市场的分析，以及对未来用户和政治目标的了解，而不是那些科学发明或'闪光'的想法。"于是，技术推动模式的主导地位开始动摇。

市场需求拉动模式的技术创新如图 2-2 所示。实证分析也证明，随着社会、经济与科技的发展，越来越多的技术创新都属于这种模式，如通信产业、化工产业、汽车产业、工业用仪表、测试仪器以及大多数改进产品的创新。1974 年，美国学者厄特巴克的一项研究工作证实：60%～80%的重要创新是由需求拉动的。

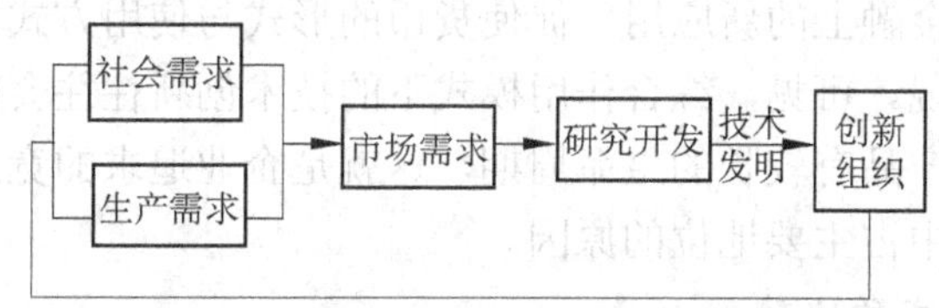

图 2-2　技术创新的市场需求拉动模式

需求拉动模式是市场经济的产物。企业为了适应市场上的激烈竞争，必须努力进行技术创新，以满足市场需求。因此，这种模式下的技术创新通常是时间短，见效快的速成项目。这个特点使得需求拉动模式不重视基础性研究对于技术创新的作用，可能导致技术创新的发展缺乏强有力的后劲。

（3）综合作用模式。综合作用模式是指创新主体在拥有或部分拥有技术发明或发现的前提下，由于受到市场需求的诱发而开展技术创新活动的一种模式。虽然，我们在前文中将技术创新模式划分出技术推动和需求拉动两种模式，但由于技术与经济的相互交融日益增强，技术划分出技术创新的过程越来越复杂，涉及的因素繁多，因此，很难断定技术创新的决定因素是技术推动还是需求拉动。事实上，当前的技术创新往往是两种模式有效结合的结果。科学技术和市场需求二者都是技术创新成功的决定性因素。正如美国斯坦福大学莫厄里和内森·罗森堡在其代表作《黑箱之谜：技术与经济学》中说的那样："需求的作用被过分夸大了，这对于我们理解技术创新的过程，对于政府促进创新的政策方案选择，都可能造成严重不利的后果。实际上，科学技术知识基础和市场需求的结构，是一种互相作用的方式，在创新过程中起着同样重要的作用，忽视任何一方面都必定导致错误的结论和决策。"正是在这种思想的指导下，弗里德曼、莫厄里和罗森堡等人提出了技术创新的综合作用模式，如图 2-3 所示。

科技和市场需求的综合作用经实证研究表明，能够更好地反映技术创新的实际过程。加拿大学者摩罗和诺雷对加拿大的 900 多个企业的技术创新进行了调查，发现其中技术推动的技术创新占 18%，需求拉动的技术创新占 26%，技术推动和需求拉动综合作用的技术创新占 56%。

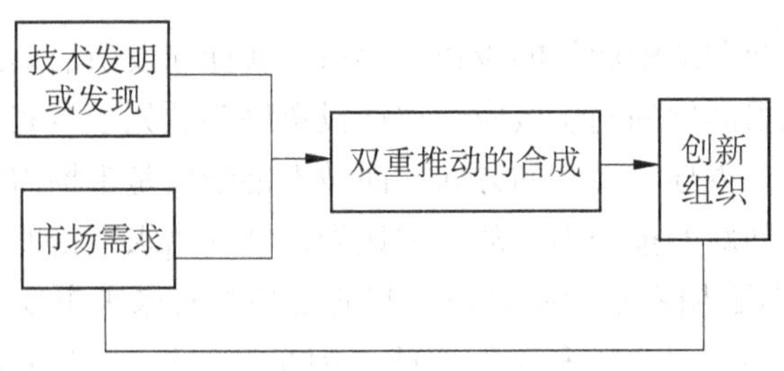

图 2-3 技术创新的综合作用模式

综合作用模式是当代技术创新中最主要的动力模式。该模式往往在市场潜在需求指导下，寻求现有技术的新应用和多种技术的综合应用，这种模式的技术创新往往能开发出全新的产品，从而激活市场的潜在需求，可能形成一个新的市场。例如，微波炉只是将微波技术进行了一种新的应用，就导致了一场“厨房革命”，给人类的生活文明增加了新的内容；而信用卡则是信息技术在金融上的新应用，促使货币的形式与使用方式发生了极大的变革，导致了“电子货币”的出现。可见，综合作用模式下的技术创新往往会产生新颖的产品和较有前途的市场，而这样的产品有较长的生命周期，这就是企业追求的竞争优势。这也解释了综合作用模式在当代创新中占主要地位的原因。

2. 三种技术创新模式的比较

从上述三种模式的效应来看，三种技术创新模式从不同层面上说各有其特点（见表 2-4）。技术推动模式，会使技术体系发生根本变革，从而催生出很多新产品，采用需求拉动模式更容易使技术商品化，从而可以使创新成果更快地产生效益，而使用综合作用模式，不仅使技术更容易商品化，还可使技术进步与经济发展相互促进。

表 2-4 技术推动、需求拉动及综合作用模式的特点比较

类 别	技术推动模式	需求拉动模式	综合作用模式
创新诱因	技术发明	市场需求	技术发明与市场需求
技术与需求的关系	技术创造需求	需求促进技术	技术与需求的双向作用
创新难度	难	较难	较易
创新周期	长	较短	短
创新主要遵循的规律	技术发展规律	经济发展规律	技术发展与经济发展规律
创新成功的关键人物	科学家	企业经营者	拥有一定技术能力的企业经营者
创新成果的应用	难	易	易
创新效果	一旦采用会使技术体系发生根本变化，导致一大类新产品的形成	易于商品化，使创新成果迅速产生效益	易于商品化，技术进步与经济发展相互促进

案例 2.2

我国技术贸易的引进

据商务部统计，自 1999 年实施科技兴贸战略以来，我国累计引进技术近五万项，合

同总金额超过 1 000 亿美元，其中技术费达 623 亿美元，占合同金额的 57.6%。2005 年，我国为技术引进所支出的技术费达 118.3 亿美元，占技术引进合同总金额的 62.3%，比 1999 年提高了 31 个百分点。这表明，在政府政策的引导下，企业“重设备轻技术”的技术引进观念已得到转变，软技术在我技术引进中逐渐占据主导地位，引进技术的质量明显改善。

【案例分析】（1）当代经济竞争，已从资本实力转向技术实力，技术进步和创新是产业升级的有效途径，这也是我国引进外资的核心。（2）我国在注重技术引进的同时，还要注重引进技术的消化创新。（3）日本走过的“技术引进—消化仿造—技术创新—技术出口”的发展道路，值得我们借鉴。（4）要着重于提高引进技术的质量，优化产业结构，应大力引进深加工工业和技术密集型项目，如电子、机械、仪器仪表、工业设备、医药、建材等。努力实现向技术含量高、附加值大的项目转移，改变目前一般加工工业和劳动密集型企业占主导地位的局面。

二、技术传播理论

西方学者研究技术转移往往都是从国内的技术传播着手的，而后延伸到研究国际技术转移。技术传播是一个社会系统内的个体或组织成员，在一定的时间内，通过特定的渠道传递技术创新知识并采用新技术的过程。

技术传播一般包含四个主要因素：技术发明、交流渠道、社会系统和时间。其中，技术发明是技术传播的标的。它被潜在用户采用的机会与其自身的特点密切相关，如比较优势、兼容性、复杂性、可测试性、可观察性、再创新性能等。交流渠道指个人和组织间进行信息、知识交换所通过的一定的渠道。例如，个人间的交往，公司间的合作、学术会议、大众传播等。潜在用户接触到新技术并通过一定的渠道获得和积累了与之相关的知识和信息之后，才会做出采用或拒绝该项新技术的可能决策。由于技术传播都是在一定的社会系统中完成的，社会系统中的许多因素，如经济水平、技术设置、管理方式、价值观念等，都会对技术的这一传播过程产生比较长远的影响。

时间因素是技术传播的最后一个也是极其重要的因素。技术的传播是需要一个过程的。从新技术的潜在用户的角度考虑，其是否采用一个创新技术的决定过程包括：了解阶段（获得知识、寻求信息、评估）、说服阶段（从自己的处境评估新技术的优缺点，减少不确定性和风险，产生接受或拒绝的态度）、决定阶段（做出采用或拒绝的决定）、实现阶段（使用新技术）和确认阶段（维持或改变原来的决定）共五个阶段。从一个社会系统的整体上看，技术采用者可以按时间序列分类为：发明创新者、早期采用者、早期主体、后期采用主体和跟随者。相应的，整个技术传播过程又大致可分为早期准备、起飞、增长、稳定、下降几个阶段。而这就是法国社会学家塔尔德在 1904 年提出的进一步完善了的“S 型传播曲线理论”所提及的基本思想。可见，不论从哪个角度来探讨技术的传播过程，时间都是必须要考虑的一个重要因素。

相对独立的传播学学科体系中影响最大的就是“S 型传播曲线理论”，这是曼斯菲尔德在 1961 年提出的。他创造性地将传播学中的“传染原理”和“逻辑斯蒂”成长曲线运用到了扩散的研究之中，从而建立了著名的“S型扩散模型”（见图2-4）。

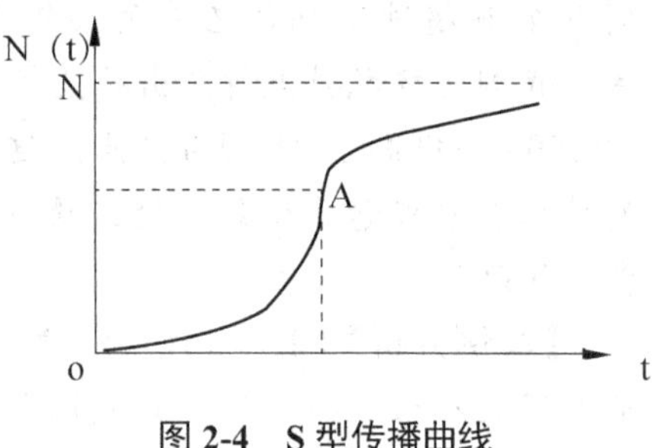

图 2-4　S 型传播曲线

S型扩散模型的基本假设是，技术扩散过程主要是一个模仿过程。一种新产品（注意，由于新产品是创新技术的直接体现，因此在后面的解释中，我们经常将新产品与新技术作为可互换的概念）投入市场后，它的扩散速度主要受到两种信息传播途径的影响：（1）大众传播媒介，如，广告等（外部影响），它传播产品性能中容易得到验证的部分（如价格、尺寸、色彩以及功能等）；（2）口头交流，即已采用者对未采用者的宣传（内部影响），它传播产品某些一时难以验证的性能（如可靠性、使用方便性以及耐用性等）。

技术创新在企业间的传播扩散过程是非常曲折和复杂的，主要呈现以下几方面的特点：

（1）某一技术在其开发期或创新初期，由于技术仅是基本型，存在较大风险，其传播速度较慢，技术扩散水平较低，表现为采用该创新技术的累计企业较少，增加的幅度也小；

（2）随着时间的推移，技术基本定型，作为一种新技术，由于它可能带来的高利润，对此技术有需求的企业迅速增加，相应地，该创新技术的累计采用企业数也以加速度增长，且增长速度在A点达到峰值，也就是说，这一时期，技术的传播与扩散极快；

（3）一方面由于使用这项技术的企业越来越多使得利润率下降，另一方面由于其他新的替代技术的出现，对这项相对老的技术需求逐渐减少，这项技术进入了成熟及衰退期，表现为采用该技术的累计企业数以减速度增加，最后，企业数趋近于潜在技术采用企业总数，不再增长。

1944年，拉查斯、菲尔德等人提出了“二元性传播假说”。该假说认为，信息的沟通是通过大众传播媒介以及具有信息中枢作用的高层权威人物之间的交往才得以完成的。此后，丹尼尔逊等人在研究第一号人造卫星发射成功这一消息的传播时，对“二元性传播假说”进行了修正，认为相较于核心人物的交往，大众性传播媒介在沟通信息方面的效果更为重要，在核心人物的交往中获取的信息也只有通过大众性传播媒介的传播才能到达全社会。

进入20世纪60年代，技术传播问题的研究不仅开始突破国界，走向国际化，而且突破了行业限制（以往的研究都是与农业技术的传播相关的）。标志性事件就是1964—1968年，罗杰斯统一领导的一些国家的研究人员合作，对巴西、印度、尼日利亚等国的农业技术传播进行了调研，以及曼斯菲尔德首次对工业经济领域的技术传播进行了研究，并得出工业技术传播速度取决于企业规模、新技术的预期利润率以及企业增长率等因素的结论。

从以上传播学的发展历史可以看出，传播理论的研究始终局限于一国内部的技术活动，即使开展国际合作研究，其研究对象也仍是在国内范围。另外，传播理论的研究都不涉及传播机制这一根本性问题。正是由于技术传播理论的这些局限性，人们对技术转移研究的注意力开始转向了对国际技术转移机制的研究。

由于技术传播都是在一定的社会系统中完成的，社会系统中的许多因素，如经济水平、技术设置、管理方式、价值观念等，都会对技术的这一传播过程产生比较长远的影响。

第二节　国际技术转让理论

一、技术差距理论

技术差距论（Theory of Technological Gap），又称技术间隔论，是由美国学者波斯纳（M. U. Posner）于20世纪60年代提出的。

（一）技术差距论的主要内容

该理论认为形成技术转移的原因在于国际上存在着技术差距。世界经济中存在着二元结构，世界技术领域也存在着二元结构。技术领先的国家，具有较强开发新产品和新工艺的能力，从而形成或扩大了他与技术落后国家间的技术差距，进而有可能暂时享有生产和出口某类高技术产品的比较优势。技术是由领先国家向落后国家转移的。如图2-5所示。

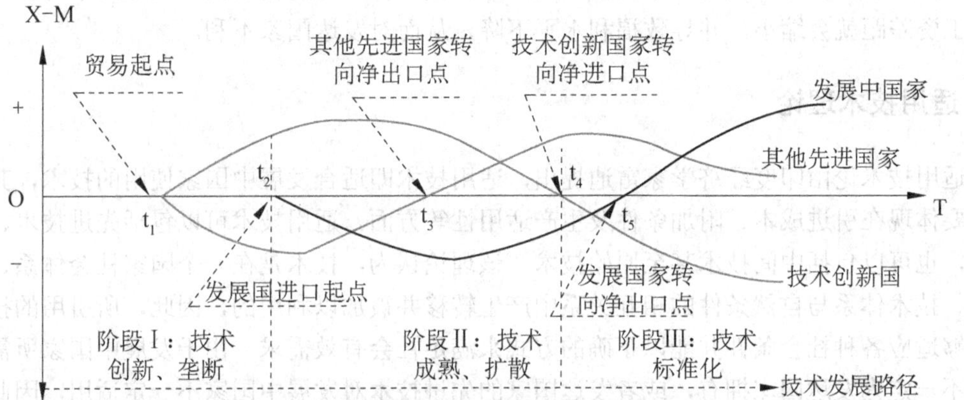

图2-5　技术差距曲线

技术发展路线分为三个阶段：在阶段Ⅰ中技术垄断是决定竞争优势的手段。在阶段Ⅱ中投资能力（资本）是决定竞争优势的主要因素。在阶段 Ⅲ 中劳动力成本是决定竞争优势的主要因素。假设技术创新国为美国，其他先进国家为德国，发展中国家为中国，那么在第一阶段技术决定优势，技术创新国（美国）处于研发期和成长期，为该产品的唯一出口国；其他国家进口；第二阶段为规模决定优势，技术创新国（美国）进入成熟期，其他先进国家（德国）进入成长期，开始与技术创新国（美国）在出口市场竞争，技术创新国（美国）逐渐进入衰落期，开始进口该商品，与此同时，发展中国家（中国）该商品逐渐成长。第三阶段为成本决定优势，此时技术创新国（美国）和其他先进国家（德国）都进入到衰落期，该产品生产转移到具有成本优势的发展中国家（中国），中国成为唯一出口国。由此可见，产品生命周期不同阶段上决定生产优势的核心因素不同，这会导致生产向具有该优势的国家转移，从而引发贸易模式的变化。

（二）技术差距论的动态扩展

技术差距理论是对H-O理论（即赫克歇尔—俄林理论，以要素分布为客观基础，强调各个国家和地区不同要素禀赋和不同商品的不同生产函数对贸易产生的决定性作用）的动态扩展：1961 年波斯纳认为，技术实际上是一种生产要素，并且实际的科技水平一直在提高，在各个国家的发展水平不一样。这种技术上的差距可以使技术领先的国家具有技术上的比较优势，从而出口技术密集型产品。随着技术被进口国模仿，这种比较优势消失，由此引起的贸易也就结束了。

（三）技术差距理论的发展——技术转移的一般均衡论

1979 年由克鲁格曼提出，成为保持差距的根据。把资源配置、世界收入分配与技术统一起来考察。发达国家创新产品价值高，因而劳动力的工资水平高，高工资包含着技术创新的垄断收入。当创新产品演化为成熟产品并转移到发展中国家时，发展中国家因获得技术而提高劳动生产率，改善了收入和福利水平。

技术转移处于这样一种均衡结构。发达国家与发展中国家之间就要经常保持一定的技术差距，发达国家不间断的技术创新，不仅是维持其竞争地位的需要，更是维持其福利水平不下降的必要条件。如果发达国家创新速度下降或技术转移的进程加快，发达国家与发展中国家的工资差距就会缩小，并导致福利水平下降，从而对发达国家不利。

二、适用技术理论

适用技术论由印度经济学家雷迪提出，适用技术即适合发展中国家使用的技术，其适用性主要体现在引进成本、附加条件及生产适用性等方面。适用技术可以包括先进技术、尖端技术，也可以包括中间技术甚至原始技术。该理论认为，技术是在一个国家社会体系、价值体系、技术体系与自然条件的相互关系中产生转移并被加以利用的，因此，所引用的技术应该能够适应各种社会条件并能以正确的方式来满足社会有效需求。由于发展中国家所需要的技术不一定为发达国家拥有，或者发达国家的先进技术对发展中国家不一定适用，因此，发展中国家在引进技术时，应该从本国的国情出发，在综合衡量本国的生产要素现状、市场发展规模、社会政治文化环境、国民吸收创新能力的前提下，根据最小投入和最大收益的原则，选择最适合本国发展水平的技术。在此基础上，雷迪又提出了发展中国家在技术选择时应追求的三个目标。

（1）环境目标。现代经济中，经济发展过程中往往伴随着环境污染、资源浪费和生态失衡，而且如果采取粗犷的经济发展方式，往往会付出惨重的代价。环境保护目前已成为世界性的目标，因此，适用技术应该能够提高自然资源的利用率、节约资源、循环使用各种材料、减少环境污染。

（2）社会目标。适用技术的引进和利用要能与传统文化相融，最大限度地满足人类的基本需要、提供更多、更好就业机会的同时，促进社会和谐发展。

（3）经济目标。引进适用技术能够有效地缩小发展中国家与发达国家的技术差距，并真正地促进经济的快速发展，广泛地提供就业机会，促进经济平衡发展。

适用技术论是从发展中国家角度提出的一种技术选择理论，其出发点在于发达国家与发展中国家的技术水平存在差别性，对发达国家适用的先进技术对发展中国家不一定适用。其合理之处在于强调技术的适用性，指明发展中国家不能离开技术的适用性而盲目追求先进的高精尖技术。但是，适用技术的选择强调的是对当地生产与消费的适应性，带有自给自足的封闭经济思想，忽视了引进国长远的经济技术进步与发展的目标以及竞争能力的培育。此外，适用技术没有严格一致的定义，实践中对适用技术的片面理解进一步加剧了对技术引进的某种误导，只会使其与技术水平先进国家的差距越来越大。

三、学习曲线效应

第二次世界大战时，有人根据相关资料研究发现，飞机生产数量的递增与单位产品的平均直接工时成反比，即当累计产量较小的时候，平均直接工时较大，累计产量较大时，平均直接工时较小，这种现象被人们称为“学习效应”，用学习曲线来表示（见图 2-6）。

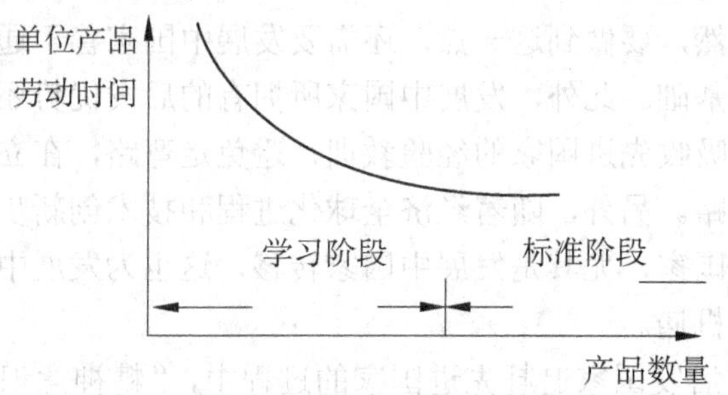

图 2-6　学习曲线效应

学习曲线（Learning Curve）反应的是这样一个过程：随着生产产量的累积增加，企业掌握的技术经验日益丰富，从而生产的平均成本不断降低。它表明了产品的平均成本与生产者的累计总产量之间的反向关系。基于对学习曲线的分析，我们可以看到，通过贸易与投资这些产生“学习效应”的基本渠道，后起企业通过“学习”能够获得比先进企业更多的收益。

四、后发优势论

1962 年，美国著名经济学家亚历山大·格申克龙第一个在他的论文《经济落后的历史回顾》中提出了“后发优势”（advantage of backwardness）理论。他认为，工业化前提条件的差异对发展的进程有较大的影响。一个国家在其工业化初期，相对于他国落后程度越高，其后的工业化进展反而越快，往往以突变的方式出现。他提出了一个后进国家追赶先进国家的经济增长模型。所谓后发优势，就是为由后发国地位所致的特殊益处，这一益处先发国没有，后发国也不能通过自身的努力创造出来，而完全是与其经济的相对落后性共生的，是来自于落后本身的优势。

虽然从目前的经济技术发展水平看来，发展中国家处于落后地位，但是这种落后中也存在着一种潜在的优势。从历史上来看，“二战”后，日本、新加坡等国都是充分利用后发优势，在立足于本国科技、资源的基础上，大规模地利用先进国家已创新的技术来提升国内产业结构和促进经济发展。而且，经过短短几十年的发展，这些国家的经济实力的确有了突飞猛进的发展，有效地缩短了与先进国家的差距，甚至后来居上。该理论的现实意义有以下几个方面。

（1）后发优势理论承认不同类型的国家之间存在着经济差距，而且有时这种差距是巨大的。同时，该理论也提出了发展中国家可以从这种差距中获得利益的论断。用格申克龙的话说，就是：“一个国家工业化起步越晚，实现其追赶的速度就越快。”对于发达国家来说，其目前的发展成就经历了长时期的只是存量增加、实现技术进步和经济发展的过程，而且每取得一定的技术进步都要经历科学发现、发明创造、技术应用、技术改进和技术扩散五个阶段。但是，由于后发优势的存在，技术落后国家不必重复上述漫长的过程，而可以通过大规模技术引进缩短技术的研究开发时间，尽快缩小与发达国家之间的技术差距，进而实现经济的跨越式发展。

（2）尽管发展中国家和发达国家之间存在着很大的差距，但是发展中国家仍存在着赶超先进国家的潜能，这种潜能就是后发优势。后发优势的特点在于资源再配置潜力与结构变化而引起的经济增长。当然，要做到这一点，还需要发展中国家善于通过政策手段和制度安排来构筑后发优势形成的基础。此外，发展中国家所拥有的后发优势还包括发展中国家具有很大的选择性，他们可以吸收先进国家的经验教训，避免走弯路，在立足自身实际情况的基础上，选择最优的发展道路。另外，随着经济全球化进程和技术创新步伐的加快，发达国家的资本、技术不断向其他国家，尤其是发展中国家转移，这也为发展中国家利用后发优势、赶超先进国家提供了历史机遇。

（3）该理论认为在后发国家追赶先进国家的过程中，“精神意识”等民族力量是十分重要的因素。“精神”“意识形态”等智力因素在后发国家与先进国家存在着很大的不同，后发国家强烈的赶超意识有可能形成全民族的合力，成为推动经济社会发展的强大力量。

当今世界南北差距日益加大。由于“后发优势”理论从理论高度展示了后发国家在工业化进程中赶超先进国家的可能性，因此，它对于制定发展中国家发展战略具有很深远的指导意义。

五、梯度论与跳跃论

梯度论的观点是根据技术发展的不同水平，将技术划分为若干个梯度，技术转移是按梯度依次进行的。至于到底应该将技术划分为几个梯度，有人认为可分为尖端技术、中间技术、基础技术三个梯度。处于基础技术水平的国家，即大多数发展中国家，只能先引进技术先进国家（一般指发达国家）的基础技术或中间技术，随着其技术水平的发展，再引进尖端技术，采取逐步过渡的方式进行。

跳跃论则认为，技术的引进不一定必须按梯度进行，处于基础技术水平（第三梯度）的国家可以根据其经济发展需要引进先进国家的尖端技术（第一梯度），即进行跳跃式技术引进。

有人认为，不同的年代适用的理论不同。在过去，交通、电信等传播能力极不发达，生产力水平较低，因此，梯度技术转移论更为适用。但今天已进入信息社会，信息传输准确快捷，交通运输能力也极大提高，这些条件使得技术跳跃式转移成为可能，即国际上的技术转移完全可以从第一梯度直接过渡到第三梯度，因此，跳跃技术转移论也是适用的。也有人认为，发达国家间的技术转移属于跳跃式转移，而发展中国家间的技术转移只可能是梯度式转移。这种理论的必然结果就是发展中国家永远落后于发达国家。还有人认为，在世界范围内技术转移方式是混合式的，技术转移一般不会同时出现在一个国家。

从某种意义上来说，技术水平确实存在适用性，技术转移也确实存在梯度式，这是客观现实。而对于发展中国家来说，关键问题在于如何对待这种现实。发展中国家不能离开技术的适用性去片面追求先进的高精尖技术，发达国家也不应该以技术的适用性和转移的梯度性为借口，对发展中国家一味转移中间技术甚至是过时技术。发达国家应当从缩小南北差距的立场出发，不仅应与发展中国家共同开发真正适用于发展中国家的技术，还应当帮助发展中国家逐步发展高新技术，以促进国际技术协作的发展，进而真正地推动世界经济的进步。

第三节　技术与国际贸易理论

一、产品生命周期理论

产品生命周期理论是现代国际贸易理论之一。虽然后来的实证研究表明，并非所有经济部门都以产品周期为动态特征，但是该理论能够很好地诠释以高技术为特征的经济部门的贸易模式。这一动态的贸易理论表明，在产品的生命周期中，制造这种产品的生产要素比例会发生变化，创新国的技术优势会逐渐丧失，贸易的地理方向会产生转移，贸易结构也会发生变化（见图 2-7）。

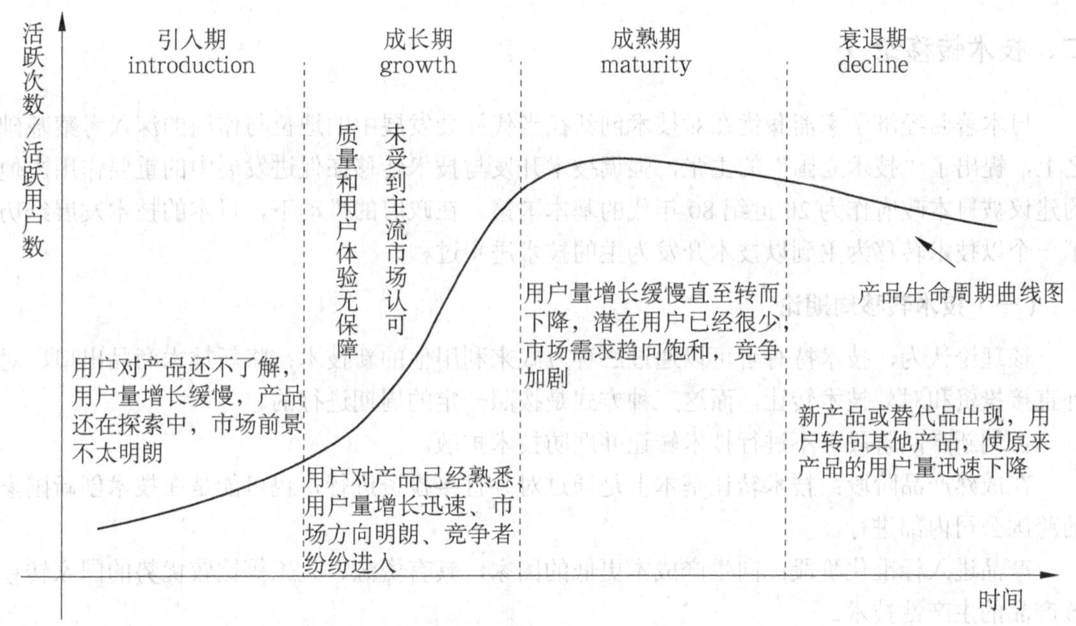

图 2-7　产品生命周期理论曲线

1. 引入期

新产品开发的主要目的是满足国内市场的需求。创新产品在国内市场上处于垄断地位，在技术上也处于垄断阶段，这就形成了技术创新国家与其他国家的技术差距，并使得其他国家在模仿该创新（技术）产品时，存在一个时滞过程。

2. 成长期

乙国形成了对该产品的需求，开始仿制该产品，并逐渐缩小与甲国间的技术差距。由于乙国在该技术及其产品的投入中具有比较优势，因而在本国市场上具有竞争力，会逐渐减少从甲国的进口。对于甲国来说，虽逐渐减弱了对乙国出口的竞争，但对其他国家（如丙国）仍具有技术优势和较强的竞争力，因而该产品的生产和出口仍将继续增长，但增长的趋势逐渐趋缓。

3. 成熟期

甲国逐渐丧失了在该产品生产上对乙国的技术优势，产品逐渐退出了乙国的市场。乙国开始同甲国争夺国际市场，并逐渐取得了对其他国家的出口优势。对于甲国来说，在此阶段仍控制着国内市场。与此同时，丙国（一般为发展中国家）对该产品的需求逐渐增加，并随着市场的扩大，开始对该产品的仿制，以谋求替代进口，争夺国内市场。

4. 衰退期

乙国随着国内外市场的扩大，规模收益的提高，生产成本、产品价格进一步降低，该产品在甲国的国内市场上也具有了竞争能力，甲国的国内市场逐渐让位于乙国。甲国在该产品的国际竞争中日趋衰亡，最终成为该产品的净进口国。乙国替代甲国成为该产品的主要出口国。丙国在该产品的生产上已开始出现成效，产量逐渐扩大，进口量逐渐缩小，产品的国内竞争力逐渐提高。

二、技术转移论

日本著名经济学家斋藤优在对技术创新在当代社会发展中的地位与作用的深入考察基础之上，提出了“技术立国”的主张，强调技术开发与技术转移在促进发展中的重要作用。他的建议被日本政府作为20世纪80年代的基本国策。在政府的推动下，日本的技术发展经历了一个以技术转移为主到以技术开发为主的技术进步过程。

（一）技术转移周期论

该理论认为，技术持有者可以通过三种方式来利用他的新技术：将新技术商品出口、对外直接投资和对外技术转让，而这三种方式是按照一定的周期进行的。

在创新产品阶段：不进行技术转让并严防技术扩散。

在成熟产品阶段：技术转让基本上是通过对外直接投资进行，也可能是在技术创新国家的跨国公司内部进行。

产品进入标准化阶段：向生产成本更低的国家，具有资源、人工等比较优势的国家转移该产品的生产性技术。

技术转移周期论认为，企业的发展周期，即收益的变化调节着新技术产品出口、对外直接投资和对外技术转让这三种方式所形成的一个周期循环，从而解释了关于技术转移的机制问题，揭示出技术转移是技术产生后发展的必然结果，是产品周期循环的内在趋势。

（二）需求与资源关系假说

1979 年，斋藤优在其专著《技术转移论》中提出了需求资源关系假说，当时称为“NR 关系假说”。后来，在其 1986 年 9 月出版的新著《技术转移的国际政治经济学》中，斋藤优把这一假说作为一种理论加以运用。N（needs）即需求，包括各个方面、各个领域、各种层次的需求；R（resources）即资源，包括人才、资本、设备、信息等。他认为，正是“NR 关系”的格局和同国家、地区、企业间的“NR 关系”的对比状态决定了它们之间技术创新、技术转移的战略行为。

该假说认为，一国国民经济的发展以及其他经济活动的顺利开展需要该国的资源（R）与需求（N）相适应。但一国国民的需求 N 很难与资源 R 相互吻合，也就是说 NR 关系不适应，从而会阻碍该国经济的正常发展。斋藤优指出，解决 NR 关系不适应性的途径有两个：技术开发和技术引进。技术开发和创新一方面能够节约资本、劳动力、原材料，另一方面也可能开发出新的原材料和资本，从而能够更好地满足该国经济发展的需要，实现资源与需求相互适应。另外，通过技术转让可以让本国充裕的技术要素转移到其他需要该技术的国家，从而获得较高的收益；还可以引进本国缺少的技术，解决经济发展中的技术缺口问题。对于技术发展相对落后的国家来说，技术引进尤其重要。因此，可以看出，NR 关系的不适应性是促进技术开发、技术革新的动力，也是国际技术转移的动机。

原先的 NR 不适应的矛盾通过技术开发和国际技术转移机制的协调与配置得到了暂时的解决，即一国经济发展中的需求与资源关系得到了暂时的平衡。但随着世界经济不断向前发展，这种暂时的平衡关系又会遭到破坏。为了使 NR 关系重新相互适应，需要进行新一轮的技术创新和通过国际技术转移机制引进新的技术。这样，在需求和资源的不断适应中各国的经济得以向前发展。某个国家的 NR 关系是这样，世界各国间的 NR 关系也是如此，而且由于所处经济发展阶段不同，各国有着不同的 NR 关系，即使发达国家之间、发展中国家之间也有不同的 N，需要不同的 R 来平衡相互间的 NR 关系。一国可以将其充裕的技术转移到其他需要这种技术的国家，而引进自己需要的技术。国际技术转移机制就是在这种 NR 关系的不断循环互补中形成的。

这种两国之间 NR 关系的互助互动，包括需求与资源转移、信息交流、多样化的技术转移渠道、技术转移机制与技术转移基础设施（包括专利制度、技术教育、培训制度等制度性因素，以及交通、通信设施、研究开发机构、大学等硬件因素）等。NR 关系的国际开展越广泛、越活跃，技术转移也就越容易。但是这种 NR 关系结构所具有的动力机制能在多大程度上发挥作用，还取决于影响技术转移的四种速度因素：

（1）某国最初尝试一种新产品的速度或者说需求时滞；

（2）在新产品引入国内市场后其在消费者中间的扩散速度；

（3）某国从国外获取生产技术的速度，或者说模仿滞后率；

（4）一旦生产技术从国外进入后，国内生产者采用新技术的速度。

三、南北贸易模型

克鲁格曼（Paul Krugman）在 1979 年发表了题为《创新、技术转让和世界收入分成的模型》（A Model of Innovation，Technology Transfer，and the World Distribution of Income）的论文，结合国际贸易格局的动态研究，对产品生命周期理论作了重要发展，率先建立了南北贸易中技术转移的一般均衡模型。

克鲁格曼使用了一个要素——劳动，考察了两个地区——南和北，将众多产品分成了两类——新和旧，从而建立了一个一般均衡模型。假定北方国家（即发达国家）以一定的速度进行技术创新，而南方国家（即发展中国家）则是缺乏产品技术创新能力的。因此北方国家总是出口新的、高技术的产品，而低工资的南方国家总是生产和出口“旧”产品（技术已标准化的产品）。而南方国家能够生产过去由北方国家垄断生产的产品是技术转移的结果。北方国家把新产品的生产转移到南方国家的好处在于，一旦南方国家掌握了该技术，它们就能够用比前者低得多的生产成本来生产出同样的产品。生产成本上的差异产生了潜在的经济利润，并刺激北方国家的厂商将产品的生产转移到南方国家中去，同时刺激南方国家的厂商模仿北方国家的先进技术。假定南方国家和北方国家对“新”产品和“旧”产品都有需求，因而随着北方国家的先进产品向南方国家的不断扩散和转移，以及北方国家中“新”产品的不断涌现，将形成北方国家向南方国家出口“新”产品，同时又向南方国家进口“旧”产品的国际贸易动态格局。在长期均衡状态下，北方国家生产的产品种类数与南方国家的产品种类数之比将有一个稳定的比率。这是一个动态的均衡，产品创新和技术转移会持续地出现，贸易结构处于连续不断地变化之中；同时，每个地区所生产的产品类别也在不断地更新。这一动态的贸易过程正好体现了每一种产品所经历的生命周期。

产品生命周期的表现与技术创新率和技术转移率有着密切的联系。技术创新的增加使得被生产的产品品种增加；而由于生产成本（工资）的差额，原来在北方国家生产的产品现在转移到南方国家生产和出口，随着这一情况的增多，技术转移会相应增加。不论是技术创新还是技术转移的增加，都会提高全球的经济效率，即在给定的要素资源数量下，世界的产出得到增加。再从分配的角度来进行分析，技术创新的增加，可以给北方国家带来消费品多样化、新旧产品比率上升、劳动力的相对工资上升、贸易条件改善等多种好处；但对南方国家来说，虽然消费品更加多样化了，但由于贸易条件恶化等方面的原因，技术创新的增加未必会给南方国家带来全面的实惠。而技术转移的增加会降低新产品对“旧”产品的比率，同时，北方劳动力的工资相对于南方工资会有所下降，因而贸易条件有利于南方而不是北方。这又会促使北方持续技术创新。克鲁格曼认为，该模型不同于传统的李嘉图比较优势贸易模型或赫克歇尔—俄林要素禀赋模型，它证明和扩展了产品周期理论，并通过日本和中国台湾的历史经验证明了该理论。

资料 2.1

克鲁格曼简介

保罗·克鲁格曼（Paul R. Krugman）是美国经济学家，是自由经济学派的新生代，他的理论研究领域是贸易模式和区域经济活动。1991 年获克拉克经济学奖 2008 年获诺贝尔经济学奖。目前是普林斯顿大学经济系教授。

克鲁格曼的主要研究领域包括：国际贸易、国际金融、货币危机与汇率变化理论。

他创建的新国际贸易理论，分析解释了收入增长和不完善竞争对国际贸易的影响。他的理论思想富于开创性，常常先于他人注意到重要的经济问题，然后建立起令人赞叹的深刻而简洁优雅的模型，等待其他后来者的进一步研究。他被誉为当今世界上最令人瞩目的贸易理论家之一，而他在1994年对亚洲金融危机的预言，更使他在国际经济舞台上的地位如日中天。他目前担任着许多国家和地区的经济政策咨询顾问。1991年，他成为麻省理工学院经济系获得克拉克经济学奖的第五人。2008年，克鲁格曼获得该年度的诺贝尔经济学奖。

克鲁格曼主要著作

克鲁格曼主要代表作有:《期望减少的年代》《亚洲奇迹之谜》《萧条经济学的回归》《流行国际主义》《国际经济学》《大破解》《一个自由主义者的良知》等。

保罗·克鲁格曼其他已在中国出版的著作有:

- 《地理和贸易》，国际经济学译丛，中国人民大学出版社，2000;
- 《汇率的不稳定性》，国际经济学译丛，中国人民大学出版社，2000;
- 《流行的国际主义》，国际经济学译丛，中国人民大学出版社，2000;
- 《战略性贸易政策与国际经济学》，国际经济学译丛，中国人民大学出版社，2000;
- 《克鲁格曼国际贸易新理论》，中国社会科学出版社，2001;
- 《市场结构和对外贸易政策——报酬递增、不完全竞争和国际贸易》，上海三联出版社，1993。

克鲁格曼与诺贝尔经济学奖

有经济学者评论:“如果诺贝尔经济学奖要颁给国际金融领域的研究者，那就一定会颁给克鲁格曼，因为他是这个方向的一个开创性人物。”

诺贝尔经济学奖最近一次定格金融学领域是在1997年，当时，斯科尔斯和默顿两位学者，因其在金融衍生产品理论方面的贡献摘得桂冠。而1997年也正是爆发亚洲金融危机的“一个金融动荡的年份”。

有学者说，此次源自华尔街的金融风暴，使得人们更加关注大规模、世界性的金融危机，并企图寻找缓解危机冲击的有效方法。在这种情况下，诺贝尔经济学奖自然会更加关注金融领域的研究成果。

此前，令克鲁格曼名声大噪的是他的一个预言。1996年，克鲁格曼曾在其《流行国际主义》一书中就预言了亚洲金融危机。他提出，所谓的“亚洲奇迹”是“建立在浮沙之上，迟早会幻灭”。他认为，亚洲在高速发展的繁荣时期，已潜伏着深刻的经济危机，将在一定时间内进入大规模调整。1997年，该预言成功验证，有力奠定了克鲁格曼作为“新一代经济学大师”的地位。

因此，在华尔街金融风暴引发全球金融动荡之时，克鲁格曼对当前形势的评价，越发引人关注。

“按照我的判断，当前普通美国人的命运与经济普遍增长的脱钩，在美国近代史上是史无前例的”，他猛烈抨击了布什和执政的共和党人。事实上，在近些年来，几乎布什政府所有的政策，都将会成为这位在《纽约时报》网站上勤奋写作博客的经济学家批评的对象。

他在《布什之后——新保守派的终结与民主党人的时刻》中描述了保守派占领华盛顿并在经济繁荣时期分化美国社会的手段。由于丰厚的税收优惠，美国的富人越来越富，企业的盈利被投放到至今不为人知的领域。“相反，大多数雇员的薪水几乎跟不上通货膨胀的脚步”，克鲁格曼说。

他总喜欢提起自己青年时代的“失落的天堂”——即20世纪五六十年代，美国那时成为众所周知的中产阶级社会。在《一个自由主义者的良知》中，他在书的第一页开篇便写道：

“我生于1953年。与同辈人一样，我把自己成长于斯的美国的一切都视为理所应当的。事实上，如许多同辈人一样，我严词抨击美国社会种种甚为真切的不义现象，游行抗议对柬埔寨的轰炸，为自由派政治候选人挨家挨户地奔走。只是在后来的回想中，我才明白地意识到，自己年轻时所处的政治与经济环境是一个早已逝去的天堂，是美国历史上一段不同寻常的篇章。”

他认为，这样的天堂社会背后的推动力是总统罗斯福的“新政”。正是新政开始大力实施的“自上而下的收入和财产再分配”使美国社会获得了繁荣。直到70年代，政府才开始以某种形式“撤回”这一政策。这个本来按照欧洲标准衡量就很糟糕的社会福利国家被拆卸得七零八落，盛极一时的工会如今已经大不如前。

克鲁格曼认为，再次扭转这一趋势的时刻到来了。正因如此，他主张不再选举共和党人做总统。他主张回归罗斯福和杜鲁门所代表的价值：“为了像罗斯福带领美国参加第二次世界大战那样，诚实、有效地进行伊拉克战争，我们的做法也许至少要有一点儿像‘新政’。”

而在面对荣誉时，克鲁格曼说：“我们都想得到权力，我们也渴望成功，但是对我来说，最好的回报就是理解带来的快乐。”

资料来源：MBA智库百科. http://wiki.mbalib.com/wiki/%E5%85%8B%E9%B2%81%E6%A0%BC%E6%9B%BC.

美国加州大学的多勒（D.Dollar，1986）以克鲁格曼的模型为基础，进一步发展、建立了一个南北贸易动态平衡模型，着重分析了技术创新、资本流动和产品出口从北方转移到南方的动态过程，并且区分了短期均衡和长期均衡。同克鲁格曼的模型相比，多勒的模型有两个重要的突破：第一，他认为发达国家向发展中国家的技术转移率与两个地区之间的生产成本差距成正比，因为成本差距越大，通过技术转移而获得的潜在经济利润就越高，相应的技术转移也就越多；第二，他认为资本的国际流动是渐进的，是对南北资本收益率差别的反映。多勒模型是目前为止较为复杂和完善的模型。

克鲁格曼和多勒的南北贸易模型具有较强的政策含义：首先，对于发达国家来说，为了能够在国际贸易中继续保持领先的地位，它们就必须不断地进行新产品和新技术的开发和研究。因此，发达国家应积极实施鼓励和支持本国技术创新活动的政策，进而有效地提高本国的福利水平。其次，对于发展中国家来说，为了缩小与发达国家之间的技术差距，提高技术水平以及人力资源与生产资源的配置效率，发展中国家应积极引进外资，并通过技术引进等各种方式努力提高本国的技术水平，实现技术进步；同时，发展中国家应当增加本国的技术研究投入，加强本国的技术研究能力和水平，改善本国的贸易条件。

克鲁格曼和多勒的南北贸易模型具有较强的政策含义：

（1）对于发达国家来说，为能够在国际贸易中继续保持其领先的地位，它们就必须不断地进行新产品和新技术的开发和研究。

（2）对于发展中国家来说，为了缩小与发达国家之间的技术差距，提高技术水平以及人力资源与生产资源的配置效率，发展中国家应该积极引进外资，并通过技术引进等各种方式努力提高本国的技术水平，实现技术进步。

四、边际产业转移理论

20 世界 60 年代，日本企业对外投资快速发展，呈现出同美国跨国企业对外投资不同的特征，其投资方向侧重于发展中国家自然资源开发和劳动密集型产业；主要是根据比较成本安排的贸易创造型投资；投资主体多为中小企业，转移的技术多为适用技术。日本著名经济学家小岛清在比较优势理论基础上对这种投资现象进行了解释，1977 年在《对外直接投资论》中提出了边际产业理论。

该理论认为，一国对外直接投资应该从本国已经处于或即将处于比较劣势的产业（即边际产业）开始依次进行，这些产业是该投资国已处于比较劣势的部门，但在东道国却拥有比较优势或潜在比较优势。简而言之，本国已趋于比较劣势的生产活动应通过对外直接投资依次进行国际转移。

在边际产业中，投资国的中小企业拥有的实用技术大多容易被东道国企业接受，双方在生产技术和管理水平方面差距较小，有利于东道国消化吸收，其波及效应也较大。因此，在小岛清看来，日本对外直接投资应从差距小、容易转移的技术开始。这为中小企业对外技术转移提供了理论支持。

第四节　技术与国际企业成长理论

一、资源基础理论

1984 年沃纳菲尔特（Werner felt）的“企业的资源基础论”的发表意味着资源基础论的诞生。

资源论的假设是：企业具有不同的有形和无形的资源，这些资源可转变成独特的能力，资源在企业间是不可流动的且难以复制；这些独特的资源与能力是企业持久竞争优势的源泉。资源基础理论为，企业是各种资源的集合体。由于各种不同的原因，企业拥有的资源各不相同，具有异质性，这种异质性决定了企业竞争力的差异。概括地讲，资源基础理论主要包括以下三方面的内容。

（一）企业竞争优势的来源：特殊的异质资源

资源基础论认为，各种资源具有多种用途，其中又以货币资金为最。企业的经营决策就是指定各种资源的特定用途，且决策一旦实施就不可还原。因此，在任何一个时间点上，企业都会拥有基于先前资源配置基础上进行决策后带来的资源储备，这种资源储备将限制、影响企业下一步的决策，即资源的开发过程倾向于降低企业灵活性。例如，拥有 1 亿元货币资金的企业几乎可能涉足任何产业，但它一旦将这 1 亿元资金用来购买了化工设备及化工原料，它就只可能从事特定的化工生产。尽管如此，企业仍然热衷于资源的开发利用，因为资源的开发增加了资源的专用性，有可能提高产出效率及资源的价值。如果决策得当，上面那家只能从事化工生产的企业也许会从化工生产中赚回 2 亿元。

一般说来，企业决策具有以下特点：

（1）不确定性，即决策者对社会、经济、产业、技术等外部环境不可能完全清楚，对竞争者的竞争行为、消费者的偏好把握不可能绝对准确；

（2）复杂性，即影响企业外部环境的各种因素的相互作用具有复杂性，竞争者之间基于对外部环境的不同感受而发生的互相作用具有复杂性；

（3）组织内部冲突，即决策制定者、执行者、相关利益者在目标上并不一致，各人都将从最大化自己的效用出发影响决策行为。这些特点决定了任何决策都具有较大范围的自由裁量，结果也会各不相同。因此，经过一段时间的运作，企业拥有的资源将会因为企业复杂的经历及难于计数的小决策的作用表现出巨大差异，企业一旦陷入偏差，就可能走入越来越难于纠正的境地。

资源基础理论认为，企业在资源方面的差异是企业获利能力不同的重要原因，也是拥有优势资源的企业能够获取经济租金的原因。作为竞争优势源泉的资源应当具备以下五个条件：

（1）有价值；

（2）稀缺；

（3）不能完全被仿制；

（4）其他资源无法替代；

（5）以低于价值的价格为企业所取得。

（二）资源基础理论竞争优势的持续性：资源的不可模仿性

企业竞争优势根源于企业的特殊资源，这种特殊资源能够给企业带来经济租金。在经济利益的驱动下，没有获得经济租金的企业肯定会模仿优势企业，其结果则是企业趋同，租金消散。因此，企业竞争优势及经济租金的存在说明，优势企业的特殊资源肯定能被其他企业模仿。资源基础理论的研究者们对这一问题进行了广泛的探讨，他们认为至少有以下三大因素阻碍了企业之间的互相模仿：

（1）因果关系含糊。企业面临的环境变化具有不确定性，企业的日常活动具有高度的复杂性，而企业的租金是企业所有活动的综合结果，即使是专业的研究人员也很难说出各项活动与企业租金的关系，劣势企业更是不知该模仿什么，不该模仿什么。并且，劣势企业对优势企业的观察是有成本的，劣势企业观察得越全面、越仔细，观察成本就越高，劣势企业即使能够通过模仿获得少量租金，也可能被观察成本所抵消。

（2）路径依赖性。企业可能因为远见或者偶然拥有某种资源，占据某种优势，但这种资源或优势的价值在事前或当时并不被大家认识，也没有人去模仿。后来环境发生变化，形势日渐明朗，资源或优势的价值日渐显露出来，成为企业追逐的对象。然而，由于时过境迁，其他企业再也不可能获得那种资源或优势，或者再也不可能以那么低的成本获得那种资源或优势，拥有那种资源或优势的企业则可稳定地获得租金。

（3）模仿成本。企业的模仿行为存在成本，模仿成本主要包括时间成本和资金成本。如果企业的模仿行为需要花费较长的时间才能达到预期的目标，那么在这段时间内完全可能因为环境的变化而使优势资源丧失价值，使企业的模仿行为毫无意义。在这样一种威慑下，很多企业选择放弃模仿。即使模仿时间较短，优势资源不会丧失价值，企业的模仿行为也会耗费大量的资金，且资金的消耗量具有不确定性，如果模仿行为带来的收益不足于补偿成本，企业也不会选择模仿行为。

（三）资源基础理论特殊资源的获取与管理

资源基础理论为企业的长远发展指明了方向，即培育、获取能给企业带来竞争优势的特殊资源。由于资源基础理论还处于发展之中，企业决策总是面临着诸多不确定性和复杂性，资源基础理论不可能给企业提供一套获取特殊资源的具体操作方法，仅能提供一些方向性的建议。具体来说，企业可从以下几方面着手发展自身独特的优势资源。

（1）组织学习。资源基础理论的研究人员几乎毫不例外地把企业特殊的资源指向了企业的知识和能力，而获取知识和能力的基本途径是学习。由于企业的知识和能力不是每一个员工知识和能力的简单加总，而是员工知识和能力的有机结合，通过有组织的学习不仅可以提高个人的知识和能力，而且可以促进个人知识和能力向组织的知识和能力转化，使知识和能力聚焦，产生更大的合力。

（2）知识管理。知识只有被特定工作岗位上的人掌握才能发挥相应的作用，企业的知识最终只有通过员工的活动才能体现出来。企业在经营活动中需要不断地从外界吸收知识，需要不断地对员工创造的知识进行加工整理，需要将特定的知识传递给特定工作岗位的人，企业处置知识的效率和速度将影响企业的竞争优势。因此，企业对知识微观活动过程进行管理，有助于企业获取特殊的资源，增强竞争优势。

（3）建立外部网络。对于弱势企业来说，仅仅依靠自己的力量来发展他们需要的全部知识和能力是一件花费大、效果差的事情，通过建立战略联盟、知识联盟来学习优势企业的知识和技能则要便捷得多。来自不同公司的员工在一起工作、学习还可激发员工的创造力，促进知识的创造和能力的培养。

资源基础理论同样存在着必然的缺陷。首先，过分强调企业内部而对企业外部重视不够，由此产生的企业战略不能适应市场环境的变化；其次，对企业不完全模仿和不完全模仿资源的确定过于模糊，操作起来非常困难，而且这种战略资源也极容易被其他企业所模仿。

无论是交易成本理论还是资源基础理论，单一的企业理论是无法解释复杂的现实情况的，目前最好的选择是找到一种复合的理论，在 Williamson（1993）看来，交易成本理论和社会学的组织理论在许多方面相互补充，两者可以相互学习并且在“良性张力”（healthy tension）状态下共存。

企业效率差异的综合解释：治理结构差异与资源异质性。关于企业效率差异的争论由来已久，交易成本理论基于资源同质性的逻辑认为，交易费用的降低是提升企业效率的源泉，所以建立合理的治理结构以节约交易费用是企业存在的必要条件，但科斯把这一必要条件当成了充分条件，注意了企业的交易性，忽略了企业的生产性，企业效率差异未必是治理结构差异的结果。效率差异还可能与其他变量的差异有关，如，资源能力理论所强调的解决问题的技巧和程序，Lippma 和 Rumelt（1982）通过对“不确定模仿力：竞争条件下企业运行效率的差异”的分析，强调“如果企业无法有效仿制或复制出优势企业产生特殊能力的源泉，则各企业间的效率差异状态将永远持续下去”。企业资源理论克服了交易成本经济学片面关注企业的交易属性的缺陷，从企业内部和内外部相结合的角度寻找企业成长和保持持续竞争优势的成因。这派学者认为，资源异质性是最基础的条件，但它也只是竞争优势的必要条件。实际上，单独从企业的生产和交易的任何一方来进行研究都有失偏颇，企业是生产过程和交易过程的统一体，只有把二者结合起来，既要考虑节约交易成本为目的的治理结构设计，也要考虑创造李嘉图、张伯伦和熊彼特租金的资源异质性，才能获得对企业效率根源更为本质和全面的认识。

企业控制权的集中与分散：知识成本和代理成本的权衡控制权的配置可以沿着两种路线，一是根据现实经济制度和法律制度的规定，控制权来源于财产所有权；二是从专业化生产效率的角度分析，控制权的效率基础是知识和信息。以交易成本为基础的契约理论机械地讨论了企业的契约属性，把代理成本作为决定企业权力安排的唯一变量，考察了企业控制权的最优配置问题，得出“资本强权”和“股东至上”的结论。但是它忽略了企业的生产属性和学习特征，资源基础理论注重控制权与知识拥有者相对应，企业的核心资源拥有者应该具有最大的决策权力。

控制权的产生基础往往是冲突的、非对应的。在控制权的配置过程中，企业将面临知识成本和代理成本的共同约束，现实中控制权的产生基础往往是冲突的、非对应的。既有可能面对知识分工条件下经济行为主体有限理性带来的知识成本约束（包括知识的转移、学习和传递成本，以及决策者缺乏知识和信息而做出错误决策的机会成本），也有可能面对信息非对称条件下的代理成本（权力转让和委托代理过程中代理问题和机会主义行为所造成的成本）。所以，在讨论企业控制权分配的时候，引入知识成本因素，结合两种理论考察发现，企业控制权的集中和分散是在节约交易成本的基础上实现专业化生产的分工和协作过程，其分布状态取决于企业核心知识和能力的积累过程中，企业组织成员私人知识积累的专用性程度。知识成本随着企业集权程度的提高而不断上升，代理成本则随着集权程度的提高而递减。因为资源是不可复制和不能完全流动的，如果企业主集权程度较高，那么较高的知识传递、学习等成本可以超越其代理成本降低的程度；反过来，如果企业主分权程度较高，部分决策和控制权转移给拥有知识和信息的成员，降低了企业的知识成本，但机会主义行为带来的代理成本随之升高，最终的总成本要在知识成本和代理成本的双向变动中达到均衡。

二、企业家精神理论

世界著名的管理咨询公司埃森哲，曾在26个国家和地区与几十万名企业家交谈。其中79%的企业领导认为，企业家精神对于企业的成功非常重要。全球最大科技顾问公司Accenture的研究报告也指出，在全球高级主管心目中，企业家精神是组织健康长寿的基因和要穴。正是企业家精神造就了“二战”后日本经济的奇迹，引发了20余年美国新经济的兴起。那么，到底什么是真正的企业家精神呢？

创新是企业家精神的灵魂。熊彼特关于企业家是从事“创造性破坏（creative destruction）”的创新者观点，凸显了企业家精神的实质和特征。一个企业最大的隐患，就是创新精神的消亡。一个企业，要么增值，要么就是在人力资源上报废，创新必须成为企业家的本能。但创新不是“天才的闪烁”，而是企业家艰苦工作的结果。创新是企业家活动的典型特征，从产品创新到技术创新、市场创新、组织形式创新等。创新精神的实质是“做不同的事，而不是将已经做过的事做得更好一些”。所以，具有创新精神的企业家更像一名充满激情的艺术家。

冒险是企业家精神的天性。坎迪隆（Richard Cantillion）和奈特（Frank Rnight）两位经济学家，将企业家精神与风险（risk）或不确定性（uncertainty）联系在一起。没有甘冒风险和承担风险的魄力，就不可能成为企业家。企业创新风险是二进制的，要么成功，要么失败，只能对冲不能交易，企业家没有别的第三条道路。在美国3M公司有一个很有价值的口号：“为了发现王子，你必须和无数个青蛙接吻”。“接吻青蛙”常常意味着冒险与失败，但是“如果你不想犯错误，那么什么也别干”。同样，对1939年在美国硅谷成立的惠普、1946年在日本东京成立的索尼、1976年在中国台湾成立的Acer、1984年分别在中国北京、青岛成立的联想和海尔等众多企业而言，虽然这些企业创始人的生长环境、成长背景和创业机缘各不相同，但无一例外都是在条件极不成熟和外部环境极不明晰的情况下，他们敢为人先，第一个跳出来吃螃蟹。

合作是企业家精神的精华。正如艾伯特·赫希曼所言：企业家在重大决策中实行集体行为而非个人行为。尽管伟大的企业家表面上常常是一个人的表演（One-ManShow），但真正的企业家其实是擅长合作的，而且这种合作精神需要扩展到企业的每个员工。企业家既不可能也没有必要成为一个超人（superman），但企业家应努力成为蜘蛛人（spiderman），要有非常强的“结网”的能力和意识。西门子是一个例证，这家公司秉承员工为“企业内部的企业家”的理念，开发员工的潜质。在这个过程中，经理人充当教练角色，让员工进行合作，并为其合理的目标定位实施引导，同时给予足够的施展空间，并及时予以鼓励。西门子公司因此获得令人羡慕的产品创新记录和成长记录。

案例 2.3

我国在环境保护领域开展广泛国际合作研究

近年，中国在环境保护领域开展的国际合作研究和培训日益增多，这些合作研究与培训涉及的问题领域包括：全球环境问题、区域环境问题、针对某一行业的环境保护技术和针对某种污染源控制的专项治理技术，对中国的环境保护事业起到了积极的推动作用。膜—生物反应器是一类具有良好应用前景的新型废水处理技术。1996年，清华大学环境科学与工程系与日本三菱公司确定开展对膜—生物反应器的合作研究。该研究旨在运用膜技术开发一种适合中国废水水质特点和经济条件的新型废水处理设备。合作研究由日本三菱公司提供膜组件，由清华大学环境科学与工程系实施研究。研究经费由双方共同筹措，研究成果由合作双方共有。经过4年多的时间，对膜—生物反应器的原理、反应器的结构、膜—生物反应器的运行过程中膜面堵塞问题进行深入的研究。双方科学家在研究中进行了充分的交流，并召开了膜—生物反应器的国际研讨会。在上述研究成果的基础上进行了中试研究，取得了设计生产装置的基本参数。目前已设计出生产规模的膜—生物反应器，并在医院污水处理中应用，为膜—生物反应器在中国的推广应用提供了良好的基础。成功经验表明，开展国际合作将有力地促进中国环境保护事业的发展，提高环境意识和技术水平，更加有利于国际技术交流的发展和国际合作关系的建立，提升中国的国际形象。

敬业是企业家精神的动力。马克斯·韦伯在《新教伦理与资本主义精神》中写道："这种需要人们不停地工作的事业，成为他们生活中不可或缺的组成部分。事实上，这是唯一可能的动机。但与此同时，从个人幸福的观点来看，它表述了这类生活是如此的不合理：在生活中，一个人为了他的事业才生存，而不是为了他的生存才经营事业。"货币只是成功的标志之一，对事业的忠诚和责任，才是企业家的"顶峰体验"和不竭动力。

学习是企业家精神的关键。荀子曰："学不可以已"。彼得·圣吉在其名著《第五项修炼》中说道："真正的学习，涉及人之所以为人此一意义的核心"。学习与智商相辅相成，以系统思考的角度来看，从企业家到整个企业必须是持续学习、全员学习、团队学习和终生学习。日本企业的学习精神尤为可贵，他们向爱德华兹·戴明学习质量和品牌管理；向约琴夫·M·朱兰学习组织生产；向彼得·德鲁克学习市场营销及管理。同样，美国企业也在虚心学习，企业流程再造和扁平化组织，正是学习日本的团队精神结出的硕果。

执着是企业家精神的本色。英特尔总裁安迪·葛洛夫有句名言："只有偏执狂才能生存。"这意味着在遵循摩尔定律的信息时代，只有坚持不懈持续不断地创新，以夸父追日般的执着，咬定青山不放松，才可能稳操胜券。在发生经济危机时，资本家可以变卖股票退出企业，劳动者亦可以退出企业，然而企业家却是唯一不能退出企业的人。正所谓"锲而不舍，金石可镂；锲而舍之，朽木不折"。

诚信是企业家精神的基石。诚信是企业家的立身之本，企业家在修炼领导艺术的所有原则中，诚信是绝对不能妥协的原则。市场经济是法制经济，更是信用经济、诚信经济。没有诚信的商业社会，将充满极大的道德风险，显著抬高交易成本，造成社会资源的巨大浪费。其实，凡勃伦在其名著《企业论》中早就指出：有远见的企业家非常重视包括诚信在内的商誉。诺贝尔经济学奖得主弗利曼更是明确指出："企业家只有一个责任，就是在符合游戏规则下，运用生产资源从事利润的活动。亦即须从事公开和自由的竞争，不能有欺瞒和诈欺。"

在经济高速发展的今天，作为一种具有边际报酬递增生产力价值的特定类型的人力资本，企业家在企业发展、社会经济进步的过程中，发挥着越来越重要的作用。人们也越来越深刻地认识到：企业的兴衰成败在于是否由迎合潮流的、真正的企业家掌握了企业的运营；企业家的成长与更替是保持企业持续成长和经济持续发展的关键。

我们知道，企业家一直被定义为社会经济发展最稀缺要素的所有者，是经济增长生产力的主要来源：是企业家把各种要素组织起来进行生产，并通过不断创新改变其组合方式带来经济增长。现在，伴随着企业家的巨大作用日益为世界所认识，企业家理论必将在21世纪的经济理论中占有更重要的地位。

现在的企业家日益职能化、更替化。随着企业家社会地位的日益提高和为世界所肯定，企业家有望在经济学领域占有更重要的地位。

资料 2.2

日本半导体产业发展历程解读

半导体产业于20世纪50年代，起源于美国，之后共经历了三次大规模产业转移。第一次是在1970年末，从美国转移到了日本，第一次转移后日本成为世界半导体的中心。第二次是20世纪80年代末至90年代初，产业从日本转移到了韩国、中国台湾和新加坡等地，形成了世界范围内美国、韩国、中国台湾等国家和地区多头并立的局面。第三次是21世纪以来，我国由于具备劳动力成本等多方面的优势，正在承接第三次大规模的半导体产业转移。

日本半导体企业发展阶段概述了日本半导体企业的发展依次经历的崛起（20世纪70年代）、鼎盛（20世纪80年代）、衰落（20世纪90年代）、转型（21世纪）四个阶段。

崛起：20世纪70年代，VLSI研发联合体带动技术创新

20世纪70年代初，日本半导体产业整体落后美国十年以上。70年代中期，日本本土半导体企业受到两件事的严重冲击。一件事是日本1975、1976年在美国压力下被迫开放其国内计算机和半导体市场；另一件事是IBM公司开发的被称为未来系统（Future System，F/S）的新的高性能计算机中，采用了远超日本技术水平的一兆的动态随机存储器。

1976—1979年在政府引导下，日本开始实施具有里程碑意义的，超大规模集成电路的共同组合技术创新行动项目（VLSI）。该项目由日本通产省牵头，以日立、三菱、富士通、东芝、日本电气五大公司为骨干，联合了日本通产省的电气技术实验室（EIL）、日本工业技术研究院电子综合研究所和计算机综合研究所，共投资了720亿日元，用于进行半导体产业核心共性技术的突破。

VLSI项目是日本“官产学”一体化的重要实践，将五家平时互相竞争的计算机公司以及通产省所属的电子技术综合研究所的研究人才组织到一块进行研究工作，不仅集中了人才优势，而且促进了平时在技术上互不通气的计算机公司之间的相互交流、相互启发，推动了全国的半导体、集成电路技术水平的提高，为日本半导体企业的进一步发展提供了平台，令日本在微电子领域上的技术水平与美国并驾齐驱。

项目实施的四年内共取得了一千多项专利，大幅度提升了成员企业的VLSI制作技术水平，日本公司借此抢占了 VLSI 芯片市场的先机。

同时，政府在政策方面也给予了大力支持。日本政府于 1957 年颁布《电子工业振兴临时措施法》，支持日本企业积极学习美国先进技术，发展本国的半导体产业。1971 年、1978 年分别颁布了《特定电子工业及特定机械工业振兴临时措施法》《特定机械情报产业振兴临时措施法》，进一步巩固了以半导体为核心的日本信息产业的发展。

鼎盛：20 世纪 80 年代，依靠低价战略迅速占领市场

该阶段，日本半导体产业的主要竞争力是产品的成本优势和可靠性。日本半导体业的崛起以存储器为切入口，主要是 DRAM（Dynamic RandomAccess Memory，动态随机存取记忆体）。到 20 世纪 80 年代，受益于日本汽车产业和全球大型计算机市场的快速发展，DRAM 需求剧增。而日本当时在 DRAM 方面已经取得了技术领先，日本企业此时凭借其大规模生产技术取得了成本和可靠性的优势，并通过低价促销的竞争战略，快速渗透美国市场，在世界范围内迅速取代美国成为 DRAM 主要供应国。

随着日本半导体的发展，世界市场快速洗牌，到 1989 年，日本芯片在全球的市场占有率达 53%，美国仅 37%，欧洲占 12%，韩国 1%，其他地区 1%。80 年代，日本半导体行业在国际市场上占据了绝对的优势地位。截至 1990 年，日本半导体企业在全球前十位中占据了六位，前二十位中占据十二位。日本半导体达到鼎盛时期。

衰落：20 世纪 90 年代，技术和成本优势丧失，市场份额迅速跌落

从微电子行业的世界技术发展趋势来看，进入 20 世纪 90 年代，在美国掀起了以 downsizing 为核心的技术革命，以 PC 为代表的新型信息通信设备快速发展，但日本在该领域未有足够准备。同时，日本在 DRAM 方面的技术优势也逐渐丧失，成本优势也被韩国、中国台湾等国家或地区取代。PC 取代大型主机成为计算机市场上的主导产品，也成为 DRAM 的主要应用下游。不同于大型主机对 DRAM 质量和可靠性（可靠性保证 25 年）的高要求，PC 对 DRAM 的主要诉求转变为低价。DRAM 的技术门槛不高，韩国、中国台湾等国家或地区通过技术引进掌握了核心技术，并通过劳动力成本优势，很快取代日本成为主要的供应商。

1998 年，韩国取代日本成为 DRAM 第一生产大国，全球 DRAM 产业中心从日本转移到韩国。之后，韩国一面继续维持 DRAM 的生产大国地位，一面开发用于数字电视、移动电话等的 SOC，双头并进；而台湾通过不断增加投资，建成了世界一流的硅代工公司——台积电和联电，开发了一种新的半导体制作模式，同时积极研发，在部分尖端技术上已经可以与日本齐头并进。

该阶段，日本半导体产品品种较为单一（过于集中在 DRAM 上），产品附加值低；同时，由于未跟上世界技术潮流，导致日本半导体产业在该阶段受到重创。截至 2000 年，日本 DRAM 份额已跌至不足 10%。为挽回半导体产业的颓败之势，日本半导体企业首先进行了结构性改革。除 Elpida 外所有其他的日本半导体制造商均从通用 DRAM 领域中退出，将资源集中到了具有高附加值的系统集成芯片等领域。

转型：21 世纪，半导体产业的转型发展

2000 年，NEC、日立的 DRAM 部门合并，成立 Elpida。东芝于 2002 年卖掉了设在美国的工厂，2003 年 Elpida 合并了三菱电机的记忆体部门。但 Elpida 于 2012 年宣告破产，2013 年被美光购并，标志着日本在 DRAM 的竞争中彻底被淘汰。另一方面，日本重新开启了三个较大型的“产官学”项目——MIRAI、ASUKA 和 HALCA。三个项目都于 2001 年开启，以产业技术综合研究所的世界级超净室（SCR）作为研发室，“ASUKA”项目由 NEC、日立、东芝等 13 家半导体厂家共同出资 700 亿日元，时间为 2001—2005 年，主要研制电路线宽为 65 纳米的半导体制造。DRAM 领域主要的生产商是三星、Hynix 和 Micron（包括收购的原日本 Elpida）；NAND 领域是东芝（与 Sandisk 合资的四日式工厂），三星和 Micron；半导体制造设备是 TEL，Screen，日立高科等；半导体材料是 JSR，TOK，信越等；晶圆有信越，SUMCO 等。

资料来源：日本半导体产业发展历程解读［EB/OL］.［2016-11-16］. http://www.eepw.com.cn/article/201611/340261.htm.

本章小结

国际技术贸易是一个国家，特别是发展中国家引进先进技术、提升本国科技发展水平和促进国民经济可持续发展的重要手段，同时更是追赶技术先进、经济发达国家的积极而有效的途径。通过本章的学习，读者可以在全面接触国际技术贸易的细节之前对技术有一个全面的理性的认识。第一节对国际技术贸易的基本理论进行了阐述，介绍了技术创新的定义、三个基本特点、按不同标准划分的基本类型；技术传播理论的内容；第二、三、四节分别阐述了国际技术转让理论、技术与国际贸易理论、技术与国际企业成长理论的基本内容，为后续章节内容的学习打好基础。

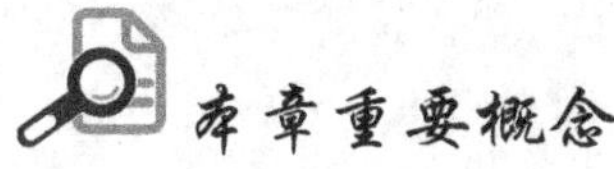

本章重要概念

技术创新　技术传播　后发优势　产品生命周期　适用技术　学习效应　边际产业剩余理论中 NR 关系　技术转移周期　南北贸易

思考题

1. 技术创新有哪些模式?
2. 根据产品生命周期理论，技术是怎样影响贸易的?
3. 举例说明什么是后发优势。
4. 试用技术转移周期论解释企业如何安排商品出口、对外投资和技术转让活动。

学生课后参考文献阅读

[1] 杜奇华，冷柏军. 国际技术贸易 [M]. 北京：高等教育出版社，2016.

[2] 林珏. 国际技术贸易 [M]. 北京：北京大学出版社，2016.

[3] http://en.wikipedia.org/wiki/Technology.

[4] http://www.zgjsmy.com/中国技术贸易网.

[5] https://data.worldbank.org/indicator/BM.GSR.ROYL.CD.

第三章　知识产权与国际贸易的关联

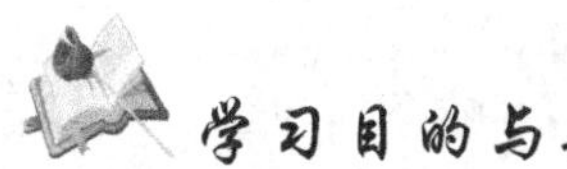

学习目的与要求

通过对本章的学习，掌握与国际贸易相关的知识产权的概念内涵；熟悉国际贸易中受保护的知识产权客体。

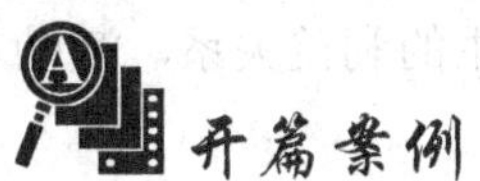

开篇案例

为什么要有知识产权意识

【案例内容】

为什么猪不会灭绝，而大象却濒临灭绝呢？简单的回答是，你可以把猪养起来，但你不能养大象。但更为深层的原因是，人们饲养的家畜属于私有财产，人们会谨慎地照管它们，以降低自己的风险，获得最大回报。但人们对于大象这类不属于任何人的资源则会倾向于滥用，而不考虑其后果。那么，有没有办法让人们像对待猪一样对待大象呢？为了保护大象，非洲许多国家采取了各种办法。例如，肯尼亚制定了严禁猎杀大象的法律，但收效甚微。统计资料表明，在20世纪80年代，肯尼亚丧失了80%的野生大象，每天被猎杀的大象就有十几头。

而津巴布韦则制定了不同的制度，规定大象栖息地周边的村落拥有对大象的所有权，村民有权向观看大象的游客收费，还可以向捕杀大象的猎人收费。

这种制度虽然招致了环保主义者的反对，但却收到了良好的效果。20世纪70年代，津巴布韦的大象3万～4万头，津巴布韦从1975年开始实施上述保护制度后，大象的数量稳步增长，80年代末为5万头，目前是6万～7万头。而同时期非洲的大象从120万头减少到60万头。当村民获得大象的所有权之后，大象的生存就与他们的利益休戚相关了。当村民可以向观看大象的游客收费时，他们就不可能再捕杀大象，而是会保护大象不被灭绝，以保障自己的长远利益。他们会主动地采取保护大象的行动，如为大象留出更多的生存地带，积极配合警察制止偷猎行为等。因此，尽管津巴布韦允许每年捕杀200头大象，但大象的数量一直在上升，而且津巴布韦一些贫困的村庄也已经利用由此而来的利润建立了学校和医疗站。

【分析】

知识产权制度涉及一个基本的政策选择，即智力创造带来的利益如何分配，主要由谁来获得这部分利益更加合理。这里有两个选择：第一，知识归社会公有，这样虽然降低了社会公众获取、利用知识的成本，但同时也降低了人们创造知识的积极性，要知道公共品总是存在供给不足的问题；第二，将知识私有，即通过知识产权制度赋予知识的创造者一定范围内的私有权利，使其可以在一定程度上独享知识带来的利益。

这一制度虽然在一定程度上增加了公众利用知识的成本，但同时也为知识的创造提供了足够的刺激，解决了知识供给不足的问题。

资料来源：https://prezi.com/7nlrs7xrwcye/presentation/.

第一节　知识产权制度的产生与发展

知识产权制度是指开发和利用知识资源的基本制度。知识产权制度通过合理确定人们对于知识及其他信息的权利，调整人们在创造、运用知识和信息过程中产生的利益关系，激励创新，推动经济发展和社会进步。

一、知识产权制度的产生与发展

知识产权制度在世界上有着悠久的历史。尤其是各类知识产权中的专利、商标和版权的立法时间最早。其历史发展大体上可以分为以下四个阶段：

（1）萌芽阶段（13—14 世纪）。这一阶段出现了由封建王室赐予工匠或商人的类似于专利的垄断特权，它为后来知识产权制度的形成打下了基础。知识产权制度最早萌芽于文艺复兴时期的意大利，为了保护技术发明人的权利和吸引更多的掌握先进技术的人才，意大利的著名城市威尼斯在 1474 年出版了世界上第一部专利法，该法规定，权利人对其发明享有 10 年的垄断权，任何人未经同意不得仿造与受保护的发明相同的设施，否则将赔偿百枚金币，并销毁全部仿造设施。这部法律确立了专利制度的基本原则，其影响延续至今。

（2）初创和普遍建立阶段（15—19 世纪末）。在这个阶段，世界上第一部专利法、版权法和商标法相继诞生，如威尼斯共和国的《专利法》（1474 年）、英国的《垄断法》（1623 年）、英国的《版权法》（1710 年）、法国的《商标法》（1857 年）等。19 世纪末，绝大多数西方资本主义国家都建立了自己的知识产权制度（主要指专利制度、商标制度、版权制度）。16 世纪以后，英国早期资产阶级为了追求财富和保持国家经济的繁荣，鼓励发明创造，并于 1624 年颁布了垄断法案，这是世界上第一部具有现代意义的专利法。18 世纪末、19 世纪初，欧洲大陆各国和美国相继实行了专利制度。在专利制度确立的同时，著作权制度也产生了。随着人类造纸和印刷技术的发明和传播，书籍成为科技知识和文学艺术的载体。1709 年，英国颁布了《安娜女王法》，率先实行对作者权利的保护。《安娜女王法》为现代著作权制度奠定了基石，被誉为著作权法的鼻祖。1790 年，依照《安娜女王法》的模式，美国制定了《联邦著作权法》。在英美强调版权的普通法系确立的同时，以法国和德国为代表的强调人格权的大陆法系也诞生了。1793 年，法国颁布著作权法，不仅规定了著作财产权，而且还注意强调著作权中的人格权内容。该法成为许多大陆法系国家著作权法的典范。对商标和商号的保护制度也在19世纪初建立起来，这一制度最早起源于法国。法国是世界上最早实行商标法律保护的国家。英国也是世界上较早实行商标法律保护的国家之一。1803年，法国在《关于工厂、制造场和作坊的法律》中将假冒商标按私造文书处罚，确立了对商标权的法律保护。1857年，法国又颁布了《关于以使用原则和不审查原则为内容的制造标记和商标的法律》，这是最早的一部商标法。随后，欧美等国相继制定了商标法，商标保护制度逐步发展起来。到目前为止，绝大多数国家的法律已经确认，商标权作为一种专有权并受到法律保护。

（3）进一步发展阶段（19世纪末—20世纪末）。知识产权制度在这一阶段的进一步发展主要表现在两个方面：

纵向发展阶段，即西方资本主义国家的知识产权制度在原有基础上通过不断修订变得更加完善、科学，尤其是随着国际知识产权制度（如1883年的《巴黎公约》和1886年的《伯尔尼公约》）的建立，各国知识产权制度呈现从“各自为政”“各行其是”到逐步国际化、现代化的特点。在此背景下，各国又签订了数量更多的知识产权国际条约（其数量达数十个之多），使得知识产权保护对象逐步增多，知识产权的种类也有所增加。至1970年世界知识产权组织（WIPO）成立时，各国的知识产权制度已登上了一个新的台阶。

横向发展阶段，即知识产权法律制度在资本主义国家外的更多国家得到实施。20世纪后期，社会主义国家开始重视知识产权保护制度。苏联和东欧国家也都制定了自己的专利法、商标法、版权法等。此外，第二次世界大战结束后广大已经取得独立的发展中国家为了发展民族经济也都实行了专利等知识产权制度。20世纪80年代起，我国也开始制定知识产权立法，加入了世界知识产权制度国家的行列。当然，在许多方面社会主义国家及发展中国家与资本主义国家的知识产权制度存在着一定的差异，如苏联和大多数东欧国家实行发明人证书制度和专利制度混合的发明保护制度（即所谓的“双轨制”），规定取得发明人证书后，发明权归国家所有，发明人只取得一定奖励，不能拒绝国家批准的其他人使用该发明。又如，部分独立的发展中国家实行“输入专利”（Patent of Importation）和“确认专利”（Patent of Confirmation）等制度，由于这类专利是在外国（原宗主国）有效专利的基础上授予的，本国专利局一经登记即可确认并获得。这种专利制度带有很大的依赖性，实际上并没有建立本国完全独立的专利制度。

（4）知识产权制度与贸易挂钩的阶段（20世纪末至今）。随着科技的发展，国际贸易中商品知识、技术含量增加，各国尤其是发达国家为了取得和保持市场优势地位，开始重视国际贸易中的知识产权保护问题。一些国家不仅注意提高本国知识产权立法和执法水平，同时还设法利用国内立法以及签订或修改国际公约和条约来迫使其他国家提高知识产权保护水平。这一阶段最引人瞩目的发展是以美国为首的发达国家极力推动订立的《关税与贸易总协定》（1995年起为世界贸易组织所替代）体系内的《与贸易有关的知识产权协议》（TRIPS）。TRIPS的诞生，不但进一步扩大了知识产权保护对象的范围，而且还提出了世界贸易组织成员必须达到的最低保护要求，这在相当大的程度上使得原来差异较大的各国知识产权制度统一到了同一个最低保护标准上，它对今后世界知识产权制度乃至各国经济贸易关系的进一步发展产生了极其深刻的影响。

二、知识产权制度的作用机制

知识产权制度通过给智力成果创造者以一定的独占权，为人们的发明创造活动提供了一个良好的作用机制。这种机制不仅能够鼓励发明创造的积极性，使知识成果持续生产成为可能，而且使知识成果的利用和传播能够正常、有序地进行，从而促进知识成果的推广应用，推动社会和经济发展。

（一）对创造性劳动的补偿机制和利益驱动机制

知识成果创造者付出的劳动能得到理想的回报，他们的创造积极性才有可能持久地维持。创造知识资产得到的回报越高，人们就越乐于创造。

（二）知识成果商业化的促进机制

市场是知识成果的“试金石”，商业化成功是知识成果质量、价值及市场优势的准确检验和反映。知识成果的应用结果如果有很大的产品市场和很高的利润，说明成果具有重要的使用价值。所以在知识产权制度下，知识成果创造者所追求的并不是表面的荣誉。尽管荣誉在一定程度上能给权利人带来地位和社会尊敬，但知识成果创造者最根本的目标是获取利润。知识产权制度提供的就是这样一种作用机制：知识成果创造者为了获得劳动补偿，必须要努力寻找成果商业化的途径，并通过应用来实现知识的市场价值。

（三）商品和技术贸易的保护和促进机制

与知识产权有关的贸易包括两个部分：一部分是包含或涉及知识产权（如专利、商标等）的商品的贸易；另一部分是知识产权本身的直接贸易（如专利权转让或许可、版权许可等贸易）。知识产权制度对二者起着保护和促进的作用。

（四）公平竞争的保障机制

首先，在谁能取得知识产权独占权方面，知识产权制度设计了一个公平的创新竞争机制。在实行知识产权制度的国家里，受保护的不是一般的知识成果，而是具有创造性、先进性的知识成果。在公平的竞争机制下，谁首先创造出知识成果，谁就能优先取得知识产权独占权。这种公平的知识产权创新竞争机制有利于刺激人们独立研究、不断进步，争夺“第一”。相反，如果没有知识产权制度提供的创新竞争机制，必然会造成大量的重复研究，而重复研究又将导致资源的浪费，严重影响科技进步。其次，知识产权制度的作用之一是禁止与排除他人对知识产权权利人成果的非法利用和窃取，从而保证了知识资源的公平市场竞争。知识产权制度的上述公平竞争机制可以使开发新知识成果、诚实经营的经营者获得优势，取得良好的经济收益，使侵犯他人知识产权的不法经营者受到法律的威慑和制裁，同时也可以保障公平竞争的正常市场秩序。

（五）协调平衡权利人利益和社会公众利益的机制

知识产权制度本身与社会利益并不相互矛盾。法律授予知识创造者的知识产权，虽是一种私有垄断权，但这种垄断权恰恰激励了人们积极投身科学研究，促进知识成果的应用，大大加快科技知识的更新速度，这对社会进步和社会福利的提高是非常有利的。知识产权具有公开性的特点，可以使后继的创造者有机会从前人的创造成果中汲取“营养”进行新的知识成果创造。总之，知识产权制度有助于鼓励创造发明，打破企业间相互保密、封锁知识技术的局面，畅通知识流动和信息传播的渠道，这些都有利于促进和推动社会经济的发展。知识产权制度本身也禁止权利的滥用和非法市场垄断。通过知识产权立法和其他有关法律法规中的禁止滥用和反垄断的规定，有力地保证了知识产权不被滥用，保障了知识产权领域的正当竞争不受限制，从而保证了知识产权权利人的利益和公众利益的平衡协调，兼顾了对知识成果创新的激励和对不公平竞争的限制，从而实现知识产权制度保护竞争、促进社会进步的目的。

第二节　与知识产权有关的国际贸易发展概况

一、知识产权的概念

知识产权（Intellectual Property Rights），是指法律所赋予的知识产品所有人对其创造性的智力成果所享有的专有权利。知识产权从范围上讲，有广义和狭义之分。狭义的知识产权，即传统意义上的知识产权包括两个部分，其一是著作权及与著作权有关的邻接权。其二是工业产权，主要包括专利权和商标权。广义的知识产权范围，目前已为两个主要的知识产权国际公约，即 1967 年《建立世界知识产权组织公约》和 1994 年签署的《与贸易有关的知识产权协定》（TRIPS）所认可。

世界贸易组织在《与贸易有关的知识产权协定》中，规定知识产权的范围包括：版权及有关权利（即邻接权）；商标权；地理标识权；工业品外观设计权；专利权；集成电路布图设计权（即拓扑图权）；未披露信息专有权（即商业秘密权）；与控制许可合同中限制竞争行为有关的权利。

二、与知识产权相关的贸易概念

与知识产权相关的贸易从范围上讲，也有广义和狭义之分。狭义的知识产权贸易，是指以知识产权为标的的贸易，主要包括知识产权许可、知识产权转让等内容，即企业、经济组织或个人之间，按照一般商业条件，向对方出售或从对方购买知识产权使用权的一种贸易行为。广义的知识产权贸易，是指含有知识产权的产品，特别是附有高新技术的高附加值的高科技产品，如集成电路、计算机软件、多媒体产品，视听产品、音像制品、文学作品等的贸易行为。

三、与知识产权相关的贸易发展概况

（一）知识产权保护的国际贸易化特征

20 世纪 80 年代以来，与知识产权相关的贸易领域急剧扩大，贸易额急剧增长。世界知识产权贸易额从 1993 年的 380 多亿美元增长到 2003 年的 3 000 多亿美元，美国的知识产权贸易额已占到总贸易额的 50%～60%。含有知识产权的产品与服务在国际贸易中所占的比重也越来越大。知识产权及其保护与货物贸易及服务贸易的关系日益密切。货物贸易和服务贸易所涉及的商标权、外观设计权和专利权、版权、广告、地理标志等，一方面能够极大地提升商品和服务的价值，另一方面也导致了大量的知识产权纠纷。自 2004 年我国高技术产品首次出现贸易顺差以来，五年间高技术产品出口额大幅增长，出口增速大大高于进口，使得贸易顺差继续增大。

（二）知识产权贸易成为企业重要的经营方式

从 20 世纪 70 年代至今，欧美主要企业的“无形资产”比值从 20%提升到了 90%。欧美目前拥有众多的专利技术公司，他们 80%～90%的收入来自于专利费的收取和技术转让。美国的 IBM 和高通公司就是其中的代表。

美国国际商用机器公司（International Business Machines Corporation，IBM）1911 年创立于美国，是全球最大的信息技术和业务解决方案公司。在 20 世纪 40 年代已经进入计算机制造业，1944 年，艾肯（Howard Aiken）在美国国际商业机器公司（IBM）的支持下，试制成功世界上第一台数字式自动计算机“Mark I”。20 世纪 60 年代，IBM 公司营业额已经近 6 亿美元，成为美国最大的公司之一，70 年代占据了美国计算机市场的 80%。多年来，IBM 公司在计算机硬件产业一直位居龙头老大的地位。除了经营计算机等 IT 产品以外，IBM 公司在计算机软件服务业方面也是名列世界前茅。1969 年 6 月 23 日，美国 IBM 公司率先将计算机软件单独计价出售，使计算机软件成为一个独立的商品，并开始逐步形成一个独立的产业。1988 年，IBM 公司软件销售额为 84.24 亿美元，占世界总销售额的 34.2%，居首位，紧跟其后的是 DEC 公司和 Unisys 公司。1995 年，IBM 公司总销售额为 760 亿美元，其中软件为 128 亿美元，占 16.8%。而微软公司 1995 年的总销售额不过才 72.7 亿美元。1995 年 6 月，IBM 公司以 35 亿美元（每股 64 美元）的巨资收购了已跻身于软件专业公司前五强的 Lotus 公司，成为软件业历史上影响最大的一起并购事件。2001 年，IBM 凭借近 130 亿美元的软件收入成为全球最大的电子商务基础架构中间件供应商，同时也是全球第二大软件厂商。目前，IBM 的软件业务利润率已高达 81%，占集团总利润的 1/3。

没有工厂，仅凭借专利授权就能跻身世界 500 强，知识产权许可贸易已经成为高通的主营业务。在通信巨头高通的美国总部中矗立着几面“专利墙”。高通将自己的每一项专利都刻制在一块牌匾上，然后统一挂在墙上，“专利墙”上的每一个牌子所描刻的都是专利的简单陈述、结构图以及颁发机构和时间等。这是高通的核心资产和利润来源。目前，已挂在墙上的专利达 3 000 多项。1999 年前，高通还是寂静的圣地亚哥的一个无名小公司。而随着 CDMA 逐渐推向全球市场，高通公司开始成为股票市场的宠儿。一年之内，高通的股价从最低不到 4 美元上升到了 945 美元，涨幅达 6 倍之多。而在这时，高通的经营模式开始发生变化。1999 年年初，高通先是将 CDMA 系统部门出售给了爱立信，随后在 12 月底又把手机生产部门转让给日本的京瓷。随着附属产品部门的精减，高通由一家 CDMA 产品的供应商，又回到了技术开发和芯片设的核心竞争力上来。

高通基于技术创新原动力和许可贸易推进的商业模式如图 3-1 所示。

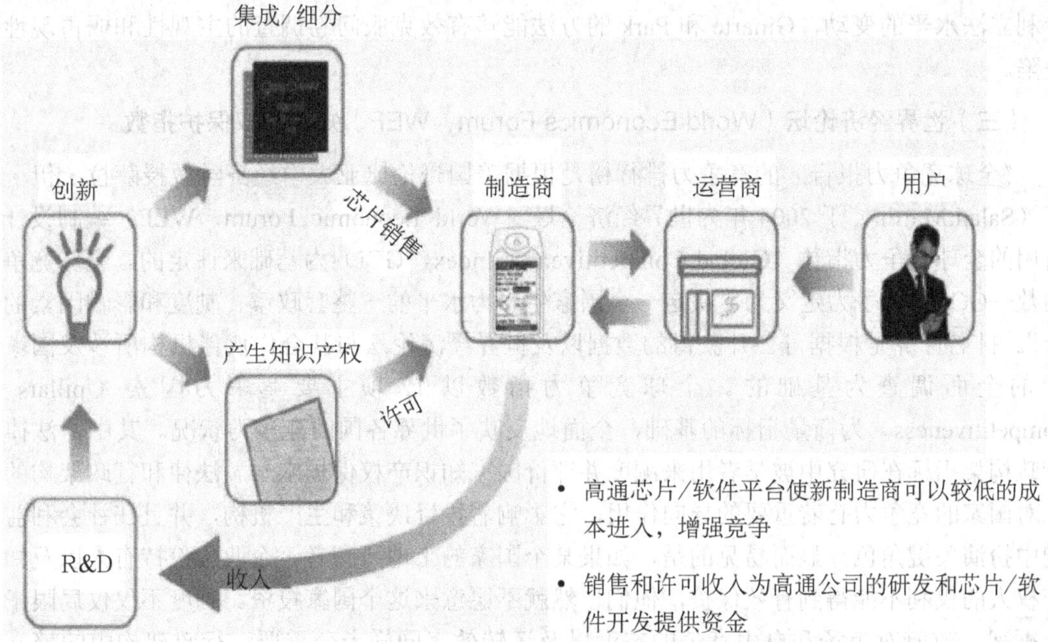

图 3-1　高通基于技术创新原动力和许可贸易推进的商业模式

第三节　知识产权的测度与价值评估

一、知识产权的测度

（一）世界知识产权指标（World Intellectual Property Indicators，WIPI）

世界知识产权组织（WIPO）是一个推广知识产权政策、服务、信息和合作的全球主要论坛。每年根据国家和地区知识产权局、WIPO 以及世界银行的统计数据，提供全球知识产权活动的全面情况。涵盖专利、实用新型、商标、工业品外观设计、微生物和植物品种保护的申请、注册和续展数据。还包括对女性发明人在国际专利申请中参与情况的分析[①]。

（二）G-P 指数

它是用 Ginarte and Park（1997）构建、Park（2008）更新的专利保护指数。G-P 指数包含五个子项目，包括专利保护的覆盖范围、国际专利协定的签署情况、保护的丧失（provisions for protection against loss）、执行机制和保护期限，采用 0-1 打分法对各国的各项子项目进行打分后进行加总，包含了 1960—2010 年 122 个国家的数据。该指数能够较好地反映各国专利保护立法水平的差异，得到了国际上广泛的认同。采用 G-P 指数要受到两个限制。第一，该指数并非年度数据，间隔期为 5 年，从而限制了面板数据模型的应用。考虑到专利保护立法水平在一定时期内是相对稳定的，而且 G-P 指数主要反映了 5 年之内一国

① http://www.wipo.int/publications/en/details.jsp?id=4138&plang=ZH

专利立法水平的变动，Ginarte 和 Park 的方法能够有效克服问卷调查的主观性和弱再现性的缺陷。

（三）世界经济论坛（World Economics Forum，WEF）知识产权保护指数

《全球竞争力报告》的竞争力排行榜是根据美国哥伦比亚大学经济学教授萨拉·伊·马丁（Sala.i.Martin）于 2004 年为世界经济论坛（World Economic Forum，WEF）编制设计并引用的全球竞争力指数（Global Competitiveness Index，GCI）为基础来评定的。全球竞争力指数—GCI 将竞争力定义为“决定一个国家生产力水平的一整套政策、制度和影响因素的集合”。排名计算是根据可公开获得的数据以及世界经济论坛与其合作伙伴机构所涉及国家进行的全面调查为基础的。全球竞争力指数以 12 项主要竞争力因素（pillars of competitiveness）为衡量指标的基础，全面地反映了世界各国的竞争力状况。其中，法律和行政构架指标在研究中被学者用来测度并评价国家知识产权保护水平。法律和行政架构的水准对国家的竞争力有着重要的导向作用，它影响着投资决策和生产机构，并且在社会利益分配中扮演关键角色。显而易见的是，如果某个国家的土地所有者、企业股份持有人以及知识产权人的权利不能得到有效保护，他们自然就不愿意来这个国家投资。制度不仅仅局限于法律框架，政府对市场和自由竞争的态度以及运转效率同样十分重要：行政架构中的繁文缛节、过分监管、腐败、欺诈，透明度和可信度缺失，为企业提供服务的能力欠缺，司法系统不独立等种种不良行为都会增加市场交易的成本，导致经济增长速度放缓。此外，公共财政管理对确保国家商业环境的信誉至关重要。因此，该指标中还包括政府公共财政管理质量的相关指标。全球经济危机爆发以来，私有企业的丑闻不绝于耳，这些都说明企业内部良好的会计和报表制度能够增加投资者和消费者对该企业的信赖，唯有诚信经营，企业管理者在与政府、其他企业和公众之间的互动中才能遵循着坚定的道德准则，在宏观上形成良性循环的经济体。因此，本指标中采用了审计、会计等相关指标来评估私有制度。

（四）国际产权联盟（Property Rights Alliance）发布的《国际产权指数报告》中的知识产权保护指数

美国国际知识产权联盟也称为“国际知识产权联盟”（International Intellectual Property Alliance，IIPA）成立于 1984 年，是美国版权产业的一个民间组织，宗旨是促进版权的国际保护。该指数由设于美国首都华盛顿的国际性组织产权联盟（Property Rights Alliance）[①]研究编写。国际产权指数（IPRI）的研究获得 51 个国家 62 个智囊团和政策研究机构的支持，在产权研究、政策制定、教育，以及促进产权保护等方面献策献力。这项研究旨在帮助保护物权和知识产权。物权和知识产权对于经济增长与稳定都是必不可少的影响因素。国际产权指数报告是综合探讨三个产权领域以排名，即：法律和政治环境（Legal and Political Environment-LP）、物权（Physical Property Rights-PPR）以及知识产权（Intellectual Property Rights-IPR）。

（三）、（四）两项指标均为连续的年度指标，适合面板数据模型的分析，但被调查者对特定国家知识产权保护情况的实际感受在这两个指标中都占有较大比重，这种“感受”又会

① http://iipa.com

受到受访者的经历、敏感度等因素以及调查方式、调查者技能等多种因素的影响，容易出现较大的偏差。

（五）Fraser Institute 提供的 EFW 数据库

它是加拿大弗雷泽研究所构建的法律体系及产权保护指数，由司法独立性、法院公正性、产权保护水平、军事力量对法律和政治的干涉、法律体系的完整性、合同执行、对不动产销售的监管、警方的可靠性、犯罪成本等多项指标构成[①]。

（六）美国商会（US Chamber of Commerce）[②]国际知识产权中心（Global Intellectual Property Center，GIPC）每年国际 IP 指数报告《The Roots of Innovation：US Chamber International IP Index》[③]

它基于专利、相关权利及限制，版权、相关权利及限制，商标、相关权利及限制，商业秘密和市场准入，执法，以及国际条约的参加和批准情况这六大项下的 30 个指标，对 25 个国家的知识产权保护情况进行了排名，并分析了每个国家在营造健全知识产权保护环境中所取得的进步和存在的不足。2017 年的报告新增了对 TRIPS 协议和 TPP 相关文本的分析，来测度贸易协议对各国在 21 世纪提升全球市场中的知识产权标准的影响。

二、知识产权的价值评估

财产权价值是通过市场上的交换价格体现的。技术贸易市场不完全竞争的特点导致很难确定某项特定技术的市场价值，因此，多采用集中估价模型来对知识产权进行定价。目前，对知识产权的评估没有统一的标准。在实务界，基本都沿用了有形资产的评估方法，即成本法、市场法和收益法三大传统方法。

（一）成本法

成本法的步骤是先对被评估资产重置成本的估测，再对被评估资产存在的各种贬值进行估测，最后将重置成本减去各种贬值就是被评估资产的价值。成本法可以分为两种：一种是复原重置成本，是指以被评估资产过去实际的开发条件作为依据，以现行市价重新取得资产所需耗费的费用求得评估值；另一种是更新重置成本，是指以目前时间点的开发条件为依据，重新获得该项资产的费用作为评估值。总之，利用成本法进行评估就是要取得知识产权获得前实际发生的成本，以此作为其价值评估值。其实，成本法相对来说更加适合机器设备和不动产的评估，对无形资产的适用性不强。对知识产权的评估也具有以下缺陷。利用成本法评估需要对过去知识产权产生的成本进行测量。而知识成果成本的可测量性就是进行价值评估的一大障碍。举例说，对于像专利这样的技术性研发，除了在创造过程中需要的一些设备、资金的投入外，还需要创造人的时间和脑力。前两者可以统计，但是对于活劳动的时间价值和脑力价值的测度是没有标准或者说是无法测量的。专利的研发是个复杂的脑力过程，

---

① James，Robert and Joshua：Economic Freedom of the World：2015 Annual Report，Fraser Institute，2015. http://www.freetheworld.com/release.html

② www.uschamber.com/

③ http://www.sipo.gov.cn/zlssbgs/zlyj/201505/t20150525_1122352.html

可能需要大量的时间进行重复试验，即使这样还可能存在得到不具创新特色的成果，使成本与收益产生悬殊。这其中，时间的宝贵性和脑力劳动是无价的，但对于实际的成果来说，它的价值可能是零。这就是成本法的第二大缺陷：投入的成本是否和知识产权未来带来的现金流的大小成正比。如果研发的产品不适用于现实的生产要求的需要，不能将科研成果进行产业化，那此项创新的成果没有任何收益，其价值和研发成本完全没有关系。因此，成本法对于知识产权的价值评估并不适用。

（二）市场价值法

市场价值法是国际市场资产评估首选方法。市场法就是指，利用市场上与被评估资产相同或相似资产的交易价格作为被评估资产的价值。市场法相对来说，对资产的评估最直接和最简便。但是它的使用存在几点前提条件。一是必须存在活跃的公开市场和具有可比较的资产交易案例；二是可以在活跃的公开市场上找到相同或相近的资产；三是在公开市场有交易活动。只有满足这三个前提条件，市场法的评估结果才是相对准确的。知识产权成果新颖性、创造性使确定适当的参照对象成为类比法评估最关键环节，而我国知识产权交易市场的发展并不完善。活跃的公开市场的条件难以满足。就像一些商业秘密的交易可能非常保密，难以获得其交易的相关价格和细节。大部分的科技成果的出售或转换都只在交易双方私下进行，而没有相应的平台进行公开。这时的成交价可能包含很多其他利益因素的影响，其价值不能合理估计。除此之外，由于知识成果是人类脑力活动的结果，它并不是传统生产链上的产品。因此，每个知识成果都存在不同的特点。即便存在公开市场，有大量的知识成果在交易，要找到完全相同的对照物是非常困难的。唯一可行的就是寻求功能相似的类似成果，再利用相关系数进行调整，需要考虑的有两者交易的时间因素、地域因素、领域因素及功能因素。因此，在上述条件均可以满足的情况下，市场法相对成本法来说，更适用知识产权价值的评估。

（三）收益法

收益法是指，将所估测到的被评估资产在未来预期收益的现值作为价值的评估值。该评估技术的思路就是，任何投资者在购置或投资一项资产时，所愿意支付的价格不会超过他所预期该资产未来能带来的回报。适用于评估价值由所有权形成的权益和未来收益决定的经营性资产，例如，获批专利、商标与商誉、版权均适合采用收益法评估。理论上说，这种方法对知识产权这种能够为拥有者带来收益的无形资产的价值评估比较科学合理。知识产权带来的收益可以利用企业使用知识产权后的超额利润表示。对其进行折现，其中折现率的值是固定不变。收益法也正是最适合对知识产权进行评估的方法。但在实际操作中，也存在缺陷和有待解决的问题。将科研成果产业化需要一定的时间和过程。产品的生产往往需要经历一定的生命周期，在不同的生命周期中，产品的预期收益和折现率并不是固定不变的，比如，对计算机软件价值的评估。这就需要分阶段得到预期收益和折现率，再进行折现。因此，在利用收益法评估知识产权价值时，需要结合实际的动态变化，才能使评估值更贴近现实值。以上的三种传统方法对知识产权价值的评估各有利弊，在现实中，常常将它们结合起来进行评估，以提高评估的准确性。

第四节　国际贸易中的知识产权壁垒

一、国际知识产权贸易壁垒含义

我国自加入世界贸易组织（WTO）以来，进出口贸易额连年增长，贸易地位持续上升，所遭遇的贸易壁垒的增速也较快。在反倾销、保障措施等为国人熟知之后，一种新型的贸易壁垒—知识产权贸易壁垒成为困扰制造商和出口商的难题。仅 2009 年一年，我国 71% 的出口企业和 39%的出口产品不同程度地遭遇到国外与知识产权相关的技术性贸易壁垒的限制和影响，造成损失约 15 亿美元；而在 2016 年，美国对来自中国的机电产品便发起 6 起知识产权贸易壁垒调查。随着知识经济的发展，知识产权已经成为一种重要的无形财富，同时又是创造人类物质财富、精神财富的工具和手段。经济全球化使知识产权不仅渗透到货物贸易和服务贸易之中，而且正在发展成为一种独立的贸易形式，这就是知识产权贸易。WTO 的建立标志着国际贸易新体制的诞生，是世界经济一体化的重要里程碑，也是知识产权贸易在国际贸易中上升为主导地位的标志。在 WTO 框架下，知识产权贸易已上升为国际贸易的三大支柱之一，而且在货物贸易和服务贸易中到处都有与知识产权有关的问题。在经济全球化时代，智力资源打破了国界，在全球范围内流动，促进了全球的经济发展。

知识产权是法律赋予知识产权所有人对其创造性的智力成果所享有的专有权利，知识产权是一种财产权，知识产权所有人可以通过对其所拥有的知识产权的许可或转让而获得收益。知识产权制度作为激励科技进步、鼓励创新与垄断智力成果之间折中调和的产物，本质上是为了保证不让竞争对手使用自己的技术或销售自己的产品而拥有一种垄断性权利。但这种“法定垄断权”的目的是通过对相关权利人的法定保护，鼓励创造性的智力活动，从而促进技术进步与社会经济发展。而当知识产权的排他性应用到跨国生产经营中时，一国的知识产权保护政策就与进出口贸易联系起来了，就可能成为各国重要的贸易政策之一。当知识产权固有的垄断性超出了合理的范畴，扭曲了正常的国际贸易时，便成为知识产权贸易壁垒。本质上，知识产权贸易壁垒就是与知识产权相关的技术性贸易壁垒。国际知识产权贸易壁垒（Trade Barriers of Intellectual Property Rights）是指在保护知识产权的名义下对含有知识产权的商品超越正当的知识产权保护标准或要求，对外国或外来含有知识产权的商品采取不公平贸易限制的各种措施。

二、国际知识产权贸易壁垒的表现形式

目前，对知识产权贸易问题的研究与对货物贸易及服务贸易问题的研究相比数量较少，而且对此关注最多的是法学家，讨论的焦点是如何建立完整的、适合我国国情的知识产权保护的法律体系。对知识产权贸易壁垒概念的界定在理论上还没有统一，但从少数发达国家的实际做法来看，知识产权贸易壁垒的表现形式可以概括如下。

（一）由专利权构成技术性贸易壁垒

发达国家利用其强大的技术优势制定一系列技术标准，筑起由专利权构成的技术性贸易壁垒。高新技术的发明者都有着极强的知识产权保护意识，高新技术领域的技术成果几乎被专利技术所覆盖。而在高新技术领域制定技术标准时，没有成熟的公知技术可供使用，一些标准化组织为了制定法定标准，就要与知识产权人谈判，签订合同，当然在使权利人得到利益的同时，对权利也做出一定的限制，如专利权人应对使用者提供不可撤销的权利许可等。还有的高新技术发明者，有足够的垄断能力，不希望成为法定标准，而凭自己的技术优势形成事实标准。与专利技术相结合的技术标准比传统的技术标准更具有杀伤力，发展中国家发展高新技术产业，往往要不可避免地向权利人支付高额的使用费，极大地限制了高新技术产品的自由流通。

温州一些打火机企业在为国外客商生产定牌产品过程中进行了技术嫁接，创新了已逐渐掌握的世界各地名牌打火机的生产工艺和技术。温州一些打火机企业研制出的加密型打火机与销往国际市场的金属打火机和外商定牌生产的金属打火机在产品质量上没有差别。2001年10月，欧洲打火机进口商协会致函温州打火机协会，告知欧盟正在拟定进口打火机的CR法规草案。该法案的核心内容是规定进口价格在2欧元以下的打火机，必须要加装一个5周岁以下儿童难以开启的装置即安全锁，否则不准进入欧盟市场。近十年，温州打火机以廉价耐用的产品击败欧洲同行并一直占据国际市场的相当份额，而CR法规一旦被实施，就意味着温州生产的价格在2欧元以下、装有燃料的玩具型打火机将永远退出欧盟市场，出口贸易必将受到重创，企业损失重大。欧盟是在著名的BIC公司、东海公司等打火机制造商的压力下，启动有关程序拟定设计该法案的。

早在1994年，美国也有类似于CR的法规出台，同样使温州打火机产业损失惨重，在美国市场节节败退，出口量仅相当于出口欧洲市场的1/5。此次欧盟的决策无疑是对1994年美国法规的“克隆”。温州打火机专利案是我国“入世”后，在国际贸易领域第一次遭遇WTO成员方借专利壁垒设置阻碍门槛的案件。目前，欧洲国家的打火机企业已申请大量的“安全锁”专利，温州企业研究空间已被“专利壁垒”挤压得极小。如此一来，如果无法研制出自己的专利，温州打火机业就不得不花高昂的价格购买国外专利，其产品的成本必然大幅提高而失去竞争优势。在欧盟提出CR法案后，2002年6月，欧盟又就温州打火机正式立案，对出口的一次性燃气式袖珍打火机进行反倾销调查。2002年7月6日，外经贸部、中国机电产品进出口商会组织有关专家和律师对欧盟打火机反倾销和专利案进行讲解分析，指导企业积极应诉工作。经过反复协调，17家企业参与应诉，其中15家提出产业无损害抗辩（针对CR法案和安全锁专利），温州东方轻工实业公司和东方打火机厂提出无倾销抗辩（含申请市场经济地位）。

2002年9月9日，欧盟官员来温州对两家东方企业作有关市场经济地位的核查。一个月后，欧盟宣布给予东方轻工公司、东方打火机厂及宁波四家企业市场经济地位，我方取得初步胜利。同年12月，欧盟官员再次来到温州对进行无损害抗辩的企业中的温州市进出口公司、联合进出口公司、尼博烟具制造有限公司等三家公司进行核查。2003年7月15日，欧盟接受本案原告方的撤诉，决定停止对我方打火机反倾销案的调查，本案也以我方赢得胜利而告终。

随着信息社会的不断发展，知识产权制度在促进信息技术创新、技术标准在激励产业发展方面均发挥着巨大的作用，将知识产权和技术标准有机结合可谓备受关注。那么，何谓技术标准？技术标准就是对一个或几个生产技术设立的必须要达到的水平以及为达到上述水平而实施的技术，其实质和核心就是技术体系中对于技术的知识产权。一些发达国家往往通过将知识产权和技术标准结合的手段，借助自己较之其他国家的专利技术优势，自定技术标准，构筑遏止其他国家的贸易出口的技术壁垒。

欧洲方面提出的“进口价格在2欧元以下的打火机，必须要加装一个5周岁以下儿童难以开启的装置即安全锁”（即CR法案），事实上是对中方企业的产品进驻欧洲市场设置了一个难以跨越的技术标准。欧方旨在将所掌握的专利技术作为一种行业标准和市场准入标准规定到法案并运用于国际贸易之中。一旦该标准生效，将导致的后果是凡不能达到此标准者均被挡在欧洲市场之外。如果不能推翻该项技术标准的限制，中方企业只能面对两种选择：一是购买欧洲的安全锁专利或自己研发同类专利以符合该标准，从而进入欧洲市场；二是由于高昂的专利费用和难以打开的自我研发局面而放弃欧洲市场，这样虽不能导致整个行业的覆灭，但重创是在所难免的。

自主知识产权是指中国的公民、法人或非法人单位经过其主导的研究开发或设计创作活动而形成的，依法拥有的独立自主实现某种技术知识资产的所有权。随着中国入世的不断深入，知识产权因素在国际贸易中的地位日渐突出。国家的经济长久发展和企业稳固的竞争优势必须依靠自主知识产权。目前，知识产权和技术标准已成为各国高新技术产业发展的战略制高点，技术标准成为知识产权追求最高的体现形式，但标准的制定必须有雄厚的知识产权基础。无相应的专利技术和其他技术作为保障，何谈标准的制定？因而，我国必须致力于自主知识产权的开发与研究。自主知识产权制度的建立和发展，一方面需要国家相关政策的激励和促进，另一方面作为技术创新和市场竞争的主体的企业必须大力开发研制属于自己的专利技术。企业只有不断加大科研投入并积极参与行业标准制订，才能在市场经济环境中处于良性运作状态，最终有利于提升行业整体竞争力。温州市的大部分打火机制造商并没有自己的专利技术，对产品技术研发缺乏足够的投入，一般只是根据客户的订单进行生产，只有客户要求高了才开始研制。而CR法案中新技术标准的提出正是抓住了温州产品的这一弱点。对于温州的打火机企业，CR法案意味着对欧洲市场的出口减少一半以上，温州五百多家打火机企业一大半都面临倒闭。因而，CR法案一方面对我国产品进入欧洲市场设置了技术壁垒，但客观上也起到了行业改造的作用，我国企业必须面对向技术攻关阶段的转变。CR法案的出台给我国企业敲响了警钟：企业必须提高产品质量和附加值，开发新技术，建立自主知识产权体系。以技术攻关对抗欧盟贸易制裁才是温州企业取胜的最终决定因素。

（二）注册陷阱

典型的注册陷阱是设置专利网，即企业的某个技术获得专利后，以其为基本专利，改进技术和外围相关技术均申请专利，形成一个由基本技术同改进技术、外围相关技术共同构成的专利网，从而形成本企业强项技术的专利壁垒，使竞争对手无法突破，如美国菲利普石油公司不仅拥有 PPS 树脂的基本专利，还有多项有关 PPS 树脂的制造、应用等外围技术专利，当其基本专利到期后，这些外围技术专利在美国依然有效。在国际专利战略上，针对知识产权保护的地域性限制，许多跨国公司往往通过进行海外专利申请，将自己的大量发明专利拿到其他国家进行申请注册，使自己的专利技术得到充分的知识产权保护。而我国的企业由于缺乏知识产权的保护意识，国外专利授权（PCT）的申请非常低。以 2004 年为例，日本在美国申请的专利高达 4.5 万件，而我国大陆企业在美国仅仅申请了 887 件，和日本相差 52 倍，在欧洲市场上也是同样状况。就我国国内专利申请而言，截至 2003 年年底，我国企业申请的发明申请只有 26 万件，而且很大一部分是外观设计、商标等；而跨国公司在中国发明专利申请量已高达 280 万件，其中日本企业到中国申请的专利量是最多的，其次是美国、韩国。这些专利申请都是高水平的，尤其是在高科技领域，比如，电子信息领域、生物医药领域、新材料领域的核心技术，都掌握在少数跨国公司手里，像高通、诺基亚、西门子等少数几家跨国公司就掌握了 80%以上的通信专利技术。跨国公司不断加强其技术优势、品牌优势和规模优势，尤其是通过申请数量庞大的专利技术，势必不断扩大其垄断地位，对我国同行业企业造成严重威胁。另外，我国知名商标被海外抢注的现象频繁发生，一旦出口国门，自己要出口产品反而要向别人交专利使用费。据不完全统计，此类案件多达 200 余起，在美国、日本、韩国、荷兰、瑞士等国被抢注的中国名牌，如“同仁堂”“青岛啤酒”“竹叶青”“云烟”“红梅”等。但中国企业海外专利申请正在改善，2014 年，中国申请国际专利 25 539 项，较上年增加 18.7%，系全球唯一一个出现两位数增长的国家，排在美国和日本之后，居世界第三位。中国的华为技术有限公司以 3 442 件的申请数超越日本松下公司，成为 2014 年全球企业之首。美国高通公司排第二位，中国的中兴通讯公司排第三位。腾讯科技、深圳华星光电、京东方、华为终端也分列第 17、23、34 和 46 位[①]。

（三）择时起诉侵权专利

在市场比较幼稚、起诉侵权得不到利益时，被侵权的知识产权拥有者并不起诉，等到市场培育起来以后，知识产权拥有者便可理所当然地利用知识产权保护条款逼迫侵权企业要么退出市场，要么支付巨额的专利使用费，使国外专利持有厂商坐收渔利。DVD 专利使用费案就是这种情况：我国的 DVD 播放机自 1997 年起步起发展就十分迅速，DVD 产量势头猛、价格低，产品性价比有着明显优势，但我们的产品没有一个拥有自己的知识产权。DVD 专利技术数量很多，外国专利拥有者已经筑起了一道密不透风的技术堡垒。当国外以知识产权为武器，向我国生产商施压时，我国产品的竞争优势就受到削弱，竞争力普遍下降。由于我们的企业原来对知识产权问题不够重视，在技术分析及法律上又普遍缺乏准备，所以外国专利收费团体在与我们的企业单个交涉中，我们就会处于明显的弱势。2002 年 2 月，我国出口到欧盟的 DVD 因侵犯知识产权，被欧盟成员国英国和德国的海关扣押，要求对国内的 DVD 整机生产厂商征收产品净售价的 4%或每台 4 美元的技术专利使用费，向 DVD 解码器征收净售价的 4%或每台 1 美元的技术专利使用费，向 DVD 光盘征收每碟 7.5 美分的技术专利使用费。因此，自主创新及知识产权保护是企业的生命线，是企业科学发

---

① http://news.sohu.com/20150320/n410043693.shtml。

展、可持续发展的原动力。要始终坚持“以技术创新为基础，以资本运作为手段，以成果产业化为目标”的发展模式。我们要很好地学习外国公司在知识产权运营方面的投入。知识产权优势的取得离不开必要的投入。要充分利用版权保护我们的合法权益。

（四）知识产权内部化

知识产权内部化是指一些发达国家的跨国公司为保持在高技术领域的垄断优势，其高技术或含有技术专利的商品、专有技术的商品主要流向拥有多数或全部股权的国外子公司，即使在技术创新成果与企业现有经营不相吻合的情况下，企业也往往不会轻易地单方面出让该项技术成果，而是将它作为交叉许可（cross-licensing）的筹码以换取自己所需要的其他企业的技术成果。

（五）由标识性权利构成技术性贸易壁垒

国际标准化组织和一些工商业团体经常把一些标识注册成证明商标，一些国家或地区往往把是否带有证明商标作为商品进口的必备条件，构成了由标识性权利组成的技术性贸易壁垒。事实上，一些企业在许可他人使用专利技术的同时，也往往把商标一同许可，所以被许可企业商品是否带有许可商标也成为是否侵犯他人专利权的一个衡量标准。有时，某些专利技术虽已过了有效期，成为公知技术，但商品上的商标权可以不断延续。要使用这些技术代表的标识，也必须得到许可，否则就会侵犯他人的知识产权。因此，证明商标也成为一种知识产权贸易壁垒。

（六）滥用知识产权保护边境措施和临时措施

进口边境措施和临时措施是《与贸易有关的知识产权协议》（TRIPS）要求必须实行的，但如果权利人恶意申请临时措施或海关扣押或海关手续过于繁杂，会使进口人付出高额的成本，甚至遭受重大损失。出口边境措施是 TRIPS 规定可以实行而并非必须实行，设立出口控制，通关履行繁杂的手续，提交各种授权文书和商业票证，不仅拖延时间，而且为出口增加了交易成本和意外风险。因此，对知识产权保护边境措施和临时措施的滥用，也构成了知识产权贸易壁垒。

（七）滥用网络著作权

按照各国传统的著作权法，公众可因科研、教学、个人研究需要而使用受著作权保护的客体。但在互联网上，许多应为大众知悉的信息被网络商及版权人封锁起来，如应当公开为公众服务的商业信息、报刊、已发表文章、法律法规、国内外法院判决的案例被汇编成数据库而受到特殊保护，这种信息垄断会妨碍著作权客体的交流及商务活动的展开。

（八）严格限制平行进口

平行进口一般是指未经相关知识产权权利人（版权人、专利权人和商标权人）授权的进口商，将由权利人自己或经其同意在其他国家或地区投放市场的产品，向知识产权人或独占被许可人所在国或地区的进口。被平行进口的产品与特定的知识产权相关，是有着合法来源的真品，以低价与进口国或地区市场上原有的同一版权产品、专利产品或商标产品展开竞争。平行进口的进口国或地区存在反对平行进口的相关权利人。在美国，平行进口的反对者通常以“灰色市场商品”指称平行进口商品。在国际市场上，平行进口现象极为普遍，以至于被视为一种产业。即使是尝试统一规范国际贸易领域知识产权问题的 TRIPS 在这个问题上也保持中立，规定 TRIPS 进行的争端解决中不得借 TRIPS 中的任何条款涉及知识产权穷竭问题。正因为如此，无论认为侵权还是合法，许多国家的法律条文在规定平行进口时多附有灵活条件。所以，平行进口很容易为发达国家的利益、个人的意志所左右，不可避免地产生滥用知识产权的问题。

（九）国际上的知识产权立法

从国内立法方面看，少数发达国家为了确保自己的绝对优势地位，在将众多知识产权掌握在自己手中的同时，还纷纷制定了严格的知识产权立法保护措施。例如，美国在宪法第一条第八款、专利法、商标法、版权法、贸易法、反不正当竞争法、乌拉圭回合协议和海关条例，特别是国内贸易法方面的 301、306、337 条款，经 1988 年修改加入保护知识产权的专门规定后，更是成为向竞争对手挥舞的大棒。这些专门条款规定了快速的司法调查程序和严厉的惩罚。在国际立法方面，基于共同的利益考虑，发达国家在知识产权保护上互相策动，利用 WTO、WIPO 等多边场合，将符合其利益的立场体现在一些国际规则中。这些规则的制定编织了一张严密的国际知识产权保护网。

资料 3.1

中国创新速度领跑全球

世界知识产权组织在瑞士日内瓦发布的《2016 世界知识产权指标》报告显示：2015 年，世界各地的创新者总计提交了大约 290 万件专利申请，比 2014 年增长了 7.8%；中国提交的专利申请最多，首次在单一年度内提交了超过 100 万件申请，位居全球第一位。中国成为首个年度专利申请量超百万件的国家，专利申请量占全球总量近 40%，超过美国与日本之和，这也是中国连续第五年蝉联全球专利申请量之首。

《世界知识产权指标》报告是世界知识产权组织发布的一份年度报告，主要是基于对上一年全球知识产权申请的统计和分析。报告中有这样一组数字：2015 年，全球专利申请数量增长 7.8%，而在中国，这个数值是 18.7%。

世界知识产权组织总干事弗朗西斯·高锐指出，与世界经济的低速增长相比，全球知识产权申请量呈现持续快速增长的势头，其主要动力源于中国知识产权申请量的快速增长。在日内瓦举行的新闻发布会上，高锐几次用“不同寻常”赞扬中国的表现：“中国的申请量极其不寻常，中国专利局是全球第一个在单一年度内受理 100 多万件申请的专利机构，这非常不同寻常，而且这些数字正在并将继续以不同寻常的速度增长。”

从 2005 年的 17.3 万件到 2015 年的 110.2 万件，10 年间，中国的专利申请数量实现了百万级跨越。在全球经济格局调整中，中国这一创新主角从不缺席。我国知识产权的“软”实力正逐渐成为撬动中国经济转型升级、迈向科技强国的“硬”杠杆之一。

世界知识产权组织的报告显示：中国创新者提出的申请，多数为电机工程类、计算机技术与半导体类以及医疗测量仪器等科技含量较高的类别。

据世界知识产权组织中国办事处主任陈宏兵介绍，2015 年，在国际专利申请量前 20 名的实体中，中国高科技企业占 4 席，华为蝉联全球第一，中兴通讯连续第三年保持位列前三名，京东方和腾讯分别占据第 14 位和第 20 位。在大学申请排名中，清华大学和北京大学分别位列第 8 位和第 11 位。

华为之所以能打败世界各大科技巨头，与华为成熟的知识产权战略布局分不开。目前，华为在全世界多地设立了 16 个研发中心，全球累计获得专利 5 万余件，提交专利申请 8.3 万余件（不含 PCT）。

2015 年华为中国申请 6 200 件，境外申请 2 800 件，已累计申请了 52 550 件国内专利和 30 613 件外国专利，专利申请总量全球第一。华为研发费用，超过 A 股 400 家公司之和，超过台湾的台积电+鸿海+联发科+联电+纬创的总和。

在知识产权备受重视的时代，每一个企业与个人都会不惜余力地维护自己的权益。中国的华为也难逃他们的起诉。2013 年，苹果公司联手微软向华为进行起诉。3 年时间，华为被告了 54 次。

2015 年，华为向苹果公司许可专利 769 件，苹果公司向华为许可专利 98 件。这意味华为开始向苹果公司收取专利许可使用费。2015 年 5 月 25 日，华为向全世界宣布，在美国、中国同时向三星起诉，要求三星立即停止侵权行为，并向华为进行赔偿。这是历史上中国企业第一次向世界级巨无霸挑战。

2015 年 7 月 6 日，华为再次在美国本土起诉美国第四大运营商 T-Mobile。华为公司从当年在美遭遇跨国巨头诉讼威胁，到今天向手机行业领头羊企业苹果公司收取专利费，又向拒不缴纳专利费的三星、T-Mobile 发起专利诉讼。

未来，国与国之间的竞争是科技的竞争、能源的竞争。而专利权无疑是科技竞争战中的一把利剑。谁拥有的专利多、专利价值高，毫无疑问谁就掌握了最高话语权。中国专利数量目前已领跑世界，量变必然带来质变。中国企业，如华为、中兴、阿里等的强势崛起，也必然给中国注入强大力量和竞争力。

资料来源：2016年《世界知识产权指标》终于发布：中国领跑全球，华为蝉联世界第一［EB/OL］.［2016-12］. https://buluo.qq.com/p/detail.html?bid=18008&pid=3773712-1482900370.

三、美国关税法“337 条款”

（一）美国关税法“337 条款”简介

美国 1930 年关税法“337 条款”，俗称 337 条款，最初规定于《1930 年关税法》的第 337 节，是美国贸易救济法的一种。337 条款旨在防止外国厂商以不公平竞争或不公平贸易的行为，向美国出口或在美国销售外国产品。337 条款将进口中的不公平贸易做法分为一般不公平贸易做法和有关知识产权的不公平贸易做法两类。一般不公平贸易做法是指，“所有人、进口商或分销商将产品进口到美国或进口后销售过程中的不公平竞争方法和不公平行为”。有关知识产权的不公平贸易做法是指，所有人、进口商或分销商向美国进口，为进口而买卖或进口后在美国销售属于侵犯了美国法律保护的版权、专利权、商标权、集成电路布图设计权和设计方案权的产品的行为。只要美国存在与该产业相关的产业或正在建立该产业，有关知识产权的不公平贸易做法即构成非法。

依据337条款规定，如果任何进口行为存在不公平贸易做法，ITC可以应美国国内产业的申请，进行立案调查。如果ITC最终认定进口行为违反了337条款，ITC可对侵权企业或产品进行处罚，也就是对申请人和美国产业实施救济。处罚或救济措施包括颁布排除令（分为普遍排除令和有限排除令两种）以及禁止令。

（二）“337条款”的法律程序

一般情况下，ITC处理337案件的法律程序包括四个步骤：（1）申请方向ITC提交起诉书或临时救济措施申请，ITC根据审查结果在30天内（一般情况下）决定是否组建调查组立案调查。（2）调查组成立后，向被诉方送达起诉状和调查通知，确定结束调查的目标日期。337调查的时限一般为12个月，较为复杂的案件则可以延期6个月。同时，ITC指定行政法官，并将337调查转移由该法官主持。（3）被诉方须在送达通知之日起的20天之内对调查通知提交书面答辩意见。如果申请方同时还申请了临时救济措施，被诉方还必须在送达通知日起的10天（普通）或者20天（较为复杂）内提交答辩。此后，相关各方可以进行证据的搜集。（4）调查期内，行政法官主持召开听证会。调查通告发布后的90天之内必须结束对临时救济措施的调查，复杂的可以延至150天。根据各方面证据搜集和听证会，在目标日期前的3个月（如果调查最长时限超过15个月的，则在此前的4个月），行政法官做出初步裁决，并将该裁决连同相关建议递交给ITC。ITC在20天（复杂的为30天）内做出审查，除非该裁决被修正，否则自动成为ITC的最终裁决。

（三）“337条款”的特点

从条款的制定看，337条款是WTO规则中未明确指明的美国涉外贸易救济法。在美国，涉外贸易救济法主要包括：反倾销法、反补贴税法、201条款、421条款、301条款和337条款。其中，反倾销法、反补贴税法、201条款、421条款分别对应于WTO的《反倾销协议》《补贴与反补贴措施协议》《保障措施协定》《中华人民共和国加入议定书》第十六条等法律文件。而337条款与301条款在WTO规则中没有对应明确的法律文件，但实际上，337条款是WTO规则中未明确指明的美国涉外贸易救济法。

从实践来看，337条款已成为美国知识产权保护的外贸法律。尽管337条款将进口中的不公平贸易做法分为两类，但ITC在实际操作中已将337条款的执行重点转移到知识产权保护上，这使337条款成为美国涉外知识产权保护法律体系的组成部分。美国的知识产权所有人在遇到侵权产品的进口时，既可在联邦法院提起诉讼，取得禁止令停止侵权人的侵权行为，获得经济赔偿，也可依据337条款向ITC递交申诉书。

从处罚措施看，337条款将给被裁定侵权的企业及相关行业以严重打击。若ITC最终裁定外国公司侵权，则可颁布普遍进口排除令、有限进口排除令或禁止令。即使在侵权行为未得到认定的调查期内，ITC也可采取救济措施，颁布临时排除令或临时禁止令。普遍排除令禁止某一种类的所有进口产品进入美国市场，而不区别原产地或生产商。同时，还包括今后和目前尚未掌握的生产商和进口商。有限排除令只禁止被调查企业生产的侵权产品进入美国，但它可以适用于被调查企业现在和今后生产的存在侵权行为的所有类型的产品。有限排除令的效力还可以扩大到包含侵权物品的下游或下级产品，以及上游的零部件产品。禁止令则禁止在美国的针对涉案产品的市场行为，不仅包括在美国国内的销售行为，也包括市场开发、分销、广告宣传以及聘用美国代理商和分销商等行为。需要指出的是，337 条款并没有明确规定排除令和禁止令的有效期。对于比较依赖美国市场的中国企业来说，若被裁定违反 337 条款，那么将在长期内失去美国市场，从而对其所在行业及相关行业的发展造成严重打击。

从法律程序看，337 案件的持续时间短，被诉企业的应诉时间紧张。在实际操作中，整个 337 调查案件从启动到结束一般只需 12 个月到 15 个月，这比美国法院审理知识产权侵权案件的时间要短得多。一般情况下，ITC 的行政法官在 6 个月内就可完成证据的搜集工作。行政法官在举行听证会后，多数在 3 个月内做出初裁。若申请方胜诉，排除令在诉讼提交后的一年左右就可生效。在起诉方提出临时救济动议的案件中，ITC 在 90 天内（复杂案件在 150 天内）就要对是否准予临时救济做出裁定。此外，在 ITC 证据搜集的答辩时限为 10 天，比联邦地区法院的 30 天或几个月短得多。而且任何一方向行政法官提交动议时，另一方只有 6 个工作日的时间提出反对意见，而一般的联邦地区法院允许 14 天或更长时间。337 条款的时限规定客观上造成了被诉企业的应诉时间紧张，使被诉企业处于被动的不利局面。而对于美国的申诉方而言，提起 337 诉讼可获得主动权，并可能在短时间内获得救济措施。

337 条款尽管一直遭到国际社会的批评，但当前仍是美国调整外国产品进口规模的重要手段。随着中国出口产品结构的不断升级，高附加值、高技术含量的出口产品比例趋于上升，客观上在美国市场构成了与美国同行的竞争。在美国，利用知识产权法律打击竞争对手本来就是一种常用的商业策略，再加上 337 条款对于申请人的有利之处，其必将成为美国企业更常用的法律保护手段。更为严峻的是，鉴于美国当前的政治经济形势和处于敏感时期的中美贸易关系，337 条款极有可能发展成为一种贸易保护方式。为此，中国出口企业应确定从补救到预防再到主动利用的应对思路。

首先，被诉企业应量“利”而行。不要采取消极回避的态度。遭受 337 调查的企业首先应决定是应诉还是置之不理，或是与申诉方签署相关权利许可协议或改变使用中的专利或商标的方式。被诉企业应对答辩的费用、胜诉的可能性、出口产品的价值、拒绝答辩的直接损失和潜在损失等进行深入、全面地评估，然后在综合比较各种利害关系的基础上慎重决策。需要指出的是，不应诉并不等同于态度不积极，放弃应诉也可能是理性选择。不管被诉企业的决定如何，都不应因不了解 337 条款、律师费用高、无胜诉把握等原因而采取消极的回避态度。如果这样，被诉企业就可能失去胜诉的机会。其实，美方企业也并非具有胜诉的把握。例如，电池案和漏电保护插座案都以中国企业未构成侵权而告终。

其次，企业要树立法律意识，熟悉美国法律环境，及时采取预防措施。我国企业的知识产权意识整体上比较淡薄，而面向国际市场的企业必须具备国际化的知识产权法律意识和知识，只有这样才能防患于未然。这就要求我国出口企业提高知识产权保护的法律意识，研究美国知识产权保护的法律环境。例如，在签订对美出口合同前，企业应了解竞争者或潜在竞争者的情况，清楚自己的产品是否可能侵犯知识产权。对可能涉嫌侵犯知识产权的产品要采取有效的预防措施。

再次，企业要采取主动性的防范措施，从根本上解除 337 条款的威胁。为了从根本上解除337条款的威胁，我国企业还要采取主动性的防范措施，在美国构建自己的知识产权保护体系，例如，建立并完善专利经营策略与管理制度、积极申请自己的专利等。这样不但可以防患于未然，而且还可以变被动为主动，使337条款成为保护自己的法律武器。日本公司这方面的经验就值得借鉴。在20世纪七八十年代，许多日本公司也曾频频遭受337调查，并付出了巨大代价。后来，他们在美国建立了自己的知识产权保护网，比如，丰田等日本大型本土制造企业均设有专利部来维护、运营企业专利。

最后，发挥行业协会的作用。由于337条款的处罚措施会使整个行业长期不能进入美国市场，而且还会牵涉到相关的企业、承包商、下游产品和二级产品。因此，行业协会应将应对337调查视为自身的重要任务，积极利用其优势，发挥组织和协调作用，联合整个行业共同应对。2003年，在中国内地电池企业遭遇337调查后，中国电池工业协会就联合全行业企业进行了积极应对。

案例

中国电池337案例

2008年4月21日，美国联邦巡回上诉法院对无汞碱性电池337调查案作出终裁：原告美国劲量公司的专利无效。该案历时近5年，在其他国外被告均与原告达成和解并支付巨额专利费的情况下，我国应诉企业克服了法律、资金、技术、专业知识等方面的巨大困难，共同抗辩，有效地维护了行业对美出口利益，成为我国企业应诉337调查的经典案例。

【内容】

2003年4月28日，美国劲量电池公司向美国ITC提出337电池调查申请。5月2日，中国电池工业协会在获知这一情况后，立刻电告有关国内企业。5月28日，美国国际贸易委员会接受了劲量的申请，正式立案，同时，中国电池工业协会组织并协调涉案国内企业开展应对工作。6月2日，美国ITC对无汞碱锰电池、组件及同类产品启动337调查，ITC行政法官初裁认定，中国电池侵犯劲量电池709号专利。

2004年9月2日，中方代表律师向ITC提起上诉，要求对此案全面复审。2004年10月4日，ITC最终裁决，认定原告美国劲量公司709号专利无效。10月7日，劲量公司将ITC告到联邦法院，要求认定ITC裁决有误。10月13日，18家中国电池企业会聚一堂，准备迎接新一轮的诉讼。2005年1月25日，美国联邦巡回法院驳回劲量要求，判决ITC重新审理此案。2007年2月，ITC再次做出专利无效的裁决，劲量第二次向联邦法院上诉。2008年4月21日，美国联邦巡回法院作出终裁，最终维持了ITC裁定，判决劲量专利无效。

【解析】

本案作为美国国际贸易委员会（ITC）近30年来第二起在终裁中全盘推翻行政法官初裁的案例，是中国产业应诉337调查的经典之作。作为涉案企业的行业组织中国电池工业协会，从立案时的组织应诉，到初裁时的“山穷水尽”，再到终裁时的“柳暗花明”

和上诉阶段的“好事多磨”，在337调查应诉中展现出了强大的凝聚力。在该案中，行业协会建立了“企业为主、协会牵头、商会配合、政府支持、选好律师”的应诉工作模式，充分发挥了企业为主体，行业协会的组织协调作用，动员和组织全行业的力量联合应诉，共同分摊应诉费用。这些工作为此案的成功应对奠定了坚实的基础。

在本案中，中国电池工业协会牵头应诉企业具体经历和化解了五次重大危机：

一是突然遭遇国外起诉，协会紧急动员，组织全行业力量，积极应诉。原告选择2003年4月27日提出申请时，正值“五一”长假前夕，同时也是“非典”期间，造成我国企业应诉工作在时间方面极其被动。面对突如其来的国外专利诉讼，在中国有关部门的指导下，协会迅速向企业通报情况，组织专家分析专利，了解美国337调查程序，分析案件对产业的影响，研究应诉策略，并动员组织企业建立联合应诉团队，联合聘用律师。

二是解决费用危机，由协会确定费用分摊办法，组织协调筹集应诉费用。337调查应诉费用高昂，而我国电池企业规模小，经济实力弱，单个企业无法承担如此高额费用。为了解决费用危机，协会通过与企业反复协商，提出了费用分摊原则，根据企业出口量多少、生产规模大小、市场开拓潜力和为行业做出的贡献，多方面综合考虑。由协会牵头协调，确定企业承担费用的方案，组织被告企业承担70%费用，动员非列名被告的涉案企业承担30%费用。协会根据应诉程序展开工作，帮助找律师事务所、组织协调企业支付费用、解决应诉费用难题。

三是积极化解中外联合应诉阵线分解产生的难题，中方团队孤军作战困难。在本案应对初期，我国应诉企业形成联合团队，同时我方代理律师与国外被告企业代理律师组成应诉联盟，并进行分工，一段时间原告处于被动局面。但原告通过多种方式，在临近开庭之际先后与日本、新加坡等部分企业达成和解，并与这些企业签署了其应诉信息不能与中国企业共享的协议，原来的中外联合阵线被瓦解。协会与企业经过认真分析，决定坚持应诉，并及时采取补救措施，动员各方力量，重新搜集证据和寻找证人。

四是引导企业申请复议，扭转初裁全面失败的被动局面。2004年6月2日，初裁判定包括中国在内的电池生产商侵犯了原告劲量公司的专利，并做出对包括中国内地和香港在内企业的普遍排除令的裁决。初裁中没有回复我国企业抗辩的问题，存在明显的不公。在初裁结果对我国企业极为不利的困难时期，经协会的协调组织，我方应诉团队冷静分析涉案专利，寻找我国企业抗辩理由，保持团结一致，坚决将官司打下去。2004年6月14日，中方企业向ITC提出复议。

五是反对苛刻的和解条件，坚持复议。2004年6月2日ITC初裁后，本来抱着“胜诉”信念的中方联合应诉阵线意见也出现分歧，个别企业提出了“上诉的胜诉可能不大，不如议和”的要求。我国电池企业规模小，经济实力小，单打独斗难以与国外大公司抗衡，因此维护团队联合应诉是取得应诉胜利的基本条件。一旦个别企业接受对方苛刻的和解条件，一方面联合应诉团队被瓦解，另一方面即使企业和解了，接受原告提出的所谓和解条件，我方电池也无法对美国出口。面对初裁的明显不公和推翻ITC初裁的巨大难度，协会顶着巨大的压力，冒着终审败诉的风险，组织应诉领导小组紧急磋商，最后大家一致同意参与复议，维护应诉企业联合团队，并做出了若终裁不利，将根据法律程序再向美国联邦法院提出诉讼，与劲量公司较量到底的准备。

【总结】

随着我国对美贸易的快速增长，美国对我国出口产品的限制手段也在发生变化，除了不断加强反倾销和反补贴措施外，还越来越多地使用其关税法中的“337条款”。“337条款”主要是规制进口贸易中的不公平竞争行为，尤其是保护美国知识产权人的权益不受进口产品的侵害，但在实践中该条款已日益演变成为美国限制外国产品进口的一种极具杀伤力的贸易保护手段。

从2002—2007年年底，中国已连续6年成为遭受337调查最多的国家。仅2007年，美国就对我国提出17起337调查，占其同期立案总数的50%以上，涉案金额超过20亿美元。这一势头仍在延续。商务部公平贸易局最新数据显示，2009年1—10月，美对我共发起337调查已经达到10起。

由此可见，“337条款”日益成为一种极具杀伤力的贸易保护手段，对我国出口贸易产生了严重的不利影响，应该引起我们足够的重视，并积极探索应对的策略。

资料来源：中国电池337案例［EB/OL］. http://www.chtvc.net/cnp9003.htm.

资料 3.2

我国平衡车行业面对美国“337调查”

2017年9月，杭州骑客智能科技有限公司于美国337条款调查中获得“没有侵犯原告专利权”的裁决。而前不久，这家公司在另一起“337调查”中也获得胜诉。至此，骑客在半个月内连赢两次。曾经关系到整个平衡车产业发展的专利诉讼和中国企业的被动局面也由此出现了转机。

“337调查”，几乎成了中国企业进入美国市场永远的痛，而且被拒之门外的不只是一个企业，受到打击的往往是整个行业。很多行业被打压后在美国一蹶不振，众多企业销声匿迹。中兴、华为都曾是“337调查”的被告，现在是平衡车。

自2014年平衡车进入市场后，许多公司纷纷跟进。截至2015年年底，约有1 000多家公司在销售平衡车，市场估值达数十亿美元。与此同时，市场竞争也引发了法律争端。

截至2015年年底，已有数项与平衡车相关的诉讼被立案，2016年，则有更多的诉讼被立案。两年间，美国联邦地区法院和美国国际贸易委员会立案数十起，涉及数十家公司，均以扭扭车（即平衡车）为调查对象。其中大多数公司是被告，而几乎每一个原告在另一起案件中也是被告。

美国飞翰律师事务所代表骑客公司应诉了两起“337调查”案。第一起调查案中，原告美国锐哲公司（“锐哲”）和平衡车发明人陈星主张“陈星专利”，该专利被认为是平衡车专利中最早、最基本的专利。第二起调查案中，纳恩博协同旗下美国赛格威公司主张两项主要针对纳恩博产品所用技术的专利。这两起调查案均涉及大量被告，其中部分还在两起调查案中重叠。事实上，第一起调查案原告美国锐哲公司，就是第二起调查案的被告之一。

参与辩护的飞翰律师事务所律师印庆余介绍，在这两起调查案中，原告锐哲和纳恩博均向国际贸易委员会请求了普遍排除令。“普遍排除令最有杀伤力，一旦签发，列入其中的产品不论来源、产地、进口商、销售商，一律不得进入美国销售，而且不限于调查中所涉及的企业。”对此，商务部贸易救济调查局副局长刘丹阳表示，“美国‘337调查’针对的是整个平衡车行业。”

5个月内发起3起调查，每次均申请普遍排除令，这种情况非常罕见，“337调查”对平衡车的态度显得来势汹汹。

面对“337调查”，多数被告选择了放弃辩护或签署同意令，然而骑客则选择捍卫自身利益，在纳恩博初始诉状并未将其列入被告的情况下，骑客主动要求加入调查案。但在这两起调查案中，飞翰与其他应诉被告共同抗辩，将案子打到了庭审。

2017年7月28日，美国国际贸易委员会决定不对行政法官的裁定进行复审，调查以被告胜诉告终。2017年8月10日，在纳恩博调查案中，行政法官裁定被告没有侵犯纳恩博专利，而且与该专利相关的美国国内产业不存在。在这两起诉讼中，共有30多位律师参与辩护，另外还包括各公司的法务团队。

骑客在全球有200余项专利与专利申请，拥有强大的专利池，被认为是其能够率先反击的资本。骑客自从2015年在美国举办的国际消费类电子产品展览会上一炮而红，登上会展全球时尚产品排行榜后，订单供不应求，其中一半以上来自海外。接下来就遭遇了亚马逊下架、海外专利纠纷等一系列事件，出现高开低走的态势，甚至整个中国的平衡车产业也随之陷入困境。此次涉案的专利是于2014年才刚刚获得的授权，其有效期至少还有18年。如果美国国际贸易委员会真的向所有或部分涉案的中国公司颁布有限排除令，甚至是对所有可能侵权的企业颁布普遍排除令，这对中国公司、特别是在专利上基本没有反抗能力的国内众多中小企业来说将是沉重的打击。

在锐哲发起的“337调查”中，绝大部分被诉对象都选择了放弃市场或者不应诉，最终聘请律师积极应诉的中国企业，只有阿里巴巴和杭州骑客。从结果看，积极应诉的最终都被判“不构成侵权”。在应诉的美国企业中，8家应诉公司中有7家被判“不构成侵权”，由此看出国内企业主动放弃市场或拒绝应诉并非上策。企业应对“337调查”需要投入大量的财力、人力和时间，几百万美元的律师费很常见，一旦胜诉也不会取得律师费方面的赔偿，因此一些企业采取了放弃应诉的态度。加之，根据“337调查”规则，无论是搜集证据还是宣誓证言对国内企业而言都是非常庞大复杂的工作，对美国法律的陌生，让国内企业望而生畏。如果不应诉，对被调查企业极为不利，可能被认定为是缺席被告。原告对缺席被告的指控将被认定是真实的，其可以向美国国际贸易委员会提出对缺席被告立即采取救济措施，如有限或普遍排除令，禁止令等。即使没有成为被告，如果调查涉及自身利益，也应以利害关系方的身份参与调查，防止自身利益受到侵害。

资料来源：韩霁面对美国“337调查”平衡车何以接连胜诉［EB/OL］.［2017-09-04］. http://news.china.com.cn/live/2017-09/04/content_38702661.htm.

四、美国 301 条款

“301 条款”，是美国 1974 年《贸易法》第 301 条的简称，该条款授予美国总统对外国影响美国商业的“不合理”和“不公平”的进口加以限制和采用广泛报复措施的权力。根据“301 条款”，美国贸易代表首先寻求与外国政府协商，以贸易补偿或消除贸易壁垒的形式进行协商。如果协商无法解决问题，美国可以采取贸易救济措施，比如，征收额外的关税、费用和对进口的限制。

这被称为“一般 301 条款”。后续的修正法案对 301 条款的具体应用进一步细化，其中针对贸易自由化和知识产权保护的内容分别被称为“超级 301 条款”和“特殊 301 条款”，二者均要求贸易代表办公室定期向国会提交违反对应条款的贸易伙伴黑名单，并采取“发起调查——贸易谈判——报复措施”行动，直至相应的贸易伙伴消除损害美国利益的做法。

（一）美国特别 301 条款产生的历史背景

美国《1984 年贸易与关税法》第一次把“301 条款”所辖的不公平贸易做法扩展到知识产权保护领域，而《1988 年综合贸易与竞争法》则系统地将产权保护问题纳入“301 条款”体系之中。因其内容上的缘故，将该节通称为“特殊 301 条款”。美国特别 301 条款是美国贸易法中置于一般 301 条款之下的有关知识产权保护的一个特别条款，该条款的核心是以双边谈判和贸易制裁的方式迫使其他国家和地区保护美国的知识产权，并准许美国的知识产品进入其市场。美国是世界上科技发展水平最高与技术输出最多的国家，因此也是最依赖于知识产权保护以保障并促进其经济发展的国家。自 20 世纪 50 年代以来，美国对外出口中知识产权所占比重越来越高，据估计，在 20 世纪 50 年代，美国经济的对外出口中只有约 10%依赖于知识产权的国际保护，而到 90 年代末期，则有近 50%的对外出口依赖于某种形式的知识产权保护。但因知识产权的无形性与易传播等特点，美国耗费巨资研制出来的高科技知识产权产品也往往成为各国不法分子窃取、盗用的对象，并因此给美国经济造成了巨额损失。据美国国际贸易委员会 1992 年的统计，美国的对外出口因遭国外知识产权侵害所受损失每年约 430 亿～610 亿美元。另据美国“国际知识产权联盟”的估计，美国仅在 1992 年因国外盗版所造成的对外出口损失即有 150 亿～170 亿美元之多。

而与此同时，美国因为一直居高不下的贸易赤字而困扰。据统计，到 1998 年，美中贸易逆差为 42 亿美元，比 1987 年增加 12 亿美元，其中，美国对中国出口额为 50 亿美元，比 1987 年增加了 15 亿美元，增长了 42.9%；而美国从中国的进口达 93 亿美元，比 1987 年增加了 34.8%。1987 年，美国对中国的直接投资额为 30 亿美元，主要集中在农产品、机械和运输设备、纺织等领域。20 世纪 80 年代，美国巨额的贸易赤字引起了美国各界的强烈不满，美国政府也意识到巨额的贸易赤字似乎与大量的知识产权侵权之间有着某种必然的联系。为了扭转严重的贸易收支失衡以及在国内产业界的压力下，美国国会、政府达成一致意见，认为有效保护美国在海外的知识产权对美国经济至关重要，应置于优先考虑的地位，为此，决定修改“1974 年贸易法”。正是在此背景之下，美国国会于 1988 年通过了《综合贸易竞争法》（Omnibus Trade and Competitiveness ACT of 1988），该法案对“1974 年贸易法”301 条款做了迄今为止最大的一次修改，主要体现在以下方面：第一，变更了决策人，授予贸易代表原属总统的有关权力。依修订前的美国贸易法案的规定，针对国外贸易应否采取、以及采取何种报复措施，都由总统决定。但在具体操作中，由于总统不仅要考虑两国的贸易关系，还要考虑政治、外交等因素，从而往往使贸易报复落不到实处，不利于对产业界利益的切实维护，也损害了美国的经济利益。修改后的贸易法案，将有关权力交给贸易代表办公室，由贸易代表负责具体操作，并向国会负责。贸易代表在具体操作时，如无特殊情况，仅就具体的贸易问题做出判断，并依职权采取相应的行动，也因此使得这种改变具有了实质意义。第二，变更了贸易报复的性质，突出了贸易报复的不可避免性。修改后的贸易法案规定，一旦贸易代表确认某一国外企业的做法违反了贸易协议，并给美国的贸易造成了负担或限制，贸易代表就必须按照严格的时间规定，对该国外企业进行贸易制裁。采取贸易制裁措施是法定的要求，这些措施必须在法定时间内完成，贸易代表也必须据此履行其法定职责。第三，明确列举了不公正的贸易行为，使得采取贸易报复措施更为切实可行。如，外国政府对私人企业的反竞争行为的默认，外国政府采取各项措施，对某一企业、行业或工业集团给予出口支持，提升其产品在国际上的竞争力，以及剥夺工人组织工会、获得最低工资的权利等。这些行为还包括通常所指的贸易壁垒、知识产权和电信等方面直接或间接的妨碍国际贸易顺利进行的行为[①]。

（二）美国特别 301 条款的主要内容

特别 301 条款是指美国《1974 年贸易法》的第 182 条，《美国法典》编目为第 19 卷第 2 242 条，其标题是“对否定足够而有效地保护知识产权和否定知识产权市场准入的国家之确定”。特别 301 条款的主要内容，就是要求贸易代表确定那些未能对美国知识产权实施有效保护的国家以及那些否定依赖于知识产权保护的美国产品公平进入其市场的国家，并对那些在知识产权方面存在严重问题的国家发起调查，直至诉诸贸易制裁。该条具体内容依次为：一般规定；特别规定；取消和增加之确定；依赖于知识产权保护的人；公告；影响美国文化产业的行为的特别规则；年度报告。

特别 301 条款的程序条款和一般 301 条款是一致的，适用美国贸易法第 302 条至 309 条（《美国法典》统一编目为 2 412 条至 2 419 条）共 8 条，依次为：（302）调查的发起；（303）调查发起时的磋商；（304）贸易代表之决定；（305）制裁措施之实施；（306）外国遵守的监督；（307）措施的修改与终止；（308）信息的要求；（309）行政。根据该条的规定，只要那些外国“具有极为严重的或极端恶劣的纪律、政策或做法”，如果这些做法“否定足够而有效的知识产权”，“否定依赖于知识产权的保护的美国产品公平而平等的市场准入”，从而“对于美国的相关产品具有极大的负面影响（实际的或潜在的）”，而这些国家又没能与美国进行“真诚的谈判在双边或多边谈判中取得显著进展，以及对知识产权提供足够而有效的保护”，美国贸易代表就可以在与其他联邦机构官员磋商，并在考虑来自上述机构的信息、利害关系人所提供的信息等因素的基础上，“取消任何外国之重点国家的确定”或相反“确定任何外国为重点国家”。例如，某一外国被确定为“重点国家”，贸易代表就应当对该外国发起调查，通过磋商和贸易制裁等手段迫使其改变知识产权制度及其市场准入方面有问

① http://gpj.mofcom.gov.cn/article/zuixindt/201701/20170102498722.shtml

题的法律、政策及做法。

根据“特殊 301 条款”的规定，美国贸易代表应确定哪些国家拒绝对美国的知识产权给予“充分、有效的”保护；或者剥夺依赖知识产权保护的美国公民“公平与衡平地进入其市场的机会”，并将其列入重点国家名单。

确定“重点国家”的标准包括以下三个方面：

（1）该国采取最烦琐复杂、最恶劣的法律、政策与做法，拒绝对美国的知识产权给予“充分、有效的”保护，拒绝对依赖于知识产权保护的美国商号或个人给予“公平与衡平的市场准入”；

（2）该国的上述法律、政策和做法对美国有关产品造成了最不利的现实或潜在的影响；

（3）该国尚未就上述问题与美国进行谈判，或者在双边、多边谈判中未取得重大进展。

在确定“重点国家”名单时，外国的其他一些做法，如限制产品自由流通的许可证程序规定，没收美国投资的做法以及以“保护文化主权”为借口对贸易设置障碍等，也将是美国贸易代表所考虑的问题。此外，美国贸易代表依据“特殊 301”的规定，还自己创造了对美国知识产权不给予充分、有效保护的“观察名单”和“重点观察名单”。对没有改进能使美国贸易代表满意的国家，则升为“重点国家”。

（三）301 调查可能经历的基本程序

美国贸易代表每年的 3 月底以前提交一份《国家贸易评估报告》，在报告中要指出阻碍、扭曲美国货物与服务出口以及美国直接投资的国家，且要对由此对美国贸易与投资的影响程度做出分析。该报告十分重要，它不仅要上报美国总统、参议院的财政委员会以及众议院的有关委员会，而且美国政府的许多对外贸易政策、法律及做法的调查或制裁都是以此为基础做出的。“特殊 301 条款”规定，美国贸易代表在做出该报告后的 30 天之内，应确定哪些国家拒绝对美国的知识产权给予充分、有效的保护，或者哪些国家剥夺了依赖知识产权保护的美国公民公平与衡平地进入其市场，同时要把这些国家列入“重点国家”名单之中。此外，美国贸易代表还可以在任何时候将对不给予美国知识产权充分有效保护的国家列入“重点国家”名单之中。

只有当对外国的调查或贸易制裁会影响美国利益时，美国贸易代表才可以不提起调查或不予制裁。在标明“重点国家”名单时，美国贸易代表要征求美国版权、专利、商标局的委员以及其他政府官员的意见。

自列入名单之日起，美国贸易代表在 30 天内要发起为期 6 个月的“特殊 301”调查。在特殊情况下，调查期可延长 3 个月。调查结束后，美国贸易代表必须决定是否采取报复性措施，报复的决定一经做出，30 天内必须执行。美国贸易代表在是否采取报复性措施及采取何种报复行动方面享有较高的决定权，而无须征得总统的同意。但美国政府采取的报复措施在范围与程度上应与受到损害的美国公民利益相匹配。如果美国采取对“重点国家”的进口征收高额关税的报复行为，根据法律规定，被报复的产品可以是与“特殊 301”调查毫不相关的产品。

（四）“301 条款”的应用

1962 年，美欧之间爆发了“鸡肉贸易大战”，当时欧共体国家觉得美国出口的冻鸡严重抑制了欧共体国家“冻鸡业”的发展，于是对其提高了两倍关税。

美国无法忍受这样的高税率，向关税及贸易总协定（GATT）投诉，但欧共体很强硬地坚持原来的做法。于是，关税及贸易总协定就成立了一个调查组，对美欧之间的贸易纠纷展开调查，由于调查的时间被拖延过长等原因，美国国会对关税贸易总协定的不信任感渐深，美国国会就希望在本国贸易法中寻求一个“自救”的方法。美国国会通过《1962年贸易扩展法》授权美国总统面对他国不公平贸易待遇时，可以对他国进行反击。美国总统肯尼迪随即宣布从1964年起，美国对从欧共体国家进口的马铃薯、卡车等商品收重税，高效而且迅速地回击了欧共体。当时“二战”后的欧洲还处在工业、农业的恢复阶段，美国的重税无疑阻塞了欧共体成员国的工业、农业产品进入美国市场，于是只得和解。1964年5月，为了结束“贸易战”，美国总统肯尼迪在瑞士日内瓦跟欧共体国家召开和解大会，美国以降低37%平均关税的代价换取欧洲降35%平均关税。

1971年，美国货物贸易由顺差转为逆差，国内受进口冲击的产业向国会和政府施加压力以保护国内市场。此后，美国将之前用来对付欧共体的手段不断完善化、体系化，使之变得更加成熟，更有攻击性。这种打击对手的手段在《1974年贸易法》中被写进了第301条，所以就有了“301条款”。“301条款”在美国20世纪70年代和80年代曾被广泛使用，但自1995年世界贸易组织成立以来，美国一般都是通过设在日内瓦的机构诉诸争端，而不是采取单方面行动，所以“301条款”没有被广泛使用。

（1）一般301条款的应用——中国清洁能源调查。2010年10月，美国贸易代表办公室以中国政府对风电等清洁能源产业提供大量非市场性补贴、对外国企业和商品实行歧视性政策为由，对中国清洁能源产业展开调查。2011年6月，中国同意停止对使用国产零部件的风电企业提供补贴。

（2）超级301条款的应用——日本贸易自由化调查。超级301条款颁布伊始，日本即被列为贸易自由化重点监督国家，1989年超级301条款首次启用，美国贸易代表办公室认为，日本在计算机、卫星、林产品方面封闭市场，与之展开18个月的外交协商，最终迫使日本开放相应的国内市场。

（3）特殊301条款的应用——中国知识产权案。1991年，美国首次设立知识产权保护黑名单，中国就名列其中。20世纪90年代，美国对中国多次发起知识产权方面的特殊301调查和谈判，中美于1992年、1995年、1996年签订知识产权方面的谅解备忘录，中国承诺加强知识产权保护，在90年代先后修订了《专利法》《商标法》，颁布《反不正当竞争法》等知识产权保护方面的法律法规。2001年我国加入WTO之后，美国劳工组织分别于2004年与2006年两次向美国贸易代表提起劳工标准“301调查”，但是遭到美国政府拒绝。美国国内产业组织和美国议员团体分别于2004年和2007年两次提起汇率“301调查”，也均遭到美国贸易代表办公室拒绝。2008年金融危机之后，美国贸易保护主义势力抬头，美国试图更多地对中国切实运用“301调查”。2010年10月15日，美国贸易代表办公室根据美国钢铁工人协会提交的申请，决定对中国政府制定的一系列新能源政策与措施进行调查。为避免贸易制裁，我国与美国在WTO争端解决机制项下的磋商中达成一致，同意修改涉嫌禁止性补贴的相关内容。

在针对中国的特殊301调查和谈判期间，美国针对中国也发起过几次短暂的贸易战。

1994 年和 1995 年，美国贸易代表办公室两次对中国采取报复措施，对中国向美国出口的纺织品、服装及电子产品征收 100%的惩罚性关税。

本章小结

本章主要介绍了有关技术和知识产权制度产生的背景、作用机制，与知识产权相关的贸易发展概况，与知识产权贸易相关的壁垒，特别是美国“337 条款”“301 条款”的内容、程序和具体应用案例。

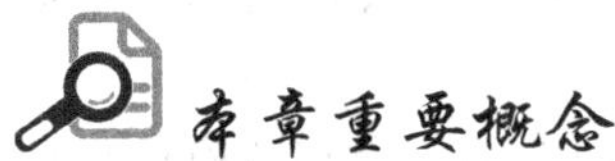

本章重要概念

知识产权制度　国际知识产权贸易壁垒　美国“337 条款”“301 条款”

思考题

1. 你认为特朗普总统启动对中国“301”调查对我国哪些行业会有影响？我国企业应该如何应对?
2. 请选择一家跨国公司，分析该企业的知识产权运营策略。
3. 美国对我国启动“337”调查的案例集中在哪几个行业？谈谈你的观点。
4. 美国曾对欧洲和日本启动过“301”调查，你认为对欧洲、日本的经济造成了哪些影响?
5. 为何要进行知识产权评估?
6. 你认为还有哪些方法可以测度并评价一国的知识产权保护水平?

学生课后参考文献阅读

[1] 陈松洲. 论知识产权价值的评估 [J]. 法制与社会，2010（9）：90-91.

[2] 贺寿天，张传博，曹静. 基于战略视角的商标价值评估方法 [J]. 知识产权.2014（9）：67-73.

[3] 李秀娟. 知识产权评估的竞争优势法评析 [J]. 科技管理研究，2010（19）133-136.

[4] https://ustr.gov/issue-areas/intellectual-property/Special-301

[5] http://www.nipso.cn/nipso.asp?classid=7

第四章　专　利　权

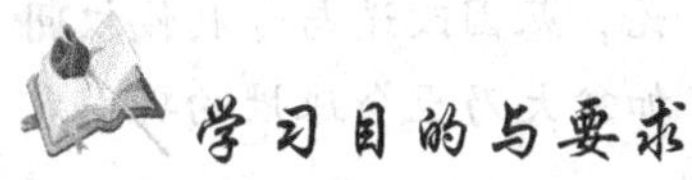
学习目的与要求

通过对本章的学习，掌握专利、发明专利、实用新型专利、外观设计专利的概念；熟悉专利的特点以及授予专利的条件；了解专利申请与专利审查等方面的相关程序和规定。

开篇案例

Monsanto Canada Inc.v.Schmeiser

【案例内容】

一场暴风雨席卷你的花园，在你不知情的情况下，没得到你的许可，外来的转基因种子在你打理了很多年的花园里生长。几天之后，跨国集团的代表们来到你家，要求你交出所有的蔬菜，并要对你进行刑事诉讼，还要对你非法使用专利注册的转基因种子处以两万欧元的罚款。更糟糕的是，法庭倾向于这些集团，而你不得不反击。这是加拿大珀西·达科·路易斯施迈泽一家人的真实生活经历。他们是诺贝尔环境奖获得者，自 1996 年起一直反对化工和种子制造商——孟山都公司。

孟山都公司（Monsanto Company）是一家跨国农业生物技术公司。其生产的旗舰产品 Roundup 是全球知名的草甘膦除草剂，也就是“农达”除草剂，畅销全球。该公司目前也是转基因（GE）种子的领先生产商，占据了多种农作物种子 70%～100%的市场份额。总部设于美国密苏里州克雷沃克尔。Monsanto 开发并申请了一项专利：拥有抗草甘膦基因的油菜籽。农民种下该油菜籽，喷农达除草剂能控制杂草的同时避免损坏农作物。农民购买新的种子的购买价格包括专利使用权许可费。

1997 年，施迈泽用农达除草剂清除电线杆周围的杂草，注意到一些被喷了除草剂却幸存下来的油菜籽。然后施迈泽进行了测试，他发现，测试领域 60%的油菜存活。此后，他使用存活的油菜籽种植繁育。在当时，抗农药油菜籽一经发现，就已经由几个农民在该地区使用。1998 年，孟山都了解到施迈泽在种植这种油菜籽，希望他签下自己的专利许可协议，并支付许可费。施迈泽拒绝，他坚持 1997 年的污染是偶然的，他拥有他收获的种子，所以他可以利用自己收获的种子。

2004 年 5 月 21 日，经过约 6 年的法庭争夺，最高法院裁决孟山都公司确被侵权。但是施迈泽也赢得了部分胜利。因为，他的作物基因的存在并没有给予他任何好处，他没有对作物的利润，所以不必支付赔偿金。施迈泽已经失去了油菜籽的使用权，因为他无法证明它们不是孟山都公司的草甘磷基因专利，也就是说法院决定保护孟山都公司的专利权。施迈泽的律师的意见是，建议他摧毁他所有的种子，并购买新的种子，所以真正属于他的抗农药油菜籽不再存在。

【分析】

孟山都就专利侵权起诉施迈泽。这起案例引起了国际上的争论，基因改造与专利侵权问题得到了世界各方的密切关注。Monsanto-Schmeiser 判决确立了加拿大乃至全球性的巩固农业生物技术机构对其基因专利是有着宽阔所有权的专利侵权判例。

资料来源：https://decisions.fct-cf.gc.ca/fc-cf/decisions/en/item/38991/index.do.

第一节　专利概述

一、专利的概念

从字面上是指专有的权利和利益。“专利”一词来源于拉丁语 Litterae patentes，意为公开的信件或公共文献，是中世纪的君主用来颁布某种特权的证明，后来指英国国王亲自签署的独占权利证书。按照世界知识产权组织给出的定义，专利（Patent）是指，由政府机构（或代表几个国家的地区机构）根据申请人的申请而发给的一种法律文件；文件中说明一项发明并给予它一种法律上的地位，即此项得到专利的发明，通常只能在专利持有人的授权下才能予以利用、制造、使用、出售、进口；对专利的保护有时间限制，一般为15～20年。

上述定义包含三层含义：一是一项发明经过申请，被有关部门认可后，方可获得法律地位，受法律保护；二是发明人拥有利用或授权利用发明的独占权利，即称为专利权，一般来讲，专利是指专利权；三是专利权有保护期限，超过保护期，专利持有人的独占权即告消失，任何人均可无偿利用。

二、专利的特点

专利权是指国家专利机关，依照法律授予发明创造申请人对其发明创造在法定的有效期内享有制造、使用和销售的专有权利。专利权是重要的工业产权之一。从法律上看，专利权经申请产生，国家公开和公告发明创造内容，专利权具有独占性、时间性、地域性和实施性等特点。

（1）独占性。专利权是法律授予专利发明人享有独占的权利，其他人如要利用，必须事先征得其许可或向其购买，否则构成侵权行为。发明创造的合法所有人依法申请专利并取得的独占性权利，也称为专有权或排他权。

（2）地域性。指一个国家授予的专利权，只能在该国的领土范围内有效，受到该国法律保护，而不受其他国家法律的保护。专利权享有的法律保护是有地域限制的，通常只限制在授予该专利的国家（或地区）内。如果发明人要使其发明在其他国家受到法律保护，就必须根据其他国家法律申请在该国获得专利。

（3）时间性。专利权是一种有时间限制的权利，一般专利保护期为10～20年，期限届满，权利即告终止。专利权享有法律保护是有期限的，各国规定的期限不同，一般为15～20年。我国专利的保护期限为20年，实用新型专利和外观设计专利各为5年。

（4）实施性。要求专利人在专利的保护期内实施专利。

（5）非显而易见性。非显而易见的（non-obviousness）：专利发明必须明显不同于习知技艺（prior art）。所以，获得专利的发明必须是在既有之技术或知识上有显著的进步，而不能只是已知技术或知识的显而易见的改良。这样的规定是要避免发明人只针对既有产品做小部分的修改就提出专利申请。若运用习知技艺或为熟习该类技术都能轻易完成，无论是否增加功效，均不符合专利的进步性精神；而在该专业或技术领域的人都想得到的构想，就是显而易见的（obviousness），是不能获得专利权的。

（6）适度揭露性。适度揭露（adequate disclosure）：为促进产业发展，国家赋予发明人独占的利益，而发明人则需充分描述其发明的结构与运用方式，以便利他人在取得专利权人同意或专利到期之后，能够实施此发明，或是透过专利授权实现发明或者再利用再发明。如此，一个有价值的发明能对社会、国家发展有所贡献。

三、专利的种类

专利一般分为三种，即发明专利、实用新型专利和外观设计专利。

（一）发明专利（Invention Patent）

发明是指对特定技术问题提出的前所未有的解决方案，该方案与现有技术相比，必须具有明显进步性或创造性。获得专利的发明称为发明专利，图4-1为我国专利局向发明人颁发的发明专利证书。发明有三个特征：发明必须是一种技术方案、对于自然规律的利用、具有高水平的创造性技术方案。我国专利法规定，作为专利法保护的发明专利分为三种，即产品发明、方法发明和改进发明。

深圳市理邦精密仪器股份有限公司
关于获得发明专利的公告

发明名称：一种全数字超声图像伪彩变换的方法及相应装置

证书号：第 893385 号

专利号：ZL 201010241957.7

专利申请日：2010年7月30日

授权公告日：2012年1月11日

授权期限：20 年

专利权人：深圳市理邦精密仪器股份有限公司

图4-1　发明专利公告示例

产品发明是指人工制造的一切有形的物质产品，如机器、设备等，产品发明获得专利称为“专利产品”。

方法发明是指制造和使用某种产品的方法，如，机械制造法、化学制造法、生物制造法、通讯方法、修理方法等，方法发明获得专利称为“专利方法”。

改进发明是指对已有的产品发明和方法发明提出实质性改革的新技术方案，它虽不是像产品发明和方法发明那样创造出新的产品或新的方法，但仍对技术进步有重要意义。

（二）实用新型专利（Utility Model Patent）

实用新型是指对产品的形状、构造及其结合提出实用的新设计方案。获得专利权的实用新型专利实质上是发明专利的一部分，但在技术水平上比产品发明专利要低，与现有技术相比，只要求有实用性和进步性，在实用价值上体现较低的创造水平，故俗称“小专利”。实用新型专利保护的只是具有一定形状、构造的实用产品发明，并能形成一个特定产业。无一定形状的物品（如饮料、液态调味品等）不属实用新型的范畴。例如，日本甲阳化成株式会社向日本特许厅提出一件有关水处理剂的实用新型专利申请，经审查后被驳回。理由是该申请案所述的水处理剂本身没有一定的形状，因而不具备申请实用新型专利所必须的条件。

从本质上说，实用新型也是一种发明，只是技术水平低一些，发明通常是在技术原理上有创新，而实用新型只是在产品的形状、结构的设计上有革新，一般不涉及制造方法和工艺过程的技术原理。

资料 4.1

用水除霜器实用新型专利

本实用新型涉及一种用水除霜器，包括冷却器，在该冷却器的上方固定安装有水槽，该水槽与进水管相通，在水槽壁设有渗水通孔。

本实用新型采用水对冷却器进行除霜处理，既节省了大量的电能、又具有制作成本低、安全性能高的优点。

资料来源：邹金兵，窦利伟，卞晓伟，等. 一种用水除霜器［P］. CN204115513U［P］. 2015.

（三）工业品外观设计专利（Industrial Design Patent）

外观设计是指对产品的形状、图案、色彩或其组合做出的富有美感并适于工业上应用的新设计。形状指的是平面或立体的轮廓，图案是作为装饰而加于产品之上的花色图样、线条美感指形状、图案、色彩等所具有的特点。获得专利权的外观设计专利，只要求与已公开产品的外观不相同或不相近似即可，保护的只是产品的外观，不涉及制造技术。

资料 4.2

可口可乐瓶子的外观设计专利

路透是美国某玻璃厂的一名普通工人，负责生产玻璃瓶。1923 年的一天，久别的女朋友来看他。这天她穿着流行的紧腿裙，美极了。这种裙子在膝部附近变窄了，强调了人体的线条美。约会归来后，路透迅速按照裙子样式制作了一个瓶子的样品，然后作为图案设计进行了专利登记，并将此瓶子设计带到了可口可乐公司。公司看了大为赞赏，当即与路透签订了一份合同。

资料来源：http://www.doc88.com/p-9965265844233.html.

资料 4.3

三种专利类型的区别

小王凭借多年的机车修理经验，在工作之余改善了机车化油器的出油效率，为此提供给客户更加便捷的服务。最近从朋友那里获知有专利这样的制度，可以保护他辛苦改进的化油器技术。小王的技术究竟可以申请到何种专利呢？

发明专利

如果小王改进的化油器牵涉可以提升化油器功能的新方法，或是一种材料的组成成分，如以铝镍合金所制成的化油器，那么这些关于方法、材料成分或是组成配方等技术，都归在发明专利的受理范畴。

实用新型专利

如果小王改进的技术内容是将原本化油器的雾化口形状改为喇叭状，再调整其角度。针对这种只将既有技术的其中一部分加以改良，使其较原来更实用，但其改进技术不涉及方法、制成、材料及配方者，可以在新型专利这个领域内提出申请。

外观设计专利

如果小王当初设计的化油器，纯粹只是要改变传统化油器的外形，使其看起来不那么呆板，但该化油器的整个内部结构及所产生的功能都和传统化油器相同。类似这种只限于外观的改变或新的外形设计，而无任何新功能产生的专利申请，都被归在外观设计专利来保护。

资料来源：https://wenku.baidu.com/view/b329ccb46bec0975f465e288.html.

四、专利权的特性

专利权是指国家专利机关，依照法律授予发明创造申请人对其发明创造在法定的有效期内享有制造、使用和销售的专有权利。专利权是重要的工业产权之一。从法律上看，专利权有三个特点：（1）独占性。专利权是法律授予专利发明人享有独占的权利，其他人如要利用，必须事先征得其许可或向其购买，否则构成侵权行为。（2）地域性。专利权享有的法律保护是有地域限制的，通常限制在授予该专利的国家（或地区）内。如果发明人要使其发明在其他国家受到法律保护，就必须根据其他国家法律申请在该国获得专利。（3）时间性。专利权享有法律保护是有期限的，各国规定的期限不同，一般为15～20年。我国专利的保护期限为20年，实用新型专利和外观设计专利各为5年。

五、取得专利权的实质性要件

一项发明要取得专利权，必须由发明人向国家专利机关提交申请书、说明书、权利要求书等文件，经专利机构的审查、鉴定并给予批准后，才能授予发明人专利权。各国专利法一般都规定，一项发明要取得专利权，必须具备新颖性、创造性和实用性三个条件。

（一）授予发明和实用新型专利的条件

（1）新颖性（Novelty）。新颖性指一项发明在申请专利前没有同样的发明在国内外以任何形式公开发表和使用过，或没有为公众所知。我国专利法规定，新颖性是指，在申请日以前没有同样的发明或实用新型在国内外出版物上公开发表过，在国内公开使用过或者以其他方式为公众所知，也没有同样的发明或实用新型由他人向专利局提出过申请并且记载在申请日以后公布的专利申请文件中。可见，我国专利法认定新颖性的标准是：在世界范围内未公开发表，在本国范围内未公知公用，且实行申请在先的原则。根据我国专利法第二十四条的规定，申请专利的发明创造在申请日以前 6 个月内，有下列情形之一的，不丧失新颖性：在中国政府主办或者承认的国际展览会上首次展出的；在规定的学术会议或者技术会议上首次发表的；他人未经申请人同意而泄露其内容的。实施新颖性的效果是指不构成对自己申请的公开，但也不产生对抗他人的权利。

（2）创造性（Progress）。它又称先进性，是指申请专利的发明，与现有技术相比具有先进性。一般要求该项发明应具有实质性的特点和显著的进步。有些国家（如美国）对于一项发明是否具有创造性，通常根据该专业领域普通水平的技术人员是否能轻易做出这项发明来判断。时间界限：申请日（优先权日）。发明：突出的实质性特点和显著的进步。实用新型：实质性特点和进步。

（3）实用性（Utility）。它是指申请专利的发明，必须可以实际应用于生产部门，并产生积极效果。一般一项发明或实用新型如具有可实施性、再现性和有益性，则认为其具有实用性。工业品外观设计取得专利权的条件与发明和实用新型的侧重点有所不同，前者更强调新颖性。

案例 4.1

取得专利权的条件

【内容】2009 年 11 月 10 日，香山电话公司向中国专利局提出了 HA735-50 型电话机的外观设计专利，获得批准。2011 年 8 月，香山公司发现先锋有线电厂生产、销售的 HA868-90 型电话机的外观设计与其公司生产、销售的电话机的外观设计十分近似，于是，致函先锋有线电厂，要求其停止侵权行为，并赔偿损失。先锋厂复信，承认其电话外形与香山公司相似，但对赔偿一事只字未提。为此，香山公司向人民法院提起诉讼，要求先锋厂承担侵犯专利权的法律责任，先锋厂被起诉后，聘请了律师。

该律师经过大量艰苦的工作，发现 2009 年 7 月 9 日的《神州电子》杂志上，香山公司发表的 HA735—50 型电话机的图片。于是，2011 年 10 月 13 日，先锋厂携带 2009 年

7 月份的《神州电子》杂志赶到中国专利局，向专利复审委员会提交了请求宣告香山公司 HA735—50 型电话外观设计专利权无效的请求书。

【问题】香山公司 HA735-50 型电话机的外观设计专利权是否有效？先锋厂的行为是否侵犯了其专利权？

【解析】香山公司 HA735—50 型电话机外观设计专利权应依法宣告无效，先锋厂的行为不能认定为侵权行为。《专利法》规定：授予专利权的外观设计，应当同申请日以前在国内外出版物上公开发表过或者国内公开使用过的外观设计不相同或者不相近似。本案中，香山公司在向专利局提出专利申请之前，已在公开出版的《神州电子》杂志上以图片的形式发表过，则失去了其新颖性，虽然是自己发表的，但并不属于专利法规定的例外情况。

资料来源：http://www.docin.com/p-548898809.html.

六、不予专利保护的领域

（1）按多数国家《专利法》的规定，下列发明不授予专利权：科学发现，如发现新星、牛顿万有引力定律；智力活动的规则和方法，如新棋种的玩法；疾病的诊断和治疗方法；动物和植物品种；用原子核变换方法获得的物质。另外，对违反国家法律、社会公德、妨害公共利益或者违背科学规律的发明创造，如永动机、吸毒工具等也不能获得专利权。

（2）《专利法》规定的例外情况。《专利法》规定的例外情况是：申请专利的发明创造在申请日以前 6 个月内，有下列情形之一的不丧失新颖性：一是在中国政府主办或者承认的国际展览会上首次展出的；二是在规定的学术会议或者技术会议上首次发表的；三是他人未经申请人同意而泄露其内容的。

七、专利侵权

专利侵权是指未经专利权人许可，以生产经营为目的，实施了依法受保护的有效专利的违法行为。主要包括：未经许可制造专利产品的行为；故意使用发明或实用新型专利产品的行为；销售、许诺销售未经许可的专利产品的行为；使用专利方法以及使用、销售、许诺销售依照专利方法直接获得的产品的行为；进口专利产品或进口依照专利方法直接得的产品的行为；假冒他人专利的行为；冒充专利的行为。

（一）侵权要件

构成专利侵权行为的要件包括两个方面：形式条件和实质条件。其中，形式要件主要有：实施行为所涉及的是一项有效的专利；实施行为必须是未经专利权人许可或者授权的；实施行为必须是以生产经营为目的。对于行为人是否具有主观故意并不是形式要件。但是，可以作为衡量其情节轻重的依据。构成专利侵权的实质要件，也就是技术条件，实质实施行为是否属于专利的保护范围。如果行为人所涉及的技术特征属于专利权的保护范围，那么该行为人就构成了专利侵权。主要有以下几种表现形式：行为人所涉及的技术特征与专利的技术特征全部相同，则构成侵权；行为人所涉及的技术特征多于专利的技术特征，也构成侵权；行为人所涉及的技术特征与专利的技术特征有相同的，有相异的，但是，相异的技术特征与专利的技术特征是等效的，仍构成侵权；否则，不构成侵权。这里技术特征等效，是指所属技术领域的普通技术人员能够推断出某两种技术特征彼此替换后，所产生的效果相同。

（二）侵权分类

专利侵权行为分为直接侵权行为和间接侵权行为两类。直接侵权行为是指，直接由行为人实施的侵犯他人专利权的行为。其表现形式包括：制造发明、实用新型、外观设计专利产品的行为；使用发明、实用新型专利产品的行为；许诺销售发明、实用新型专利产品的行为；销售发明、实用新型或外观设计专利产品的行为；进口发明、实用新型、外观设计专利产品的行为；使用专利方法以及使用、许诺销售、销售、进口依照该专利方法直接获得的产品的行为；间接侵权行为。这是指行为人本身的行为并不直接构成对专利权的侵害，但实施了诱导、怂恿、教唆、帮助他人侵害专利权的行为。间接侵权行为通常是为直接侵权行为制造条件，常见的表现形式有：行为人销售专利产品的零部件、专门用于实施专利产品的模具或者用于实施专利方法的机械设备；行为人未经专利权人授权或者委托，擅自转让其专利技术的行为等。

（三）专利侵权的特征

专利侵权行为具有以下特征：首先，侵害的对象是有效的专利。专利侵权必须以存在有效的专利为前提，对于在发明专利申请公布后专利权授予前使用发明而未支付适当费用的纠纷，专利权人应当在专利权被授予之后，请求管理专利工作的部门调解，或直接向人民法院起诉。其次，必须有侵害行为，即行为人在客观上实施了侵害他人专利的行为，并以生产经营为目的。非生产经营目的的实施，不构成侵权。最后，违反了法律的规定，即行为人实施专利的行为未经专利权人的许可，又无法律依据。

根据有关法律的规定，专利侵权行为人应当承担的法律责任包括民事责任、行政责任与刑事责任。

行政责任是指，对专利侵权行为，管理专利工作的部门有权责令侵权行为人停止侵权行为、责令改正、罚款等，管理专利工作的部门应当事人的请求，还可以就侵犯专利权的赔偿数额进行调解。民事责任包括：首先，停止侵权。是指专利侵权行为人应当根据管理专利工作的部门的处理决定或者人民法院的裁判，立即停止正在实施的专利侵权行为。其次，赔偿损失。侵犯专利权的赔偿数额，按照专利权人因被侵权所受到的损失或者侵权人获得的利益确定；被侵权人所受到的损失或侵权人获得的利益难以确定的，可以参照该专利许可使用费的倍数合理确定。最后，消除影响。在侵权行为人实施侵权行为给专利产品在市场上的商誉造成损害时，侵权行为人就应当采用适当的方式承担消除影响的法律责任，承认自己的侵权行为，以达到消除对专利产品造成的不良影响。

刑事责任是指依照专利法和刑法的规定，假冒他人专利，情节严重的，应对直接责任人员追究刑事责任。

资料 4.4

SigmaTel V.S. 珠海炬力

美国MP3芯片制造公司SigmaTel指控珠海炬力集成电路设计有限公司下称“珠海炬力”，侵犯了其数项专利。这起备受关注的案子的最新进展是，已经准备应诉的珠海炬力迟迟未收到任何美国法院的正式函件。

珠海炬力主动通过法律途径向国内司法部门查证，结果是没有收到任何与该诉讼案有关的美国法院正式函件。即使这样，目前珠海炬力仍与国际知名律师事务所洽谈，要聘请最强的国内外律师团队准备进行应诉，并对最终胜诉充满信心。此前，美国SigmaTel公司宣布，已在德州奥斯汀的美国联邦法院向珠海炬力集成电路设计有限公司提起诉讼，指控后者侵犯了其有关便携式MP3播放器系统及芯片控制器的数项专利。SigmaTel请求法庭禁止那些使用了珠海炬力芯片的产品出口到美国。另外，SigmaTel还向珠海炬力提出了经济赔偿，并请求法庭禁止珠海炬力在美国设计、制造和销售侵权芯片。2005年2月1日，总部设在圣地亚哥的美国MP3播放器制造商Sonic Impact宣布与SigmaTel达成和解，不仅愿意为之前采用珠海炬力芯片制造的MP3播放器付出罚款，还保证在今后两年内只使用SigmaTel芯片，同时支付一切相关专利费用。

在市场竞争中，某些公司发现竞争对手快速占领市场，而自身节节败退时会通过实施一些蓄意的商业干扰行为，比如以知识产权侵权为借口，意在使客户无法进行正确的商业判断，并干扰、恐吓一些不明真相、对国际间专利诉讼缺少认知的客户，干扰竞争对手的正常商业运作，从而获得竞争对手的市场份额。

专利侵权只是一个冠冕堂皇的借口而已。而律师则表示，SigmaTel无理取闹的可能性不大，因为他们在美国寻找代理这个案件的律师事务所时，稍微有影响一点的律师事务所都会对事实本身进行验证，“他们不会打完全没有胜算的官司”。但谈判之前一定要做好充分的准备，知己知彼，如果不存在侵权嫌疑就要设法说服对方，如果的确有问题，就设法以最小的代价获得对方授权。但一定要留心，谈判过程中不能留下把柄让对方拿去作为庭审证据。在国际化的市场竞争中，某些公司在产品竞争中已处于劣势时，就会实施某些商业干扰行为，拿知识产权做文章，这是国内企业真正步入国际市场，逐渐成长过程中经常遇到的问题。因此，这场纠纷，对整个中国同行也是有着不言而喻的重大意义。

资料来源：苏娟. 中外MP3专利第一仗美国Sigmate调查申请被撤销［N/OL］.［2005-11-03］. http://www.sipo.gov.cn/albd/2005/201310/t20131023_833753.html.

第二节 专利的申请

一、专利申请形式

专利申请必须采用书面形式或者国家专利行政部门规定的其他形式办理。不能用口头说明，或者提供样品或模型的方法来代替或省略书面申请文件。在专利审批程序中只有书面文件才具有法律效力。例如：如果申请人在申请时提交的申请文件公开不充分，即使在申请时已经提交了发明的实物，也不能以此为理由来克服公开不充分的缺陷。专利申请书面性原则的例外是涉及生物材料样品的申请。专利法规定：生物材料样品的性状不但要在专利申请说明书中进行描述，而且还要在指定或认可的保藏单位保藏生物材料样品实体本身。目前，随着信息技术的发展，以电子信息载体申请专利的方式已被越来越多的国家采用。

二、专利申请内容的单一性要求

一件专利申请内容应当限于一项发明、一项实用新型或者一种产品使用的一项外观设计；不允许将两项不同的发明或者实用新型放在一件专利申请中，也不允许将一种产品的两项外观设计或者两种以上产品的外观设计放在一项外观设计专利产品中提出。这就是专利申请内容的单一性要求，也称一发明一申请原则。

三、专利申请文件

（一）发明或实用新型专利申请文件

申请发明或实用新型专利时，申请文件应当包括专利请求书、说明书、权利要求书等，必要时发明根据需要还应提交附图，实用新型必须提交附图。发明涉及新的生物材料的发明申请，应当提交保藏证明和存活证明。

（1）专利请求书。专利请求书包括发明名称，发明人或设计人的姓名，申请人姓名或名称、地址、国籍，代理机构或联系人的姓名、地址等，要求优先权的，注明有关事项，申请人或者代理机构的签字或盖章等要件。

（2）说明书。说明书应通过技术领域，背景技术，发明内容—技术问题、方案及有益效果的附图说明及具体实施方式等要件对发明做出清楚、完整的说明，以所属技术领域的技术人员能够实现为准。

（3）权利要求书。权利要求书的内容应当以说明书为依据，说明发明或实用新型的技术特征，清楚、简要地表述要求专利保护的范围技术领域。权利要求书要满足独立权利要求和从属权利要求。其中，独立权利要求在前序部分、特征部分整体上反映技术方案；从属权利要求在引用和限定部分，用附加技术特征进一步限定。

发明或者实用新型专利申请文件各部分应按下列顺序排列：请求书、说明书摘要、权利要求书、说明书、说明书附图和其他文件。

（二）外观设计专利申请文件

申请外观设计专利的，申请文件应当包括：外观设计专利请求书、图片或者照片，保护色彩的提交彩色图片或照片。申请文件的纸张要求，申请文件的文字和书写要求，申请文件的排列顺序。

图片或者照片写明使用该外观设计的产品及所属类别，必要时写明对外观设计的简要说明，写明使用该外观设计的产品及所属类别，简要说明应当指明设计要点、省略的视图、所要保护的色彩。

四、专利申请文件的递交

向国家专利行政部门——国家知识产权局申请专利或办理其他手续的，可以将申请文件或其他文件直接递交给国家知识产权局的申请受理窗口或上述任何一个专利代办处，也可以邮寄给国家知识产权局受理处或上述专利代办处。提出申请及办理各种手续，应当以书面形式或者规定的其他形式，如电子申请。申请文件一式两份，可面交，可邮寄。

五、专利申请的原则

（一）先申请原则

我国实行先申请制。

（二）申请日

专利法所称的申请日，除专利法第 28 条、第 42 条外，有优先权的，指优先权日；专利法实施细则所称的申请日，除另有规定的外，指专利法第 28 条规定的申请日（实际申请日）。

（1）禁止重复授权：同样的发明创造只能被授予一项专利。

（2）申请日的确定：以实际提交日期或者邮寄日期为准；邮戳不清楚的，除申请人提交证明外，以专利局收到日为准。规定的专利申请文件齐备，给予申请日。

（3）同日提出的相同申请，由申请人协商解决，可以共同申请，可以由一方申请，协商不成的，放弃申请。

（三）申请日的作用

确定谁是先申请人、确定优先权日、判断专利授权条件的时间界限、请求实质审查期限的起算日、发明专利申请公布的计算日、专利权期限的起算日期、缴纳发明专利申请维持费的期限起算日、缴纳专利年费的起算日。

（四）优先权原则

1. 优先权的含义

申请人在某个成员国第一次提出专利申请后，在一定期限内又就相同主题向其他成员国申请，其在后的专利申请享有第一次专利申请的申请日。

2. 优先权的种类

（1）外国优先权（巴黎公约优先权）。

要求外国优先权的条件：与受理首次申请的国家共同参加的国际公约，或双边协议，或依照互惠原则承认优先权；首次申请是正规申请；先、后申请的主题相同；先、后申请的申请人相同（可以转让）；在优先权期限内。

优先权日：首次申请的申请日。

要求优先权的期限：发明和实用新型专利，首次申请的申请日起 12 个月；外观设计专利，首次申请的申请日起 6 个月。外国优先权可以转让，由专利权的地域性所决定，可以多次转让。

（2）本国优先权（国内优先权）：要求优先权的条件，与外国优先权相同；要求优先权的期限，与外国优先权相同；优先权的效力，与外国优先权相同；限于发明和实用新型专利申请，外观设计专利申请，不能要求本国优先权。

（3）不能作为本国优先权基础的在先申请的情形：已经要求过外国或本国优先权（非首次申请）；已经被授予专利权的；本身是分案申请。

（4）要求本国优先权的后果：自后一专利申请提出之日起，在先申请视为撤回。

（5）发明与实用新型专利申请，可以双向要求优先权。

（6）实用新型与外观设计专利申请，仅可以单向要求优先权。

（7）多项优先权的期限，计算申请人在一件专利申请中，要求一项或多项优先权的；多项优先权的期限从最早的优先权日起计算（专利性判断分别以各优先权日判断）。

（五）保密专利申请

涉及国家安全或重大利益的发明创造，即需要保密又需要申请专利的，应当申请保密专利；涉及国防安全的，由国防专利局受理并审查；该局受理的保密申请，由国务院有关部门决定是否保密交易过程的复杂程度不同：货物贸易中货款两清即完成交易，技术贸易为使受方掌握技术，须有资料、培训、指导和服务等。保密专利申请不公布，直接审查并授权，解密后才公开。

（六）单一性及合案申请

单一性是指一件专利申请应当限于一项发明创造。单一性存在的原因是便于专利局对专利申请进行管理、检索和审查；便于专利保护范围的准确界定；便于专利权人行使权利、承担义务；便于公众对专利文献的有效利用。

合案申请是指外观设计用于同一类别并且成套出售或使用的产品的两项以上的外观设计，可以作为一项申请提出。

六、专利申请的主体

根据专利法的规定，有资格申请专利的人，即依法享有发明创造的单位或者个人向国务院专利行政部门提出专利申请，请求依法保护其发明创造。发明人或设计人：在非职务发明创造的情况下，发明人或设计人有权申请专利；在职务发明创造的情况下，获得奖励和报酬；国有单位应当根据专利法实施细则的标准给予奖励和报酬；其他性质的单位可以参照专利法实施细则的标准。中国内地申请人（相对港澳台），包括中国单位（按照我国法律成立从而具有我国国籍的单位）和个人（自然人，具有我国国籍）。港澳台申请人指港澳台的个人（居民）、企业或其他组织：个人（居民）申请的，应当委托专利代理机构办理；法人申请的，应当委托指定的涉外代理机构办理；港澳台个人与这些地区的法人共同申请的，按对法人的规定办理；港澳台个人、企业或其他组织作为第一署名人，与内地单位或个人共同申请的，分别按第一署名人的情况办理；港澳台个人、企业或其他组织与外国人共同申请专利的，应当委托指定的专利代理机构办理；以上所称“指定的专利代理机构是指国家知识产权局指定的办涉外专利申请业务的专利代理机构”。外国申请人指外国人、外国企业、外国其他组织，包括在中国有经常居所或营业所的外国人，在中国无经常居所或营业所的外国人，依共同参加的国际条约、双边协议、互惠原则：巴黎公约国民待遇原则；非巴黎公约国民，依据双边协议；不属于上述情况，依据互惠原则。在中国无经常居所或者营业所的外国人、外国企业或者其他外国组织申请专利时，必须委托涉外代理机构办理。共同申请人，中国内地申请人与外国申请人共同申请专利的，分别适用对本国申请人和外国申请人的规定：共同申请的，以第一署名人为准；在中国无经常居所或者营业所的外国人、外国企业或者其他外国组织申请专利时，必须委托涉外代理机构办理。合法继承人或继受人（通过继承或转让获得申请权的人）。

七、专利申请的审批

（一）专利审查制度

各国专利法都规定了自己的专利审查制度。从世界范围来看，专利审查制度可以分为两大类，即不审查制和审查制。

1. 不审查制

不审查制可分为登记制和文献报告制两种。不审查制的优点在于专利审查批准的周期短，授权速度快，缺点是专利权的质量往往不高，在发生侵权诉讼后常常因被告请求而被宣告无效。

2. 审查制

审查制可分为即时审查制和早期公开延迟审查制两种。采用即时审查制对于申请人较为有利。

目前，绝大多数国家的发明专利都实行审查制。

发明申请审查程序为：申请—初步审查—（满 18 个月后）公布—（申请日起 3 年内）提出实质审查请求—实质审查—授予专利权。实用新型和外观设计申请程序为：申请—初步审查—授予专利权。若发明申请人的主动修改，时间需在提出实质审查请求时，收到进入实审阶段通知书起的 3 个月内；不得超出原说明书和权利要求书的范围；采用替换页的形式。若实用新型和外观设计申请人的主动修改，期限应在申请日起两个月内（2001 年 7 月 1 日前的申请，修改期限为 3 个月）；不得超出原说明书和权利要求书记载的范围；不得超出原图片或照片表示的范围；采用替换页的形式。

发明和实用新型专利申请的被动修改应按照审查意见通知书的要求和期限进行。国家知识产权局的修改，可以自行修改申请文件中的文字和符号的明显错误。自行修改的，应当通知申请人。

（二）专利审查机构

我国专利法规定：中华人民共和国知识产权局受理和审查专利申请，对符合法律规定的发明创造授予专利权。

国家知识产权局是我国专利行政主管部门，也是依法有权接收专利申请的受理机关。申请人申请专利时，应当将申请文件直接提交给国家知识产权局受理处。申请人误将申请文件提交给其他机关、单位或个人的，在专利审批程序中均不产生法律效力。

（三）专利审批程序与授予

依据我国专利法，发明专利申请的审批程序包括：受理、初审、公布、实审以及授权五个阶段。实用新型或者外观设计专利申请在审批中不进行早期公布和实质审查，因而只有受理、初审以及授权三个阶段。没有发现驳回理由的，做出授权决定，通知申请人。申请人收到通知之日起两个月内办理登记手续，授予专利权，颁发专利书并予以公告；逾期未办理登记的，视为放弃取得专利的权利。专利权自公告之日起生效。

资料 4.5

WIPO 公布《2016 年世界知识产权指标》

2016 年全球 PCT 专利[①]、马德里商标、海牙工业品外观设计和域名案件提交量分别为 233 000 件、52 550 件、18 716 件和 3 036 件，分别较 2015 年增长 7.3%、7.2%、13.9%和 10%。据 WIPO（世界知识产权组织）官方报道，这是 WIPO 的 PCT 专利、马德里商标、海牙工业品外观设计三大申请体系连续第 7 年保持增长。

从 PCT 专利方面来看，2016 年全球 PCT 专利申请集中于数字通信、计算机技术、电气机械/电气装置/电能等领域。美国 2016 年申请专利共计 56 595 件，虽较 2015 年略微下降 0.9%，但依然占据着全球 PCT 专利申请总量近四分之一的份额，牢牢保持着连续 39 年的申请量第一地位；日本申请人以 45 239 件的 PCT 专利申请量位居次席；中国则以 43 168 件 PCT 专利申请量紧追不舍。值得一提的是，中国 2016 年的 PCT 专利申请量较 2015 年增长幅度相当惊人，达到了 44.7%，远超 PCT 专利申请量前 10 位国家中其他 9 个国家个位数的增长幅度。

形成如此迅猛的增长势头，中兴、华为、京东方等企业可谓功不可没：中国两家移动通信企业中兴和华为分列企业排名第一二位，PCT 专利申请量分别为 4 123 件、3 692 件，而排名第八位的京东方也有 1 673 件的申请量；中兴更是以 91.3%的超高增长率，从 2015 年的第三位一跃超过华为，继 2011 年、2012 年之后再度登顶全球 PCT 专利申请人排行榜。此外，PCT 专利申请人排名的前 50 位中，还有位列第 16 的深圳市华星光电技术有限公司（1 163 件）和位列第 34 的阿里巴巴集团（448 件）。值得一提的是，阿里巴巴集团此前未曾出现在 WIPO 2015 年的统计数据中。

除了企业申请人以外，WIPO 还对教育机构申请人 2016 年 PCT 专利申请量进行了特别标注。在前 50 位的教育机构申请人中，美国高等学府占据了 25 个席位，刚好半数；前 10 位中则有 7 所美国高校，优势可见一斑。其中，加州大学、麻省理工学院和哈佛大学分列前三位。来自中国的高校中，深圳大学排名大幅提升，超过清华大学，位列教育

① 通过专利合作条约框架（Patent Corporation Treaty）申请的专利。

机构申请人第14位；清华大学、中国矿业大学、北京大学、华南理工大学分别列第16、17、33、35位。

从马德里商标方面来看，2016年申请领域主要集中在计算机及电子、商业服务、技术服务等领域。美国依然以7 741件马德里商标申请量位列榜首，但与德国的7 551件申请差距很小；中国则排在了德国、法国之后，以3 200件位居第四，但与PCT专利方面显现的趋势一致，中国2016年在马德里商标的申请量上较2015年增长了惊人的68.6%，涨势之迅猛在马德里商标申请量前10位的国家中无出其右。不过，从企业层面来看，中国企业并未出现在马德里商标申请人前10位的榜单之中。排名前三的依次是法国的欧莱雅、英国的葛兰素集团和德国的宝马，分别为150件、141件和117件。华为是唯一一家进入马德里商标申请人前50位的中国企业，以51件马德里商标申请量名列第18位，较2015年的15件上升108位。

从海牙体系下的工业品外观设计方面来看，家具、录音通信设备、交通工具等是2016年较受关注的申请领域，德国、瑞士和韩国分别以3 917件、2 555件和1 882件的成绩占据了2016年申请量前三位。

来自荷兰的Fonkel Meubelmarketing、韩国的三星电子和LG电子分别以953件、862件和728件的申请量领跑海牙体系工业品外观设计申请人排行榜。

中国暂时还未加入《工业品外观设计国际注册海牙协定》，但是在实践中仍有中国申请人通过其他途径进行海牙国际申请。中国2016年海牙工业品外观设计申请量为96件，较2015年的45件有显著增长。唯一进入海牙申请企业前50位的中国企业是联想（北京）有限公司，以59件的申请量与美国谷歌公司并列第39位。

除了WIPO三大申请体系以外，域名案件提交量也被列入了WIPO此次发布的统计数据当中。据WIPO公告称，2016年，共有1 200多个新通用顶级域名投入使用，与新通用顶级域名有关的域名案件占所有案件的16%，共涉及5 374个域名。其中，.xyz、.top和.club在争议中最为常见。从所处的行业来看，域名案件多分布于金融、时尚和重工业机械等行业。美国在2016年提交了895件域名案件，法国、德国分列第二三位。生产万宝路香烟的美国企业菲利普·莫里斯、瑞典家电企业伊莱克斯和德国服装企业Hugo Boss是2015年提交域名案件最多的企业，提交量依次为67件、51件和42件。

2015年中国提交的专利申请共计1 010 406件，几乎是位居次席的美国的两倍。但与其他国家不同的是，中国的专利申请主要集中于国内，而PCT专利申请所占的比例相对有限。据该报告显示，2015年中国创新企业向境外提交的专利申请为42 154件，美国则是237 961件，占当年本国申请总量的比例分别约为4.2%和45.2%，尚有明显差距。而此次2016年统计数据中中国PCT专利、马德里商标申请量的超大幅增长，表明中国在过去的一年里加大了对国际申请的重视程度，也从侧面反映了中国企业自主创新能力的不断提升，推动着高科技创新企业进一步加快“走出去”的步伐。

资料来源：Bruce.WIPO发布知识产权数据：中兴华为领衔，中国申请量增长惊人［EB/OL］.［2017-03-17］. https://baijiahao.baidu.com/s?id=1562120169620485&wfr=spider&for=pc.

八、专利权无效宣告

专利权无效宣告是指，自国家知识产权局公告授予专利权之日起，任何单位或个人认为该专利权的授予不符合专利法规定的，可以请求专利复审委员会宣告该专利权无效的制度。我国专利权无效宣告制度的设置，是为了纠正国家知识产权局对不符合专利法规定条件的发明创造授予专利权的错误决定，维护专利权授予的公正性。

世界各国专利法中关于专利权无效宣告制度设置大体有两种情形：一是不规定专门的无效宣告程序，而允许专利侵权诉讼中的被告提出专利权无效宣告以作为抗辩手段；二是专门规定无效宣告程序，允许公众对不符合专利法规定条件的发明创造专利权提出无效宣告请求，也可以在专利侵权诉讼中将专利权无效宣告作为一种抗辩手段应用。请求宣告无效的期限为公告授予专利权之日起的任何时候，没有截止期限。无效审查方式一般为书面方式，依当事人的请求或案情需要，可以口头审理。对复审委员会的决定不服的，在 3 个月内可以向法院起诉，复审委员会为被告，法院应当通知对方当事人为第三人。专利权自始即不存在；对已经执行的侵权判决、行政处理决定和已经履行的合同不具有追溯力；专利权人恶意造成他人损失的，应当给予赔偿，如不返还使用费或者转让费，明显违反公平原则的，应当返还。

案例 4.2

专利无效

【内容】本田株式会社是 01319523.9 号“汽车”外观设计专利权的专利权人。2010 年，本田株式会社诉双环公司与新凯公司侵犯其外观设计专利。同年，双环公司与新凯公司先后就本专利向专利复审委员会提出无效宣告请求，并提交在先设计的对比证据。两设计在前大灯、雾灯、前护板、格栅、侧面车窗、后组合灯、后保险杠、车顶轮廓等局部有差异，设计的整体轮廓及各部门的比例相同。

【问题】本田株式会社是 01319523.9 号“汽车”外观设计专利权是否有效？双环公司与新凯公司的行为是否侵犯了其专利权？

【解析】《专利审查指南》规定的判断外观设计是否相同或者相近似的基本方法：基于对比设计产品的一般消费者的知识水平和认知能力，对被对比设计与在先设计进行整体观察，综合判断两者的差别，对于产品外观设计的视觉效果是否具有显著影响。这就是外观设计专利相似认定的整体观察原则。专利复审委员会的无效宣告决定与一、二审法院的判决正是基于整体观察原则的适用，着重从整体来对比两种设计。而汽车外观的整体视觉效果主要是由汽车的外在轮廓决定的，各局部变化对整体轮廓影响很小，因而对整体视觉效果影响也很小。故专利复审委员会与一、二审法院都得出两者是相似设计的结论。而最高院却回避了整体观察的原则，取而代之的是重点对比非共性设计，即使这些非共性设计是局部的。

然而，当整体观察汽车这样体型大的产品时，我们的视线必然要拉远，此时对视觉效果起影响的主要是外在的轮廓，汽车的局部设计差异自然被忽略。但是汽车本身很大，相对于整体较小的局部，比如，车灯、护板、车窗等都可以被消费者很清楚地观察到。况且一般消费者在购买汽车时，都会很仔细的观察汽车的每一个部分，局部差异就更容易被识别，更不容易产生混淆。因此，在判断大件产品外观设计是否相似时应淡化整体观察原则的适用，对局部差异应给予更多的注意力。

资料来源：中华人民共和国最高人民法院. 本田技研工业株式会社与石家庄双环汽车股份有限公司、石家庄双环汽车有限公司等侵害外观设计专利权纠纷二审民事判决书［EB/OL］.［2015-10-19］. http://www.court.gov.cn/wenshu/xiangqing-10168.html.

九、专利权人的法律权利

（一）专利权人享有的权利

申请人在专利申请被授予专利权后即为专利权人，专利权可以由两个以上的权利人共同共有或按份额共有。未经其他共有人同意，不得转让专利权或专利申请权；共有人转让专利权或专利申请权的，其他共有人享有以同等条件优先购置权；共有人之一放弃专利权或专利申请权的，应由其他共有人承受，取得专利权后，放弃权利的一方可以免费实施该专利；共有人之一死亡无人继承时，由其他共有人承受；共有人之一有权实施专利或专利申请，但获益后应合理在共有人之间分配。

（二）权利的归属

（1）职务发明创造，指执行本单位的任务或主要利用本单位的物质条件所完成的发明创造是职务发明创造。在本职工作中做出的发明创造；履行本职工作以外的单位交付的任务做出的发明创造；退休、退职或调动工作后一年内做出的与在原单位承担的本职工作或者分配的任务有关的发明创造。主要利用本单位的物质技术条件完成的发明创造，物质技术条件是指本单位的资金、设备、零部件、原材料、不对外公开的技术资料等。职务发明创造申请专利的权利及取得专利的归属：职务发明创造申请专利的权利属于单位，申请被批准后，该单位为专利权人；主要利用本单位的物质技术条件，订有合同的，按照合同规定。职务发明创造的发明人或设计人的权利：获得奖励和报酬的权利。

（2）非职务发明创造，除职务发明创造外，其他的发明创造是非职务发明创造。非职务发明创造申请专利的权利及所取得专利的归属是指，发明人和设计人有申请和取得专利的权利。

（3）合作完成和委托开发完成的发明创造，有协议规定的，按照协议办理；无协议规定的，归属完成或者共同完成发明创造的单位或者个人申请专利；委托人可以免费实施该专利，转让专利申请权的，共同完成的单位或者个人、委托人有以同等条件优先受让的权利。

第三节 专利的国际申请——专利合作条约（PCT）

一、专利合作条约签约背景和过程

PCT是巴黎公约之下的一个专门协议，只有巴黎公约的成员国才能加入该条约。PCT是自巴黎公约以来在专利领域的国际合作方面取得的重要进展，在专利申请、检索、审查和传播信息方面推进了国际协调，但并不能依据PCT授予“国际专利”。

1966年，根据美国建议，巴黎公约联盟执委会提议：在巴黎公约框架内建立一个专门协定，寻求减少申请人和专利局负担的解决方案。1967、1968和1969年先后提出三份草案，在美国、联邦德国、法国、英国、苏联和日本举行多次磋商会议和专家论证会。1970年5—6月，WIPO在华盛顿举行外交会议。PCT于1970年缔结，1979年修正，并于1984年和2001年修订。PCT对《保护工业产权巴黎公约》（1883年）的缔约国开放。必须要向WIPO总干事交存批准书或加入书。通过该条约，申请人只要提交一件“国际”专利申请，即可在为数众多的国家中的每一个国家同时要求对发明进行专利保护。此种申请可由凡属缔约国国民或居民的任何人提交。一般可以向申请人作为国民或居民的缔约国的国家专利局提出申请，但申请人也可以选择向位于日内瓦的WIPO国际局提出申请。如果申请人是加入《欧洲专利公约》《专利和工业品外观设计哈拉雷议定书》（《哈拉雷议定书》）、经修订的《与非洲知识产权组织的创造有关的班吉协定》或《欧亚专利公约》的缔约国的国民或居民，亦可分别向欧洲专利局（EPO）、非洲地区工业产权组织（ARIPO）、非洲知识产权组织（OAPI）或欧亚专利局（EAPO）提交国际申请。然后，需要对国际申请进行所谓的“国际检索”。这一检索由PCT大会指定作为国际检索单位（ISA）的主要专利局之一进行。通过这一检索，将得出“国际检索报告”，该报告中摘录了已发表的文件中可能对国际申请中提出权利要求的发明的专利性产生影响的引语。同时，国际检索单位还要编拟一份关于专利性的书面意见。国际检索单位将把国际检索报告和书面意见通知申请人，申请人可决定撤回申请，尤其在根据该报告或该意见很可能无法授予专利的情况下，更是如此。如果国际申请未被撤回，则将与国际检索报告一起，由国际局公布。书面意见不予公布。我国于1994年1月1日加入PCT，国家知识产权局（时为中国专利局）成为PCT受理局、国际检索单位和国际初步审查单位，中文为国际公布语言。我国申请人可以用中文或者英文提交国际申请。自1997年7月1日起，PCT适用于中国香港特别行政区。当前，PCT已有152个缔约国[①]。

利用PCT途径申请专利，简化申请手续、准确投入资金、赢得决策时间、完善申请文件、减轻国家局负担、有益技术传播。

第一，申请人有比他在PCT以外的程序多18个月时间考虑是否希望在外国寻求保护、在外国的每一个国家指定当地专利代理人、准备必要的翻译材料以及缴纳国家费用；他可以肯定，只要他的国际申请是按PCT规定的形式提交的，任何被指定的主管局在处理申请的

① http://www.wipo.int/pct/zh/pct_contracting_states.html

国家阶段，均不得以形式方面的理由驳回申请；他还可以根据国际检索报告或书面意见，比较有把握地评估，他的发明被授予专利权的机会有多大；申请人还可以在国际初步审查期间对国际申请做出修正，以使该申请在被指定的主管局处理之前符合要求。

第二，有了国际检索报告、书面意见，以及在可适用的情况下，附于国际申请之后的国际初步审查报告，可以使各专利局的检索和审查工作劳动强度大大降低，甚至基本消失。

第三，由于每件国际申请都是与国际检索报告一起公布的，因此，第三方也可以更好地对提出权利要求的发明的专利性形成有充足依据的意见。

PCT 设立了一个联盟。该联盟设有大会。PCT 的每一个缔约国都是大会成员。大会最重要的一些任务是，修正根据条约制定的实施细则、通过联盟的两年期计划和预算，以及确定与使用 PCT 体系相关的若干费用。

二、PCT 体系的机构

PCT 体系由国际阶段和国内阶段构成，在国际阶段完成受理、检索、初步审查。首先由受理局接受专利申请人的专利申请，专利申请人通过在请求书中标明的希望获得专利保护的国家来确定指定国，指定国即是国际初步审查要求书中标明的希望利用国际初步审查报告的国家。然后进入国内阶段，由指定国对专利申请进行实质审查并决定是否授予专利权（见图 4-2）。

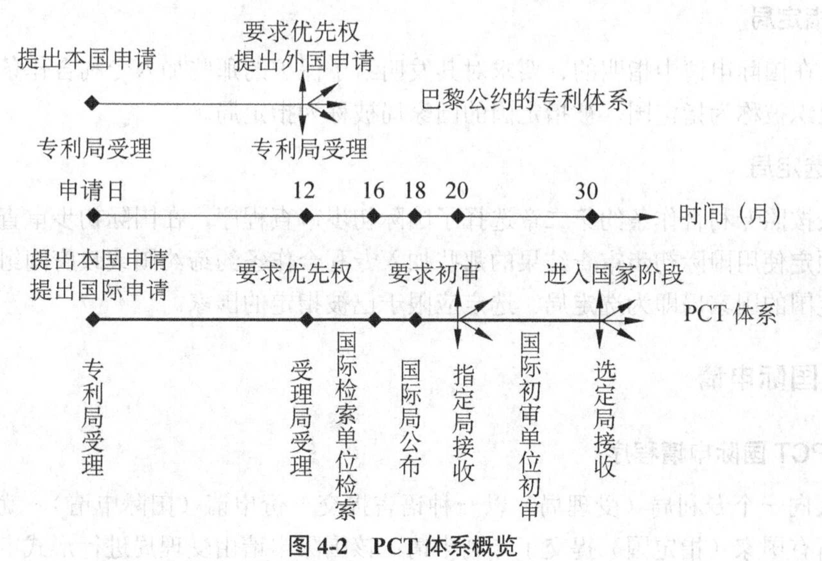

图 4-2 PCT 体系概览

图片来源：世界知识产权组织.

（一）受理局

受理国际申请的国家局或政府间组织被称为受理局。其中，国家局是指缔约国授权发给专利的政府机关，政府间组织是指地区专利条约的成员国授权发给地区专利的政府间机关，如欧洲专利局等。多数国家加入专利合作条约后，其国家局即成为接受本国国民或居民提交国际申请的受理局。

（二）国际局

国际局由世界知识产权组织（WIPO）担任。国际局对专利合作条约的实施承担中心管理的任务，负责保存全部依据条约提出的国际申请文件正本；国际申请的公布出版；在申请人、受理局、国际检索单位、国际初步审查单位以及指定局（或选定局）之间传递国际申请以及与国际申请有关的各种文件；此外，国际局作为受理局也负责受理国际申请。

（三）国际检索单位

由国际专利合作联盟大会指定，负责对国际申请进行国际检索的国家局或政府间组织被称为国际检索单位，其任务是对国际申请做出现有技术的检索报告。国际检索单位共有 11 个：奥地利专利局、澳大利亚专利局、中国知识产权局、欧洲专利局、西班牙专利与商标局、日本特许厅，韩国工业产权局、俄罗斯专利局、瑞典专利局、美国专利与商标局和加拿大专利局（2004 年开始工作）。

（四）国际初步审查单位

由国际专利合作联盟大会指定，负责对国际申请进行国际初步审查的国家局或政府间组织被称为国际初步审查单位，其任务是对作为国际申请主题的发明是否有新颖性、创造性和工业实用性提出初步的、无约束力的意见，制订出国际初步审查报告。国际初步审查单位共有 11 个，即 11 个国际检索单位同时也是国际初步审查单位。

（五）指定局

申请人在国际申请中指明的、要求对其发明给予保护的那些加入专利合作条约的缔约国或政府间组织被称为指定国，被指定国的国家局被称为指定局。

（六）选定局

申请人按照专利合作条约第二章选择了国际初步审查程序，在国际初步审查要求书中所指明的、预定使用国际初步审查结果的那些加入专利合作条约缔约国或政府间组织被称为选定国，选定国的国家局即为选定局。选定应限于已被指定的国家。

三、PCT 国际申请

（一）PCT 国际申请程序

申请人向一个专利局（受理局）以一种语言提交一份申请（国际申请），就等于在申请人指定的所有国家（指定国）提交了专利申请；该国际申请由受理局进行形式审查，并由主管的国际检索单位进行检索和提供国际检索报告；自国际申请日或优先权日起满 18 个月后该国际申请由国际局统一公布；申请人可以选择是否进行国际初步审查；如果请求国际初步审查，则申请人要提出“要求书”并选定使用该初步审查报告的国家（选定国）；申请人应当在优先权日起的 30 个月届满之前向指定国提交译文和交纳国家费用（进入国家阶段）；如果申请人没有履行进入某个国家阶段的手续，则其后果等于在该国家撤回了申请。

（二）国际申请语言

提交国际申请所用的语言取决于受理局和国际检索单位的要求；提交国际申请应当使用受理局所接受的任何一种语言，而受理局所接受的语言可以是国际检索单位所接受的语言，或者是国际公布的语言（汉语、英语、法语、德语、日语、俄语、西班牙语、阿拉伯语）。受理局在规定可以接受的语言时，主要考虑以下三方面因素：负责对该受理局接收的国际申请进行国际检索的主管国际检索单位能够接受的语言；国际公布允许使用的语言；作为受理局的国家局的工作语言。中国国家知识产权局接受的语言是中文和英文。

（三）国家的指定和保护类型的选择

申请人在做指定时，可以要求某个缔约国的保护，也可以要求获得地区专利的保护。国际申请是指保护“发明”的申请，可以解释为涉及发明专利、发明人证书、实用证书、实用新型和各种增补专利和增补证书的申请。不属于上述范围之内的其他形式的工业产权的申请，如，外观设计，不能作为 PCT 意义上的国际申请提出。从 2004 年 1 月 1 日起，国际申请一经提出，便具有自动指定在申请日时已正式生效的所有缔约国的效力，申请人无须再作出具体的国家指定，而保护类型的选择则推迟到进入国家阶段时再做出。

（四）要求优先权

国际申请可以要求一项或几项主题相同的在先申请的优先权。要求优先权的国际申请应当在请求书中包含一项声明，声明的内容包括在先申请的提交日、在先申请的申请号和受理在先申请的国家等。如果在国际申请提出时没有包含要求享有在先申请优先权的书面声明，或者声明的内容有错误，允许申请人在随后 4 个月内补正。申请人在做出要求优先权的书面声明后，应当向受理局或者直接向国际局提交作为优先权要求基础的在先申请的副本（即优先权文件）。

（五）国际公布

国际申请的国际公布应当在自优先权日起 18 个月届满后完成。国际局通常在公布日前 15 天完成公布的技术准备工作，也就是说，在优先权日起 17 个半月内国际局的改正、更正、修改、变更等信息可以及时地包含在公布的内容中。国际申请由国际局予以公布。

PCT 规定的公布语言有 7 种：汉语、英语、法语、德语、日语、俄语和西班牙语。如果国际申请是用英语以外其他 6 种语言公布的，公布的某些内容，例如，发明名称、摘要、摘要附图中的文字以及国际检索报告（或者宣布不做出国际检索报告的决定），要用申请提出时使用的语言和英语两种文字同时公布。

PCT 国际申请量是全球公认的用来衡量一个国家或地区，以及企业创新能力的重要指标。2016 年美国共提交 56 595 项 PCT 申请，排名第一。世界知识产权组织称，美国已经连续 39 年位居 PCT 申请量全球第一。日本以 45 239 专利申请位居其次；中国则以 43 168 项专利申请量排名第三。其中，中国增长率高达 44.7%，自 2002 年以来每年都实现了两位数的增长。同时意大利、以色列、印度等增长率也十分强劲（见图 4-3）。

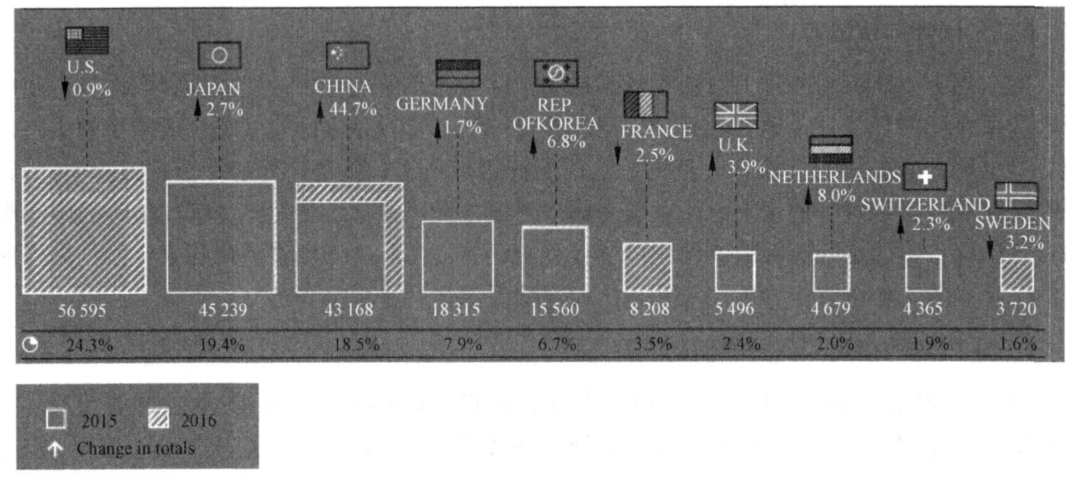

图 4-3　2016 年全球通过 PCT 申请专利数量前 10 名国家

第四节　专利权的应用主要方式

假如您有一项专利，您会怎么用？尽管知识产权制度在西方已经有了几百年的历史，但是对于知识产权的运用在近些年才受到重视，即便是世界顶级的跨国公司也不过在 20 世纪 90 年代才进行尝试。

资料 4.6

日本丰田的专利运营战略

丰田公司介绍汽车行业知识产权战略的布局是：一辆汽车含有多项专利；行业集中度高，与其他行业相比，全世界汽车行业的企业并不是很多，新加入业内的企业较少；环境、安全领域的研究开发竞争激烈。产品是否满足环境、安全法规的要求，维系着企业的生存。

丰田公司专利信息管理机构的工作内容：

✧ 研究竞争对手的专利状况，相应获取自己的专利、丰富自己的专利库，最后灵活运用这些专利，在知识产权上压迫竞争对手。

✧ 对产品的专利保护提出决策参考，企业保持最先进的开发研究并获得高质量专利，形成专利池。例如，丰田的专利库中包括 NOX 吸藏还原触媒系统专利 308 件。

✧ 专利侵权分析，获取涵盖竞争对手产品的专利信息；购买对方产品，进行分析、化验、拆解，检验是否侵权；收集文献、技术信息，准备无效竞争对手专利。

资料来源：http://www.docin.com/p-937884232.html.

一、专利实施许可（实施权）

专利实施许可也称专利许可证贸易，是指专利技术所有人或其授权人许可他人在一定期限、一定地区、以一定方式实施其所拥有的专利，并向他人收取使用费用。专利实施许可仅转让专利技术的使用权利，转让方仍拥有专利的所有权，受让方只获得了专利技术实施的权利，并未拥有专利所有权。专利实施许可是以订立专利实施许可合同的方式许可被许可方在一定范围内使用其专利，并支付使用费的一种许可贸易。例如，2007 年，德国曼柴油机公司与上海 CMD 柴油机有限公司，签订 10 年期的专利生产许可证协议。2009 年，由飞利浦、松下和索尼三家公司组成的许可联盟就未来 Blu-rayDisc（蓝光光盘，下简称 BD）专利收费模式达成一致，将为 BD 播放机与 BD 产品建立一站式许可联盟，该联盟还涵盖了 BD、DVD 和 CD 的基础专利，交由一家新成立的公司独立运作。涵盖上述格式的 BD 产品许可费是：每台 BD 播放机为 9.50 美元，BD 刻录机为 14 美元，BD 只读光盘的专利费为每张 0.11 美元，BD 可录光盘为 0.12 美元，BD 可擦写光盘为 0.15 美元。飞利浦、松下和索尼通过组建专利联盟，由另外一家独立专利许可证贸易运营公司通过托管的方式对外授权许可三家企业的专利，获取巨额利润。

2010 年，上海生科院将蛋白抗肿瘤药物的发明专利授权法国赛诺菲—安万特制药公司使用，许可金额达 6 000 万美元。赛诺菲—安万特公司在获得上海生科院的授权后，在全球范围内进一步开发该项抗肿瘤新药。赛诺菲—安万特集团为欧洲第一、全球第四大制药集团，其多元化的业务遍布世界五大洲的 100 多个国家，主要包括制药、疫苗和动物保健三大领域。2009 年，该集团实现营业额 293 亿欧元。本次专利与技术许可合同的签订，是继 2008 年双方签订战略合作伙伴协议，在代谢疾病、癌症和中枢神经系统疾病等方面开展合作研究之后的又一项重要合作。这也是上海生科院首次与跨国医药企业签订重大的生物技术药物技术许可合同。长期以来，科研院所、大专院校的科技成果转化应用率低是我国存在的一个重要问题，对知识产权的认识、管理、保护和运用能力尚处于较低水平，没有普遍认识到科技成果还需要经过专业化知识产权工作的认可，才能实现科技成果的应有价值。知识产权的管理和运用与科技创新一样，依赖于完善的体制和机制，以及高度专业化的人才队伍。上海生科院与赛诺菲—安万特公司签订专利与技术许可合同是技术成果转化方面的重大突破，也是知识产权管理与专利技术成果转化的典型案例。

IBM 公司每年知识产权所获得的收益高达十多亿美元，着实令我们羡慕，其实 1990 年作为扭亏为盈战略的一部分，IBM 公司才将眼光放在专利的许可上。

德州仪器公司的专利许可费收入累计已达 40 亿美元，目前每年的许可费收入在 8 亿美元左右。1999 年 5 月，德州仪器公司又签署了一项半导体专利使用许可协议，这笔交易将为德州仪器公司在未来 10 年内总共带来 10 亿美元的许可费净收入。20 世纪 80 年代中期，德州仪器公司在面临破产的情况下，为使公司免于破产才开始从事专利许可交易。仅仅 1992 年，公司因经营专利许可证就盈利 3.91 亿美元，比其当年经营其他业务的总收入 2.74 亿美元高出 43%。

国家半导体公司在 1990 年大规模实施经营专利许可证业务，从而避免了破产的命运。在决定继续开展业务，并在专利权许可证方面加大力度之前，所有宣布破产的文件都已经签署了。毫无疑问，专利为公司赢得了时间，得以完成公司的重组，在当时很长一段时期，3/4 的利润都来自经营专利许可证。

二、专利权转让（所有权）

专利权转让是指专利权人作为转让方，将其发明创造专利的所有权或将持有权移转受让方，受让方支付约定价款所订立的合同。通过专利权转让合同取得专利权的当事人，即成为新的合法专利权人，同样也可以与他人订立专利转让合同，专利实施许可合同，专利申请权转让。专利转让权一经生效，受让人取得专利权人地位，转让人丧失专利权人地位，专利权转让合同不影响转让方在合同成立前与他人订立专利实施许可合同的效力。除合同另有约定的以外，原专利实施许可合同所约定的权利义务由专利权受让方承担。另外，订立专利权转让合同前，转让方已实施专利的，除合同另有约定以外，合同成立后，转让方应当停止实施。

1980 年美国颁布《拜杜法案》，其中放宽了许多有限技术许可的规定，借此推动大学的科技成果向企业流转，推动经济发展及企业家创新、创业的活动。

随后，许多新的技术转移办公室在大学相继成立，大学开始在科技和经济的互动发展中扮演重要的角色，大学与产业界的合作情况大为改观。美国知识产权运营的过程中，政府在通过制度化完善管理方面扮演了重要角色。通过《专利法》《商标法》《著作权法》《反不正当竞争法》，对科技成果进行了全方位的知识产权保护；制定《拜杜法案》《技术创新法》《联邦技术转移法》等多项有关联邦政府技术创新和技术转移的法律，以明晰知识产权归属，建立有效保护和高效利用知识产权的体系。这种知识产权保护体系，一方面鼓励企业通过创新和利用知识产权，形成市场竞争优势，并有利于美国在全球范围内维护本国利益；另一方面，也保证了美国大学、研究机构和企业在合作过程中有序推进和实现技术转移。美国大学技术转移机构创造了 3 种运行模式：威斯康星校友研究基金会（WARF）模式、麻省理工学院首创的第三方模式以及斯坦福大学首创的 OTL 模式。其中 OTL 模式是目前运行得最为成功的一种模式，即校方出面申请这些发明的专利，再把专利许可给企业界，给学校带来可观的收入。1985 年，耶鲁大学发明了一种治疗艾滋病的新技术，并获得发明专利。1987 年 12 月 23 日，耶鲁大学和美国一家大型制药企业 Bristol-Myers Squibb 公司（简称 BMS），签署了专利独占许可协议，用来研制一种名为“Zerit”的新药。2000 年 7 月，耶鲁大学为了进行项目融资，与 Royalty Pharma 公司签订了专利许可收费权转让协议。将 2000 年 9 月 6 日至 2006 年 6 月 6 日期间的 Zerit 专利许可费的 70%，以 1 亿美元作价转让给 Royalty Pharma 公司，剩余的 30%专利许可费由耶鲁大学保留。

三、专利诉讼

专利诉讼是指当事人和其他诉讼参与人在法院进行的涉及与专利权及相关权益有关的各种诉讼的各种诉讼的总称。专利诉讼有狭义和广义理解的区分，狭义的专利诉讼指专利权被授予后，涉及有关以专利权为标的的诉讼活动；广义的专利诉讼还可以包括在专利申请阶段涉及的申请权归属的诉讼、申请专利的技术因许可实施而引起的诉讼、发明人身份确定的诉讼、专利申请在审批阶段所发生的是否能授予专利权的诉讼以及专利权被授予前所发生的涉及专利申请人以及相关权利人权益的诉讼等。专利诉讼的目的往往都是为了争夺市场，通过专利诉讼抑制竞争对手的生产规模，同时不断扩大专利权人的生产，以占领市场。比如，爱国者电子科技公司研制的USB PLUS是一种具有世界领先水平的高速传输接口技术，可以实现3Gbps的高速率传输，是目前USB2.0传输速度的6倍以上，同时还可兼容USB2.0、USB3.0和ESATA接口，获得数项国际专利。公司在2006年为这一技术在国内申请了专利，并在2008年推出产品。爱国者提供的数据表明，包括惠普、东芝在内，全球有超过1亿台品牌电脑未经允许都在使用爱国者的专利产品，但大多数厂商都没有通过爱国者采购相关产品或沟通，2009年爱国者已经向东芝和惠普提出了正式起诉，并向三星、索尼、戴尔等公司发送了律师函。2010年4月，爱国者电子科技公司将东芝（中国）有限公司及侵权产品的经销商告上法庭，要求其立即停止侵权行为，并赔偿相关经济损失。法院认定，东芝公司侵权成立，判决其停止销售使用了爱国者USB接口技术的两款电脑产品，并赔偿爱国者经济损失20万元。长沙巨星轻质建材股份有限公司总经理邱则有，10年中，申请发明专利近5 000件，发起专利诉讼120多起，专利申请费用与诉讼收入之比达1∶20，每年投入专利维持费几百万元，收取许可费或侵权赔偿费用几千万元。

1982年，IBM状告富士通侵犯其操作系统软件及其使用手册著作权。当时，富士通通过与生产IBM兼容机的Amdahl合作，掌握了IBM的核心技术。1979年，富士通在日本市场的销售额首次超过了IBM。面对日本计算机厂商的奋力追赶，1981年，美国政府撤回了1968年以来一直扼住IBM等厂商喉咙的“垄断禁止法”的相关诉讼，对其进行司法援助。在1982年到1988年长达6年的诉讼中，富士通以反诉抗衡，最终仍向IBM支付了8.33亿美元的软件使用费。1985年9月，IBM再次起诉富士通在没有得到IBM授权的情况下，使用了其新一代的软件，大量抄袭了IBM的程序。此案很快转入仲裁。日本产业方面认为，这是IBM再一次试图对兼容计算机制造商采取进攻，因为日本厂商的市场已拓展到了海外。仲裁的结果是双方都做出妥协，IBM没能达到最希望达到的目的—禁销令。富士通虽然付出了巨额金钱，但是仍可以使用这些技术来开发市场。日本厂商很快顺应形势，调整了战略。虽然为一纸和解付出了代价，但换来了合理合法地使用IBM操作系统的权利，进而又凭借其生产和管理上的优势，不但收复了失地，而且开发了更加广阔的市场。

1982年6月，代表日本电子工业最高水平的日立制作所和三菱电机两家公司的6名雇员因涉嫌“非法获取有关世界头号计算机制造商IBM的基本软件和硬件的最新技术并偷运至美国境外”而在美国被FBI诱捕，两家公司随后被起诉。官司于翌年在被告法人承认有罪的前提下达成和解，日立和三菱分别与原告方缔结了“IBM技术专利使用协议”。

1982年，Intel公司向NEC发出警告，指出其销售的微处理器抄袭了Intel产品中的微程序。经过谈判，双方于1983年达成有偿使用协议。日立、富士通、三菱、松下、佳能，几乎所有日本的知名企业都遭遇过侵权诉讼的堵截。正因如此，韩日企业在国际化过程中学到的第一个经验就是拼命在本国和海外注册专利，获取游戏的筹码。日本2014年在中国就申请了2万余项专利。在美国专利局的统计表上，日韩企业连续多年排在最前面。2014年，美国专利商标局统计的前10位获得私属专利最多的企业中，日韩企业占据了绝对多数。时至今日，许多日本和韩国公司已经深入美国市场，而且不会因为它是家日本或韩国公司就输掉官司。他们已经拥有了一套可以与美国司法体系对接的强大支撑系统，你来我往已是家常便饭。日本还成了全球注册专利数最多的国家。如今，日本企业的知识产权诉讼案与二三十年前一样频繁发生，但早已不会像当年那样成为新闻焦点[①]。

四、专利权质押（财产权）

可口可乐的总裁说可口可乐厂房即使被毁掉，他马上可以重新建起新厂，这是因为他可以用“可口可乐”这个商标进行质押获得贷款。知识产权质押贷款在国外特别是欧美一些国家已经很普遍。专利权质押是指，债务人或第三人将拥有的专利权担保其债务的履行，当债务人不履行债务的情况下，债权人有权把折价、拍卖或者变卖该专利权所得的价款优先受偿的物权担保行为。

专利权质押或者专利权中的财产权质押属于权利质押，它是指以专利权中的财产权作为质押的标的物，在债务人届期不履行债务时，债权人有权以该专利权转让的价款优先受偿。专利权质押有以下几个特征：

（1）专利权质押的标的物是权利—专利权中的财产权作为标的。动产质押的标的物则是动产。其他权利质押的标的物是各种不同于专利权的权利。

（2）在专利权出质期间，质权人是绝对没有权利许可他人使用或转让该出质的权利的，质权人只有占有和保全该权利的权利。

（3）在专利权出质期间，维持专利权本身的一切费用应由出质人承担，如专利年费、专利规费等。但质权人如认为该出质的权利可能对自己有益，也可自己出费用，对这些费用，质权人有权请求出质人补偿。

（4）专利质押登记生效。动产质押要把质物交付质权人生效。但是，专利质押除订立质押合同外，还必须办理出质登记，合同自登记之日起生效。

2006 年，上海中药制药技术有限公司通过专利质押方式，向工商银行张江支行贷款 200 万元，成为上海专利质押融资第一单。自 2008 年以来，通过专利权质押这一方式进行融资的市场活跃程度逐年递增，例如，2011 年，全国专利权质押融资近 90 个亿。其中，北京、上海、湖北、广东、天津、浙江等地相对比较活跃。

五、吸收风险投资

美国红杉投资公司，作为美国最早的风险投资公司之一，曾经投资苹果电脑、思科、雅虎和谷歌等一批著名的科技公司，一度造就长达近 30 年的美国多家著名企业围绕红杉资本而建立的红杉现象。红杉的传奇之处，就在于成功投资了世界上最大的两家生物公司，基因技术公司和安进公司，这两家公司占全世界生物公司总市值的一半左右。

1998 年，中星微电子有限公司成立时邓中翰以两个专利入股占 35%的股权，开了中关村企业知识产权入股的先河。以知识产权入资就是知识产权资本化的一种形式，2009 年 4 月 30 日，国资委发布的《关于加强中央企业知识产权工作的指导意见》提出，要鼓励知识

① http://www.patent51.com/news/html/827.html

产权成果的资本化运作。知识产权资本化将知识产权直接变为成立公司时的出资，减轻了现金出资的压力，大大降低了成立公司的门槛，对于那些想创业的技术人员而言具有非常现实的意义。想想如果邓中翰当时不是以专利入股，而是将专利卖掉，也许能卖到百万元以上的价格，但是当中星微上市以后，当初的两个专利折成的股份已经以亿美元为单位来计算了。邓中翰的专利经过资本化增值至少几百倍。资本化后的知识产权其价值远高于将知识产权简单出售的价格，这是知识产权资本化的巨大魅力所在。

六、证券化融资

1992 年，陶氏化学公司以知识产权为支撑获得贷款，开创了知识产权证券化的先河。1997 年 1 月，美国摇滚歌星大卫·波威通过在美国金融市场出售其演艺生涯中创作的 300 首歌曲的出版权和录制权，获得了 5 500 万美元。发行的票据为期 15 年，平均期限约为 10 年，利率为固定的 7.9%。该笔融资被穆迪公司评为“3A”级，所发行的票据全部被一家保险公司购买了。这被认为是世界上第一起典型的知识产权证券化案例。1999 年，全球资本公司，美国旧金山的一家高端投资银行公司，以制药公司未来专利许可收入为标的资产，对其进行资产证券化，并向投资者公开出售证券，这是全球首例利用专利进行表外融资的案例。目前，美国、英国、日本等国家的知识产权资产证券化实践发展迅速。在美国，知识产权资产证券化的对象资产已经非常广泛，从电子游戏、音乐、电影、娱乐、演艺、主题公园等与文化产业关联的知识产权，到时装设计的品牌、最新医药产品的专利、半导体芯片，甚至专利诉讼的胜诉金，几乎所有的知识产权都已经成为证券化的对象，世界知识产权组织也将其作为未来的一个“新趋势”

第五节 专利实施的强制许可

一、专利强制许可的定义

专利强制许可制度（Compulsory License），又称为非自愿许可制度，具体是指一国的专利主管机关，根据一定的条件，依法向第三人颁发许可证书，允许该第三人未经专利权人的同意使用受专利保护的技术，包括生产、销售、进口有关专利产品等。同时，强制许可的使用者通常要向专利权人支付一定的补偿费。《保护工业产权巴黎公约》中，该制度是确立的一项旨在防止专利权人滥用专利权、阻碍发明创造的实施和利用、继而阻碍科学技术进步与发展的基本原则。在 1993 年签署、1995 年 1 月生效的《与贸易有关的知识产权协议》（TRIPS）中，在各国立法和实践基础上发展并完善了强制许可制度。在 TRIPS 协议中规定，当国家出现紧急状态或者非常情况，或者为了公共利益的目的，可以颁发强制许可。

TRIPS 协议第 8 条规定：成员国可采取适当措施防止权利持有人滥用知识产权。例如，专利权人不实施其专利。

二、实施药品专利强制许可的背景

自《巴黎公约》中规定了强制许可制度以后，纵览世界各地，到目前为止已经发生了不少强制许可实施案例。南非是这一协议生效后第一个启用强制许可的国家，2001 年 9 月，巴西政府宣布对罗氏制药生产的抗 HIV 药物 Nelfinavir 启动强制许可，得到了世界卫生组织必须药品计划的支持，成功迫使罗氏制药将这种药品在巴西的销售价格降低 40%，引起了更多人的关注。1997 年 12 月，南非通过了《1997 年药品与有关物质法》，授权南非有关部门从事两种受到争议的行为：第一，平行进口，即所谓的“灰色市场”零售的一种形式，允许进口商从可以找到的最廉价来源购买药品，而不管专利所有者是不是同意他们这么做；第二，强制特许，允许南非政府许可本地公司制造廉价版本的药品，而这些药品的专利权其实属于外国公司。从而导致 1998 年 2 月，由一个南非制药团体牵头，40 家药厂组成联盟，联合提起诉讼。诉讼的关键法律主张是，新的法律，即《1997 年药品与有关物质法》是违反宪法的，因为它赋予南非卫生部长广泛的权力，完全不把这个国家的专利法放在眼里。但是跨国巨头们最终败走南非，因为他们陷入“专利权是不是比人命重要”的国际社会道德围攻中。这种情形下，跨国巨头们转头向自己政府施压，要求完善 TRIPS 协议。这也在一定程度上促成了多哈会议上《关于知识产权与公共健康问题的宣言》的发表以及后来关于实施药品专利强制许可制度。

1994 年年底，各国在乌拉圭回合谈判的基础上，将知识产权纳入世界贸易的范畴，签订的《与贸易有关的知识产权协议》（以下简称 TRIPS）将药品及其生产过程纳入专利保护体系，要求成员方对药品及其生产过程提供专利保护。

在世界卫生组织（WHO）、联合国相关人权委员会、非政府组织及众多发展中国家极力倡导优先考虑公共健康政策的背景下，美国及欧共体开始改变其原有政策，转而正面关注发展中国家公共健康的问题。TRIPS 理事会于 2001 年 6 月首度在公共健康框架下讨论知识产权议题，通过有关知识产权与公共健康议题的特别宣言，即《TRIPS 协议与公共健康的多哈宣言》，使 TRIPS 协议与药品取得问题的国际争议获得突破。2001 年年底，WTO 在第四届部长级会议上达成了《关于 TRIPS 协定与公共健康的多哈宣言》（以下简称《多哈宣言》），赋予成员国在公共健康危机下对药品专利行使强制许可权，即 WTO 知识产权第 31 号条款：“强制许可（Compulsory License）”条款。该条款规定，若成员国面临国家紧急危难，且不为商业用途时，则不用与拥有专利权者协商，只需在合理的实际情况允许下“告知”拥有专利权的厂商，便可使用此专利。同时《多哈宣言》也明确了 TRIPS 协议第 31 条 b 款中“国家紧急状态和其他极端情势”包括：因艾滋病、结核病、疟疾和其他传染病引起的公共健康危机；承认 WTO 成员政府授权强制许可维护公共健康的主权权利。

尽管《多哈宣言》的达成被认为是发展中国家在知识产权领域取得的重大胜利，但是寻求具体解决方案的道路仍然十分艰苦。围绕《多哈宣言》第 6 段药品专利强制许可问题，发达国家和发展中国家间发生了激烈的争论，各方在解决方案采取的法律途径、疾病和药品范围、药品进出口受益国的资格以及防止贸易转移的保障措施等方面存在着严重分歧。在《多哈宣言》规定的 2002 年年底的期限内，发展中国家与发达国家没有能够达成妥协，直到 2003 年 8 月 30 日，WTO 理事会才勉强通过了关于实施《多哈宣言》第 6 段的决议（以下简称《决议》)。

《决议》承认，因TRIPS条文欠妥可能会导致TRIPS下的强制许可制度本身违反TRIPS的目标和宗旨。这是指现行TRIPS条文明确规定“强制许可生产的产品应主要供应国内市场的需要”。但当发生公共健康危机，需要利用强制许可制度向缺乏生产能力的国家提供药品时，本规定的限制将导致无法充分满足这些国家对药品的需要。为此，《决议》决定对TRIPS进行修改。虽然《决议》是为了落实《多哈宣言》而制定的，但一直受到发展中国家的强烈批评，认为方案内的机制过于烦冗和缺乏效率，令有能力低价生产仿制药的厂商无从入手。

2005年12月6日，WTO总理事会批准了TRIPS理事会关于对TRIPS进行修改的报告，将一事一议的“豁免”方式改为限期内对TRIPS的最终修改，使《决议》获得了突破性进展。但本WTO决议也同样遭到一些健康主管机构、药品生产厂家、NGO等的批评，认为该制度并无实质上的进步，只是把2003年8月30日的“临时解决办法”变成了对TRIPS协议的修改，并认为该制度程序过于复杂，使这套制度的实施十分困难。

与公共健康相关的知识产权国际争端涉及强制许可制度的实施还有以下几个。

（一）跨国医药公司与南非的贸易争端

南非470多万人感染了艾滋病毒，而且每天就有1 700人被感染，其中包括200名婴儿。然而，几乎所有关键的治疗药品均处于专利保护之下，且其价格是通用同等药品的4～12倍。1997年，南非政府通过了《药品和相关物品控制修正案》，规定南非卫生部长有权使用平行进口以从其他国家获得更廉价的药品以及授权对某一受专利保护的药品为非商业的政府使用而进行生产（即强制许可）。这是南非政府为降低药品价格，从而提高对必需药品的获得以降低艾滋病、疟疾、结核病和其他传染疾病发生率所采取的必要措施，是南非为保护其国民的公共健康行使主权权利的行为。然而，在南非颁布该修正案后不久，美国就将南非列入其特别301条款调查名单，并威胁如果南非不对之进行修订，美国将对其实施贸易制裁。1998年2月，南非医药生产者协会和39个跨国医药公司对南非政府提起诉讼，诉称该修正案第15C条违反了TRIPS协议和南非宪法。其主要的观点是：

该修正案第15C条规定，允许卫生部长剥夺知识产权所有人所享有的财产权利，或者利用其知识产权而不给予补偿，与TRIPS协议不符；第15C条的规定对在医药领域所享有的专利权构成歧视，与TRIPS协议第27条第1款相冲突。TRIPS协议第27条规定“对一切技术领域中的任何发明，其获得专利及享有专利权，不得因发明地点不同、技术领域不同及产品之系进口或系本地制造之不同而给予歧视”；第15条C款（b）项允许平行进口，这是对TRIPS协议第28条的违反，而原告无法通过WTO争端解决程序采取行动，这对医药公司在南非的研发投资将产生严重威胁。

该案发生之时正值南非面临严重的公共健康危机，在此期间有40万人因无力支付昂贵的治疗费用死于艾滋病，因而跨国公司的行为引起了国际社会的强烈抗议。在这种国际背景下，美国的态度发生了转变。1998年12月1日，美国政府将南非从特别301条款调查名单中删除。2000年5月10日，当时的美国总统克林顿发表声明，表示美国将不再对撒哈拉以南非洲地区以贸易制裁相威胁，如果他们采用与TRIPS协议相符的措施，如强制许可或平行进口，以促进获得治疗艾滋病的药品。

在庭审过程中，法庭查明该修正案的大部分有争议的条款均是基于世界知识产权组织（WIPO）专家委员会所起草的法律文本草案制定的，这使得医药公司所诉称的南非政府没有履行其根据国际法应承担的国际义务的理由不攻自破。最终，国际社会的舆论压力和无法得到支持的诉讼理由，使得这些公司于 2001 年 4 月无条件地撤诉，并自发地降低药品价格，捐赠相关药品。

（二）美国与巴西的贸易争端

在 20 世纪 90 年代早期，巴西被视为艾滋病危机最严重的国家之一。联合国曾预言巴西有几百万的艾滋病毒受害者。自 90 年代中期以来，巴西为本国的艾滋病人提供综合治疗。根据政府统计的数据，自 1996 年以来，与艾滋病有关的疾病住院率下降了 80%，死亡率下降了 50%，节省医疗费用 422 亿美元。这是巴西采用积极的药品和专利政策的结果。政策之一是药品生产本地化。由于巴西所需要的 12 种药品中有 10 种在巴西不受专利保护，因而巴西可以作为通用药品进行生产，而无需向发达国家的医药企业支付使用费。通用药品竞争的结果是巴西治疗艾滋病药品的价格在 5 年内下降了 82%。而没有通用药品竞争的药品价格仍相对稳定，5 年内只下降了 9%。巴西的政策之二是实施价格控制，以强制许可作为谈判的筹码。由于 TRIPS 协议实施以后，对在巴西受专利保护的药品，巴西不能将其作为通用药品生产，也不能从国外的通用药品供应商进口，因此，巴西对所需要的而又处于专利保护之下的药品所采取的措施是与专利持有人进行协商和谈判，以降低其在巴西的售价。巴西所采取的策略是以强制许可相威慑，警告持有受专利保护药品的医药公司，如果它们不将药品价格降至可支付的水平，那么巴西政府将中止其根据专利权所享有的专有权利，并将授权巴西国内的医药公司进行生产。根据 TRIPS 协议的规定，巴西采取强制许可以供应国内市场所需是合法的。

但巴西为保护公共健康所采取的积极行动却遭到跨国医药公司的强烈反对，而且以美国为首的发达国家还担心其他发展中国家会仿效巴西的做法，以公共健康为理由否定跨国医药公司对药品价格和药品专利的绝对控制权。自 80 年代以来，美国多次对巴西施加外交压力并以单边贸易制裁措施相威胁，企图使巴西的专利制度和药品政策朝有利于美国企业利益的方向转变。

2000 年 5 月 30 日，美国启动 WTO 争端解决程序，并于 2001 年 1 月要求 WTO 争端解决机构成立专家组，对巴西 1996 年工业产权法是否符合 TRIPS 协议及 1994 年关贸总协定进行审查。美国认为 TRIPS 协议第 27 条第 1 款禁止对专利的获得以及对专利权的享有基于产品系进口或系本地制造的不同而给予歧视，因此该条禁止 WTO 成员要求“本地实施”，亦即禁止将专利发明本地实施作为享有独占专利权的条件。而巴西 1996 年工业产权法第 68 条的规定对持有巴西专利进口产品而非进行本地实施的美国专利所有人构成歧视。因此，美国认为巴西关于本地实施的要求与其根据 TRIPS 协议第 27 条第 1 款和第 28 条第 1 款以及 1994 年关贸总协定第 3 条所承担的义务不符。

巴西则认为要求专利的本地实施是一个保障条款，其适用的前提是权利持有人“滥用其权利或者市场地位”，因而是符合 TRIPS 协议的，因为 TRIPS 协议允许在遇有反竞争行为的情形时，可中止权利持有人所享有的专利权。美国法律也规定当发生反垄断行为时，专利持有人得放弃其专利权的行使。巴西认为规定高价或拒绝通过本地实施转让技术和专业知识就构成滥用。

美国对巴西提起WTO争端解决程序的行为表明了美国在全球维护高水平的知识产权保护的政策，遭到了来自南非政府、多个国际组织和世界舆论的强烈批评。他们指出，美国的行为将对巴西成功的艾滋病防治计划产生有害影响。巴西采取了积极的外交政策，呼吁国际社会关注对药品的获取问题。在八国集团会议、欧洲委员会圆桌会议和世界卫生组织会议上，美国还承诺通过技术和专有技术的转让向发展中国家提供支持以帮助他们提高生产能力。2001年6月，美国与巴西达成协议，双方同意终止争端解决程序，条件是如果巴西认为必须对美国公司所持有的专利适用第68条，巴西将在颁布强制许可之前首先与美国政府进行协商。

（三）美国和加拿大的炭疽病毒危机

2001年“9·11事件”发生后不久，在美国国内又相继发现用邮件等方式传播炭疽病病毒的恐怖主义事件，并导致多人死亡，美国和邻国加拿大对相应药品的需求陡然上升。西普罗是美国市场上唯一被批准用来治疗炭疽病毒的抗生素药品。德国跨国医药公司—拜耳公司，持有西普罗在美国的专利权，该专利的有效期至2003年12月。根据TRIPS协议的规定，在拜耳的专利到期前，其他医药公司不能在美国从事西普罗药品的商业化制造和销售，除非经拜耳公司许可或根据极端紧急情势，可以允许强制许可和平行进口。炭疽病毒事件的发生以及对西普罗需求的陡增，导致西普罗在美国的零售价格直线上升，美国舆论称之为“并非炭疽病，而是治疗炭疽病毒的药品价格引起了恐慌”。

美国民众强烈要求中止拜耳公司对西普罗所享有的专利权。根据美国法律关于政府使用的有关规定，当遇有政府为非商业目的而使用的情形时，美国政府不必事先向专利权持有人寻求自愿许可或与之进行协商，专利权持有人有权获得补偿，但不能阻止政府使用其专利。因此，美国完全可以对西普罗在美国的制造颁布强制许可，无论根据美国国内法还是TRIPS协议这样做都是合法的。但美国政府认为，中止拜耳公司对西普罗所享有的专利权是不合法的，美国倾向于就单纯降低西普罗的价格与拜耳公司进行协商。迫于空前的舆论压力，拜耳公司同意降低西普罗的政府采购价格。美国政府不采取强制许可措施在很大程度上是因为十分顾忌采取该措施所带来的广泛影响。在国际贸易谈判中，美国一直是全球医药产业最坚强的后盾。而且美国在WTO已经对许多发展中国家的强制许可和平行进口制度诉诸争端解决程序，并且以采取单边贸易制裁措施相威胁，给广大发展中国家采用TRIPS协议所允许的强制许可和平行进口措施以解决国内公共健康危机以极大的限制。如果美国在此时使用强制许可和平行进口解决西普罗药品的危机问题，无异于搬起石头砸自己的脚。尤其是面临即将举行的WTO新一轮多边贸易谈判，以及发展中国家和最不发达国家要求改革国际知识产权保护制度以便使之与其发展水平相适应的呼声，使得美国政府不得不谨慎从事。美国政府牺牲其国民的公共健康以保护跨国医药公司私人利益的行为无异于向世界宣布，私人财产权优先于公共健康。

由于加拿大同样面临着西普罗药品的短缺和药价高涨的问题，加拿大政府在2000年10

月 18 日宣布将中止拜耳公司对西普罗所享有的专利权，允许通用药品制造商在加拿大进行制造和销售。国内通用药品制造商的销售价格大大低于拜耳公司所收取的价格。加拿大政府的这一行动在整个医药产业界掀起了轩然大波，因为加拿大一直以来都支持美国关于知识产权的立场。拜耳公司通过使用各种压力手段，包括以提起诉讼相威胁，要求加拿大政府改变立场。在几个小时内，加拿大政府改变了立场，宣称将尊重拜耳公司对西普罗的专利权，并且只从拜耳公司购买该药品。

（四）美国控诉印度药品及农用化学品专利权保护措施案

1970 年的印度专利法第五节确认了程序专利（给予某一用以制造合成药物的程序以专利），但并未确认产品专利（给予产品自身以专利），即对于食品、药品的物质不授予专利，仅对制造方法授予专利。尽管印度表明，签署 TRIPS 将导致药品价格大幅上涨，但乌拉圭回合谈判的其他协议还是有利于印度利益，因而印度签署了该协议。与此同时，印度也意识到 1970 年的专利法必须进行调整，由于当时议会休会，总统便颁布《1994 年专利（修订）条例》，以临时适应 TRIPS 的要求。印度议会在复合后，讨论了 1995 年专利（修正）法案，但是，在 1996 年 5 月 10 日下议院解散之前，却未能通过该法案。在总统的专利（修正）法令失效后，印度议会仍在讨论新的专利（修正）法案时，印度行政当局决定，由印度专利局继续接受药品与农用化学品专利的申请，并单独存放，以便在印度专利法修改后，使这类可授予专利的主题生效。然而，印度方面既没有在当时公布这一行政决定，或通知 WTO 的 TRIPS 理事会，也没有在争端发生后，将该行政决定的具体日期提供给 WTO 的专家组。1996 年 7 月 2 日，美国提出磋商请求，争端事由为印度没有对医药品和农用化学品的专利保护制度。美国认为，印度违反了 TRIPS 第 27 条、65 条、70 条。由于磋商未成，1996 年 11 月 7 日，美国要求设立专家组。1996 年 11 月 20 日，DSB 设立一个专家组。专家组认定，印度在医药品和农用化学品的产品专利的申请方面没有建立一种充分保护新颖性和优先性的制度，从而违反了 TRIPS 第 70 条第 8（a）款、第 63 条第 1 款和第 2 款，印度也没有建立一种授予独占性市场权的制度，违反了 TRIPS 第 70 条第 9 款的规定。1997 年 6 月 27 日，专家组公布了中期报告。印度对该报告的部分内容提出了修改意见。1997 年 9 月 5 日，专家组报告由成员各方传阅。1997 年 10 月 14 日，印度上诉。上诉机构稍作修改，维持专家组报告对 TRIPS 第 70 条第 8 款和第 70 条第 9 款的调查结果，但是认为对 TRIPS 第 63 条第 1 款的裁定不在专家组职权范围内。1998 年 1 月 16 日，DSB 通过了上诉机构变更的专家组报告和上诉机构报告。在 1998 年 4 月 22 日的 DBS 会议上，争端双方宣布他们已经就 15 个月的实施期限达成了协议，即在 1999 年 4 月 16 日之前，印度必须修改其有关专利制度，以符合 TRIPS。

上述重大国际事件表明，现有的 WTO 专利保护制度实质上将对跨国医药公司私人利益的保护置于公共利益之上，这不仅对发展中国家和最不发达国家人民的公共健康造成了巨大的危害，甚至发达国家的人民也不能幸免。因此，国际社会需要解决两个问题：首先，对 TRIPS 协议所规定的弹性条款加以解释和澄清，以确保发展中国家能将这些条款用于公共健康的目的，免受发达国家的法律、外交和贸易制裁的威胁。其次，变革国际知识产权保护制度，使之在保护知识产权所有人私人利益的同时，能真正服务于发展中国家和最不发达国家的发展目标。具有讽刺意味的是，强制许可的本意是保护弱者，但强制许可（不仅仅在制药领域）措施最积极的实施者其实是发达国家。从20世纪60年代末到80年代末，加拿大曾在制药领域广泛实施强制许可。

三、授予强制许可的三种情况

根据法律规定，强制许可主要有以下几种情况：

第一，具备实施条件的单位以合理的条件请求发明或者实用新型专利权人许可实施其专利，而未能在合理长的时间内获得这种许可时，国务院专利行政部门根据该单位的申请，可以给予实施该发明专利或者实用新型专利的强制许可。

第二，在国家出现紧急状态或者非常情况时，为了公共利益，国务院专利行政部门可以给予实施发明专利或者实用新型专利的强制许可。

第三，一项取得专利权的发明或者实用新型比以前已经取得专利权的发明或者实用新型具有显著经济意义的重大技术进步，但其实施又有赖于前一发明或者实用新型的实施的，国务院专利行政部门根据后一专利权人的申请，可以给予实施前一发明或者实用新型的强制许可。

四、申请强制许可的条件

具备上述第1款的实施条件，并出具证明；请求许可的主体是单位不是个人；许可的专利是发明或实用新型而不是外观设计；专利权授予后满3年（无论该专利是否实施）；按规范要求向国家知识产权局书面提出；向专利权人支付使用费；被许可人享有和承担普通许可的权利义务。

请求从属专利强制许可的条件，具备上述条件，但请求的主体可以是单位也可以是个人；后一专利（从属专利）比前一专利有重大技术进步。

国家紧急状态下的强制许可，国家出现紧急状态或非常情况或为了公共利益的目的，国家知识产权局可指定具有实施条件的单位，授予强制许可；该许可无时间限定，无须实施单位提出请求。

资料4.7

专利药品强制许可制

药品专利强制许可在专利强制许可中，由于牵涉到公共健康问题而备受重视。药品专利保护不仅能够鼓励药品的发明创造，而且能够鼓励发明者公开新技术、专利制度使得制药厂可以决定药物的价格高低，通过专有权，收回其研发投入和承担商业风险的成本并获得可观的利润。

医药产品的取得与人类公共健康的维持及生命的延续休戚相关，是实现基本人权（健康权）的不可或缺的组成部分，具有重要的社会作用，因而必须能够为全体人民所获得。遗憾的是，今天的药品专利国际保护规则正由于缺乏利益制衡机制而偏离其鼓励技术创新和维护社会福利的价值目标，使得制药商的利益与公共健康，制药商以高额利润承受巨大商业风险的商业需要与贫穷的艾滋病患者的健康权之间的矛盾将变得异常尖锐。

WTO 总理事会 2003 年 8 月 30 日一致通过了关于实施专利药品强制许可制度的最后文件。文中规定：发展中国家成员和最不发达国家成员因艾滋病、疟疾、肺结核及其他流行疾病而发生公共健康危机时，可在未经专利权人许可的情况下，在其内部通过实施专利强制许可制度，生产、使用和销售有关治疗导致公共健康危机疾病的专利产品。

资料来源：郝敏. 药品专利强制许可制度在发展中国家的应用［J/OL］. 知识产权，2015，8［2015-11-25］. http://article.chinalawinfo.com/ArticleFullText.aspx?ArticleId=93656.

资料 4.8

"鸡尾酒"疗法与专利权保护

一个人感染上艾滋病病毒是不幸的，而如果感染上艾滋病病毒又不能接受有效的治疗，无疑是不幸中的不幸。卫生部有关官员称，2010 年，我国艾滋病病毒感染者的估计人数已经接近 100 万人，但这些感染者中长期接受"鸡尾酒"疗法的只有 400 人左右。

所谓"鸡尾酒"疗法，是从国外已经上市的 17 种艾滋病治疗药物中选择 3 种配制而成，它并不能彻底消灭艾滋病病毒，但可以有效地控制病毒，是目前治疗艾滋病的最佳方案。为什么绝大多数我国艾滋病病毒感染者无缘"鸡尾酒"？原因很简单："鸡尾酒"太昂贵了。进行"鸡尾酒"治疗每年花费约 1 万美元，经卫生部等政府机构与外国制药公司的艰苦谈判，现在的价格已降至每年 3 000～4 000 美元。但即使如此，我国的绝大多数感染者，尤其是来自农村的感染者仍然无法承受。

"鸡尾酒"价格居高不下的理由是知识产权保护。开发一种新药需要长达数年的时间，耗费资金可达数亿美元，其风险之大不言而喻。作为回报，在 20 年的专利保护期内，一种药物可以在市场上占据垄断地位，从而维持较高的价格。不难想象，如果没有专利制度，只要公司难以获得高额利润，就不会在药物开发上持续投入，药物创新恐怕也就成了无本之木。但对于制药工业初具规模的发展中国家来说，如果引入专利制度，将使药物价格上涨 12%～200%。

"鸡尾酒"价格的高低直接影响着中国上百万名艾滋病病毒感染者的命运。那么，想方设法绕开专利鸿沟，尽快实现艾滋病药物的国产化，无疑是降低"鸡尾酒"价格的有力措施。

2003 年，东北制药总厂的 AZT 被国家药品监督管理局（SDA）批准上市，这是第一例国产艾滋病药物。接着，上海迪塞诺生物医药公司的 DDI 和 D4T 也陆续获准上市。目前共有 10 多家国内企业向 SDA 申报多种艾滋病药物，从这些药物中选择 3 种就能配制出国产的"鸡尾酒"。

然而，国内企业首先必须考虑如何避免侵犯知识产权，因为这些药物无一例外地属于仿制药物。其中，AZT 是世界上第一个获得美国食品和药物管理署（FDA）批准生产的艾滋病治疗药物，由葛兰素史克开发。这种药物在中国的专利保护期到2002年年底已经结束，国内企业属于合法仿制。而由施贵宝开发的DDI在中国的专利保护期要到2007年才结束。但迪塞诺称，施贵宝在中国为DDI申请的是片状剂型专利，而迪塞诺采取的是粉状剂型，并没有侵权。

毫无疑问，国产“鸡尾酒”的价格比进口药品低得多。迪塞诺计划以每人每年3 000～5 000元人民币的价格向感染者提供“鸡尾酒”，这个价格只有进口“鸡尾酒”价格的约1/10，该公司计划形成可满足100万名感染者用药需求的市场能力，“力争使国内感染者人人都有治疗的机会。”

对于AZT、DDI等药物，国内企业有办法绕开专利鸿沟，但对于3TC等一些疗效更好、副作用较小的药物，国内企业却无计可施。3TC的生产工艺并不复杂，迪塞诺完全有能力生产，但它的专利保护期要到2012年才结束。而我们的邻国印度却在大量生产3TC。在印度有一种“联合片”，其组成包括D4T、NVP和3TC，每年每人的价格为209美元，约合人民币1 600多元，这大概是目前世界上最便宜的“鸡尾酒”了。

印度的制药公司为什么可以生产3TC？因为印度启动了强制许可。按照世界贸易组织《与贸易有关的知识产权协议》（TRIPS）的有关规定，各成员国在发生大众健康危机时可以采取特殊措施，包括允许本国企业强行仿制外国专利药。除印度以外，巴西、泰国等国家也先后启动了强制许可，仿制那些专利尚未到期的艾滋病药物。启动强制许可，将给本国艾滋病防治带来巨大的好处。以巴西为例，该国在1994年即开始生产AZT，至今已有6家制药厂可以生产7种艾滋病药物。巴西全国60万感染者中，目前约有10.5万人在接受“鸡尾酒”疗法。巴西曾经是全世界艾滋病发病率最高的国家之一，由于国产艾滋病药物得到了普遍使用，因艾滋病死亡的人数减少了一半，有效地遏制了艾滋病的蔓延。

不过，TRIPS对强制许可有非常严格的限制条件，其中一个主要条件是“出现重大疫情”。这就必然要求政府更为坦率地谈论艾滋病问题。

具有讽刺意味的是，强制许可的本意是保护弱者，但强制许可措施最积极的实施者其实是发达国家。从20世纪60年代末到80年代末，加拿大曾在制药领域广泛实行强制许可。英国在20世纪70年代以前也曾实行过强制许可。美国也成功地将强制许可作为谈判砝码，迫使德国拜耳公司大幅度降低了抗炭疽药物的价格。

实行强制许可需要满足很多条件，包括强大的仿制能力、可观的国内市场（强制许可条件下的仿制药物不能出口）、完善的管理和法律体系等。而上述条件是许多发展中国家所不具备的。在发展中国家中，中国实际上最具备实行强制许可的条件。因此，有关专家呼吁，中国完全可以考虑实行强制许可，尽早推出更多更好的国产艾滋病药物，同时迫使国外公司将其药物价格降低到国内可以接受的水平。

资料来源：https://max.book118.com/html/2015/0120/11600611.shtm.

五、实施障碍

我国至今也没有正式采取过药品专利强制许可这一措施，在欧美各国目前虽然也不同程度地在立法中规定了强制许可，但往往是附加了严格的限制，在实践中也极少采用。更多的时候，强制许可的意义表现为药品领域降低价格的手段，而不是目的，这因为目前实施药品专利强制许可还存在一定的障碍。对于没有或缺乏制药能力的发展中国家如何有效使用强制许可问题，《多哈宣言》没有予以解决，只是要求 TRIPS 理事会找到迅速解决这一问题的方案并在 2002 年年底报告给总理事会。TRIPS 理事会自 2002 年 3 月起进行了相关研究并提出了许多建议，比如，修改 TRIPS 协议 31（f）条，但是因 2002 年年底举行的 WTO 成员政府会晤失败而延期。《多哈宣言》产生后，关于 TRIPS 协定中强制许可的使用费的标准、可以实行强制许可的药品范围、强制许可药品的进、出口问题及防止强制许可药品的贸易转移等问题，引起了各国广泛的争议。同时《多哈宣言》法律地位并不明确，而《多哈宣言》法律地位确定如何又直接影响到了上述不明确之处的解释。

根据《中华人民共和国专利法实施细则》第七十二条的规定："自专利权被授予之日起满 3 年后，任何单位均可以依照专利法第四十八条的规定，请求国务院专利行政部门给予强制许可。"对于强制许可时间上的限制，无疑也是给在紧急情况下药品专利强制许可的启动实施带来困难。

实施药品专利强制许可是行政应急权的具体体现，突发公共卫生事件的突发性和紧急性，必然要求将某一强制性权力赋予某一特定机关，并尽可能减少对这种应急权的种种限制，减少限制势必也会剥夺公民、组织的一些权利。行政应急性原则只是行政合法性和合理性原则的重要补充，依法办事依然是其核心内容，而法律本身不是目的，是为了达到社会公共利益所运用的手段，所以采取药品专利强制许可必须合乎宪法和法律，必须体现法律的目的和精神，所以说采取药品专利强制许可的最终和根本目的只能是保障国家和社会公共利益，在这个意义上说，采取药品专利强制许可必须从保障社会的稳定、人民的生命健康等基本权利出发，严格控制其权限，如明确强制许可的非独占性和告知义务，确定合理费用补偿，及时终止强制许可，以避免权力的滥用。

资料 4.9

白云山版"达菲"事件

2009 年，随着甲型 H1N1 流感疫情的蔓延，瑞士罗氏制药公司生产的"达菲"（Tamiflu，通用名为磷酸奥司他韦）胶囊再度成为全球紧俏药品。"达菲"属罗氏制药的专利产品（专利期至 2016 年），一个疗程（10 粒）的费用约为 300 元，其不菲的价格使不少贫困患者望而却步。早在 2005 年禽流感猖獗之际，包括我国在内的世界各国患者就急切盼望国内制药企业获取生产"达菲"仿制药的权利。然而，罗氏公司对"达菲"拥有非常广泛的专利保护，不仅包括"达菲"本身的专利权，还包括其组合物"奥司他韦"以及相关制备方法的专利权。这就意味着国内企业只要生产磷酸奥司他韦，就会侵犯罗氏的专利。

这种情况下，很多国家都试图通过启动强制许可程序达到生产"达菲"仿制药的目的。在被迫接受药品专利强制许可的压力下，罗氏最终宣布许可部分具备生产能力的企业生产"达菲"。我国获得许可的企业为上海医药集团和广东东阳光集团，而 2005 年已生产出“达菲”仿制药“福泰”的白云山制药总厂则意外落选。

在通过正常途径获取专利许可之路受阻后，广州白云山制药总厂于 2009 年 11 月再度向国家药监局提交了“提前受理我厂仿制磷酸奥司他韦原料及胶囊的注册申请”的报告，希望启动强制许可程序，获准生产“达菲”仿制药。

如果此时能有其他的医药企业迅速介入“达菲”的授权生产，不但会迅速加大“达菲”的产能，而且会降低达菲的市场价格，而且降幅可能相当大，在目前“达菲”国际市场价格节节攀升、一药难求的情况下，这种种复杂的利益关系也是罗氏公司授权悬而未决的因素之一，所以在必要时政府主动向医药企业予以足够的经济补偿也是应在考虑之中，可以以友好的姿态争取进一步和医药企业协商以达到合作的目的。

在解决药品问题上，国家政府还应采取更积极主动的措施，及时组织国内企业参加药品专利技术的转让谈判，或与国外的制药公司协商实现本地化生产，或对进口防治禽流感药物免征进口关税，必要时采取价格补贴或其他优惠措施，同时也可考虑同某些医药公司和国际组织开展合作，再避免采取药品专利强制许可保证药品供应，这应是比采取药品专利强制许可更务实的做法。这也有利于维护国家在知识产权保护方面的国际声誉。

资料来源：袁泉，邵蓉．从白云山版“达菲”事件看我国药品专利强制许可制度［O/OL］. 南京：中国药科大学国际医药商学院，2010［2014-07-06］. http://www.docin.com/p-855865245.html.

资料 4.10

Bolar 例外（Bolar exception）

Bolar 例外（Bolar exception）又称为 Bolar 豁免（Bolar exemption），是指在专利法中对药品专利到期前他人未经专利权人的同意而进口、制造、使用专利药品进行试验，以获取药品管理部门所要求的数据等信息的行为视为不侵犯专利权的例外规定。

Bolar 例外源于美国，是由 Bolar v.Roche 案催生的专利侵权例外规定，也被称为安全港（Safe Harbor）条款。

1983 年，波拉（Bolar）公司为能尽早上市罗氏（Roche）公司的安眠药盐酸氟西泮仿制品，在该产品专利届满前（1984 年 1 月 17 日），从国外进口 5kg 原料，进行制剂学、稳定性和生物等效性向美国 FDA 申请上市许可所需的研究，进而被 Roche 起诉侵犯专利权。经过二审，联邦巡回法院最终判定 Bolar 公司侵权。但法院同时认识到，获得一个药品的上市许可需要多年时间，如果专利期届满后才开始仿制药相关试验，专利权人实际上将获得超过专利期的排他权。联邦巡回法院认为这是联邦食品、药品和化妆品法与专利法之间的冲突，法院不是解决该问题的合适机构，该问题应交由国会解决。

美国国会于 1984 年修改了《专利法》，其中规定，“目的在于仅仅为获得和提交 FDA 要求信息的有关行为不侵犯专利权”，修改后的《专利法》认为，前述 Bolar 公司的行为不侵犯专利权，也就是说，在专利期内进行临床试验等药品注册审批要求的试验研究，不侵犯专利权。

此后，美国法院对“Bolar 例外”的适用范围采取了越来越宽松的解释。将“专利产品”扩大到除了药品以外的医疗设备；只要是为了收集 FDA 审批所需数据，无论是否具有商业目的，均属于“合理相关”的范畴；甚至是在考虑到药品筛选的高失败概率，即使没有将临床前研究中收集的信息提交给 FDA，只要该信息适合于在 FDA 正规程序中提交，就可以适用“Bolar 例外”。此外，美国最高法院还判定“Bolar 例外”不仅限于对人类进行的实验，在动物身上做的实验同样适用。在 2007 年的 Amgen vs. Roche 案中，美国联邦巡回上诉法院（CAFC）认为，“Bolar 例外”条款既可以适用于进口专利产品的行为，也可以适用于进口通过专利方法制造的药品的行为，本案的被告（Bolar）的行为是与获取 FDA 所需数据合理相关的，也就可以适用“Bolar 例外”，其行为不视为侵权。

继美国之后，“Bolar 例外”在很多国家和地区通过立法或判例被广泛认可。我国《专利法》第三次修订中增加了类似“Bolar 例外”的内容，对医药行业发展具有重要影响。

德国并没有在立法中明文规定，而是在具体案例中逐渐建立起适用于“Bolar 例外”的特殊规则：2000 年 10 月，德国立宪法院（German Constitutional Court）肯定了 BGH 对 Kli-nischeVersuche Ⅱ 一案的判决：在专利期满前使用某专利药品进行试验获得信息（无论该信息是关于该药品未受到专利保护的第 2 适应证或受到专利保护的相同适应证），即使目的是取得上市批准数据的行为都属于试验使用例外，不构成侵权。

日本专利法第 69（1）条规定了试验用例外：“专利权的效力不应延伸到以试验和研究为目的的对专利的使用”。日本最高法院依据该条款做出过 Bolar 例外不侵权的判例。

1993 年，加拿大在专利法第 55. 2（1）条规定了一种“Bolar”类型的条款。

此外，阿根廷、以色列、澳大利亚以及马来西亚等国家也纷纷引入“Bolar 例外”原则。这表明，“Bolar 例外”原则的制度价值已经为大多数国家所认可，这一制度设计平衡了专利权人与社会公众的利益。从理论基础上来讲，这一例外条款的合理性和合法性根源于 TRIPS 协定第 30 条规定：“各成员可对专利所赋予的专有权规定有限的例外，只要此例外不与专利的正常利用发生不合理的冲突，也不会不合理地损害专利所有人的正当利益，但应考虑第三方的正当利益。”正如某些学者所总结的，“Bolar 例外”豁免了仿制药商在药品专利期届满前为获取报批数据对其进行研究利用的侵权责任，消除的是审批所带来的专利期的额外延长，并没有影响专利权人在法定专利期内享有市场垄断并从中获取预期经济回报的权利，因此，“Bolar 例外”完全符合 TRIPS 第 30 条的授权条件。

在我国《专利法》第三次修改之前，对于专利侵权责任的豁免规定并不包含提供行政审批所需要的信息。

2006 年 2 月 16 日，北京市第二中级人民法院在被称为“中国‘Bolar 例外’第一案”中对三起诉万生药业专利侵权案中，依据专利法第 11 条“生产经营目的”的规定作出了不侵权判决，在判决中法院认为，虽然被告万生公司为进行临床试验和申请生产许可的目的适用涉案专利方法制造了涉案药品，但其制造行为是为了满足国家相关部门对于药品注册行政审批的需要，以检验其生产的涉案药品的安全性和有效性。鉴于被告万生公司制造涉案药品的行为并非直接以销售为目的，不属于《中华人民共和国专利法》第 11 条规定的为生产经营目的实施专利的行为，故法院认定被告万生公司的涉案行为不构成对涉案专利权的侵犯。

随后的伊莱利利诉甘李专利侵权案中，法院再次重申了进行新药临床试验和申请生产许可不属于以生产经营为目的的行为。

然而，这些判决在学界引起了争议，有人认为法院使用“Bolar 例外”有缺乏法律依据之嫌。

2008 年 12 月 27 日，全国人大常委会通过了《全国人民代表大会常务委员会关于修改〈中华人民共和国专利法〉的决定》，在修改后的《专利法》第六十九条（即修改前的第六十三条）中，添加了一款，作为第五款（为提供行政审批所需要的信息，制造、使用、进口专利药品或者专利医疗器械的，以及专门为其制造、进口专利药品或者专利医疗器械的），即关于“Bolar 例外”的规定。至此，“Bolar 例外”在中国正式写入了法律条文。

资料来源：单伟光，沈锡明，孙国君. Bolar 例外的由来及对我国仿制药企业的影响［EB/OL］.［2015-04-01］. https://wenku.baidu.com/view/63ca0cb90c22590103029d40.html.

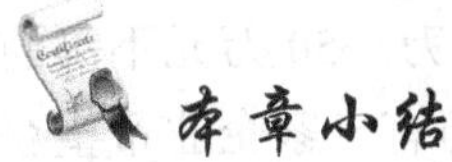

本章小结

本章主要介绍了专利权与专利的定义及区别；取得专利权的条件，包括具备主体资格、具备实质条件、符合法律规定；专利的申请和审查程序；专利权人的权利和义务，包括专利权人的权利包括精神和物质两方面的权利、专利权人有义务实施其专利、并按规定缴纳专利年费；专利权的保护及相关制度，包括专利权的保护范围、侵犯专利权的行为、对专利侵犯的制裁依据《专利法》有行政制裁、民事制裁和刑事制裁三种。

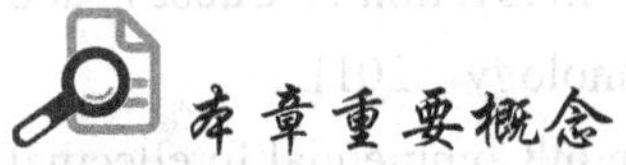

本章重要概念

取得专利权的条件 专利的申请和审查程序 专利的应用 专利侵权的构成要件

思考题

1. 日本某公司于 1998 年 10 月 3 日向中国专利局提交了一份名为“防眼疲劳镜片”的发明专利申请，该专利申请已于 1998 年 5 月 7 日以相同主题在日本提出专利申请。而中国某大学光学研究所于 1998 年 7 月也成功研制了一种用于减轻因长时间观看荧屏造成眼疲劳的镜片。这种镜片和日本公司的镜片无论在具体结构、技术处理，还是技术效果上都是相同的。该光学研究所于 1998 年 9 月 10 日向中国专利局提交了名为“保健镜片”的发明专利申请。该专利权应授予给谁？为什么？

2. 张某研究出一种带有转轴的千斤顶，利用其可转动方向的特点，可将千斤顶所举重物任意旋转方向，便于检修人员对所举重物进行检修。张某于 1988 年 2 月 7 日向中国专利局提出专利申请，于 1990 年 2 月 16 日被授予实用新型专利权。某工程安装公司在张某的发明基础上又研制出一种千斤顶也带有转轴，但转轴上还带有定位锁并装有万向球，使千斤顶的主轴杆既可灵活转动，又可按任意方向偏斜角度。该工程公司于 1990 年 5 月提出专利申请，并于 1991 年 4 月被授予实用新型专利权。由于该工程公司的专利是在张某的基础上发明的，因而在实施过程中涉及张某的专利权问题。该工程公司与张某协商要求实施其专利，并给予一定使用费，张某未允，认为该工程公司侵犯了其专利权，并向专利局提出撤销工程公司专利权的请求。专利局应如何处理？为什么？

3. 请结合资料 4.7～4.10 回答以下问题：如何来判断药品市场上的垄断性？实行专利保护是为了鼓励创新，而运用强制许可则是为了保护人民生命健康，现实中，政府应如何在两者之间权衡？

4. 利用谷歌专利搜索 http://www.google.com.hk/patents/查找在美国申请的轮胎（或者其他领域的）专利，并简要介绍专利内容。

5. 一位姓张的博士，获得关于从药用植物中提取治疗肾病有用物质的方法专利。由于该方法对于提高提取效率效果显著，多家药业企业与其联系，希望出 20 万～50 万元不等的对价，获得使用权；有的企业希望一次性支付百万元获得专利所有权。但有一家企业希望获得所有权，其对价是，张博士可以持有公司 500 万元的股权，并担任副总职位。如果你是张博士，将选择如何使用自己的专利？

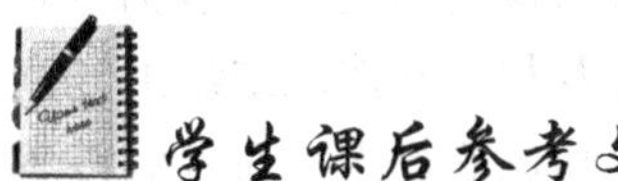

学生课后参考文献阅读

［1］Holgersson M J. Intellectual Property Strategies and Innovation：Causes and Consequences for Firms and Nations［J］. Chalmers University of Technology，2011.

［2］Blackman S H，Mcneill R M. Alternative Dispute Resolution in Commercial Intellectual Property Disputes［J］. American University Law Review，2011（6）.

［3］Mathew A J，Mukherjee A. Intellectual property rights，southern innovation and foreign direct investment［J］. International Review of Economics & Finance，2013，31（2）：128-137.

［4］Lu Y，Poddar S. Accommodation or Deterrence in the Face of Commercial Piracy：the Impact of Intellectual Property Rights（IPR）Protection［J］. Oxford Economic Papers，2012，64（3）：518-538.

［5］Karky R. Intellectual Property Rights and Foreign Direct Investment Agreements［M］. Global Governance of Intellectual Property in the 21st Century. 2016.

［6］Granstrand O. Holgersson M. Multinational Technology and Intellectual Property Management-Is There Global Convergence and/or Specialisation？［J］. International Journal of Technology Management，2014，64（2/3/4）：117-147.

［7］Yang C H，Kuo C C，Ramstetter E D. Intellectual Property Rights and Patenting in China's High-technology Industries：Does Ownership Matter？［J］. China & World Economy，2011，19（5）：102-122.

［8］http://www.wipo.int/pct/zh/

第五章　商　标　权

学习目的与要求

通过对本章的学习，掌握商标的概念，商标与其他商业标志的区别，理解有关商标的种类、商标的功能，以及商标权的内容、商标权的取得、续展和保护问题，并熟悉与商标相关的特殊问题的分析。

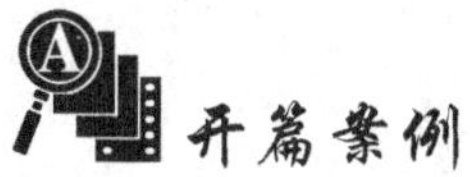

开篇案例

“海鸥”胜诉带给中国制造业哪些启示

【案例内容】

2012 年 3 月，中国“海鸥”应诉瑞士“斯沃琪集团”旗下“欧米茄”提出的商标侵权案，经瑞士巴塞尔展会组委会知识产权委员会裁决，“海鸥”胜诉。这是继 2008 年“海鸥”双陀飞轮表知识产权之争以来，“海鸥”在瑞士巴塞尔国际钟表珠宝展会上第三次维权成功。“海鸥”的胜诉，不是凭一时的运气，也不是仅凭一股爱国热情，而是凭着几十年潜心钻研形成的具有自主知识产权的关键技术和自主知识产权保护体系。

提起海鸥牌手表，大多数中国人并不陌生。1955 年，新中国的第一只机械手表在海鸥厂试制成功。此后的 50 余年，海鸥先后成功研制了第一只电子手表、第一只符合国际标准的女表、第一只出口手表等。近年，又生产出了具有完全自主知识产权的“陀飞轮表”“三问表”“万年历表”“轨道陀飞轮表”“2.5 毫米薄型自动表”等一批高端产品，引起国际同行的关注。

作为天津“老工业城市”的标志之一，海鸥牌手表亦经历了从计划经济时期的“炙手可热”到改革开放初期“惨淡经营”的起伏跌宕。企业转型、产业升级、产品换代，说着容易，做起来很难。传统产业若想在竞争中得以生存，必须拿出壮士断腕的勇气，打破几十年来形成的所有理念、方法，在传统产业与新兴产业之间，开出一条先进制造业的新路。“实施品牌战略，走国际化发展之路，离不开自主知识产权战略的支撑。”只有建立与国际化经营相适应的知识产权战略，包括专利、商标、标准等，并敢于亮剑维权，才能在国际市场激烈竞争中立于不败之地。

由海鸥集团提供的数据显示，截至 2011 年年底，该公司已累计向中国国家知识产权局申报并受理专利 461 项，其中发明专利 37 项、实用新型 130 项、外观专利 293 项，专利拥有数量约占国内手表行业总量的50%。

【分析】

“海鸥”胜诉，在给转型升级中的中国制造业带来振奋的同时，也带来新的启示：中国制造企业只有坚持自主创新、注重知识产权保护，才能更好地参与国际市场竞争；中国品牌，只有依托全球技术标准、遵循全人类的价值理念、走中国创造道路，才能真正走向世界。

资料来源：中华人民共和国国家知识产权局.“海鸥”胜诉带给中国制造业哪些启示［EB/OL］.［2012-04-09］. http://www.sipo.gov.cn/wqyz/aljs/201310/t20131025_861070.html.

第一节 商标概述

一、商标的含义及分类

（一）商标的含义

商标的起源可追溯至古代，当时工匠将其签字或“标记”印制在其艺术品或实用产品上。这些标记演变成为今天的商标注册和保护制度。这一制度帮助消费者识别和购买某产品或服务，因为商标所标示的该产品或服务的性质和质量符合他们的需求。商标（trade mark）通称为商品的“牌子”，指商品生产者或经营者在其生产或销售的商品上所加的特定标记，商标可以用文字、图形、字母、线条、数字或颜色等单独组成，也可以是以上几种形式的组合。商标是指生产经营者为了使人们识别其商品，以区别于其他人所生产或销售的同种或同类的商品而使用的一种特定商业标志。商标通常由文字或图形或两者的组合所组成。商标除用于商品外，还用于服务。服务业使用的商标称为服务商标或服务标记。文字、图形、字母、数字、三维标志和颜色组合，以及上述要素的组合，均可以作为商标申请注册。显著性特征和识别性特征是商标的基本特性。商标的品牌价值等于与品牌相关的无形资产收入+消费者因品牌而购买的品牌贡献+品牌乘数（品牌收入的增长潜力多大）。商标的价值还体现在“品牌效应”上，上海的优质收录机卖给日本索尼公司每台只有37元，而索尼公司贴上自己的“SONY”商标后，就可卖到560元。美国“可口可乐”商标价值在2001年已达800亿美元，远远超过了该公司的有形资产[①]。

资料 5.1

著名商标标识

宝马公司的标志（见图 5-1）是一个蓝白两色相间的螺旋桨图案，代表蓝天、白云和旋转不停的螺旋桨，喻示宝马公司渊源悠久的历史，象征该公司过去在航空发动机技术

① http://doc.mbalib.com/view/c46d5f6644ab833d692fb6e4bf5e1ba1.html.

方面的领先地位，又象征公司一贯宗旨和目标：在广阔的时空中，以先进的精湛技术、最新的观念，满足顾客的最大愿望，反映了公司蓬勃向上的气势和日新月异的新面貌。

奥迪现有的四连环商标（见图 5-2）最早是 1932 年汽车联盟的标志，它象征着奥迪、霍希、DKW 和 wanderer 四家汽车公司的结盟。1965 年，随着奥迪品牌的重生，四环标志得以继续沿用。此次修改，奥迪自然不会改变四环的基本图案，但四个圆环采用锐利的边缘，表面增加了金属光泽。与此同时，奥迪的标准字体也发生了变化，简洁的字体取代了原先的粗体字母，它的位置也由四环商标的正下方，改为左下方。

费列罗立体商标（见图 5-3）由一块包在金黄色纸里的球形三维形状组成，该图形的上半部分，有一个白底椭圆形小标记，带有一条金边和一条白色细边，该三维图形放置在一个栗色和金黄色的底座上。申请商标指定使用色彩为金黄色、红色、白色、栗色。

苹果在希腊神话中，是智慧的象征，当初亚当和夏娃就是吃了苹果才变得有思想，现在引申为科技的未知领域。苹果公司的标志（见图 5-4）是咬了一口的苹果，表明了他们勇于向科学进军，探索未知领域的理想。

资料来源：http://www.cnlogo8.com/logoyiyi/shangbiaoyiyi/2007-07-03/6.html.

图 5-1 宝马商标

图 5-2 奥迪商标

注册/申请号	11839757	国际分类号	30	申请日期	2012年12月04日
申请人名称(中文)	费列罗有限公司	申请人地址(中文)	意大利库内奥省，阿尔巴，彼得罗·费列罗广场1号		
申请人名称(英文)	FERRERO S.P.A.	申请人地址(英文)	PIAZZALE PIETRO FERRERO 1, 12051 ALBA, CUNEO, ITALY		
商标图像	点击图片查看原图	商品/服务列表	可可；可可制品；甜食；含有巧克力和榛子的糖果；巧克力；果仁糖；糕点；夹心威化饼干；涂层威化饼干；涂层夹心威化饼干；查看详细信息...	类似群	3001 3004 3006 3013

图 5-3 费列罗立体商标

图片来源：https://image.baidu.com/search/detail?ct=503316480&z=o&ipn=d&word=费列罗立体商标&step_word=&hs=O&pn.

图 5-4　苹果商标

（二）商标的分类

1. 按商标结构分类

（1）文字商标。文字商标是指以各种语言文字、字母、数字组成，包括中国汉字和少数民族字、外国文字和阿拉伯数字或以各种不同字组合的，不含图形成分的商标。

（2）图形商标。是指仅用平面或立体的图形构成的商标。其中又能分为：记号商标，是指用某种简单符号构成图案的商标；几何图形商标，是以较抽象的图形构成的商标。

（3）立体商标。立体商标又称三维标志商标，是以具有长、宽、高三种度量的、占据一定空间的立体实物，如产品的造型、产品的实体包装物等组成的商标。与我们通常所见的表现在一个平面上的商标图案不同，而是以一个立体物质形态出现，这种形态可能出现在商品的外形上，也可以表现在商品的容器或其他地方。用三维立体物标志构成的商标标志是 2001 年新修订的《商标法》所增添的新内容。

（4）组合商标。组合商标是指以文字、图形、字母、数字、三维标志和颜色等要素组合而成的商标，它要求商标中的各个组成部分要协调一致。

（5）各种新型商标。近年来，随着社会的进步和科技的不断发展，出现了一些新型的商标，如全息商标、音响商标和气味商标。全息商标（Holograms Mark）是指，为了提供防卫水平，增加造价成本，一些企业已开始借助激光全息技术制作全息商标。此类商标的图案并无特别之处，只是必须通过一定角度光线的折射才能看见。声音商标指，以音符编成的一组音乐或以某种特殊声音作为商品或服务的商标即是声音商标。例如，美国一家唱片公司使用 11 个音符编成一组乐曲，把它灌制在他们所出售的录音带的开头，作为识别其商品的标志。这个公司为了保护其声音的专用权，防止他人使用、仿制而申请了注册。声音商标目前只在美国等少数国家得到承认。气味商标是以某种特殊气味作为区别不同商品和不同服务项目的商标。目前，这种商标只在个别国家被承认。在中国尚不能注册为商标。

2. 按商标的性质分类

（1）注册商标（Registered Trademark），是识别某商品、服务或与其相关具体个人或企业的显著标志。图形®常用来表示某个商标经过注册，并受法律保护。注册商标是指，已获得专用权并受法律保护的一个品牌或一个品牌的一部分。注册商标是识别某商品、服务或与其相关具体个人或企业的标志，是商标注册申请人向国家商标主管机关提出商标注册申请并获得核准的文字、图形或其组合标志。

（2）未注册商标（Unregistered Trademark），是指商标使用者未向国家商标主管机关提出注册申请，自行在商品或服务上使用的文字、图形或其组合标记。未注册商标不享有商标的专用权，不能援引《商标法》进行保护。使用的未注册商标不得在相同或类似商品和服务上与他人已注册商标相同或近似。未注册商标与注册商标的法律地位是不同的，主要表现在以下几个方面：首先，注册商标所有人可以排除他人在同一种商品或类似商品上注册相同或近似的商标；而未注册商标使用人则无权排除他人在同一种商品或类似商品上注册相同或近似的商标，若其不申请注册，就可能被他人抢先注册，并被禁止继续使用该商标。其次，注册商标所有人享有商标专用权，当注册商标被他人假冒使用、构成商标侵权，商标权人可以请求非法使用人承担法律责任；而未注册商标使用人对未注册商标的使用只是一种事实，而非一种权利，其无权禁止他人使用，先使用人无权对第三人的使用援引商标法请求诉讼保护。再次，在核定使用的商品上使用核准注册的商标，是商标所有人的权利，商标权人行使这些权利，不涉及他人商标专用权的问题；而未注册商标的使用一旦造成与他人的注册商标相混同，就易构成商标侵权，应当承担相应的法律责任。

（3）驰名商标（Well-Known Trademark），最早出现在 1883 年签订的《保护工业产权巴黎公约》（以下简称《巴黎公约》）。我国于 1984 年加入该公约，成为其第 95 个成员国。和其他加入《巴黎公约》的成员国一样，依据该公约的规定对驰名商标给予特殊的法律保护，已经成为我国商标法制工作中的一个重要组成部分。按照国际和国内的知识产权法律法规，驰名商标制度是为充分保护知名商标所有权人的合法权益而创设的，其宗旨是合理保护相关的商标所有权，维护公平竞争，制止侵犯他人商标专用权的行为。驰名商标能够为企业带来巨大的经济效益，有利于企业在市场经济中巩固地位，对抗恶意抢注、不同商品的相似商标影响等一系列问题，因此，中国企业纷纷申请认定其商标为驰名商标。所谓的驰名商标，是相对所涉及的侵权纠纷而言的，其被作为驰名商标而被保护的效力，也是有一定范围和强度的。在这一个纠纷中被认定为驰名商标，并不等于在另外的侵权纠纷中也享受驰名商标的待遇。更不等于在任何时候和范围内都受到特殊的保护。

3. 按商标用途分类

（1）商品商标（Goods Trademark）。商品商标是指商品生产者或经营者为了使自己生产、制造、加工、挑选或经销的商品同他人的商品相区别，而使用的一种通常由文字、图形单独构成，或由文字、图形组合构成的具有显著特征的标志。商品商标是狭义的商标，它是商标的本来含义，是指一般的商标，表明商品质量和特点。

（2）服务商标（Service Trademark），又称服务标记或劳务标志，在国外又称作服务标记，是指提供服务的经营者用于向社会提供的服务项目上的，为将自己提供的服务与他人提供的服务相区别而使用的标志，具有区别服务不同出处的功能，表明服务质量和特点。与商品商标一样，服务商标可以由文字、图形、字母、数字、三维标志、声音和颜色组合，以及上述要素的组合而构成。它一旦被服务企业所注册，该企业也就拥有了对该服务商标的独占专有使用权，并受法律的保护。这里的服务主要是指航空、铁路、旅店、餐饮、银行、广告、旅游等公共服务部门，按《商标注册用商品和服务国际分类表》分为以下几种形式：① 广告与实业；② 保险与金融；③ 建筑与修理；④ 通信；⑤ 运输与贮藏；⑥ 材料处理；⑦ 教育与娱乐；⑧ 杂项服务。在实行自愿注册原则的前提下，特殊商品实行强制注册，如卷烟和药品。而服务商标则全部为自愿注册，不存在强制注册。

（3）证明商标（Certification Trademark）：由对某种商品或服务具有检测和监督能力的组织所控制，而由其以外的人使用在商品或服务上，以证明商品或服务的产地、原料、制造方法、质量、精确度或其他特定品质的商标。比如，“绿色食品”标志、“长城质量认证”标志等。证明商标注册后，当事人提供的商品或服务符合证明商标规定条件的，证明商标注册人不得拒绝其使用。证明商标有两种类型：一类是品质证明商标，是证明商品或服务具有某种特定品质的标志；另一类是地理标志，原产地名称在一定原产地证明商标，证明商品或服务本身出自某原产地，是一种地理标志，原产地名称在一定情况下也可以作为证明商标注册。因此，证明商标有原产地证明商标和品质证明商标两种类型；证明商标应是由某个具有检测和监督能力的组织注册和控制，由注册人以外的其他人使用，注册人自己不能使用该注册的证明商标；证明商标不是表示商品或服务来源于某个经营者，而是用以证明商品或服务本身出自某原产地，或具有某种特定品质的标志；证明商标的准许使用程序是一个公平开放的程序，只要当事人提供的商品或服务达到证明商标所要求的标准，履行了必要的手续之后，就可以使用该证明商标，证明商标所有人无权拒绝；证明商标是由多个人共同使用的商标，其注册、使用及管理必须制定统一的管理规则并公之于众，让社会各界共同监督，以保护商品与服务的特定品质，保障消费者利益；在商标的转让上证明商标有着自己独特之处，其所有权可以转让给具有相应检测和监督能力的法人；以地理标志作为证明商标注册的，其商品符合使用该地理标志条件的自然人、法人或者其他组织，可以要求使用该证明商标，控制该证明商标的组织应当允许。

地理标志是 WTO（世贸组织）知识产权协议《与贸易有关的知识产权协议》（简称 TRIPS）第二部分第三节规定了成员对地理标志的保护义务。TRIPS 协议对“地理标志”作了定义：“地理标志是指，证明某一产品来源于某一成员国或某一地区或该地区内的某一地点的标志。该产品的某些特定品质、声誉或其他特点在本质上可归因于该地理来源。”地理标志是特定产品来源的标志。它可以是国家名称及不会引起误认的行政区划名称和地区、地域名称。地理标识的基本特征有三点：标明了商品或服务的真实来源（即原产地的地理位置）；该商品或服务具有独特品质、声誉或其他特点；该品质或特点本质上可归因于其特殊的地理来源。因此，TRIPS 协议要求各成员国保护的地理标志，实际上属于较特殊的地理标志，更接近原产地名称。

原产地名称是根据《保护工业产权巴黎公约》，《保护原产地名称及其国际注册里斯本协定》对原产地名称的规定，并对原产地名称定义如下：“原产地名称是指，一个国家、地区或特定地方的地理名称，用于标示产于该地的产品，这些产品的特定的质量或特征完全或主要是由该地理环境所致，包括自然的和人为的因素”。原产地名称是一种特殊的地理标志，它更着重于强调产源的独特性，往往是这种独特性决定了原产地产品的特定品质。原产地名称具有以下基本特征：是一个地理名称；明示商品或服务的地理来源；表明商品的特定质量和特点。如：库尔勒香梨、景德镇瓷器等。

实际上，TRIPS 协议所定义的地理标志是比照《巴黎公约》的原产地名称来定义的。因此，地理标志和原产地名称是属于同一概念的，如果要把原产地名称和地理标记的定义做比较，则可以看到下面的情形，地理标志的定义比原产地名称的定义要宽。换句话说，所有的原产地名称都是地理标志，但一些地理标志不是原产地名称。国家质检总局制定的《原产地域产品保护规定》（1999 年 7 月 30 日），对地理标志和原产地名称进行了一系列的保护性规定。依该规定，原国家质检总局为原产地域产品保护工作的主管部门，负责组织对原产地域产品保护申请进行审核、确认保护地域范围、产品品种注册登记等管理工作。

原产地证明商标是将地理标志和原产地名称用纳入证明商标制度中，在《商标法》之下加以保护的一种类型，即：原产地证明商标和品质证明商标两类中的一类，注册原产地证明商标是保护原产地名称的有效方式，可以是县级以上行政区划名，并不违背《商标法》的禁用条款，理论上认为，该名称因在该使用中产生了“第二含义”，即人们由地名联想到的不仅是一个地方而是该地方出产的特定的商品，如涪陵（榨菜）、郫县（豆瓣）等。原产地证明商标强调的是该地域特定的（地理人文）环境，以及该环境对商品品质特征的本质影响，所以在申请时提供的《证明商标注册管理规则》要详细说明，在审查时也是着重考察之处。

根据《商标法》及《商标法实施条例》和《集体商标、证明商标注册和管理办法》的规定，从证明商标的定义上看，在我国原产地名称属于证明商标的范畴。对原产地证明商标进行注册保护，可以有效地提高产品在国内、国际市场上的知名度和竞争力。按照国际惯例，在原产地名称与商标权发生冲突时，必须执行“申请在先”原则，所以，我国运用较成熟的商标注册、管理体系来对原产地证明商标进行保护，既可以发挥现有体系和人员优势，节省单独设立专管部门的物质和人力资源，又可以充分利用完备的注册商标档案体系，避免原产地证明商标和已注册在先商标权的冲突。对原产地证明商标进行注册保护，可以有效地提高产品在国内、国际市场上的知名度和竞争力，有利于企业向市场推销商品。

（4）联合商标（Associated Trademark）是指某一个商标所有者，在相同的商品上注册几个近似的商标，或在同一类别的不同商品上注册几个相同或近似的商标，这些相互近似的商标称为联合商标。这些商标中首先注册的或者主要使用的为主商标，其余的则为联合商标。因联合商标作用和功能的特殊性，其中的某个商标闲置不用，不致被国家商标主管机关撤销。由于联合商标相互近似的整体作用，因此，联合商标不得跨类分割使用或转让。注册商标的目的是为了取得商标专用权，通过法律的保护，在商品或服务上使用商标，力求创立自己的商标品牌。为了达到这一目的，确保自己的利益，企业往往都制订一些适合自己的实际特点的商标战略。例如，在现有使用的注册商标基础上，进行保护防御性商标注册，是其中较常用的手段之一。这些战略性注册商标通常有“联合商标”，“防御商标”等。注册联合商标的目的，相对于正商标而言，是为了防止自己的正商标（一般为名牌商标）被他人影射仿冒。联合商标的出现，是因为商标的近似或商品的类似往往不很明确，也没有严格的判断认定标准，而且随着时间、地点的不同而变化，因此难以防止他人在类似商品上注册或使用近似的商标，而一旦出现这种情况，要取消他人的注册或禁止他人的使用往往是很困难的。所以，人们通过注册联合商标来防止出现这种情况，起到一种预防的作用。有的也是因为出现了利用近似商标侵权的情况，才迫使厂家注册联合商标。我国商标法并没有规定联合商标的内容，但不少厂商实际上应用了联合的策略，充分发挥了联合商标的作用，见资料 5.2。事实上，联合商标不一定都使用，但中国商标法规定，注册商标连续满三年不使用，商标局有权撤销该商标的注册，这个矛盾需要妥善解决。在现行法律没有修改之前，可以采取广告的方式对这些商标加以“使用”。根据商标局的解释，只要在国家批准的正式出版的刊物上作了广告，那么，被广告的注册商标就视同已被“使用”。

（5）防御商标（Defensive Trademark）是指较为知名的商标所有人在该注册商标核定使用的商品（服务）或类似商品（服务）以外的其他不同类别的商品或服务上注册的若干相同商标，为防止他人在这些类别的商品或服务上注册使用相同的商标。原商标为主商标，其余为防御商标。防御商标来自现实市场活动中的商标侵权，较为普遍的是“克隆”商标的现象，严重影响商标权所有人的商标信誉或企业信誉。虽然对商标“克隆”的现象，中国的相关法律法规文件已有相应法律上的规定和特殊保护措施，但是它仅限于“被公众所熟知”的知名度较高、显著性较强的商标，而对于“知名度和显著性”程度不高或尚无法确定的商标来说，则无法保护。为此，出现了注册防御商标来进行自我保护。注册防御商标对一些商标具有独创性、宣传广告投入巨大、力求创立驰名品牌形象的企业来说，具有实质性的战略意义。由于防御商标需要在多个不同的非类似商品或服务的类别中进行注册，如果商标缺乏独特的显著特征或者显著特征较弱，则很有可能在某些类别的商品或服务中已有相同或相近似的商标注册在先而无法注册，即使获准注册的话，也极有可能因自身先天不足，而无法对主商标起到防御保护作用。

4. 商标的使用者分类

（1）制造商标（Manufacturing Marks），是产品的生产、加工或制造者为了将自己与其他生产者区别开而使用的文字、图形或其组合标记。此种商标通常同生产企业的名称部分相同，用以突出企业的名称或字号，给消费者留下深刻的印象。例如，联想、IBM、德国大众汽车公司的“大众”商标，日本日立制作所的“日立”商标，三洋株式会社的“三洋”商标等。

（2）销售商标（Commercial Marks），指商品销售者为了保证自己所销商品的质量而使用的文字、图形或其组合标记。如，沃尔玛、家乐福、国美等。销售商标具有以下特点：一是销售商标的使用者并不生产商品，而是将采购来的商品用上自己的商标，或采取定牌委托生产企业加工。然后，用销售商的商标统一出口或销售，以经销者的信誉担保产品质量的可靠性。二是识别性。商标是区别于他人商品或服务的标志，具有特别显著性的区别功能，从而便于消费者识别。商标的构成是一种艺术创造。三是具有独占性。使用销售商标的目的就是为了区别与他人的商品，便于消费者识别。所以，销售商标经过注册，其所有人对其商标具有专用权、受到法律的保护。四是具有竞争性。销售商标是商品信息的载体，是参与市场竞争的工具。经营者的竞争就是商品或服务质量与信誉的竞争，其表现形式就是商标知名度的竞争，销售商标知名度越高，其竞争力就越强。

（3）集体商标（Collective Trademark），是指以团体、协会或者其他组织名义注册，专供该组织成员在商务活动中使用，以表明使用者在该组织中的成员资格的标志。在有些国家，也可能由一些企业的联合会作为代表去注册，有时由领导这些企业的政府机关代行注册。集体商标的作用是向用户表明使用该商标的企业具有共同的特点。一个使用着集体商标的企业，有权同时使用自己独占的其他商标。我国、美国、多数大陆法系的西方国家、一些东欧的国家和一些发展中国家的商标法中，都有给予集体商标以注册保护的规定。集体商标不属于单个自然人、法人或者其他组织，即属于由多个自然人、法人或者其他组织组成的社团组织，即表明商品或服务来源自某一集体组织，这一集体可以是某一特定的行会、商会等工商业团体或其他集体组织，具体的商品或服务的提供者以集体成员的身份隐退在集体的背后。体现了其“共有”和“共用”的特点；集体商标是以各成员组成的集体名义申请注册和所有，由各成员共同使用的一项集体性权利，反映在集体商标的申请注册上，即要求只有具有法人资格的集体组织才可以提出申请，因为只有具有法人资格的集体组织才能以其集体的独立名义拥有商标权；集体商标反映在商标的使用上，表现为集体组织通常不使用该集体商标，而由该组织的成员共同使用；不是该组织的成员不能使用；每个成员都有平等使用的权力，成员间不存在隶属关系；同时又必须对其集体成员的使用进行监督，并对违反使用规则的成员进行处理；集体商标的注册、使用及管理均应制定统一的规则，详细说明成员的权利、义务和责任以及管理费用的数额和用途并公之于众，集体成员应相互遵守并受到公众的监督；当集体商标受到侵害而请求赔偿损失时，应包括集体组织成员所受的损失在内；当某成员退出该集体时，他就不能再使用该集体商标，当某一新成员加入时，他就可以因获得成员的身份而使用该集体商标了，这种成员身份是不可以转让的，以这种身份关系为基础的商标使用权也不得转让。地理标志可以作为集体商标注册。以地理标志作为集体商标注册的，其商品符合使用该地理标志条件的自然人、法人或者其他组织，可以要求参加以该地理标志作为集体商标注册的团体、协会或者其他组织，相关团体、协会或者其他组织应当依据章程接纳其为会员；不要求参加以地理标志作为集体商标注册的团体、协会或者其他组织的，也可以正当使用该地理标志，相关团体、协会或者其他组织无权禁止。

集体商标的优先权是指《巴黎公约》的成员国的商标注册申请人，在其成员国之一第一次提交申请注册的日期，以相同的商标在同一种商品上向其他成员国提出申请，在其后 6 个月内可以要求优先权。根据中华人民共和国商标法的规定，有关普通商标的规定适用于集体商标和证明商标。中华人民共和国从 1995 年 3 月 1 日起受理集体商标注册申请，《巴黎公约》成员国的申请人从 1995 年 3 月 1 日起第一次申请的可在中华人民共和国享有优先权。申请人主张优先权的，应当在申请注册集体商标、证明商标的同时提交书面声明，并且提交在《巴黎公约》其他成员国第一次提交集体商标、证明商标注册申请的副本，副本应经申请人所在国商标主管机关证明。书面证明中须写明第一次提出注册申请的日期、申请号和受理该申请的国家名称。提出优先权声明时，如上述附件和有关证明书件尚未完备，可在提出注册申请之日起 3 个月内补充。未提交书面声明或者逾期未补交上述申请副本和有关文件的，视为无优先权。在中华人民共和国第一次提交注册的申请，如申请人需要，可以向中华人民共和国商标局申请办理有关优先权的书面证明，以便于向其他成员国申请时要求优先权。

资料 5.2

腾讯防御商标

腾讯的最大用户群集中于网上即时聊天工具 QQ。1998 年 QQ 刚出世时全名是 OICQ，是模仿 ICQ 来的，ICQ 是国际的一个聊天工具，是 I seek you（我寻找你）的意思，OICQ 模仿它在 ICQ 前加了一个字母 O，意为 opening I seek you，意思是“开放的

ICQ”，到 2000 年，腾讯的 OICQ 基本上已经占领了中国在线即时通信接近 100%的市场，基本上已经锁定了胜局。AOL 给腾讯发来律师函，ICQ 是 AOL 的注册商标，因此任何在名称中使用 ICQ 字样的同类软件都有侵犯商标使用权的风险。要求腾讯把 OICQ 改名，否则将诉诸以法庭。在 OICQ2000 Build 0325 版里面，OICQ 做了另一个提前自我保护的改变，0325 版本从安装文件开始就自称为“QQ2000”，以避免和 ICQ 发生法律冲突，这 QQ 本来是网友对 OICQ 的一种昵称，却成为 OICQ 正式的新名字。

从此以后腾讯对商标的重视程度远远超过了其他企业。作为中国最大的互联网公司之一，腾讯为旗下产品包括游戏、软件、服务等申请注册了 1 269 个商标。并且对商标进行了防御注册。

防御商标一般是指同一商标所有人在同一种或类似商品上注册的若干近似商标。这些商标中首先注册的或者主要使用的为主商标，其余的则为联合防御商标。腾讯即注册了大量防御商标。只要与“QQ”相关的字母和图形，腾讯无一例外也申请了商标，包括“Q”“QQQ”“BQQ”“MQQ”等，与“腾讯”“TENCENT”等相关的文字和图形也属于腾讯商标保护对象。

资料来源：http://www.360doc.com/content/14/0218/16/1630322_353563479.shtml.

二、商标与其他商业标志的区别

（一）商标与地理标志

地理标志是指某商品来源于某一国家或某一地区，只能由该特定地区的企业在来源于该地区的特定产品上使用，产地企业共有，作为集体商标注册，地区区别不是个别企业产品区别。

（二）商标与厂商名称的区别

商号又称厂商名称，是企业的名字，商号是工业产权的一部分。与商标一样受法律保护。其作用是在一定地域范围内和一定行业中，识别不同的企业。商标的作用是区别一个企业的商品和其他企业的商品；商号必须按《企业名称登记管理条例》进行登记才能取得和使用，并按该《条例》规定使用和进行管理，商标必须按《商标法》进行管理和使用，商标可以注册，也可以不注册。商标注册和商号登记的法律效力范围不同。一个商标一旦获准注册，那么在全国范围内，任何其他人不得在相同或类似商品上使用或注册与该商标相同或相似商标。而对商号则实行地域性保护。商标和商号还有一点区别，就是一个企业可以使用和注册很多商标，而商号只有一个。商标与商号又存在着紧密联系，它们往往同时出现在同一商品或商品包装上，而且相互影响，相互配合，共同起着识别、推广的作用。

（三）商标与商品名称的区别

商标与商品名称既有联系又有区别：商标只有附着在商品包装或商品上，与商品名称同时使用，才能使消费者区别该商品的来源；商品名称是用来区别商品的不同原料、不同用途的，可以独立使用。商标是专用的、独占的；商品名称（除特有名称外）通常是公用的。

（四）商标与商品装潢的区别

商标是生产经营者为了区分自己和他人的商品而在商品上使用的标记，商品装潢设计则是在商品包装上用以介绍、美化产品的艺术设计和装饰。商标可以受到《商标法》保护，取得商标专用权，而商品装潢设计则不受《商标法》保护，在有些国家可获得外观设计专利权或外观设计权的保护。商标的文字图形一经推出很少改变，尤其在注册核准之后，就不能随意改变，而商品装潢设计则可以根据市场需求和消费者喜好的变化而随时改变。

（五）商标与外观设计的区别

商标与外观设计虽然都是工业产权，但两者存在显著的区别，主要表现在以下三个方面：

（1）性质不同。商标只附着在商品包装或商品上，不是商品的存在形式，而外观设计是商品存在的形式。

（2）使用目的和作用不同。商标是用来区别不同企业（或个人）的产品或服务的，是识别的标志，而外观设计则是为了满足消费者对产品的审美方面的要求而创作的设计，是为了使商品对消费者更具有吸引力。

（3）法律依据不同。商标是遵循《商标法》进行保护的，而外观设计一般采用单独立法或《专利法》或《版权法》加以保护。

（六）商标与域名的区别

商标与域名虽然都起到显著性和识别性的作用，但两者存在显著的区别，主要表现在以下三个方面：

（1）识别目的不同。商标的目的是区别不同企业（或个人）的产品或服务，而域名则是用来区别不同的网络地址和电子邮件地址。

（2）独占的程度不同。在同一商标注册制度下，不同商品或服务上的相同或相近的商标可以由不同的所有人所有，而在国际互联网上，域名必须是独一无二的。

（3）构成方式不同。域名的唯一性就其整体而言，只要其中的顶级域名或二级域名不同，其二级或三级域名可以相同。这种现象与目前各个域名注册机构之间还未实现交叉审查直接相关。

第二节 商标权概述

一、商标权的含义及特征

（一）商标权的含义

商标权是指商标的使用者向主管部门申请，主管部门核准注册后授予的商标使用权，它受法律保护，商标权是重要的工业产权之一。经核准注册的商标，是商标所有人的财产，因此，商标权是一种财产性质的权利。商标注册人享有商标的专用权，也有权许可他人使用商标以获取报酬。各国对商标权的保护期限长短不一，但期满之后，只要另外缴付费用，即可对商标予以续展，次数不限。商标保护是由法院或行政机关来实施的，在大多数制度中，法院和管理商标的行政机关都有权制止商标侵权行为，一般而言，法院的裁决具有最终效力。从广义上讲，商标对商标注册人是一种奖励，使其商品或服务获得承认和经济效益，商标也鼓励创作和积极的态度。商标保护还可阻止诸如假冒者之类的不正当竞争者用相同或相似的标记，来推销低劣或不同的产品或服务。商标制度能使有技能、有进取心的人在尽可能公平的条件下，进行商品和服务的生产与销售，从而促进国际贸易的发展。

（二）商标权的特征

1. 独占性

商标权是法律授予商标注册人对其注册的商标享有独占的权利，任何他人未经许可使用相同或相似的商标即构成侵权行为。赋予注册商标所有人独占使用权的基本目的，是为了通过注册建立特定商标与特定商品的固定联系，从而保证消费者能够避免混淆并能接受到准确无误的商品来源信息。在商业中未经许可的所有使用，都将构成对商标专用权的侵害。这种专用权表现为三个方面：

一是商标注册人有权依据《商标法》的相关规定，将其注册商标使用在其核准使用的商品、商品包装上或者服务、服务设施上，任何他人不得干涉；二是商标注册人有权禁止任何其他人未经其许可擅自在同一种或类似商品上使用与其注册商标相同或者近似的商标；三是商标注册人有权许可他人使用自己的注册商标，也可以将自己的注册商标转让给他人，这种许可或转让要符合法律规定并履行一定的法律手续。

2. 时间性

商标所有人享有的法律保护是有期限的，即注册商标的法律保护有效期，商标注册人对其注册商标可以续展（即延长注册商标的有效期），只要申请经核准后，可继续保持商标权。各国商标法一般均不限制续展的次数。在有效期限之内，商标专用权受法律保护，超过有效期限不进行续展手续，就不再受到法律的保护。各国的商标法，一般都规定了对商标专用权的保护期限，有的国家规定的长些，有的国家规定的短些，多则 20 年，少则 7 年，大多数是 10 年。我国商标法规定的商标专用权的有效期为 10 年。《商标法》第三十八条规定："注册商标有效期限届满，需要继续使用的，应当在期满前六个月内申请续展注册，在此期间未能提出申请的，可以给予六个月的宽展期。宽展期满仍未提出申请的，注销其注册商标。每次续展注册的有效期为十年。续展注册经核准后，予以公告。"

3. 地域性

指商标专用权的保护受地域范围的限制。商标所有人只有在商标注册的国家（或地区）内，才受该国法律的保护；在商标未注册的国家（或地区），不受该国法律的保护。所以，如果要想把注册商标的商品出口到未注册的国家（或地区）时，必须在当地办理注册手续，才能得到当地法律的保护。

4. 财产性

商标专用权是一种无形财产权。商标专用权的整体是智力成果，他凝聚了权利人的心血和劳动。智力成果不同于有形的物质财富，它虽然需要借助一定的载体表现，但载体本身并无太大的经济价值，体现巨大经济价值的只能是载体所蕴含的智力成果。比如，“可口可乐”商标、“全聚德”商标等，其商标的载体：可乐、烤鸭等不是具有昂贵价值的东西，但其商标本身却是具有极高的经济价值，“可口可乐”商标经评估，其价值达到七百多亿美元，而“全聚德”作为中国的民族品牌 2005 年的评估价值为 106.34 亿元。通过商标价值评估，这些商标可以作为无形资产成为企业出资额的一部分。

（三）商标权的内容

1. 使用权

只有商标注册人才有在核定的商品上使用注册商标的权利。商标权是企业对注册商标享有的财产权，但要使注册商标成为一项工业产权，为企业创造现实或可得的利益，则必须通过使用。商标的使用首先是指商标直接附着于商品、商品包装或者容器而行销于市。此外，在商品交易文书上，或者为了商业目的将商标用于广告宣传、展览以及其他业务活动，同样构成使用。商标的使用既可以是商标所有人的自行使用，也可以是商标所有人以外的第三人的被许可使用。商标使用许可是商标所有权中一个非常重要的权利。

2. 禁止权

商标所有人可以依法禁止他人侵犯注册的商标，有权向商标主管部门或司法机关对侵犯注册商标的人提出控告，要求停止侵权行为，赔偿经济损失，情节恶劣的，司法机关可追究其刑事责任。

3. 转让权

商标所有人有权将自己注册的商标有偿或无偿转让给其他人使用，自己完全放弃对注册商标拥有的一切权利。转让注册商标，转让人和受让人应当签订转让协议，必须向商标主管部门申请，经批准后，予以公告。商标注册人对其在同一种或者类似商品上注册的相同或者近似的商标，应当一并转让；未一并转让的，由商标局通知其限期改正；期满不改正的，视为放弃转让该注册商标的申请，商标局应当书面通知申请人。转让注册商标经核准后，予以公告，受让人自公告之日起享有商标专用权。受让人应当保证使用该注册商标的商品质量。注册商标的转让不影响转让前已经生效的商标使用许可合同的效力，但商标使用许可合同另有约定的除外。

4. 许可使用权

商标所有人有权将自己注册的商标有偿成无偿许可给其他人使用，自己仍保留法律授予的一切权利。商标使用许可，是指商标注册人通过法定程序允许他人使用其注册商标的行为。通常是以订立使用许可合同的方式。类型有普通许可、排他许可、独占许可。企业许可他人使用注册商标，通常是以订立使用许可合同的方式，即发放许可证。在使用许可关系中，商标权人或授权使用商标的人为许可人，另一方为被许可人。实际中，商标使用许可合同有的是独立的许可协议，也有相当一些是包含在其他合同中的商标使用许可条款，如附随于技术转让、特许经营等合同的商标使用规定。

二、商标权的主体与客体

（一）商标权的主体

商标权的主体即享有商标权的人，被称为商标所有人；有权申请并获得商标注册的人（个人、法人、组织），商标转让活动的受让人；商标由申请人依法申请注册，经商标局核准后，该申请人即成为该注册商标的商标权人；商标权人依法享有商标专用权，并承担相应的义务。

（二）商标权的客体

商标权的客体是指经国家商标局核准注册受商标法保护的商标，也即注册商标。必须具备法定的构成要素、识别性；必须用于商品上；必须是非禁用标志；不能模仿使用国内外的驰名商标；不能使用商品的通用名称；不要使用夸大宣传甚至带有欺骗性的商标。

不能作为商标使用的标志包括：同中华人民共和国的国家名称、国旗、国徽、军旗、勋章相同或者近似的，以及同中央国家机关所在地特定地点的名称或者标志性建筑物的名称、图形相同的；同外国的国家名称、国旗、国徽、军旗相同或者近似的，但该国政府同意的除外；同政府间国际组织的名称、旗帜、徽记相同或者近似的，但经该组织同意或者不易误导公众的除外；与表明实施控制、予以保证的官方标志、检验印记相同或者近似的，但经授权的除外；同“红十字”“红新月”的名称、标志相同或者近似的；带有民族歧视性的；夸大宣传并带有欺骗性的；有害于社会主义道德风尚或者有其他不良影响的。县级以上行政区划的地名或者公众知晓的外国地名，不得作为商标。但是，地名具有其他含义或者作为集体商标、证明商标组成部分的除外；已经注册的使用地名的商标继续有效。

第三节　商　标　法

一、商标法的概念和内容

（一）商标法的概念

商标法是调整因商标注册、使用、管理和保护而产生的各种社会关系的法律规范的总和。商标法分为狭义和广义上的概念：狭义上的商标法是指由国家立法机关制定的商标法，在我国指《中华人民共和国商标法》和《关于修改〈中华人民共和国商标法〉的决定》；广义上的商标法不仅包括由国家立法机关制定的商标法，还包括其他规范商标关系的法律规范，例如，在我国民法、刑法等法律法规中涉及的有关商标方面的法律规范。

（二）商标法的内容

商标法一般包括以下几个方面的内容：商标权的主体；商标权的客体；商标权的内容；商标获得注册的条件；商标的注册申请、审查和核准程序；商标的续展、转让和使用许可、争议裁定；商标使用的管理；注册商标专用权的驳回；商标代理；涉外商标注册；费用。

二、我国现行的商标法律体系

（一）我国现行商标法的构成

我国现行的商标法从广义上主要包括以下规范性文件：

（1）《中华人民共和国商标法》；

（2）《中华人民共和国商标法实施条例》；

（3）商标行政规章，如国家工商行政管理局颁行的《商标印制管理办法》《驰名商标认定和管理暂行规定》《商标评审条例》《商标代理管理办法》等；

（4）我国加入的有关商标的国际公约，如《保护工业产权巴黎公约》《商标国际注册马德里规定》等。

（二）我国现行商标法适用的范围

（1）《商标法》适用的主体，包括商标注册申请人、商标权所有人、商标使用人、商标的利害相关人。

（2）从《商标法》保护的对象看，主要适用于注册商标。

（3）《商标法》适用的地域范围和时间效力。从时间效力上看，我国《商标法》第 64 条规定："本法自 1983 年 3 月 1 日起施行。本法施行前已经注册的商标继续有效。"两次修改决定生效的时间分别为 1993 年 7 月 1 日和 2001 年 12 月 1 日，与两次修改决定不一致的内容自修改决定施行之日起失效。

（三）我国现行商标法的基本原则

（1）注册原则。"注册原则"是指商标专用权通过注册取得，不管该商标是否使用，只要符合商标法的规定，经商标主管机关核准注册，申请人便取得该商标的专用权，并受到法律保护。我国采取的就是"注册原则"。

（2）自愿注册原则。依据"注册原则"，只有注册商标所有人才享有商标专用权，未注册的商标，商标权归属不定，不能禁止他人使用。我国除烟草制品实施强制注册外，均实行自愿注册原则。

（3）申请在先原则。"申请在先原则"是在商标权的确立上采取"注册原则"的国家，对不同的申请人提出的相同或近似的商标申请，以提出申请日期的前后决定商标权的归属。

第四节 商标权的取得、续展和维持

一、商标权的取得

（一）商标注册的含义

商标注册是指商标使用人为了取得商标专用权，按照一定的法律程序向商标主管部门提出商标注册申请，商标主管部门根据规定，经过审核，准予注册的制度。

（二）商标注册的程序

获得注册商标需要履行申请、审查、初审公告、核准、注册、发放商标注册证等程序。

（三）商标注册的原则

各国对取得商标权，大致有四种原则：

（1）使用在先原则（Priority of Use）。指商标的最先使用人有权取得商标权，即使该商标被其他人抢先注册，最先使用人仍可对已注册的商标提出异议，要求予以撤销。

（2）注册在先原则（Priority of Registration）。指商标的最先注册人有权取得商标权，即使最先使用的人，也不能取得商标权，目前大多数国家采用这种原则。

（3）无异议注册原则。指商标权原则上授予先注册的人，但先使用的人可以在规定期限内提出异议，请求撤销。如异议成立，已经授予商标先注册人的商标权即被撤销，而授予先使用人。如超过规定期限无人提出异议，则商标权属于先注册人。

（4）授予先注册人商标权，又允许商标先使用人继续使用原则。但商标先使用人无商标权，只是可以将商标连同企业一并转让。

二、商标权的续展和维持

商标权不是无限期的。各国商标法都规定了商标权的有效期。注册商标有效期满时，需要继续使用的，应由商标权人办理续展手续。逾期不办理或虽提出续展申请但被主管机关驳回的，商标权即终止有效。

第五节　商标权的保护

一、商标权丧失

商标权丧失是指商标权的保护期结束。商标权的丧失有绝对丧失和相对丧失两种情况。商标权的绝对丧失是指因法定原因商标权归于消灭，主要有商标权人未在法律规定的期限内办理续展手续而注销商标；商标权人停止营业而注销商标；商标权人自动放弃商标权而申请注销商标；商标权因故被依法撤销，即商标权人违反商标管理法规或没有履行自己的法定义务而由商标局撤销和对有争议的注册商标由商标评审委员会裁定撤销。商标权的相对丧失仅指商标权与原所有人分离，但商标权仍然存在，只是归受让人所有而已。商标权丧失主要有以下四种原因。

（一）注册商标未使用

注册商标的期限是 10 年，自核准注册之日起算，期限届满后可以申请续期。申请的时间是期限届满前的 6 个月，届满前没有申请的再给 6 个月的宽限期，期满仍未申请的注销登记。商标注册人申请注销其注册商标的，商标权消灭。商标注册人死亡或者终止，自死亡或终止之日起 1 年期满，该注册商标没有办理转移手续的，任何人可以向商标局申请注销该注册商标。

（二）不符合法律规定

注册商标发生争议也是商标被依法撤销，从而导致商标权利丧失的重要原因。根据我国《商标法》规定，已经注册的商标，如果有下列情形之一，均可由商标局或者商评委撤销该注册商标：违反《商标法》第 10 条规定使用禁用标志，例如使用国徽、政府组织名称等标志，使用夸大宣传并带有欺骗性的标志，等等；违反《商标法》第 11 条规定使用商标禁注标志，例如，使用商品的通用名称、直接表示商标的质量、主要原料、功能，缺乏显著特征，等等；以三维标志申请注册的商标，是仅由商品自身的性质产生的形状或为获得技术效果而需有的形状，或者是使商品具有实质性价值的形状；以欺骗手段或者其他不正当手段获得注册的；复制、摹仿或者翻译他人驰名商标的；未经授权，代理人或代表人以自己的名义注册被代理人或被代表人的商标的；注册足以误导公众的地理标志；损害他人在先权利，或以不正当手段抢注他人已经使用并有一定影响的商标。

（三）未及时续展

时限性是知识产权的一个重要特征，我国现行《商标法》第 37 条规定："注册商标的有效期为 10 年，自核准之日起计算。"同时，《商标法》还对商标的续展做了规定："注册商标有效期满，需要继续使用的，应当在期满前 6 个月内申请续展注册；在此期间未能提出申请的，可以给予 6 个月的宽展期。宽展期满仍未提出申请的，注销其注册商标。"如果商标权利人在每次注册商标有效期满的前后 6 个月的时限内对其持有的注册商标按照《商标法实施条例》第 27 条规定的程序向商标局提交续展申请，并交纳规定的费用，商标权利人就可以在商标权有效期限届满后继续享有对该注册商标的专有使用权。经过续展的注册商标的有效期限仍旧是 10 年，自该商标上一届有效期满的次日起计算。由于商标续展的次数并没有法律限制，因而只要一个注册商标仍然具有使用价值或者商业价值，商标权利人就可以通过适当的商标续展手续将商标专用权的期限无限地延长下去。但是，商标权利人由于各种原因，如该商标已经多年没有使用，将来也不可能继续使用，权利人从主观上自愿放弃对该注册商标的专有权利；或者权利人由于商标意识淡薄，工作出现疏漏，导致错过了进行商标续展的 6 个月的宽展期，等等，不管商标权利人对于该注册商标的主观态度如果，一旦注册商标错过了自核准之日起 10 年有效期届满之后的 6 个月的宽展期，该注册商标将被商标局注销，此后，该商标将进入公有领域，任何人都可以在不侵犯其他在先权利的前提下对其加以使用，也可以将其注册为商标限制他人使用。

（四）商标淡化

如果商标的所有人对商标使用、保护不当，尤其是驰名商标，则有可能使该商标逐步自然转化成为家喻户晓的商品的通用名称，进而使商标失去显著性，最终使权利人丧失对该标志的独占垄断权。商品通用名称是指为国家或某一行业中所共用的，反映一类商品与另一类商品之间根本区别的规范化称谓。众所周知，商标是商品或者服务的主要识别标志，商标的重要作用就是区分不同来源的商品或者服务。可想而知，一旦注册商标由一家企业拥有和使用，逐渐地演变成由该行业内的数个企业非法使用，而注册商标的所有人并没有及时发现并制止这些侵权行为，使商标侵权愈演愈烈，导致最后整个行业内都将这个注册商标作为某种商品的通用名称加以使用，注册商标由一家企业使用变成由众多企业共同使用，并且逐渐成为人们广泛接受的某一种商品的通用名称，这种事实状态，将使商标所有权人难以对这种名为自己拥有的注册商标享有排他性的使用权，因此也不能限制同行业的竞争对手使用，从而导致了实质意义上的商标权利的丧失。这种情况其实是商标淡化的一种情形，这种情况一旦发生，不但商标的识别性和显著性大为降低，商标所有人多年努力赋予该商标的商业价值付诸东流，就连商标最起码的识别功能都消失殆尽。由于商标淡化导致商标权利丧失的状况在国内外都时有发生，历史上，“阿司匹林”就曾经是德国一家企业的注册商标，“二战”期间该商标被许多国家的企业使用，从而成为一种药品的通用名称；使用在录像带上的“VHS”原本也是日本一家企业的注册商标，后来，由于“VHS”慢慢演变成为录像带的一种制式，这家日本企业事实上放弃了对于该注册商标的专用权。在我国也出现过类似的案例，如“雪花+图形”原本也是一家面粉企业的注册商标，而市场上众多面粉企业都在面粉上使用“雪花”，“雪花”事实上也已经成为一种面粉的通用名称在中国被广泛使用。

二、商标侵权

（一）商标侵权的含义

未经注册商标所有人的许可，在同一种商品或类似商品上使用相同或相似的商标；销售明知是假冒注册商标的商品；伪造、擅自制造他人注册商标的商品。侵权人通常需承担停止侵权的责任，明知或应知是侵权的行为人还要承担赔偿的责任。情节严重的，还要承担刑事责任。

（二）商标侵权成立的要件

未经许可使用了与商标权人注册商标相同或近似的商标；上述使用必须是在与商标权人注册商标指定的商品相同或同类商标上的使用（驰名商标除外）；必须有违法行为存在，即指行为人实施了销售假冒注册商标商品的行为；上述使用必须是在贸易过程中作为商标使用；必须有损害事实发生，即指行为人实施的销售假冒商标商品的行为造成了商标权人的损害后果，销售假冒他人注册商标的商品会给权利人造成严重的财产损失，同时也会给享有注册商标权的单位等带来商誉损害，无论是财产损失还是商誉损害都属损害事实；违法行为人主观上具有过错，即指行为人对所销售的商品属假冒注册商标商品事实系已经知道或者应当知道；由于上述使用产生了造成混淆和消费者误认的可能性；违法行为与损害后果之间必须有因果关系，即指不法行为人的销售行为与造成商标权人的损害结果存在前因后果的关系。

资料 5.3

如何准确认定近似商标

近似商标或标识的认定，是商标侵权判定不可或缺的重要环节。只有同时具备“商标或标识构成近似”和“在同一或类似商品上使用”两个条件，侵权才能成立。近似商标与相同商标有所不同，在视觉上虽有一定差异，但在其他方面如发音、含义等方面与注册商标近似，并足以造成消费者的误认或混淆。考察两个商标是否属近似商标，一般应从以下几个方面考虑：

（1）商标外观。即对两个商标的文字、图形或其组合的视觉形象从普通消费者的角度进行观察，看是否能引起误认或混淆。例如，江苏某公司使用的“HOVER”图形商标与英国某公司的已注册的图形商标“HOOVER”仅一个字母之差，视觉类似，加上发音基本相同，足以造成消费者误认，应认定为近似商标。再如，天津某公司使用的“SAFINO”与法国某公司在先注册的“SANOFI”商标字母完全相同，仅最后4个字母排列顺序稍有不同，但两商标在文字整体结构和读音上十分近似，极易使消费者误认，因此构成了使用在类似商品上的近似商标。

（2）商标读音。从人们的听觉出发，判断两商标是否因读音近似而导致混淆。例如，江苏某公司以“夏奈尔（SUNNER）”作为商标，虽与法国“CHANEL”（中文译音“香奈尔”）含义不同，英文字母也不相类似，但因读音近似，尤其是在汉语语言环境中使用，构成近似商标。再如，“今日”和“金日”等。

（3）商标含义。分析两个商标是否含义相同或近似并导致消费者对商品来源产生混淆。如“BLUE SKY”与“蓝天”，中文含义一样，很容易使人误解生产厂商与特定商品之间的关系，误认为标注“蓝天”的商品系“BLUE SKY”的系列产品。

资料来源：https://baike.baidu.com/item/%E5%95%86%E6%A087%E4%BE%B5%E6%9D%83/9585081?fr=aladdin.

（三）对侵犯注册商标权行为认定的过程

（1）确定注册商标专用权的权利范围。注册商标专用权的权利范围是认定商标侵权的基本依据。判断商标侵权行为能否认定或是否构成，所考虑的一切因素都是围绕注册商标专用权的权利范围来进行的。根据我国《商标法》第51条的规定：“注册商标的专用权，以核准注册的商标和核定使用的商品为限。”显然，从这条规定看，注册商标专用权的权利范围只限于核准注册的商标和该注册商标所核定使用的商品。该范围由两个方面因素来确定，一是核准注册的商标；二是该注册商标所核定使用的商品。二者的结合，构成注册商标专用权的权利范围，也就为认定商标权侵权行为确定了与被控侵权对象进行比较的标准，以便得出是否构成侵权的结论。

（2）确定被控侵权的具体对象。被控侵权对象的确定由两个方面的因素所决定，一是被控侵权的商标，二是被控侵权的商标所使用的商品。确定被控侵权具体对象的意义，在于确定和固化被控侵权行为的载体，为下一步与商标权的保护范围的比对打下坚实基础。它与确定注册商标专用权的权利范围同样重要，它是认定商标侵权行为的另一比较对象。

（3）将被控侵权对象与注册商标和该注册商标所核定使用的商品进行比较，认定被控侵权的商标与注册商标是否相同或者近似，以及被控侵权商标所使用的商品与该注册商标所核定使用的商品是否属于同一种类或者相类似。通过认定侵权行为的三个基本步骤，特别是经过将被控侵权对象与注册商标和该注册商标所核定使用的商品进行比较后，就能认定是否构成商标侵权。

三、对商标侵权的法律救济

（一）无意侵权

对无意侵权一般通过民事程序处理，法院可根据商标权人的请求责令停止侵权和赔偿经济损失。赔偿金根据商标权人因侵权而遭受的实际损失或以侵权人非法获得的利润计算，也可按法定赔偿金赔偿。

（二）故意侵权

对于故意侵权，侵权人除负民事责任外，还要受到刑事处罚，包括罚金和监禁。反不正当竞争法：中华人民共和国反不正当竞争法第 5 条：经营者不得采用下列不正当手段从事市场交易损害竞争对手：假冒他人的注册商标；擅自使用知名商品特有的名称、包装、装潢，或者使用与知名商品近似的名称、包装、装潢，造成和他人的知名商品相混淆，使购买者误认为是该知名商品；擅自使用他人的企业名称或者姓名，引人误认为是他人的商品；在商品上伪造或者冒用认证标志、名优标志等质量标志，伪造产地，对商品质量作引人误解的虚假表示。刑法：我国刑法第 213 条规定：未经注册商标所有人许可，在同一种商品上使用与其注册商标相同的商标。第 214 条规定：销售明知是假冒注册商标的商品，销售金额数额较大的。第 215 条规定：伪造、擅自制造他人注册商标标识或者销售伪造、擅自制造的注册商标标识。

资料 5.4

登喜路商标侵权

2003 年 10 月，原无锡市某制衣有限公司将企业名称改为无锡登喜路有限公司，加工销售针织内衣、羊毛衫、纺织服装等。该公司法定代表人周某又以董事身份在香港注册了英国登喜路公司。无锡登喜路公司同时还对外宣称以英国登喜路公司授权的方式生产、销售商品，并在其商品上标注“英国登喜路公司授权、无锡登喜路公司制造”的字样。

“登喜路”商标合法持有人艾尔弗雷德•邓希尔有限公司（下称邓希尔公司）1893 年成立于英国，是当今世界知名企业，主要从事皮具、服装、眼镜等领域的生产和销售商业活动。该无锡登喜路公司被英国“登喜路”商标合法持有人告上法庭。

法院审理后认为，无锡登喜路公司将与“登喜路”注册商标相同的文字作为企业字号在相同商品上突出使用，使公众产生误认，这种行为侵犯了邓希尔公司的注册商标专用权。同时，无锡登喜路公司在其商品上标注“英国登喜路公司授权、无锡登喜路公司制造”的字样，该行为主观意图上具有较明显的“傍名牌”的故意，构成了不正当竞争。无锡中院为此作出一审宣判，判令无锡登喜路公司立即停止使用“登喜路”字样进行生产、销售、宣传等经营活动，并赔偿邓希尔公司经济损失人民币 25 万元。

资料来源：赵正辉，邹萃. 无锡公开审理一跨国商标使用侵权案［N/OL］. 扬子晚报，2006-05-11［2006-05-11］. http://www.sina.com.cn/c/2006-05-11/08548894669s.shtml.

四、驰名商标的特殊保护

（一）驰名商标概述

驰名商标一般具有以下两项基本特征：一是具有较高的知名度；二是具有卓越的社会信誉。由于驰名商标的商品具有优良的质量和较强的信誉保证，在市场竞争中占有优势地位，能够为企业带来极大的经济效益，因而驰名商标本身具有很高的商业价值。也由于这个原因，驰名商标的侵权现象比普通商标侵权更加普遍、频繁和严重。因此，尽管目前世界各国对驰名商标的认定标准、认定方式以及保护范围规定不尽一致，但对驰名商标实行特殊保护的必要性已基本达成共识。

（二）驰名商标的特殊保护制度

1. 行政保护

根据中国《商标法》及其实施条例以及《驰名商标认定和保护规定》的相关规定，中国对驰名商标保护的前提情形是：保护中国驰名商标依法受到优于普通注册商标的特别保护。驰名商标既具有一般商标的区别作用，又有很强的竞争力，知名度高，影响范围广，已经被消费者、经营者所熟知和信赖，具有相关的商业价值。这些特点使之常成为被侵犯的对象。为了防止和减少这种侵权行为的发生，《保护工业产权巴黎公约》《与贸易有关的知识产权协议》都对驰名商标的特殊保护作了行之有效的具体规定。《保护工业产权巴黎公约》第 6 条之二第 1 款规定，一个商标如构成对经注册国或使用国主管机关认为是属于一个享有本公约保护的人所有，用于相同或者类似商品上已在该国驰名的商标的伪造、模仿或翻译，易于造成混淆，本同盟成员国都要按其本国法律允许的职权，或应有关当事人的请求，拒绝或取消注册，并禁止使用。这些规定也适用于主要部分系伪造或模仿另一驰名商标易于造成混淆的商标。世界贸易组织《与贸易有关的知识产权协议》第 16 条第 3 款规定，巴黎公约 1967 年文本第 6 条之二原则上适用于与注册商标所标示的商品或者服务不类似的商品或者服务，只要一旦在不类似的商品或者服务上使用该商标，即会暗示该商品或者服务与注册商标所有人存在某种联系，从而使注册商标所有人的利益可能因此受损。中国是《保护工业产权巴黎公约》成员国，并已经加入世界贸易组织，履行《保护工业产权巴黎公约》和《与贸易有关的知识产权协议》的规定，保护成员国在中国已注册或者未注册的驰名商标是我国应尽的义务。

2. 特殊保护

对驰名商标的特殊法律保护通常是指：一项商标只要被认定为驰名商标，则无论该商标是否已经注册，商标所有人都可依据有关法律取得“跨类保护”的商标专用权。所谓跨类保护，是指不论他人将该驰名商标用于相同或类似商品或服务上，还是用于完全不同的商品或服务上，商标所有人都可以对这种行为提起侵权诉讼，法院都将判决对该商标构成侵权。从法律规定来说，驰名商标并非受全类保护，可以根据驰名商标的驰名程度，获得不同程度的跨类保护。比如，海尔，因为驰名程度非常高，工商部门在跨类保护时就几乎涵盖了全类；但有些驰名程度不是非常高的驰名商标，在一些不会造成公众误导的类别上就不会得到保护，比如，不是很驰名的某某牌打火机，尽管是驰名商标，就不能禁止别人叫某某牌汽车。

在实际执行中，国家工商总局认定的驰名商标，得到的跨类保护比较多，如商标局在审查商标注册申请以及工商部门在审查企业名称申请时，一般都会对驰名商标予以照顾，也就是说，如果申请注册的商标是复制、摹仿或者翻译他人已经在中国注册的驰名商标，准备申请注册在不相同或者不相类似的商品上时，商标局一般都会主动地对这些商标不予核准注册，各地工商部门也会主动地不予核准与驰名商标相同或者相类似的公司名称。但司法认定的驰名商标，很难享受到这样的待遇，因为由各地中级人民法院认定的驰名商标，并没有在国家工商总局统一备案和统一公告，商标局和各地工商局如不知晓该品牌是法院认定的驰名商标，当然不会主动地给予保护。著名的奢侈品品牌“Cartier 卡地亚”也曾遭遇跨类的商标侵权。2009 年，卡地亚公司发现佛山铭坤陶瓷有限公司、金丝玉玛装饰材料有限公司以及上海个体陶瓷经营户章某将“卡地亚”作为其生产或销售的陶瓷类商品标识使用，认为其侵犯了卡地亚公司的注册商标专用权及构成不正当竞争行为，遂以驰名注册商标的跨类保护为由诉至法院。

法院认定的驰名商标，遇到别的公司侵权时，就只能自己提出异议或争议，或者向法院提起诉讼。遇到外地公司把驰名商标作为公司名称时，该驰名商标拥有企业也只能向法院提起诉讼。总的来说，法院认定的驰名商标遇到侵权时，只能由拥有这个驰名商标的企业被动地通过打官司来维权，但国家工商总局认定的驰名商标在遇到侵权时，却能得到工商部门的主动保护。

3. 国家保护

各国对驰名商标特殊保护的立法形式不尽相同，但大都通过以下一种或几种法律加以保护，即：（1）商标法；（2）反不正当竞争法；（3）反淡化法。迄今为止，涉及驰名商标保护的国际知识产权公约主要是《巴黎公约》和 TRIPS。驰名商标作为一种具有超强创利能力的商业标识，比其他一般商标更容易受到侵害，主要体现为驰名商标的抢注、仿冒及国际上假冒、仿造产品的生产和销售。不论是国际立法，还是国家立法（不论采用使用在先原则的国家还是采用注册原则的国家），都对驰名商标，包括未注册的驰名商标进行特殊保护和扩大保护。以海信集团与博西的商标抢注案为例，中德均为 WTO 成员国，且有据可查的是海信于 1999 年 1 月 5 日成为中国驰名商标，如有确凿证据证实，海信在博西注册之前，就已在相关交易圈内取得了声誉，便有可能依据商标权的使用取得，寻求德国法院的支持。

法国在 1857 年的商标法中对驰名商标的保护没有涉及，但法国法院却早已有过对驰名商标予以特别保护的判例。1964 年，法国的商标法增加了对驰名商标的保护条款，商标法第四条第二项规定，符合《巴黎公约》第六条之二的规定。这时的法国和其他大陆法系国家均采用驰名商标的相对保护主义对驰名商标进行保护。法国 1987 年颁布的《商标法》未对驰名商标进行规定，但法院判例早已对驰名商标给予了特殊保护。在 1974—1991 年，法院通过判决，确认了索尼、可口可乐等 11 个商标为驰名商标。法国对驰名商标的认定一般是由法院个案、被动地认定，即某个驰名商标需要受到特殊保护时，由法院予以认定。1992 年法国颁布的《知识产权法典》接受了淡化理论，并且规定“在与注册中指定在类似的商品或服务上使用著名商标给商标所有人造成损失或者构成对该商标不使使用的侵害人应当承担民事责任”。

美国是适用使用原则的国家，其商标保护情况较其他大陆法系国家特殊。在美国商标保护制度中，各州的反淡化法发挥了重要作用。淡化理论是美国法中特有的概念，“淡化”包括以下三个方面：以一定方式丑化有关驰名商标；以一定方式退化有关驰名商标；以间接的曲解方式使消费者将商标误解为有关商品普通名称。但是商标必须是著名商标，只有著名商标在美国才有权禁止他人淡化。

《德国商标法》明文规定了对驰名商标的保护。该法第四条第二款第五项规定，商标主管机关对于与驰名商标容易发生混淆的商标申请注册使用于同一商品或者类似商品的，应予以驳回。这一规定有三层法律意义：

第一，商标的驰名性足以代替注册的优先性。驰名商标无须注册，便可得到商标法的保护。

第二，商标的驰名性足以弥补显著性的缺陷。商标的显著性是取得注册的重要条件之一，如果商标缺乏显著性，则不予注册。但驰名商标例外，只要因使用而产生了知名度，具备了第二层含义，就可以受到保护。

第三，商标的保护范围因商标的驰名性而扩大。

我国对驰名商标保护的立法较晚，《驰名商标认定和管理暂行规定》对驰名商标的扩展保护主要体现在三个方面：

（1）禁止不当注册。将与他人驰名商标相同或近似的商标在非类似商品上申请注册，且可能损害驰名商标注册人的权益，商标局可以驳回其注册申请。已经注册的，驰名商标注册人可以请求商标评审委员会予以撤销。

（2）禁止不当使用。将与他人驰名商标相同或者近似的商标使用在非类似的商品上，且会暗示该商品与驰名商标注册人存在某种联系，从而可能使驰名商标注册人的权益受到损害的，驰名商标注册人可请求工商行政管理机关予以制止。

（3）禁止作为商号使用。自驰名商标认定之日起，他人将与该驰名商标相同或近似的文字作为企业名称的一部分使用，且可能引起公众误认的，工商行政管理机关不予登记；已经登记的，驰名商标注册人可以请求予以撤销。我国修正后的商标法第十三条中将驰名商标的保护扩展至非类似商品或服务上，正式以立法形式确立了对驰名商标的扩张保护。

资料 5.5

驰名商标侵权

2005 年 4 月，深圳市商标保护预警系统工作人员发现，该市著名青年钢琴家李云迪的名字被成都、武汉、珠海及深圳本地的多家企业在第 15 类、25 类、9 类、24 类、41 类的电子、钢琴、乐器、音乐培训、音乐教育等商品和服务上抢先申请了商标注册。不久，李云迪收到了深圳市商标协会发来的《云迪商标保护预警及应对建议》。该协会在预警通知中提醒李云迪，为避免他人利用“云迪”商标进行商业炒作并获得非法暴利，应迅速采取有关法律措施来保障自己的合法权益。商标协会还为李云迪提供了进行商标全类注册及对已经注册的“云迪”商标提出争议的解决方案。2005 年 5 月 18 日，李云迪采纳了深圳市商标协会的建议，向国家商标局提出了“云迪”商标在 5 个商品和服务类别上的申请注册保护。当年 8 月 29 日，针对深圳市福田区云迪琴行在钢琴、电子乐器等商品类别注册的“云迪”商标，李云迪向国家商标评审委员会提出争议，从而成功地保护了自己的知识产权并为今后“云迪”商标品牌的使用奠定了法律依据。

资料来源：http://www.doc88.com/p-8955504382730.html.

资料 5.6

驰名商标海外被抢注

面对中国物美价廉、在国际市场中极具竞争力的商品时，一些国外企业或机构往往采用各种手段对中国商标进行抢注，包括抢注为商标、域名或企业名称，企图利用中国商标的知名度来直接获取利益，或者收取高额使用费，甚至阻止中国商品在被抢注国的销售，进而阻止中国产品与其产品在国际市场上形成竞争态势，从而增加中国企业的出口成本、削弱中国企业的市场竞争力，使中国企业难以在国际市场发展。

随着经济全球化的进程加速，企业的国际化发展趋势已成为必然，面对日益敞开的国门，中国企业要想继续发展，就不能满足于国内市场，要大胆地“走出去”。然而，就在国内企业越来越多地把目光瞄准海外广阔的市场，希望以自己的品牌开拓国际市场之际，很多企业遭遇了商标被抢注的尴尬与无奈，而且，商标不仅仅被抢注为同类产品或服务的商标，域名与企业名称也被纳入了国际贸易中商标侵权的范围，而要赢得自己的商标使用权，就不得不花费重金，这造成了企业国际战略成本的攀升。例如，上海“英雄牌”金笔在日本深受欢迎，但由于没有在日本注册，后来被日本商人抢注，要求中方按金笔在日本的销售量支付5%的佣金，最终导致该金笔因无利润可图而退出日本市场。

默默耕耘、辛勤培育着自己品牌的中国企业，从没有想到过在国外市场中会有人觊觎自己的商标，当他们“走出去”的时候，却惊讶地发现，自己辛辛苦苦创立起来的品牌已经另有所属。

中国内地知名商标抢注清单已触目惊心：“大宝”在美国、英国、荷兰、比利时被抢注；“红星”二锅头在欧盟、瑞典、爱尔兰、新西兰、英国被抢注；“大白兔”商标在日本、菲律宾、印度尼西亚、美国、英国被抢注；天津麻花商标“桂发祥十八街”、北京酱菜老字号品牌“六必居”在加拿大被抢注；百年老字号“同仁堂”、河南著名白酒品牌“杜康”在日本被抢注；在中国被列为“国宝级”保护的“一得阁”墨汁等在日本被抢注；此外，还有“安踏”“六神”“雕牌”“小护士”等品牌在中国香港被抢注。国外企业抢注中国内地著名商标是为了在国际市场中削弱中国企业的竞争力，国内的著名品牌在哪个国家被抢注，将意味着失去这个国家的市场。而重新注册商标，重新塑造一个品牌再进入这个国家，将花费极大的代价，从而造成企业国际战略成本的上升，同样将削弱企业的竞争力。

广东志高空调在印度尼西亚被抢注，抢注方开价 3 万美金，大大增加了该企业进入印尼市场的成本。2004 年，海信集团的英文商标“HiSense”被德国西门子与博世的合资公司博世—西门子（简称博西）在德国抢注。东林电子的中英文“萤火虫（Firefly）”商标，被西门子旗下公司欧司朗在东林电子尚未涉足的 18 个欧洲国家抢注，东林电子的产品因此无法进入这些国家。

正是由于国内企业商标保护意识薄弱，忽视商标的国际注册，使一些经过几十年甚至上百年努力树立起来的优秀品牌被外国企业抢先注册，占为己有，致使中国企业不仅难以进军国际市场，原有的市场份额也被一点点蚕食，这是中国企业开发国际市场过程中的一个沉痛教训。

中国企业到国外注册常常是到出口或将要出口的国家，通过代理进行逐一注册。这种注册方式虽然普遍通行，然而所需时间长、费用高、手续复杂，且各国的相关规定差异较大，给申请带来了许多不便，并且大大增加了申请成本。

商标的国际注册是到国外注册商标的另一种方式，应该特别指出，这里的商标国际注册并不是笼统指到国外注册商标，而是特指根据《商标国际注册马德里协定》和《商标国际注册马德里协定有关议定书》进行的商标注册，提供给商标以国际保护。

还应把握和运用商标在国际注册中的分类注册、防御性注册和联合注册等策略。统一集团为其所生产的方便面、茶饮料、食用油等产品都注册了“统一”商标，成为防御性商标注册的典范。但是，对于产品比较单一的企业，注册了防御商标后，如果三年内没有使用，将被撤销，会花费不必要的注册资金，因而应根据本企业的实际情况进行选择。“娃哈哈”集团注册了“哈娃娃”等许多与“娃哈哈”比较相近的商标作为联合商标。这种联合商标注册的目的不是为了使用，而是为了保护主商标，防止别人注册近似商标，避免使主商标被弱化，当然联合商标如果不使用，同样会被撤销。还可以在同一个商品上同时注册使用几个不同的商标，如微软的操作系统就同时使用了 Windows、Microsoft 以及飘动的视窗图案等几个商标。

资料来源：中国企业在国际战略中的商标权保护［EB/OL］.［2008-11-26］. http://class.chinalawedu.com/news/21739/23276/2008/11/ma24111917361621180027448-0.htm.

案例 5.1

驰名商标“梦特娇”侵权的跨类保护

【内容】法国博内特里赛文奥勒有限公司将佛山市石湾新科迪陶瓷有限公司和其在长沙的销售商告上法庭，认为其侵犯商标专用权。2006 年 4 月 26 日，长沙市中级人民法院开庭审理此案，该院院长何文炯担任审判长。经过 3 个多小时的激烈争辩，法院当庭判处佛山市石湾新科迪陶瓷有限公司赔偿原告 50 万元。该案件属于驰名商标的跨类保护，给一些期望靠傍他人品牌来快速发展的企业也敲响了警钟。2004 年年底，该公司发现在中国市场上出现大量“梦特娇”品牌的瓷砖。经调查，生产“梦特娇”瓷砖的是佛山市石湾新科迪陶瓷有限公司，主要从事建筑材料和陶瓷制品的生产与销售，而且新科迪公司还向中国互联网络信息中心申请注册了“梦特娇”（简体字和繁体字）中文通用网址，并宣称其瓷砖为“建筑的时装”。“‘梦特娇’品牌在公众中有较高知名度，新科迪公司是利用‘梦特娇’品牌的辐射力，扩大自己产品的知名度。”原告律师介绍，这种行为侵犯其商标专用权，属于不正当竞争行为。为此，法国博内特里赛文奥勒有限公司将新科迪公司及其长沙的销售商刘勇告上法庭，请求法院判令他们停止侵权行为，并判令新科迪公司赔偿经济损失 2 000 万元，转移通用网址“梦特娇”给原告。

【分析】审理法院认为，两被告生产、销售行为侵犯了原告依法享有的驰名商标权。同时，新科迪公司出于非法目的，恶意注册了与原告驰名商标完全相同的中文通用网址，进行引人误解的宣传，该行为构成不正当竞争行为。法院当庭宣判，判处两被告立即停止侵犯商标专用权及不正当竞争行为；新科迪公司赔偿原告经济损失 50 万元，并转移通用网址“梦特娇”给原告。

资料来源：http://www.doc88.com/p-3052940864599.html.

资料 5.7

庆丰包子商标侵权

庆丰包子铺于 1956 年开业。在包子、馅饼等商品及餐馆、饭店等服务上，庆丰包子铺拥有第 8988464 号“庆丰 Qing Feng 及图”商标、第 1171838 号“慶豊”商标及第 12488309 号“庆丰包子铺 Qing Feng Steamed Dumpling Shop 及图”商标（下统称权利商标）。

其对包子的出锅温度、倒屉后温度、上桌温度等方面都有一系列要求，如“包子出锅温度 85 度”“倒屉后到出餐口 65 度”等，通过对各个细节的精准控制，为广大消费者提供优质的饮食产品与服务。

2015 年，庆丰包子铺发现在家乐福、沃尔玛等大型连锁超市，京东、淘宝等电子商务平台，以及行业展会活动上，出现了“速冻庆丰包子”，生产商为御品庆丰，监制商为玉田稻香村。

庆丰包子铺认为，御品庆丰与玉田稻香村未经其许可，生产、销售与其权利商标高度近似的产品，并实际导致相关公众产生了混淆误认，来贷宝公司未经许可擅自销售侵权产品，共同侵犯了其对权利商标享有的专用权，并对其构成不正当竞争。在搜集相关证据后，庆丰包子铺于 2016 年 9 月向北京知识产权法院提起诉讼。

2016 年 11 月，北京知识产权法院针对庆丰包子铺的诉求进行立案，并于 2017 年 5 月公开开庭审理了该案。御品庆丰、玉田稻香村、来贷宝公司并未到庭参加诉讼，据御品庆丰向法院提交书面答辩状称，其行为没有违反诚实信用原则，未侵犯庆丰包子铺的商标专用权，亦未构成不正当竞争。同时，该公司表示，庆丰包子铺的产品与其产品没有销售冲突，并称其已改换包装，只是庆丰包子铺主观认为包含“庆丰”二字的包装都涉嫌侵权。

北京知识产权法院认为，涉案速冻包子的包装正面显示有“御品庆丰”文字，字体较大，能够起到识别该商品来源的作用，属于商标意义上的使用行为，与庆丰包子铺的权利商标构成近似商标，容易引起消费者产生混淆误认，侵犯了庆丰包子铺对权利商标享有的专用权。同时，北京知识产权法院认为，在案证据能够证明在御品庆丰注册之前，庆丰包子铺的“庆丰”字号及商标在包子铺这一餐饮服务领域内具有较高的知名度，御品庆丰与玉田稻香村在速冻包子商品上使用“庆丰”二字，容易导致相关公众误以为其生产销售的相关产品为庆丰包子铺所提供，构成不正当竞争。此外，御品庆丰作为食品行业的从业者，应当知晓庆丰包子铺的“庆丰”字号及商标在包子铺这一餐饮服务具有较高知名度，在企业字号有较大范围选择的情况下，其对于在先的知名字号和商标应当给予合理避让，然而其仍然选择与庆丰包子铺的字号及商标高度接近的文字作为字号，体现了其“搭便车”的主观恶意，使消费者误认为两家企业之间存在一定的关联，从而使庆丰包子铺承担商誉被不当利用的损失，并需要面对由此带来的对其商誉不利的风险，构成不正当竞争。

关于该案赔偿数额的计算，北京知识产权法院认为，该案中被告不出庭应诉，未提交证据，亦未向法院说明其经营情况，或对庆丰包子铺的损害赔偿计算方式提出异议，应当承担由此带来的不利后果。而被告持续侵权时间较长，并在已出现相关报道和原告声明、投诉等情况下依然持续实施侵权行为，而且其侵权行为范围较广，主观恶意较为明显，御品庆丰与玉田稻香村多次申请注册“庆丰”“御品庆丰”“席品庆丰”等商标，在相关报道中御品庆丰法定代表人明确认可其“打擦边球”，体现了较为明显的“搭便车”的主观恶意。而庆丰包子铺因涉案侵权行为所遭受的损失超过其主张的赔偿数额，据此，对庆丰包子铺的损害赔偿诉求予以全部支持。

资料来源：庆丰喊话：他人不能随意“搭便车”［EB/OL］.［2017-08-23］. http://www.nipso.cn/onews.asp?id=37596.

五、服务商标权的保护

服务商标作为区别不同服务提供商的标志，其法律保护日益得到广大提供商和消费者的关注。美国是世界上最早将服务商标列入商标法进行保护的国家，而至今世界上已有 100 多个国家和地区对服务商标提供法律保护。

（一）服务商标含义

服务商标又称服务标记，是提供服务的企业、组织、个人，为使自己的服务于其他主体的同类或类似服务相区别而使用的识别标记。例如，旅馆、餐厅、航空公司、旅行社、出租汽车公司、洗衣房等使用的各类标记。

（二）服务商标的保护方式

同商品商标一样，服务商标一旦被服务企业所注册，该企业也就拥有了对该服务商标的独占专有使用权，并受法律的保护。但与商品商标相比，服务商标是较晚出现的新事物，我国于 1993 年 2 月 22 日在第一次修改后的《商标法》（1993 年 2 月 22 日第二次修订版）中增加了服务商标的规定。对于服务标记，不是所有国家都给予注册保护。在英国及其他一些国家的商标法中，也找不到有关服务标记的保护规定；但英国的判例法（Case Law）、普通法（Common Law）却对服务标记提供保护。1946 年，美国第一次在其成文商标法（《兰哈姆法》Lanham Act）中把服务标记的保护放到与商品商标保护同等的地位。

此后，不少国家在修订商标法时，做出了与美国相似的规定，如 1979 年修订的原联邦德国商标法就增加了保护服务标记的内容。世界上现有100多个国家办理服务标记注册，在一些国家，这类服务标记也可以作为商标注册，使用于服务单位供应的食品饮料，所使用的文具、用具和服务人员服装上等，并得到保护[①]。《巴黎公约》中写进了保护服务标记的内容，却没有把它放在与商品商标等同的位置，未要求必须给服务标记以注册保护。所以，成员国国内法对于服务标记是可以自由确定保护方式的。各国对服务商标的保护主要分为下述两种：

（1）商标法保护。商标法保护具体可分为两种情况：① 在商标法中，将商品商标的保护规定运用于服务商标。例如，我国《商标法》第4条规定：本法有关商品商标的规定，适用于服务商标。通常，只要法律没有就商品商标的适用做出特别说明，所有关于商品商标的条款均自动适用于服务商标。② “商品商标”（一般简称“商标”）和“服务商标”并称，同时对两者做出规定。

（2）反不正当竞争法保护。与商品商标一样，服务商标也可通过反不正当竞争法进行保护。世界上大部分国家都将非法利用他人商标的行为视为不正当的竞争行为，追究行为人的法律责任，这种保护方式在服务商标未被列为商标法保护客体的国家来说尤为重要。

第六节　商标权贸易

一、商标权转让

指注册商标所有人在法律规定的范围内，按一定条件将其注册商标转让给他人所有。商标注册人对其在同一种或者类似商品上注册的相同或者近似的商标，应当一并转让；未一并转让的，由商标局通知其限期改正；期满不改正的，视为放弃转让该注册商标的申请，商标局应当书面通知申请人。转让注册商标经核准后，予以公告，受让人自公告之日起享有商标专用权。受让人应当保证使用该注册商标的商品质量。注册商标的转让不影响转让前已经生效的商标使用许可合同的效力，但商标使用许可合同另有约定的除外。转让后，原商标所有人对转让的商标不再具有所有权，而受让人成为新的商标权人。

二、商标权转让的要件

转让人保证自己是商标的所有人，说明在签约前曾向哪些人发放过何种类型的商标使用许可，以及原使用许可合同中对商标权所有人之义务的规定。如果原使用许可合同规定商标权所有人不得将其商标权转让他人，则商标权人就没有资格订立转让合同。如果转让人将其在一切取得了注册或申请了注册的国家中的商标权全部转让，则转让人还应保证到签约时为

① 已经办理服务标记注册的国家和地区有：阿尔及利亚、阿根廷、澳大利亚、奥地利、巴林、玻利维亚、博茨瓦纳、巴西、保加利亚、加拿大、智利、哥伦比亚、哥斯达黎加、捷克和斯洛伐克、丹麦、厄瓜多尔、埃及、芬兰、法国、德国、危地马拉、海地、洪都拉斯、匈牙利、冰岛、伊朗、以色列、意大利、朝鲜、韩国、莱索托、利比里亚、利比亚、墨西哥、摩纳哥、蒙古、摩洛哥、尼加拉瓜、挪威、巴布亚新几内亚、巴拉圭、菲律宾、葡萄牙、波多黎各、卡塔尔、哈伊马角、罗马尼亚、南非、西南非洲、西班牙、斯里兰卡、苏丹、斯威士兰，瑞典、叙利亚、突尼斯、独联体、乌拉圭、甫斯拉夫、津巴布韦、中国等。

止，已经在尚未批准其注册的国家履行了一切注册申请手续，且有关申请尚未被驳回。转让价格。转让后，受让人的权利范围。如果转让方转让其在一切国家注册或申请注册的全部商标权，则双方还应约定在所转让的申请案被批准后，受让方享有全部专有权。如果转让人将按期收回商标权，则应约定转让期限。如果要求受让人保证该商标所标示的商品的质量，则转让人应按约定提供生产有关商品的（技术诀窍）、商品说明书、商品包装法、商品维修法及有关的技术服务。转让人保证在合同有效期内和在商标的注册有效地域内不对与受让人的商品相类似或者相同的商品使用已转让的商标。如果转让方转让其在一切国家注册或申请注册的全部商标权，则合同中还应列明已批准注册的国家的名称，已受理注册申请的国家的名称，以及注册商标和拟申请注册的商标所包括的有关商品或服务的类别及具体名称。

三、商标权受让条件

受让人必须符合《商标法》规定的资格，依法成立；转让人和受让人必须共同向商标局提出申请；受让人应当保证使用该注册商标的商品质量；转让注册商标的，商标注册人对其一种或者类似的商品注册相同或者类似的商标，必须一同办理；转让国家规定必须使用注册商标的人用药品、烟草制品以及其他商品的，受让人应当提供有关主管部门的批准证明文件；注册商标的转让，必须是整个商标权的转让，注册人如在转让之前已经同他人签订了注册商标使用许可合同，在转让时，应征得被许可人的同意；受让方不得泄露转让方为转让商标权而一同提供给受让方的商业秘密或技术秘密，所转让的商标名称、样式，注册国别、注册号，下一次应续展的日期，该商标取得注册所包括的商品或服务的类别以及它们的具体名称。

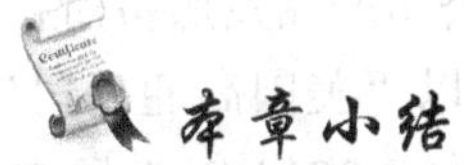

本章小结

本章主要介绍了商标的定义、作用及种类；商标所有权和与此相关的商标专用权、商标续展权、商标转让及商标许可权；取得商标权的原则；我国申请商标注册的程序；商标专用权的保护及相关制度，保护商标专用权的范围；商标侵权行为，对商标侵权行为的制裁包括行政制裁、民事制裁和刑事制裁三种。

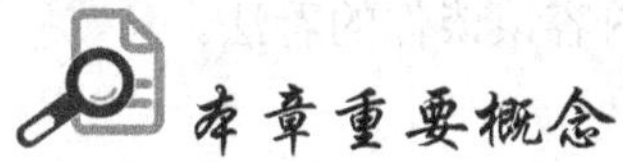

本章重要概念

商标权的取得原则与商标专用权　商标续展权　商标转让及商标许可权　商标专用权的保护及相关制度

思考题

1. “康巴丝”商标是济南钟表厂的设计人员在 20 世纪 70 年代构思设计的，但由于当时人们对商标的认识程度不够，该商标不是由济南钟表厂申请注册的，而是在1979年由山东省轻工业进出口公司提出申请并获得了注册。80年代，国内许多企业与商标所有者签订了商标使用许可合同，也生产康巴丝石英钟，产品质量良莠不齐，康巴丝声誉受到极大损害。2000年8月，“康巴丝”的原创者—济南钟表厂先与商标所有者签订了独家许可使用协议，又通过协商斥资90万元一次性买断了该商标的所有权。并对所生产的空气清新剂、电池等也申请注册了“康巴丝”商标。试对此案进行点评。

2. 2000年，当时苹果并未推出iPad平板电脑，唯冠旗下的唯冠台北公司在多个国家与地区分别注册了iPad商标。2001年，唯冠国际旗下深圳唯冠科技公司又在中国内地注册了iPad商标的两种类别。2009年12月23日，唯冠国际CEO和主席杨荣山授权麦世宏签署了相关协议，将10个商标的全部权益转让给英国IP申请发展有限公司，其中包括中国内地的商标转让协议。协议签署之后，英国IP公司向唯冠台北公司支付了3.5万英镑购买所有的iPad商标，然后英国IP公司以10万英镑的价格，将上述10个iPad商标所有权转让给了“苹果”。

2012年2月17日，惠州市中级人民法院已经判当地苹果经销商构成侵权，禁止其销售苹果iPad相关产品。这是国内法院首次认定苹果商标侵权。请结合本章所学内容谈谈你的看法。

3. 上海高通是一家有着20多年历史的民营企业。1992年7月，上海高通电脑有限责任公司成立，2010年9月，其更名为现在的“上海高通半导体有限公司”。至今，上海高通先后使用、申请、注册了一系列“高通”商标，其中包括第9类汉卡、彩照扩印机的“GOTOP高通图案”，等。2013年9月25日、9月27日，上海高通向公证机构分别申请网络证据公证，公证美国高通在官方网站及其官方博客宣传、介绍卡尔康公司产品及服务时，使用了“高通处理器”“高通骁龙处理器”“高通参考设计”等表述，并以“美国高通公司”“高通公司”“高通技术公司”等表述指代卡尔康公司及其在华关联公司。2014年4月28日，上海高通正式向上海高院提起诉讼，请求法院判令被告美国高通立即停止侵犯其注册商标专用权的全部行为，被告高通无线通信技术（中国）有限公司（以下简称高通中国公司）、高通无线通信技术（中国）有限公司上海分公司（以下简称高通上海分公司）立即在工商行政管理部门变更其注册的企业名称，停止在企业名称中使用“高通”字号。同时，上海高通要求三名被告连带赔偿其损失人民币1亿元并支付其因维权所支付的合理费用人民币50万元，在《人民日报》刊登声明以消除影响。请结合本章所学内容谈谈你的看法。

学生课后参考文献阅读

［1］刘强，李红旭. 3D打印视野下的商标侵权认定［J］. 知识产权，2015（5）：56-61.

［2］刘燕. 论互联网环境下商标侵权认定的标准及原则［J］. 兰州大学学报（社会科学版），2015，43（1）：157-162.

［3］王莲峰. 论移动互联网App标识的属性及商标侵权［J］. 上海财经大学学报，2016（1）：109-116.

［4］黄亮. 避风港规则在电子商务商标侵权认定中的适用［J］. 中华商标，2015（2）.

［5］王莲峰. 海关应慎重认定涉外定牌加工货物的商标侵权—基于对近年《中国海关知识产权保护状况》的分析［J］. 知识产权，2015（1）：31-36.

［6］黄钦，马莹嫣，王崇磊. 涉外定牌加工中的商标侵权问题解析［J］. 学理论，2015（20）：58-59.

［7］张祎晗. 平行进口商品的商标侵权问题研究［J］. 吉林工商学院学报，2015，31（4）：78-81.

［8］中国知识产权杂志（网络版）. http://www.chinaipmagazine.com/news-show.asp?21006.html.

［9］中国知识产权资讯网（商标案例库）. http://www.iprchn.com/cipnews/list.aspx?newsClassid=8022&flag=5.

［10］中华人民共和国知识产权局案例库. http://www.sipo.gov.cn/albd/2012/.

第六章　专 有 技 术

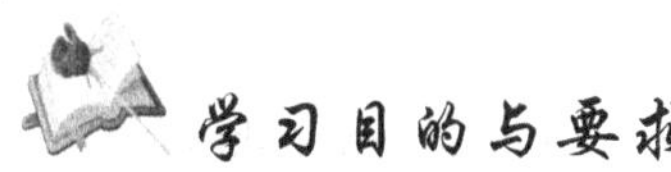

通过对本章的学习，掌握专有技术的概念和专有技术的基本特征；熟悉专有技术的概念和特点；了解专有技术的表现形式与法律保护。

可口可乐通过专有技术保持长期竞争优势

【案例内容】

著名的美国可口可乐公司成功地运用了技术秘密来保护自己的产品。尽管对于“可口可乐”饮料，全世界几乎是家喻户晓，而可口可乐的产品配方历经数十年，对外界仍是一个谜，可口可乐公司对外许可生产过程中，对其配方采用半成品保护，即不提供生产技术和配方，只提供浓缩的原浆让被许可方配成可口可乐成品。但笔者认为，配方得以保护的原因还在于可口可乐公司将技术秘密结合了商标专用权保护。在巨大的商业价值诱惑下，相信已有无数的人试图破获可口可乐的配方，或者有人曾经已经找到一个配比，但这毫无意义，只要权利人不主动承认，配方永远都是秘密的，因为即使你能生产一个类似于可口可乐的饮料，甚至你认为比可口可乐更好喝，也不可能是可口可乐，而只能是“百事可乐”或其他什么。

【分析】

专有技术具有以下几方面特征：（1）知识性。专有技术不仅包含全部生产领域的技术知识，而且还包括与之相关的管理知识和商业知识。（2）保密性。专有技术内容一般都是秘密的，而且对生产具有一定的实用价值。专有技术是不公开的，是没经法律授权的秘密技术。例如，美国可口可乐公司研究出可口可乐的配方后，没有去申请专利，而是将配方分为两部分，总经理和总工程师各持其中的一部分，以此为手段将可口可乐的配方从1886年保持至今。（3）经济性。经济性是指它是可以应用于生产实践并能够产生经济利益的技术知识。专有技术也是人类智慧的结晶，但它也必须能应用于生产和服务等行业，当然也会产生经济效益。（4）可传授性。专有技术作为一种技术必须能以言传身教或以图纸、配方、数据等形式传授给他人，而不是依附于个人的天赋条件而存在的技术。

资料来源：可口可乐竞争优势揭秘［EB/OL］.［2010-09-09］. http://www.cu-market.com.cn/hgjj/2010-9-9/16541888.html.

第一节 专有技术的含义及法律要件

专有技术（Know-how，“I know how to do it”），即“知道怎样制造”的意思，在我国又被称之为“技术诀窍”，是指生产有实用价值的、先进的、未经公开、未申请专利的技术知识和独特技巧（包括已申请专利但未获得授权的），专有技术是一种没有公开的生产技术知识、经验以及技能和经营管理的方法和手段，可以通过具体资料形式表达，如图纸、配方、专有工艺、和特殊技术等。最早是指中世纪师父向徒弟传授技艺，20世纪五六十年代在英美较早被使用。当前，专有技术转让数量占国际技术贸易比重日益增加，甚至超过专利转让。中国的技术引进中，90%以上都属于专有技术。从法律角度讲，专有技术没有经过法律的认可，不是法定权利。但是，专有技术持有人对这种技术拥有所有权，这种所有权是一种非法定权利，仅为技术持有者所独有。即专有技术虽然得不到专利法、商标法的保护，但它应当得到财产法的保护，作为一种财产，专有技术也可以以许可合同的方式进行转让。

一、专有技术的含义

迄今为止，国际上对专有技术还没有一致公认的定义：

世界知识产权组织国际局认为，“所谓专有技术是指有关使用和运用工业技术的制造方法和知识”。

国际商会认为，“专有技术是为实施某种为达到工业生产目的所必需的具有秘密性质的技术知识、经验或其积累。”

保护工业产权国际协会认为，“专有技术是为实际应用一项技术而取得的，并能使一个企业在工业、商业、管理和财务等方面运用于经营的知识和经验。”上述定义不完全一致，但从中可以看出，专有技术的一般含义是指，制造产品和管理、财务等方面的知识和经验，它包括加工工艺、产品设计、图纸、配方、技术资料、技术规范等秘密的技术知识，以及有关管理、财务等方面的知识和经验。

知识产权组织（WIPO）认为：“专有技术是指来自经验或技艺，能够实际应用，特别是工业上应用的工业情报、数据、资料或知识。”

保护工业产权国际联盟会议上通过的匈牙利代表团的提案：“专有技术指享有一定价值的、可以利用的、为有限范围专家知道的、未在任何地方公开过其完整形式和不作为工业权取得任何形式保护的技术知识、经验、数据、方法或者上述对象的组合。”

我国未对专有技术的定义作直接明确的规定，而是从工业技术和生产管理及商业经营几个方面有所侧重地做出界定：《中华人民共和国技术引进合同管理条例》第2条规定：本条例规定的技术……包括以图纸、技术资料、技术规范等形式提供的工艺流程、配方、产品设计、质量控制以及管理等方面的专有技术。

上述定义不完全一致，但从中可以看出，专有技术的一般含义是指，制造产品和管理、财务等方面的知识和经验，它包括加工工艺、产品设计、图纸、配方、技术资料、技术规范等秘密的技术知识，以及有关管理、财务等方面的知识和经验。基于各个国际组织对专有技术的定义，本书提出，就某项产品或某类产品而言，专有技术指该产品或某部件设计、制造、使用、维修和（或）营销所需要的全部或部分技术情报；就某种工艺方法而言，专有技术指设计或使用该工艺方法的全部或部分技术情报。

二、专有技术法律要件

从法律地位上来看，专有技术必须具备三个条件：

第一，其整体或其确切结构和内容组合是秘密的、非通常从事该信息领域工作的人们所普遍了解或容易获得的。

第二，该技术是秘密的，因而具有商业价值。

第三，其合法拥有者已按照实际情况采取了合理措施对其予以保密。

第二节 专有技术的表现形式及特点

一、专有技术的表现形式

专有技术的表现形式主要有三种：

（1）文字图形形式。这种表现形式是大量的，图纸、资料、照片、缩微胶卷、磁带、软盘等。

（2）实物形式。尚未公开技术的关键设备、产品的样品和模型等。

（3）口头或操作演示形式。主要是存在于少数专家头脑中或个人笔记中的有关生产管理和操作的经验、技巧以及一些关键的数据、配方等。从技术贸易的角度来看，这种形式的专有技术十分重要，能否掌握它，往往直接关系到技术转让的成败。

随着科学技术的发展，越来越多的专有技术将同时以两种或两种以上的形式表现出来。

二、专有技术的特点

（1）知识性。专有技术是具有实用性的动态技术知识，是脑力劳动的产物，是无形的，非物质的。

（2）保密性。专有技术是一种以保密性为条件的事实上的独占权。专有技术是不公开的，所有者只能依靠自身的保护措施来维持其技术专有权，如可口可乐、IBM。IBM 通过设定机密资料借阅手续，限制接触机密资料人员范围。员工仅收集、使用和保留业务或法律所需要的个人资料。除让每个员工有机会确认他或她的人事档案记录是正确的。严格限制个人资料在公司内的扩散范围，确因业务需要，才可接触有关个人资料。除非为了对聘用的查证或满足法律调查或其他法律需要，否则若无当事人同意，任何个人资料不得外泄。保密性是专有技术赖以存在的基础。企业一般通过在技术转让合同中订立“保密条款”、通过设定机密资料接触权限来要求本企业雇员保护本企业的技术秘密。

（3）经济性。专有技术必须是实用技术。比专利实用性更强。专有技术转让合同标的一般都是经过实践检验能够获得良好经济效益的技术。所有专有技术转让合同中，都要求许可方提供技术保证，保证转让技术能达到合同规定的质量标准。与专利相比，专有技术经济性是处在一个不断发展的变动状态中。

（4）可传授性和可转让性。专有技术作为一种技术必须能以言传身教或以图纸、配方、数据等形式传授给他人，而不是依附于个人的天赋条件而存在的技术。正因为专有技术具有这一特征，它才能成为技术贸易的标的。专有技术的可转移性还在于其具有确定性，即通过技术指标、质量标准等参数，能够确定其存在着经济价值。

（5）专有技术具有不断变化的特性。专有技术是经过多年生产实践、研究和总结出来的技术成果，其内容随着生产实践的增加而不断丰富，或者出现更先进的技术成果而被淘汰。

三、专有技术与专利的联系和区别

（一）专有技术与专利的联系

（1）它们都是非物质形态的知识，都是人类创造思维活动的产物，并能创造经济效益。

（2）在实施一项技术时，不仅有专利技术，同时有专有技术。

（3）在技术贸易中，一项技术转让合同往往同时包括专利和专有技术两项内容，它们相互依存，共同完成一项技术转让贸易。

（二）专有技术与专利的区别

（1）专有技术是保密的，专有技术拥有人尽量设法保密技术，以保存其价值，因此，在转让合同中一般订有技术接受人必须对专有技术保密的条款；而专利是公开的，在申请专利时必须将技术内容公开公布，专利所有人的权利实现有赖于一国的法律保护。

（2）专利是一种工业产权，受到国家专利法的保护。而专有技术因没有申请或不能申请专利而不受专利法保护，通常各国只在反不正当竞争法、民法、刑法中通过有关侵犯工商秘密的条款来保护专有技术所有者的利益，专有技术是事实上的占有，而不是法定的占有；而专利属于工业产权，受专利法保护。因此，专有技术不存在法律保护期限问题，而专利有一定的法律保护期限。专利的保护期限一般在10～20年；而专有技术的保护期限，全取决于对它的保密，只要专有技术所有人能够保密，就可以专有。

（3）专有技术既可以用文字来体现，也可以是人们头脑中掌握的知识技能，而专利必须通过书面说明书来体现。

（4）专有技术涉及范围广泛，包括未申请专利的生产、管理、销售等技术，而专利的范围限于取得专利权的发明创造等。

表 6-1　专有技术与专利的区别

区别内容	专有技术	专利技术
存在条件	保密	法律保护
时效性	无法定时间限制	有期限

续表

区别内容	专有技术	专利技术
地域性	无地域限制	有地域限制
保密性	技术内容保密	技术内容公开
技术要求	不一定是发明创造，但必须是成熟的、有效的	新颖性、创造性、实用性
技术形态	动态	静态
独占权	无	有
法律保护	相关法律：民法、刑法、反不正当竞争法等	专利法
存在形式	以书面形式表示或存在于人们头脑中	以书面形式

第三节　专有技术的保护

专有技术是一种无形的知识财产，它除需用保密手段得到保护以外，也需要法律的保护。在高度工业化的现代社会里，技术秘密具有极大的财产价值，因此，保护的必要性也很大。技术的进步、改革，一方面是作为发明专利权、实用新型专利权等无形财产受到保护，而另一方面，在这些权利的周围存在着无法纳入专利权等权利范围的种种技术秘密与技术诀窍，在现实中这两者相辅相成，灵活适用，这是目前社会的实际情况。所以，企业对这种技术秘密的开发、改进投入了很大的努力，使这种技术秘密成为企业的重要财产。在实际中，专有技术经常援引民法、合同法、知识产权保护法、反不正当竞争法和刑法。但专有技术受法律保护的力度远比专利技术受到法律保护的力度小。

一、专有技术的作用及其存在原因

随着现代科学技术的发展和国际技术贸易规模的扩大，专有技术在促进各国科学技术进步和经济发展中的作用越来越重要，甚至在一定程度上超过了专利技术。这种重要作用首先表现为专有技术所包括的内容和应用范围十分广泛，几乎涉及人们经济生活的一切生产方面。

（一）专有技术的作用

1. 价值功能

专有技术的价值功能主要体现在两个方面：一是专有技术作为一种特殊的商品可以在技术市场上交易，使专有技术拥有者的劳动得到补偿和实现；二是专有技术作为一种生产要素与其他生产要素相互作用，从而提升产品的市场价值，使专有技术拥有者获得超额利润。

2. 服务功能

专有技术作为一种知识资源，可以存在于图纸、资料、磁盘、磁带等载体之中，也可以存在于人的大脑等载体之中，存在于图纸、资料、磁盘、磁带及其他产品载体之中的专有技术可以通过技术市场、商品市场实现价值；存在于人的大脑之中的专有技术，则需要通过咨询服务使其服务功能得以转换。

3. 共享功能

专有技术作为一种知识资源不仅可以复制，也可以共享。即使一个没有参与过专有技术开发的人，只要掌握了专有技术的使用方法，也照样可以使用，没有必要再去重复专有技术的开发过程。所以，专有技术在商品交易和服务转换中，所有者出售的只是复制品，而不丧失所有权。

4. 再造性

新的知识的产生总是建立在已有的知识基础之上的，如果能够在他人已有的知识基础之上进行学习和创新，会省去大量重复性学习和探索的时间和劳动。而人们在知识共享中，不同的主体拥有的知识还会产生碰撞，产生新的知识火花，带来新知识的产生。所以，专有技术不是一个封闭的体系，而是一个可以再造的开放系统。

（二）专有技术存在原因

专有技术的重要作用，还可以从其存在的原因方面得到证明。纵观世界各国，各个技术领域内大量存在着专有技术，究其原因，不外以下四种情况：

（1）不符合取得专利的条件（技术所有人不能取得专利权），即不在授予专利的主题范围内；不符合专利性授予的新颖性、创造性、实用性。

（2）本可以取得专利，但因某些原因专有技术拥有人不愿申请专利（技术所有人不愿申请专利）。例如，申请专利时有意保留；发明人不申请专利：竞争对手难以仿制；竞争对手无法掌握；利益被侵犯时较难发现，或较难制止；技术生命周期较短。

（3）在某项发明申请取得专利实施过程中积累获得的补充技术。

（4）作为专有技术的管理技术和商务技术。

二、国际技术贸易中的专有技术贸易问题及其保护

目前，对专有技术的保护与专利保护不同，世界各国还没有制定保护专有技术的专门法律，国际上也尚未形成系统的法律保护专有技术。因此，只能援引有关的法律对专有技术进行保护，如合同法、侵权行为法、不正当竞争法和刑法等。专有技术也是一种无形的知识财产，它除需用保密手段得到保护以外，也需要法律的保护。在实际中，专有技术是援引合同法、防止侵权行为法、反不正当竞争法和刑法取得保护的。但专有技术受法律保护的力度远比专利技术受到专利法保护的力度小。因此，有必要对专有技术进行法律保护，其合理性主要体现在以下几个方面：一是，补充专利保护的不足：国家对专利权的客体有不同的法律规定；时间性和地域性是专利权的法定特征；公开性各国专利法均有相关规定，申请专利的发明必须“充分公开”。二是，有利于激励技术创新。三是，符合社会基本价值观。

三、专有技术贸易的法律保护

专有技术作为国际技术贸易的主要标的，是一种含有巨大经济利益的财产权。这种财产权在现实的商业交易中形成了纷繁复杂的权利义务关系，目前对专有技术的保护与专利保护不同，世界各国还没有制定保护专有技术的专门法律，国际上也尚未形成系统的法律保护专

有技术，只能援引有关的法律对专有技术进行保护，如合同法、侵权行为法、不正当竞争法和刑法等。

（一）专有技术的国内保护

迄今为止，绝大多数国家都没有制定有关保护专有技术的专门性法律，各国通常援引以下法律中的有关规定对专有技术进行保护：合同法（保密条款、劳动合同）、侵权行为法（以承认专有技术财产权为前提，我国不明确）、反不正当竞争法、刑事立法、工业产权法。

（二）专有技术的国际保护

WTO TRIPS 协定中"未披露信息"。此类信息有三个要件：其作为一个整体或作为其组成部分的确切构造或组合，未被通常从事该类信息工作的人们普遍知悉或容易获得；由于秘密而具有商业价值；合法控制该信息的人根据情况采取了合理的保密措施。利用反不正当竞争法或国际技术贸易规则：《国际技术转让守则草案》，《合同评价指南》。

（三）专有技术保护的新趋势

（1）大多数国家的现行法规都从不同角度在一定程度上对专有技术给予保护，但这些保护总的来说是十分不够的。因此，专有技术在国际范围内的保护日益成为各国，尤其是发达国家普遍关注的问题。根据目前的发展趋势，可以预料在不久的将来，世界各国特别是工业发达国家都将陆续制定保护专有技术的专门法律，专有技术将得到更进一步的法律保护。

（2）近年来，有不少国家已开始考虑制定保护专有技术的专门法规，如英国正在拟制《保护秘密权利法》，法国、日本等正在研究制定《专有技术法》。为了加强对专有技术的国际保护，有一些国际组织也提出了有关保护专有技术的保护法草案，如国际商会制定的《有关保护专有技术的草案》，保护工业产权国际协会的《保护专有技术的示范法》等。

（3）体制性保护，就是通过企业体制影响企业组织行为而形成的专有技术保护机制。企业组织从小到大，每一次变迁前后都会形成一个波动阶段，若在此阶段企业组织不能恰如其时的形成引导、授权、协调、合作等机制，就会导致专有技术流失。

（4）过程性保护。专有技术作为生产要素动态地存在于企业作业流程的各个环节之中，哪一个环节管理不到位都有可能泄密。因此，国际工程公司大都有一个核心竞争力管理经理或专有技术管理部门，制定相应的制度，实行全过程监控，以防止泄密。

（5）契约性保护。人的大脑是专有技术的重要载体，随着人才流动必然会产生专有技术的流动，如果不制定相应的制度，就很难保护技术秘密，致使特殊技能流失。工程勘察设计单位可以通过签订劳动合同，规定技术保密条款，加强专有技术的自我保护。

（6）升级性保护。在当前科学技术迅猛发展的时代，专有技术保护的最积极的方法就是专有技术的升级，使其仿冒者还未制造出产品，该项专有技术已经跃上了一个新的台阶。

案例 6.1

技术引进合同纠纷

【内容】我国 A 市有一玻璃厂，从英国某公司引进浮法玻璃专有技术项目。B 市也有一个玻璃厂通过一位美国退休工程师的技术咨询也引进了浮法玻璃技术。这位退休的美国工程师原就职于美国某公司。英国某公司曾把浮法玻璃专有技术给该美国某公司。在技术许可合同中规定，该美国公司对英国某公司许可的技术有保密义务。现美国公司退休人员将该项技术提供给B市某玻璃厂，显然违背了英美两公司的技术许可协议。英国某公司得知这一情况后，指责B市玻璃厂侵权，要求赔偿。

【解析】浮法玻璃的生产技术是英国某公司的专有技术，要想使用该项技术，必须通过许可证贸易的方式获得，即买方从卖方获取使用、制造和销售某种产品的专有技术，并付给对方一定的报酬，承担有关义务。A市某玻璃厂与英国某公司是采用这种方法获得该项专有技术的，是合法使用。现浮法玻璃的生产技术的泄密是来自美国公司，但美国公司认为该职工已经退休，其活动与本公司无关，从而摆脱了自己的责任。在美国退休工程师作为个人，他并没有和持有浮法玻璃技术的英国某公司发生过技术贸易，自然也就谈不上侵权问题。最后就成了B市某玻璃厂采用不正当手段窃取了英国某公司的专有技术。因为B市某玻璃厂在和请来的美国退休工程师签订的技术咨询合同中并没有明确规定，该美国工程师提供给B市某玻璃厂的技术应是自己掌握的技术，或是自己能控制的技术，如果发生侵权行为，B市某玻璃厂就对英国某公司的专有技术构成侵权。专有技术一旦遭受侵权，被侵权人只需证明其存在某种权利，即可要求赔偿损失，不要求在原告与被告之间存在某种合同关系。因此，英国某公司可要求B市某玻璃厂赔偿，如协商不能解决，则可提请国际仲裁机构仲裁，或向国际法院起诉。

本案例说明，在技术引进中，必须在技术贸易合同中，严格规定技术供应方的义务，如技术供应方必须是专利或专有技术的真正所有者，并保证自己具有转让或许可的权利，如果发生侵权纠纷，供应方应承担由此而引起的各种责任并应承担起诉费用。

资料来源：https://wenku.baidu.com/view/fbc447144431b90d6c85c7e1.html.

第四节　专有技术许可合同

专有技术许可合同指，在国际技术贸易中，以转让专有技术的使用权为内容的许可合同。专有技术一般是指，从事生产活动所必需的、未向社会公开并可转让的秘密技术、知识和经验，表现为可供实现的工程产品设计、工艺程序、操作方法等，在经济生活中，往往还包括生产管理和商业经营方面的内容，特别是指为了生产某种专利产品或为了实现某种具有专利权的生产方法所必需的最关键的那部分技术。

专有技术、专利、商标同样都是一种无形财产，都具有可转让的商业价值。但专利是一种得到专利法认可和保护的无形财产，是一种法定的权利；而专有技术作为所有人拥有的一项资产，能成为技术贸易的对象，是以所有人对之保密而形成的事实上的专有权为前提条件的，是一种事实上的独占性资产。专有技术的这种特点，表现在许可合同中有一些特殊的专门规定。

一、专有技术许可合同中的保密条款

专利技术靠专利法律制度维持其商业价值，而专有技术主要依靠其秘密性维持其商业价值。一旦专有技术被泄密或被公开，即丧失了专有技术的价值而转为了公开的技术，这将给专有技术的所有人带来巨大的商业损失。因此，专有技术许可使用合同一般都包含保密条款，用以详尽的约定被许可方对专有技术的保密义务。

鉴于保密条款的重要性，专有技术许可合同中的保密条款通常规定的非常严谨、细致，一般包括保密范围、保密措施、保密期限和泄密的责任等内容。专利的实施地区限于授予专利的国家领土之内。专有技术在法律上则没有这种地区限制，而须通过协议做出具体规定。

（1）保密范围。许可方提供的资料通常包括两类，即非机密资料和核心资料，在订立保密条款时，合同双方应确定哪些资料属于保密的范围。这不但有助于进一步确定对哪些资料采取何种保密措施，同时也为追究泄密责任提供了确实的依据，防止在出现泄密情况后泄密方否认该资料属于技术秘密的范围。

（2）保密措施。保密措施一般包括：要求被许可方将资料妥善保管，如存放地点应派合格的保管人员，使用资料应履行借阅和归还手续，不同级别的资料由有不同级别权限的人员进行审批后才能借阅，并同时规定资料不得以任何方式复制、复印、抄录等。

（3）保密期限。保密期限，即被许可方承担保密义务的期限。保密期限通常等于或长于合同有效期。

（4）保密义务不适用的信息。该类信息通常包括：现在或以后进入公共领域的信息；可以证明该技术在泄露时已被许可方拥有，并不是以前从许可方直接或间接获得的信息；任何一方从第三方合法获得的，而不负保密义务的信息。对于上述三类信息，一般规定被许可方不负有保密义务。

二、专有技术许可合同的保证条款

保证条款主要是指，对专有技术的实施所能达到的技术指标（性能、质量、数量等）的保证。由于专有技术的内容不公开，没有这种保证就无法对其经济价值做出恰当的评价，也就难以确定许可报酬。一般地说，保证的范围越大，索取的费用也越高。从技术引进方来说，要求对方做出的保证应限于真正必要的范围之内。

此外，合同还包括专有技术的传授问题，许可合同期限与其中某些条款的期限的关系问题，以及合同期满后被许可方的义务问题等等，都反映了专有技术许可合同的特点。

案例 6.2

技术许可合同纠纷

【内容】某省钻头厂与美国史密斯公司签订技术许可合同，从美国史密斯公司引进某种类型的地矿钻头生产专利技术，许可合同中的“鉴于”条款规定“史密斯公司拥有某地矿钻头生产专利，能够合法地向引进方授予制造某地矿钻头的生产许可证……”。许可合同签订后，在双方的密切合作下，很快生产出合格的合同产品，但当该产品销往美国后，美国休斯公司提出诉讼，指控某省钻头厂的产品侵犯其专利权。

【问题】某省钻头厂是否必须应诉？某省钻头厂还具有什么权利？

【解析】某省钻头厂不必应诉。根据“鉴于”条款的规定，应责成美国史密斯公司应诉。因为“鉴于”条款主要说明双方当事人签订许可合同的目的和愿望、受方引进技术的目标、供方转让技术使用权的合法性和该项技术是否具有实际生产经验等。这些说明具有潜在的法律作用，即要求双方在签订许可合同时就明确做出某些法律上的保证。一旦双方因合同发生纠纷，仲裁机构或法院就可以根据这些保证，解释其他有关条款，判断谁是谁非，分清责任。在本案中，供方史密斯公司对其转让的某地矿钻头生产专利技术的合法性作为保证，一旦受方某省钻头厂的合同产品被第三方指控为侵权的行为，该公司即负有不可推卸的责任。由于供方史密斯公司的违约行为而造成受方某省钻头厂的经济损失，受方有权向供方提出赔偿损失的请求。

资料来源：https://wenku.baidu.com/view/5c05aff8aef8941ea76e0501.html.

案例 6.3

技术许可合同—限制性商业条款

【内容】我国某省某公司与荷兰某公司草签了一项引进挖泥船设备和制造挖泥船专有技术的许可合同，其中有这样一条款：“对那些挖泥船用户的总机构是在中华人民共和国之外注册的，假如与荷兰某公司的利害关系无冲突和将无冲突，那么这些挖泥船的建造和交船可以进行，对上述情况必须经双方协商最后判断。对荷兰某公司利害关系是否存在或是否将存在冲突，最后由荷兰某公司单方决定。”

【问题】对这样的条款我方是否应该接受，为什么？

【解析】这样的条款是不能接受的。因为《中华人民共和国技术进出口管理条例》第29条第（七）项规定，技术进口合同中，不得含有下列限制性条款：不合理地限制受让人利用进口的技术生产产品的出口渠道。

资料来源：https://wenku.baidu.com/view/5c05aff8aef8941ea76e0501.html.

资料 6.1

外资陷阱中的中国品牌启示

近期重庆市第五中院不公开审理了备受关注的重庆天府可乐集团公司，以“涉嫌长期非法占有技术秘密”为由，起诉百事（中国）投资有限公司及重庆百事天府饮料有限公司侵犯商业秘密案。天府可乐要求百事可乐归还“天府可乐”配方及生产工艺的技术档案，并赔偿相应的经济损失1亿元人民币。

该案再度引起了人们对于民族品牌命运的关注，让我们想起了近些年已经或者正在消失的“名牌”：活力28、美加净牙膏、小护士、万紫千红等日化用品伴随着一代人的成长；熊猫、小鸭、燕舞、凤凰、爱多 VCD 等家用电器见证了一代人幸福甜蜜的生活；旭日升、冰茶、三株口服液、太阳神、乐百氏、北冰洋汽水等饮品保健品曾经让一代人难以释怀。而今，天府可乐会成为下一个北冰洋们吗？

众多品牌悄无声息地淡出了人们的视野，让我们唏嘘不已，因为很多品牌的消失过程和原因何其的相似，笔者从事知识产权行业多年，从企业知识产权战略的角度，总结主要有以下原因：

第一，不熟悉跨国企业知识产权竞争战略，不懂知识产权规则，一味“单恋”。随着中国加入世界贸易组织，在多方面放松了对外国投资的限制。外国资本在并购中看中的无疑是中国强大的市场，吞并国内品牌只是为自己品牌的市场占有率铺路。而中国企业看中外资的则是他们的技术，以为并购后就可以获得外资的资金、技术、管理等，将会把企业迅速做大，但并不知道外资是“醉翁之意不在酒”。

天府可乐与百事可乐进行合资时，其天府可乐品牌作价 350 万元。天真的天府公司全身心的投入，把合资比做联姻，却不知百事可乐合资后独揽大权，使合资变独资，把中国民族品牌“天府可乐”逐渐冷藏、冰冻直至让其消失，最后用外国品牌取而代之。这其实是外资并购中惯用的方法。

第二，合资并购缺乏经验，拱手相让股权、知识产权及生产基地。中国有很多企业抱有“外资企业才是市场的主导者，中国只是外来者”的心理，在合资后缺乏自信心，将股权、知识产权及生产基地拱手相让，一切由外资企业做主，最后沦为外资企业的代工厂。

在天府可乐合资的过程就埋下了两个致命的隐患：一是合资公司中百事占 60%股权，天府可乐占 40%，生产权、经营权由外方决策，主权消失殆尽。二是“天府可乐”品牌及优秀的生产基地属外资企业，导致天府可乐丧失了对于品牌的控制权。而百事公司近十几年不用“天府可乐”，改用了“百事可乐”，使“天府可乐”这个老品牌元气大伤。

第三，品牌战略管理缺失，急功近利，盲目扩大规模。在经营上取得一定业绩后，急功近利，为了实现“短、平、快”的发展，无节制地进行品牌扩张，引进所谓的“优秀资本”。殊不知“十年树木、百年树人”，企业的发展和品牌的建设都不是一朝一夕能够完成的，更是不能速成的。许多国外知名品牌的建设都经历了很长的周期，短则十几年，多则数十年。不能盲目贪图规模效应，自身的经营能力应与品牌影响力相适应。品牌的建设和发展是一个长期和系统的工作，不能只盲目追求企业高速发展而忽视了内在的管理能力建设。在企业知识产权战略管理层面，缺少明确的品牌使命，不具备知识产权组合的管理能力，对品牌组合成长路线缺乏周密规划，公司战略不以品牌为导向。

品牌消失的启示：

第一，对收购应当保持清醒，增强风险意识。作为民族品牌企业的经营者和管理者要时刻警惕，收购是外资打压中国品牌的惯用手段，对于一些打着“合作共赢”旗号，实则是消灭民族品牌的外国企业，民族企业应增强风险意识和防御能力。

第二，企业的决策权、知识产权应该掌握在企业自己手中，国家也应注意民族品牌的保护。可口可乐总裁有句话是对品牌的最好注解：即使可口可乐有一天被一把火全部烧掉，只要有这个商标，第二天一样可以东山再起。引进外资固然重要，是解决企业资金的途径，但不管是政府、还是企业都要清楚知道引进外资的核心是引进外企高新技术。尤其是国内知名品牌，更要注意将企业的决策权、知识产权牢牢掌握在自己手中，这样才是对企业最大的保护。

第三，要想让本土国内品牌健康发展，要想打造属于中国自主的“名牌”，打造属于中国的“百年老店”，中国还期待一批有远大理想和战略远见的企业家群体，他们具有国际化的企业知识产权管理能力。同时，也需要我们的国内企业熟悉跨国企业的知识产权竞争战略，熟悉国际知识产权规则，按照国际化的企业知识产权战略模式来打造品牌的核心竞争力，打造自主知识产权，这才是“中国创造”所必须重视的。“优胜劣汰，适者生存。”企业沉浮、品牌消亡本是自然界的规律，是一件很正常事情。但前事不忘，后事之师。我们应当记住曾经的经验和教训，为今后中国民族品牌的建设和发展提供更多的参考和借鉴。一个品牌的创立不是简单的事情，一个品牌的消亡也是一件很痛苦的过程。当前，我国正在全面推进国家知识产权战略，我们有责任去呵护我们自己的民族品牌，支持民族品牌；同时我们的企业家们也有责任去提升管理能力，建立知识产权战略，避免出现下一个“天府可乐”！

资料来源：外资陷阱中的中国品牌启示［J/OL］. 中国知识产权，2010，39［2010-05］. http://www.chinaipmagazine.com/journal-show.asp？587.html.

本章小结

本章主要介绍了有关专有技术的概述：包括专有技术的概念，专有技术的特征，专有技术与专利的区别，商业秘密的概念和特点。国际技术贸易中的专有技术贸易问题及其保护：通过《合同法》加以保护，通过民法中的侵权行为规则加以保护，通过《反不正当竞争法》加以保护，通过《刑法》加以保护。专有技术保护的发展趋势。

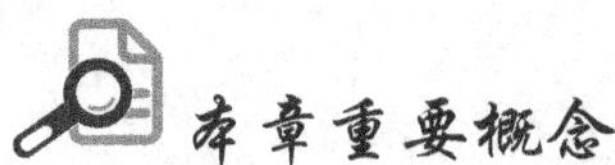

本章重要概念

专有技术与专利的区别　专有技术的概念和特点　国际技术贸易中的专有技术贸易问题及其保护

思考题

1. 一位美国华侨研制出一种新型变压器，欲在其家乡广东某市寻找受让方。某厂有意受让，但要求对方先介绍该变压器的技术性能或提供有关技术资料，方可做决定。对方未做反应，不了了之。转让方为何没有再回应?

2. 刘某是某企业山东总代理商，由于销售业绩良好，刘某与厂家保持着良好的关系。2001 年厂家销售经理来济南考察，出于对厂家的信任，刘某将部分二级代理商介绍给了这位销售经理。不料，2002 年 6 月，厂家想在济南搞直销，但与刘某的合同未到期，不好直接毁约，于是趁刘某出差之机，销售经理直接将产品销售给了他的二级代理商，产品价格比销售给刘某的还低，造成刘某业务销售额直线下降。该企业是否侵犯了他的专有技术，可否向厂家提出索赔?

学生课后参考文献阅读

［1］http://www.ipr.gov.cn/list/gnxw/symm/1/cateinfo.html.

［2］陈师，赵磊. 中国的实际经济周期与投资专有技术变迁［J］. 管理世界，2009（4）：5-16.

［3］陈银忠，易小丽. 投资专有技术变迁与中国经济波动特征——基于小国开放经济 RBC 模型的分析［J］. 经济问题探索，2016（3）：59-65.

［4］谢方琳. 专有技术评估实务探讨［J］. 中国资产评估，2015（5）：31-33.

［5］李毅中. 德国启动机械设备制造专有技术保护［J］. 工程机械，2015.

第七章　商业秘密与未披露信息

学习目的与要求

通过对本章的学习，掌握商业秘密与未披露信息的概念，了解其法律特征以及构成要件，申请保护的途径及保护的内容。分析相关权利保护的限制性条款。

开篇案例

是谁动了你的商业秘密?

【案例内容】

“美国钢铁公司对中国钢铁企业提起的有关控制产量、价格、伪造原产地和所谓知识产权侵权等指控，完全没有事实根据，且与美方有关立场自相矛盾。钢铁产品是较为成熟的产品，不存在所谓的知识产权纠纷。”在获悉美钢铁公司对中国输美碳钢与合金钢产品提起“337 调查”申请一事后，中国钢铁工业协会第一时间发声，希望美国国际贸易委员会（ITC）驳回指控。近日，美国钢铁公司向 ITC 提出申请，请求对中国河北钢铁集团公司、上海宝钢集团公司等约四十家中国钢铁企业输美碳钢与合金钢产品提起“337 调查”，并发布永久普遍排除令和永久有限排除令等。在起诉书中，美国钢铁公司指责中国钢铁企业涉嫌实施盗用美国钢铁公司的高强度钢的商业机密等 3 项行为。

由于当事方美国钢铁公司是美国最大的钢铁公司，依靠雄厚的经济实力垄断了美国的钢铁市场和原料来源，另一方是在中国市场颇具影响力和绝对市场份额的钢铁企业，且诉由也不同于一般“337 调查”最常见的专利侵权，使得案情、背景以及法律等方面均十分复杂。业内人士指出，未来此案无论是否立案，都将对我国钢铁行业产生很大的影响。此时，中国钢铁企业应联合起来，搜集证据，确定抗辩策略，有效进行抗辩，而不能坐视不理。

起诉书显示，美国钢铁公司控诉中国钢铁企业涉嫌实施的 3 项行为，即私下操纵价格并控制产出和出口量、盗用美国钢铁公司的高强度钢的商业机密、使用虚假的原产地名或制造商名称。针对这些指控，美国钢铁公司向 ITC 提出救济申请，如尽早立案调查，安排并召开听证会议，颁布永久有限排除令、颁布永久禁止令等。

钢铁是技术比较成熟的传统行业，知识产权风险相对较低，所谓知识产权侵权指控完全没有事实依据。美国钢铁公司之所以此时向 ITC 提起“337 调查”，其背后可能是钢铁产能过剩所引发的系列问题。中国是世界产量第一的钢铁大国，尽管中国近年来一直在为改善钢铁产能过剩而努力，但仍有不少国家认为中国过剩的钢铁产能以及大量钢铁产品出口对其自身的钢铁行业形成冲击，美国就是其中的代表。

上述三大诉由与常见的“337 调查”涉及的专利侵权不同，以其中任何一项诉由起诉的案件在“337 调查”中都属于较为少见的案例，而将这三者合在一起发起诉讼就更为罕见。“在过去的十几年时间内，我国企业一直是大量“337 调查”瞄准的对象，这起案件是在全球范围内钢铁产能过剩的大背景下，美国企业对市场利益的巨大博弈。同时对中国数十家企业提起诉讼，并向 ITC 递交了大量资料和证据，足见对方处心积虑。”与以往“337 调查”案件调查进口商品是否涉嫌侵犯美国本土工业的知识产权不同，起诉书中夹杂了所谓商业秘密的指控。明眼人不难看出，商业秘密的指控不过是为了增加调查立案的保险系数，该案的关键还是反垄断和不公平竞争等内容。

【分析】

在很多产业领域，美国很多企业都曾指责包括中国企业在内的多国企业窃取其商业秘密，因此，中国企业此时不要乱了阵脚。具体来说，需要中美律师联合起来研究、搜集证据，确定抗辩策略，有效进行抗辩；希望中国企业抛弃不愿意打官司的文化心理，积极应诉，通过专业律师的努力，保住自己的市场份额。同时，企业也要吸取教训，连传统的钢铁企业都遭遇知识产权调查，那么任何企业都必须注重日常的知识产权保护基础性工作，只有平时注意一点一滴积累，才能在法庭上拿出证据，积极有效抗辩。中国钢铁企业不要抱有侥幸心理，一旦被排挤出美国市场，对整个钢铁产业来说都是坏事。

要针对不同的诉由提出不同的解决方案。对于对方指责中国钢铁企业窃取其商业秘密，可有两种应对方法：第一，中国企业在不泄露自己商业秘密的前提下，证明自己的产品是完全按照自己的技术、工艺、流程生产出来的，没有必要窃取美国的商业机密；第二，根据谁主张谁举证原则，美国企业必须提供必要、充分、完整、准确的相关证据，以证明中国企业窃取了他们的何种商业机密，以及是如何窃取的。如果他们不能举证或者所举证据不符合相关要求，其主张就不能成立。至于其他指控，同样需要证据。否则，胜诉的就是中国企业。在此过程中，中国企业还可以借助协商等途径与美国有关企业进行沟通，消除误解。在目前 ITC 的程序规则中，对于商业秘密范围的划定并没有明确的时间节点，主持“337 调查”的行政法官往往依据程序规则和相关规定及其在案件初期公布的基础规则和进度表来审理案件和控制案件进程。这一客观情况的存在，可能会使得原告利用 ITC 规则的漏洞，推迟披露或者反复修改商业秘密范围，导致被告无法尽早形成有效的应对策略，还可能使得商业秘密范围过宽导致开示成本升高，对被告形成非常不利的局面。这是应对商业秘密案的“337 调查”必须特别注意的一点，中国涉案企业也应有所准备。以往经验表明，高度尊重调查程序和积极与行政法官沟通对打赢一场官司非常重要。在美国，行政法官在“337 调查”案中的地位举足轻重，尊重调查的取证、控辩等一系列程序对于胜负的影响在很多时候甚至是决定性的。

资料来源：中企遭遇美国“377”调查应如何应对？［EB/OL］.［2016-05-11］.news.gqsoso.com/qita/20165/511113310756473.shtml.

第一节　商业秘密与未披露信息的含义与特点

商业秘密是企业生存的生命线。普华永道对公司信息泄露做的一次调查显示，全球报告自有数据丢失或怀疑丢失的公司约有 40%，平均损失 35 万～40 万美元。大部分泄露事件发生在北美，但亚洲公司数量也占到了 13%，而且盗版和仿冒日益猖獗，从另一方面说明商业泄密无孔不入，因为先得有人把某个特定产品从原生产厂家偷出来，然后别人才能仿冒。商业泄密民众缺乏保密意识固然是其原因之一，日前企业界普遍存在的业务外包、人员流动、新科技产品的开发应用更是加剧了商业秘密管理的难度。

一、商业秘密与未披露信息的含义及认定标准

（一）商业秘密与未披露信息的含义

《中华人民共和国反不正当竞争法》（1993）第 10 条规定："商业秘密（Trade Secrets）是指不为公众所知悉、能为权利人带来经济利益、具有实用性并经权利人采取保密措施的技术信息和经营信息。"其中技术信息，指专有技术、技术诀窍。它主要包括大家熟知的配方、研究开发的文件，如会议纪要、实验结果、检验方法等、图纸、改进的机器设备、工艺程序、产品。经营信息，是指技术秘密以外的能够构成商业秘密的其他信息。它包括客户情报、其他与竞争和效益相关的商业信息，如采购计划、供货渠道、重要的管理方法等。商业秘密是企业的财产权利，它关乎企业的竞争力，对企业的发展至关重要。TRIPs 协议规定了对"未披露信息"的保护。协议中所指的"未披露信息"主要是指商业秘密，但其所指的范围比一般定义中的商业秘密的范围广。未披露信息是指具有一定秘密性、一定商业价值并经权利人采取保密措施的技术信息、经营信息、呈送给政府或政府机构的数据，以及批准销售利用新型化学物质制造的药品或农业化学品，经巨大努力而取得的未公开的实验数据或其他数据的总称。

（二）商业秘密与未披露信息的认定标准

商业秘密的载体是承载商业秘密的物理介质。商业秘密的载体可以有纸张、磁带、磁盘、光盘、胶片、硬盘等多种形式，但其实质内核则是这些形式所反映出来的知识和信息，商业秘密的真正价值不在于承载它的物理介质，而在于物理介质承载的知识和信息，而这些知识和信息又被用于和可用于特定的领域和目的—商业和营利。对商业秘密的使用和消费。不同于有形财产：对房产、食物、机器等有体物的使用会使其自身产生消耗，而知识和信息则可以无限次地反复使用。无形性是商业秘密与其他知识产品的共性，不会产生物理上的消耗。由于商业秘密是通过诉讼程序得以证明的权利，因此商业秘密的内容必须体现在某种载体中，通过载体说明商业秘密的内容以及需要保护的范围。

从历史发展的角度而言，商业秘密的内容可以以逻辑语言的形式存在于相关人员的思维记忆之中，通过口头的方式对该商业秘密进行传授，但是这种方式和现在的社会生产方式是不相适应的，只能限于自己使用或者家族内部小作坊生产方式。而商业秘密价值性的体现在于其能投入到生产流通领域中，因而其载体的表现方式也由纸质书面的形式向电子化的形式

进行发展，在以企业个人进行商业合作形成的“动态联盟”中，商业秘密的传送和使用都离不开计算机网络，而且很有可能保存在网络中，除了普通商业秘密的载体，如图纸、资料外，网络也会成为动态联盟的商业秘密的一个重要载体。

对于商业秘密的客体，我国将其主要区分为技术信息和经营信息。1993 年《反不正当竞争法》第 10 条的规定中就直接将商业秘密的客体区分为技术信息和经营信息。在 1995 年国家工商行政管理局《关于禁止侵犯商业秘密行为的若干规定》中规定，“本规定所称的技术信息和经营信息，包括设计、程序、产品配方、制作工艺、制作方法、管理诀窍、客户名单、货源情报、产销策略、招投标中的标的及标书内容等信息”。

根据《反不正当竞争法》第 10 条第 4 款对商业秘密内涵的界定，依据其四个要件，即秘密性、价值性、实用性和保密性，认定涉案商业秘密是否是法律上的商业秘密。权利人往往容易举证证明其主张的商业秘密具备价值性、实用性，但对于秘密性和保密性两个要件，尤其是保密性这一要件则举证能力较差，而被告的抗辩理由则相对较强，因而法院会认定该商业秘密不构成法律意义上的商业秘密。判断客户名单是否构成商业秘密，法院根据权利人是否对该客户名单进行整理、是否具有特定性等情况认定、是否构成经营性商业秘密。

二、商业秘密与未披露信息的特点

商业秘密和其他知识产权（专利权、商标权、著作权等）相比，有着以下五个法律特征：

第一，秘密性，不为公众所知悉。商业秘密的前提是不为公众所知悉，而其他知识产权都是公开的，对专利权甚至有公开到相当程度的要求。我国《反不正当竞争法》对商业秘密的定义是，要求其“不为公众所知悉”，这是商业秘密最基本的特征。

第二，非排他性。商业秘密是一项相对的权利。商业秘密的专有性不是绝对的，不具有排他性。如果其他人以合法方式取得了同一内容的商业秘密，他们就和第一个人有着同样的地位。商业秘密的拥有者既不能阻止在他之前已经开发掌握该信息的人使用、转让该信息，也不能阻止在他之后开发掌握该信息的人使用、转让该信息。

第三，价值性和实用性，能为权利人带来经济利益，即能够为权利人带来现实的或者潜在的经济利益或者竞争优势。

第四，实用性，商业秘密的实用性，主要是指作为其组成内容的技术信息和经营信息必须能够在生产和经营中得到应用，并且能产生积极的效果。

第五，期限保护。商业秘密的保护期不是法定的，取决于权利人的保密措施和其他人对此项秘密的公开。一项技术秘密可能由于权利人保密措施得力和技术本身的应用价值而延续很长时间，远远超过专利技术受保护的期限。

三、商业秘密与未披露信息的构成要件

（一）TRIPS 协议规定了对“未披露信息”的保护

协议中所指的“未披露信息”主要是指商业秘密，但其所指的范围比一般定义中的商业

秘密的范围广。TRIPS 协议第 39 条第 2 款规定，未披露信息须符合下列三个条件：在一定意义上，其属于秘密；因其属于秘密而具有商业价值；合法控制该信息之人，为保密已经根据有关情况采取了合理措施。

（二）秘密性

这是商业秘密的核心特征，也是认定商业秘密的难点和争议的焦点。未披露信息是指，具有一定秘密性、一定商业价值并经权利人采取保密措施的技术信息、经营信息、呈送给政府或政府机构的数据，以及批准销售利用新型化学物质制造的药品或农业化学品，经巨大努力而取得的未公开的实验数据或其他数据的总称。法律规定的“不为公众所知悉”即指商业秘密的秘密性，是指权利人所主张的商业秘密未进入“公有领域”，非“公知信息”或“公知技术”。秘密性是商业秘密与专利技术、公知技术相区别的最显著特征，也是商业秘密维系其经济价值和法律保护的前提条件。一项为公众所知、可以轻易取得的信息，无法借此享有优势，法律亦无须给予保护；一项已经公开的秘密，会使其拥有人失去在竞争中的优势，同样也就不再需要法律保护。

关于商业秘密的保护，西方已经有较长的历史传统。在美国，商业秘密的保护可以追溯到 1868 年。美国《侵权法（第一次）重述》指出，商业秘密是指能在商业活动中使得使用人获得竞争优势的各种信息，可以是任何配方、图形样式或任何信息的汇编产品。美国最早在 Abbot Laboratories v.Norse Chemical Corporation 一案中确立了判定商业秘密需要考虑的六大因素：该信息在企业外部的知悉范围；该信息被雇员知悉的范围；为了保护该信息的秘密性而采取的保密手段程度；该信息对信息所有者及其竞争对手的价值；开发该信息时所花费的精力和金钱的数量；该信息被正当获得或复制的难易程度。日本在 1990 年修订的《不正当竞争防止法》中指出，商业秘密是在商业上具有实用性、被作为秘密进行保守、不为一般公众所知悉的技术信息和经营信息，如制造和销售方式。我国台湾地区《营业秘密法》规定，营业秘密（意同商业秘密）系指方法、技术、制程、配方、程序设计或者其他可用于生产销售或经营之信息，而符合下列要件者：第一，非一般涉及该类信息之人所知者；第二，因其秘密性而具有实际或潜在之经济价值者；第三，所有人已采取保密措施者。可以看出，上述关于商业秘密的立法或司法实践中，均突出了保密措施对于商业秘密的构成意义。同样，我国对商业秘密的认定，也强调了保密措施的重要意义，我国《反不正当竞争法》将商业秘密定义为不为公众所知悉、能为权利人带来经济利益、具有实用性并经权利人采取保密措施的技术信息和经营信息。其中，所谓“保密措施”，是指权利人为防止信息泄漏所采取的与其商业价值等具体情况相适应的合理保护措施。关于保密措施，最高人民法院在（2011）民申字第 122 号案件中指出，符合《反不正当竞争法》第 10 条规定的保密措施应当表明权利人保密的主观愿望，并明确作为商业秘密保护的信息范围，使义务人能够知悉权利人的保密愿望及保密客体，并且在正常情况下足以防止涉密信息泄露。可以看出，符合法律要求的保密措施必须满足三个条件，即保密愿望的主动性、保密范围的明确性和保密手段的可靠性。

1. 保密愿望的主动性

所谓保密愿望的主动性，是指商业秘密的权利人必须有将信息作为秘密进行保护的主观意识，而且这种意识能够外化为一定的具体行为可被他人感知。商业秘密是权利人采取保密措施加以保护而存在的无形财产，具有易转移性以及一经公开永久丧失等特点，而保密措施是保持、维护商业秘密的主要手段，这就决定了权利人必须时刻以积极、主动的态度谨慎维护商业秘密的保密状态。如果权利人自己都怠于保密，那么就不再满足秘密性的构成要件而难以构成商业秘密。因为，某项财产性权益属于某个特定的主体，只有该主体确实将其作为财产来对待时，才谈得上法律对其财产权进行保护；如果权利人本身并没有将其作为财产看待却要求法律进行保护，显然是荒谬的。那么，保密愿望的主动性如何认定呢？这种主动性应当体现为一种积极、相对独立并且具有明确目的的行为，一般可以通过以下行为得到印证和体现：限定涉密信息的知悉范围，只对必要接触的人员告知其内容；对于涉密信息载体采取加锁等防范措施；在涉密信息载体上标有保密标识；对于涉密信息采用密码或者代码；签订保密协议；对于涉密的机器、厂房、车间等场所限制来访者或者提出保密要求。

2. 保密范围的明确性

所谓保密范围的明确性，是指商业秘密的权利人对所要保护的商业秘密的内容和范围有明确指向和清晰界定。例如，提出保密要求或者签订保密协议时指明涉密信息范围、种类、密级、管理职责、违规处罚等。在司法实践中，很多企业通过与劳动者签订竞业限制协议作为保护商业秘密的一种措施，这就产生了一个问题：单纯的竞业限制协议能够构成商业秘密的保密措施吗？

3. 保密手段的可靠性

保密手段的可靠性，是指保密措施的强度达到了合理的程度，如保存涉密信息的载体加密、保存涉密信息载体的场所隔离并设置警卫、接触涉密信息需要申请相应的权限等等。相反，如果将一些需要保密的材料标明“保密”但又将其随意堆放在他人可以随意参观、出入的办公场所，就不能认为权利人采取了强度合理的保密措施。美国判例认为合理的保密措施包括：（1）把接近商业秘密的人员限制到极少数人；（2）利用物质障碍使非经授权人许可的人不能获取任何关于秘密的知识；（3）在可行的情况下，限定雇员只接触商业秘密的一部分；（4）在所有涉及商业秘密的文件上，都用表示秘密等级的符号将其一一标出；（5）要求保管商业秘密文件的人员采取妥善的保护措施；（6）要求有必要得知商业秘密的第三人签订适当的保密合同；（7）对接触过商业秘密又即将解职的雇员进行退出检查。必须指出的是，保密手段的可靠性是相对的，并不苛求权利人采取天衣无缝的极端保密措施。因此只要权利人采取的保密措施使得他人以合法手段难以取得相关信息，权利人的保密措施就可以被认为是合理的。

4. “公众”的相对性

首先是公众在主体上的相对性与中国《反不正当竞争法》立法宗旨相吻合，《反不正当竞争法》调整的是竞争者之间的竞争行为。因而商业秘密相对的“公众”当然不是泛指社会上不特定的多数人，而是指该信息应用领域的竞争者，即同业竞争者。构成商业秘密的信息并不是指除了合法持有人以外没有任何人知悉。而是指该信息在本行业或本领域内不为公众所知。具体地说，公众是指同业竞争者，非竞争者如一般公民和组织被排除在外。即使竞争者也仅仅指同行业、同领域的能够凭借该信息取得经济利益的企业、科研机构或个人。但是从事与该信息有关的技术开发、经营管理活动的科技人员、生产人员、销售人员、管理人员知悉该信息不影响其秘密性。其次是公众在地域范围上的相对性。由于中国地域辽阔，不同地区经济文化、科学技术的发展很不平衡，有的技术在沿海地区和经济发达地区早已推广应用成为公知技术，而在一些边远地区和经济欠发达地区可能还鲜为人知，属于先进技术。和国外相比，则中国与世界先进国家在科技方面存在着很大差距。某些国外即将淘汰的技术，被中国企业引进之后，可能被当作先进技术，具有秘密性。因此，秘密性的地域范围并不是像专利发明的新颖性那样，有一确定的空间标准，而是随着个案中涉及的有利益冲突的主体的性质的不同而不同。例如，当所涉及的是两个跨国公司的竞争关系时则应考虑世界范围内的相关公众。如果涉及的是一个国家的两大企业之间的竞争关系，则应考虑这个国家的公众。

5. 秘密性的相对性

商业秘密作为一种以秘密状态保守的知识产权，无法以一个硬性的、绝对的标准衡量其秘密性，因此，我们对其秘密性的理解是相对的而不是绝对的。这种相对性具体体现在以下四种情形中，换句话说，在以下四种情形中，尽管从形式上，该信息为权利人以外的其他人知悉，但并不能由此否认该信息是商业秘密，侵权方以此作为非罪的抗辩理由的，不能成立。这四种情形是：第一，独立多重发明。由于商业秘密的特殊性，会出现权利人和他人各自都以为自己是该商业秘密的唯一权利人，或者相互之间发生横向关系共同采取保密措施的，这种情形通常被称为“独立多重发明”。第二，反向工程。根据商业秘密权利人投入市场的产品，有人通过自己的研究发现该产品的商业秘密，并且同样作为秘密管理，即为“反向工程”。第三，商业秘密的使用与管理中，一定限度的公开。在商业秘密的使用与管理中，一定限度的公开是无法避免的，如一个厂商在使用某商业秘密时，不可避免要有一些工厂中的员工接近、掌握该秘密。第四，为其他行业、专业领域知悉。商业秘密的秘密性是在同一知识水平、同一专业技术知识领域内而言的，因为一种经营信息或技术信息，可能对于一个外行人来说，没有任何意义，也不会利用它实现某种利益目的。例如，一个出版商的客户名单，对于竞争对手如获至宝，对于并非该行业的人来说，可能一文不值、毫无意义。又如，苏联一种军用的合金材料含有非常重要的技术信息，以它的下脚料制作的一种民用挂衣钩在民用领域却从未意识到对该信息的保密问题，后为美国从中获取。在上述的情形中，仅限于相关当事人是以不违反诚实经营的方式而知悉，如果是有意以此作为侵犯他人商业秘密的手段的，仍然属于违法行为。

（三）采取了保密措施

商业秘密的保密性是指，商业秘密经权利人采取了一定的保密措施，从而使一般人不易从公开渠道直接获取，该要件强调的权利人的保密行为，而不是保密的结果。保密性的客观存在，使得竞争对手在正常情况下通过公开渠道难以直接获悉该信息。如果权利人对一项信息没有采取保护措施，对该项信息采取放任其公开的态度，则说明他自己就不认为这是一项商业秘密，或者其并不要求保护。

（四）实用性

实用性是指商业秘密的客观有用性，即通过运用商业秘密可以为所有人创造出经济上的价值，具有确定的实用性，是实现商业秘密价值性的必然要求。一项商业秘密必须能够用于制造或者使用才能为其持有人带来经济利益。正由于商业秘密的实用性，谁只要掌握了商业秘密，谁就必然可以将之用于实践，所以在人才流动中商业秘密的侵权才变得如此容易和广泛。

实用性条件要求技术信息、经营信息具有确定性，它应该是个相对独立完整的、具体的、可操作性的方案或阶段性技术成果。实用性还体现在商业秘密必须有一定的表现形式，如一个化学配方、一项工艺流程说明书和图纸、制造产品的技术方案、管理档案等等。实用性并不要求权利人对商业秘密的现实利用，只要该信息满足应用的现实可能性即可。

实用性与价值性是密切相关的，实用性是价值性的基础，没有实用性就谈不上价值性。所以，尽管商业秘密的价值性是包括将来的、潜在的价值，但同样要求这种价值是具体的，根据科学的推断是可预期的，商业秘密必须能够运用到一定行业，从而产生实际的经济价值，没有实用性的经营信息和技术信息，抽象的概念、原理、原则，如不能转化为具体的可以操作的方案，就不能称之为商业秘密，是不能获得法律保护的。

（五）价值性

价值性是商业秘密的本质特征。能为权利人带来经济利益，这指的是商业秘密的价值性，是法律保护商业秘密的目的。首先，商业秘密能给权利人带来的经济利益往往体现为因竞争优势所带来的经济利益。其次，该经济利益不但包括应用商业秘密已带来的经济利益，而且也包括虽未应用但一旦应用必然取得的良好成果。商业秘密的价值性包括“现实的或者潜在的经济利益或者竞争优势”，不以现实的价值为限。能够为权利人带来经济利益，这正是商业秘密的可受保护的财产利益。对经济利益的追求是权利人取得商业秘密并努力维护所享有的商业秘密权的内在动力。商业秘密的权利人在开发研究商业秘密的过程中，已有明确的工业化或商业化目标，这无疑是出于谋求经济利益的考虑。从商业秘密的实施利用结果来看，权利人因使用了自己所掌握的技术秘密或商务信息取得在市场竞争中的优势地位。例如，在技术上，含有技术秘密的新产品、新材料、新工艺使其在同类产品中拥有性能稳定、质量可靠的特点，或者能够降低产品成本、节约原材料；在商务方面，经营信息的持有和运用能够拓宽商品销路或提高商品销售价格；在经营管理上，商业秘密的运用能够提高劳动生产率，开源节流，促进生产要素的优化组合，等等。商业秘密持有人可以从上述几个方面使自己在竞争中处于更有利的地位，创造更多的利润。而合法持有人以外的他人也有可能以这些信息的使用谋取非法利益，保护商业秘密的意义就是禁止他人从这些信息中取得不正当的经济利益。

资料 7.1

从美国判例看商业秘密合理保密措施的证明

一、商业秘密合理的保密措施

保密措施是创设雇员和雇主之间的保密关系以及为法院保护原告的商业秘密提供依据。一定程度上来说，正是保密性或者管理性创设了商业秘密。在商业秘密案件中，原告多多少少都能证明自己采取了保密措施来保护自己的商业秘密信息，但原告的举证难点在于，不仅要向法院证明自己采取了保密措施，而且要证明这些措施在特定的环境下是“合理的”。“合理的”才是原告的举证重点所在。然而，合理与否是一个弹性极大的词，法律并不要求当事人采取一切可能的保密措施。“判断原告是否采取了合理的保密措施，这个问题取决于每个案件的具体情况，并需要考虑要求保护的信息的性质以及原被告双方的行为。”看起来，对于合理的保密措施的证明也不存在事先的标准了。

对于判断保密措施是否合理的标准，笔者认为，可以借鉴美国法院的做法。这个标准就是——“对于雇主而言，只要使雇员认识到他所接触的信息的商业秘密状态，那么雇主对商业秘密就尽到了合理的保护”。类推的话，应该说，只要合理的第三人能够意识到他正在或将要接触到的信息是他人的商业秘密，那么商业秘密的持有人的保密措施就是合理的。在这里要强调的是，不论是雇员还是社会上的一般人，对他人的商业秘密所需要尽到的合理的注意义务。

通过一个具体的案例来看雇员和第三人的合理注意义务以及保密措施合理与否的判断。在 USM Corp V. Marson Fastener Corp 案中，原告 USM 公司对其商业秘密的保护不能说是尽善尽美的，比如，公司禁止员工未经允许携带物件出厂，但是保安人员并不经常检察员工的公文包和饭盒。主张商业秘密保护的机械产品和工厂的其他设备摆放在一起，也没有采取其他措施限制员工接触该产品。机械图纸等也未标识秘密字样。与员工的保密协议也没有对要求保密的内容进行准确的定义和描述，等等。

但是法院仍然认为原告尽到了合理的保密义务。理由是：尽管保密协议内没有将特定的信息命名为商业秘密，但是法院发现协议的条款涵盖了制造工艺里的所有秘密信息，这样的协议至少能让雇员意识到其工作内容涉及商业秘密。

被告的获取手段起了很大的作用。法院发现，在被告通过引诱 USM 公司雇员泄密和得到详细加工图纸以前，被告仿制原告包涵商业秘密的机械设备的行为一直没有获得成功。正是其不正当获取商业秘密的行为，证明了原告保密措施的合理性。法院认为，被告的行为与原告的保密措施是否合理有密切的关系。

法院指出，保密措施需要的是最佳而不是最多。超过了一个最佳的合理范围，直接或间接的保密成本就会超过值得保密的商业秘密本身的价值。

由此，可见对于权利人的保密措施而言，除了秘密信息的持有人需要尽可能的采取可能的保密措施对商业秘密进行管理以外，我们还应该注意雇员和一般人员应该尽到的合理注意义务。在商业秘密法领域，不论对于权利性质如何争论，公平和正义永远是其不能忽视的立足点。在要求权利人采取保密措施的同时，也要强调雇员本身的职业道德和操守。

二、判断保密措施合理与否的参考因素

虽然保密措施是否合理必须依赖案件的具体事实进行判断，但是，由于权利人可采取的保密措施的有限性，对于保密措施是否合理，笔者认为可以借鉴美国案例的做法，将下列因素作为具体案件的参考。如是否有明确的合同限制信息的披露；用来防止未授权信息披露的情况，从中可知未经权利人允许，未来的在披露是被禁止的；信息处在公共领域的程度或者第三方通过专利方面的信息，公开市场是否能“轻易获取”。

也可以看原告是否：要求雇员签订保密协议或通过其他方式告知信息的秘密性；对重要的生产区域，或者文件标识、警告标志，或者其他提示注意的符号；对外来访客的

参观访问采取一定措施，如要求签订保密协议，禁止对厂房或重要生产流程的参观，对商业秘密进行分割等。这样，某一步骤或者某一个人的泄密不会导致商业秘密整体的泄露。对原材料的名称进行处理，撕毁名称或者以代码标识。

需要注意的是，不论原告在诉讼之前采取了多少的保密措施，是上面所列参考因素的全部还是仅仅是以上的一种或几种，判断商业秘密的保密措施是否合理，仍然需要根据具体的案情进行个案分析。

三、合理保密措施的证明

具体到诉讼过程中，原告可以提出下面的证据来证明其采取的保密措施是合理的：

（一）保密措施合理性的直接证据

1. 被告的不正当获取行为——保密措施的合理性问题与不正当获取行为之间成正比关系，被告采取不正当的手段获取原告的商业秘密，本身就足以说明他通过正当方式无法获得商业秘密，足以说明原告的保密措施是合理的。从另一个角度来说，被告的手段越不正当，原告的保密措施就越完备。Electro-Craft Corporation V. Controlled Motion 案中，法院就是从这样一个事实中认定原告的保密措施是合理的，即，在采用诱骗、收买的方式得到原告的机械图纸和前雇员之前，被告未能成功仿制出原告的机械设备。

2. 商业秘密信息足够的秘密性

如果该信息的价值和保密性非常明显，那么商业秘密持有人采取具体保密措施这一证据也许就不必要了。显然，如果一个秘密信息知道的人非常的少，几乎无法从外界通过正当手段获取，足够的秘密性本身就是保密措施合理的说明。

（二）保密措施合理性的间接证据——当事人之间的信任关系

需要特别注意的是，原被告之间的关系对于保密措施的影响。这种特殊关系是保密措施证明过程中一个很重要的间接证据。显然，当人们越信任一个人的时候，越不设防。那么，秘密信息的对象也负有不滥用这种信任的义务，违背保密关系。（商业秘密法）中一个毋庸置疑的趋势是在经济活动中认可和贯彻较高的商业道德准则。当事人之间的关系越亲密，法律对保密措施的要求就越少。

Elm City Cheese Company V. Mark Federico 一案中就是信任关系对保密措施合理与否影响的一个实例。案中，原告 Mark Federico 曾经是 Elm 奶酪公司的副董事长和会计师。在任职于 Elm 公司的同时，Mark Federico 也创办了自己的奶酪公司，采用与 Elm 公司同样的生产工艺，使用同样的奶源制造奶酪，并且销售给原告的客户。本案的特点在于，原告几乎未采取传统的保密措施来保护自己的商业秘密，于是，法院着重分析了原被告之间特殊的关系，认定被告存在保密义务。基于 Federico 和 Weinstein 之间持续数年之久的亲密关系，Elm 公司有理由相信 Federico 不会侵占它的奶酪生产工艺和其他方面的商业秘密，因而，尽管 Elm 公司没有对 Federico 通过进一步的措施去保护其拥有的商业秘密，它仍然符合“根据具体情况采取合理保障措施”的要求。原被告之间的关系产生默示的保密合同。

资料来源：罗妮佳. 从美国判例看商业秘密合理保密措施的证明［J/OL］. 中国知识产权，2014，85［2014-03］. http://www.chinaipmagazine.com/journal-show.asp?1884.html.

资料 7.2

计算机软件必然构成商业秘密吗?

公司开发计算机软件，软件作品自创作完成之时起便自动享有著作权。那么，享有著作权的软件作品是否同时可以被视为公司的商业秘密？近日，上海市高级人民法院（下称上海高院）知识产权庭对该庭受理的首例行政上诉案作出终审判决，驳回上诉、维持原判。上海市某区市场监督管理局（下称区市场监管局）应撤销对上海管易软件科技有限公司（下称管易公司）作出的侵犯商业秘密行政处罚决定。

2012 年 2 月，上海市工商行政管理局某区分局（下称区分局）接到商派网络科技有限公司（下称商派公司）和酷美（上海）信息技术有限公司（下称酷美公司）的举报，称管易公司恶意高薪聘请上述两家公司的员工，得到了这两家公司共同研发的“分销王”等软件的源代码，并在网站上进行了虚假宣传，严重侵犯其商业秘密。接到举报后，区分局对管易公司的电脑进行取证。后经鉴定，管易公司电脑中文件“可以认定的部分”与举报人提供的“分销王”等相关软件代码相同，可视为来自同一来源，且存在“分销王”等软件开发文档需求说明书等文档。

2015 年 6 月 25 日，区市场监管局对管易公司作出行政处罚：管易公司在网站发布不实信息的行为构成虚假宣传，罚款一万元；“分销王”等软件的源代码和涉案开发文档属于商业秘密，管易公司实施了侵犯商业秘密行为，责令停止侵权行为，并罚款两万元。管易公司对行政处罚决定不服，向上海知识产权法院提起行政诉讼。

上海知识产权经法院审理后认为，区市场监管局就原告虚假宣传行为所作的行政处罚决定正确。但商派公司和酷美公司未指明其软件中哪些技术信息是其保护的秘密点，而区市场监管局也未确定技术信息的范围，无法对其是否达到“不为所属领域的相关人员普遍知悉和容易获得”的商业秘密程度进行判断，故对于管易公司构成商业秘密侵权的认定有误，因此“责令停止侵权行为”“罚款人民币两万元整”的行政处罚决定应予撤销，实际变更为因虚假宣传罚款 1 万元。区市场监管局、商派公司和酷美公司不服一审判决，向上海高院提起上诉。

商派公司和酷美公司上诉称，涉案源代码系自主研发，研发成本、市场价格和市场占有率均较高。两家公司均与员工签署了保密协议，采取了保密措施。而被上诉人通过招聘上诉人原员工的方式获取了涉案源代码，根据“接触+实质相似”的原则，应该认定被上诉人实施了侵犯商业秘密的行为。

上海高院认为，商业秘密是指不为公众所知悉、能为权利人带来经济利益、具有实用性并经权利人采取保密措施的技术信息和经营信息。在本案中，区市场监管局应当首先证明涉案信息处于“不为公众所知悉”的状态，即客观上无法从公共渠道直接获取，不能仅仅从持有人已采取了保密措施即推定相关信息必然不为其所属领域的相关人员普遍知悉和容易获得。“不为公众所知悉”是认定商业秘密的前提条件，如果涉案信息不符合该要件，就没有必要再对其是否符合商业秘密的其他要件进行认定。因此，区市场监管局作出的被上诉人侵犯他人商业秘密的行政处罚决定缺乏事实和法律依据。据此，上海高院作出驳回上诉、维持原判的终审判决。

计算机软件可以同时构成作品和商业秘密，分别受到著作权法和反不正当竞争法的保护。当计算机软件符合独创性、有形性、可复制性之智力成果的情况下，即构成作品。一旦构成作品，不论其是否被发表，均自其创作完成之时自动享有著作权。若软件权利人欲以商业秘密为途径寻求法律救济，则必须同时具备四个法定要件，即“不为公众所知悉”“能为权利人带来经济利益”“具有实用性”“经权利人采取保密措施”。这四个要件缺一不可，否则就无法获得《反不正当竞争法》保护。因此，软件构成商业秘密的条件比构成作品的条件要严格得多。换言之，符合著作权法规定的软件作品，可能无法被认定为商业秘密；而侵犯作品著作权的行为，也不一定同时构成侵犯商业秘密的行为。

本案为行政上诉案件，因此对本案的审理范围仅限于对一审判决及相关行政处罚的审查，并不涉及对被上诉人是否未经许可复制并使用他人软件，是否侵犯了他人软件作品著作权之民事行为的审查认定。如果软件权利人认为其软件著作权遭到侵犯，可以以侵犯著作权的民事侵权诉由，另行提起诉讼。

资料来源：计算机软件必然构成商业秘密吗？［EB/OL］.［2017-05-05］. http://www.nipso.cn/onews.asp?id=35997.

第二节　商业秘密的法律保护

一、商业秘密的法律性质

（1）商业秘密是一种特殊的知识产权。商业秘密与专利、商标权、著作权等传统的知识产权有相同之外，即都是人类智力活动的产物，其标的都是智力成果，都是无体的，都能够产生和创造出经济价值。从专利、版权、商标等大多数知识产权的保护来看，也都是在权利人的利益受到侵害时，在主张权利的过程中，才显示出这种无形产权的存在。对商业秘密与这些知识产权作为民事权利予以保护，并无本质上的区别。

（2）商业秘密又与专利、商标、著作权等传统的知识产权有不同之处，是一种特殊的知识产权。商业秘密必须是秘密的，必须是权利人采取有效措施严加保密的，才具有法律保护的价值，才能得到法律的保护。这也正是商业秘密特有的法律特征。

商业秘密与专利技术的区别与联系如表 7-1 所示。

表 7-1　商业秘密与专利技术的区别与联系

技术种类	商业秘密	专利技术
存在条件	保密	法律保护
时效性	无	有
地域性	无	有
保密性	保密	公开
技术要求	成熟的、行之有效的	新颖性、创造性、实用性
技术形态	动态的	静态的
存在方式	书面或人脑	书面

（3）商业秘密是一种财产性的权利。具有与有形财产一样的价值与意义。早期的英国判例就体现了这种学说，而美国更是该学说的代表，并有财产说与准财产说之分。财产说认为，商业秘密权在性质上与专利权、商标权、著作权并无二致，都是人类智力活动的结果，可以进行转让、继承、信托。准财产说认为，商业秘密权只具有类似于财产的性质，认定为准财产权，对它的保护来源于竞争法，而不是财产法。在日本，对商业秘密权有财产价值说、财产权说和相对财产说。财产价值说认为，商业秘密具有竞争财产的价值，虽不具有支配性，但其秘密性能使持有人获得竞争上的优势，类似于“事实上的财产”。财产权说认为，商业秘密是人类智力活动的结果，商业秘密权是一种无形财产权。相对财产权说认为，由于商业秘密权不具有独占性，不属于物权或准物权，但商业秘密的保护多基于契约，是否构成不正当行为也是根据行为人的主观状况及确保交易安全的需要，故应为相对的债权。侵犯商业秘密的行为会给权利人造成直接或间接的损失，包括信誉上的损害和经济上的损失。

二、商业秘密的法律保护途径

（一）根据《保护工业产权巴黎公约》进行保护

要求成员国利用反不正当竞争的原则保护商业秘密。

（二）通过《反不正当竞争法》保护

要求成员国利用反不正当竞争的原则保护商业秘密。《中华人民共和国反不正当竞争法》（1993）第 10 条规定，经营者不得采用下列手段侵犯商业秘密：以盗窃、利诱、胁迫或者其他不正当手段获取权利人的商业秘密；披露、使用或者允许他人使用以前项手段获取权利人的商业秘密；违反约定或者违反权利人有关保守商业秘密的要求，披露、使用或者允许他人使用其所掌握的商业秘密。

（三）通过判例法和成文法保护

判例法主要是与侵权法有关的判例，美国司法部曾经根据法院的一些判例，发表过一些准则，成为是否侵犯商业秘密的重要法律依据之一。成文法主要是指 1967 年美国国会通过的《自由信息法》（Freedom of Information Act）和《美国法典》第 18 篇的《商业秘密法》。

（四）通过合同法对商业秘密的保护

涉及商业秘密的合同有两种：商业秘密转让或商业秘密使用许可合同；雇佣合同。50%左右的商业秘密流失是人才流失造成的。商业秘密的流失，对权利人来说意味着经济利益的损失，而权利人经济利益的损失引发了商业秘密纠纷案件的增加，并且呈逐年加剧的趋势。可以与员工签订竞业禁止协议，约定员工离职后一定期限，或施行经济激励政策，如工作时间长，奖励基金越多。

（五）企业自身保护措施

1. 保密政策、保密制度与保密措施

广义的保密措施包括公司的保密政策、保密管理制度，以及具体采取的保密措施。完整、严密、可操作的系统文件不仅涉及企业的经营模式、管理制度，而且涉及与这些文件相

关的保密政策、“相关主管人签字”等保密管理制度，以及公司标志标识等具体的保密措施。

一方面，在现实的公司管理中，具体可采取的保密措施包括：

（1）在载有有关保密信息的载体上标有保密标志；

（2）对保密信息使用密码；

（3）对于信息载体加锁或者采取其他物理防范措施；

（4）在配方含量、算法、程序代码等核心商业秘密上采取技术措施加密，或拆分管理；

（5）对于保密信息的机器、厂房、车间等场所限制来访者或者对他们提出保密要求；

（6）签订具体的保密协议；

（7）某项信息限定了知密范围，只向必须知道的员工公开；

（8）涉及保密的其他努力。

实践中，即便采取了上述保密措施，也应监督保密措施的执行是否严格。避免出现以下情况：

（1）标有保密标志的文件仍可随意复制；

（2）加设的密码形同虚设，密码过于简单、通用密码或密码长期不变；

（3）知密范围疏于管理，员工以客户需要为名大量获取保密信息，或高级员工超越范围获取保密信息。

2. 专有信息内部控制与人力资源管理

某些企业具有较为完善的专有信息内部控制措施和制度，另一些企业具有高效的人力资源管理系统，但是从商业秘密保护角度我们发现，专有信息内部控制与人力资源管理必须紧密结合起来。这是因为实施商业秘密侵权行为的是具体的人，在针对信息（客体）而非员工（主体）的管理制度下，一旦员工侵犯企业商业秘密，将因为缺乏侵权主体与客体之间的联系而发生举证困难。企业员工跳槽，已经成为经济生活中的普遍现象，也是商业秘密被侵犯最常见的诱因之一。对企业而言，那些即将离职的员工是极度危险的。因为不论出于什么原因，他们都希望能够为自己以后的工作获取必要的资源；而且员工职位越高，其威胁越大。针对员工跳槽问题，企业应从人力资源管理的角度完善商业秘密保护制度，从而在发生员工跳槽、企业商业秘密被侵犯后，能够掌握必要的证据和法律依据，及时、有效地制裁侵权行为，尽量减少给企业造成的损失。

3. 企业文化与员工知识产权和保密意识

在当前网络环境下，信息的共享远比信息的控制来得容易。因此，某些企业往往采取较为严格的信息安全措施。例如，微软、西门子等公司是从硬件设备上防止员工拷贝公司资料。根据级别，大部分员工的电脑是不能安装软驱和移动硬盘接口的，这在跨国公司内是非常普遍的做法。对于即将离职的员工，跨国公司甚至国内公司的普遍做法是在通知员工离职前便冻结员工在公司的所有权限，联想裁员就是如此。在离职员工知道自己被解聘之前，公司便封掉了他在联想局域网上的账号，员工就不能进入公司的网络获取任何资料。在华为，差不多每年都会查出上百件侵犯商业秘密的事件，除了极少数非常恶劣的情况，绝大多数不会上升到法律层面。而且，这上百件侵权事件基本发生在国内的研发机构。相比其国内研发机构，华为国外的研发机构很少发生商业秘密侵权事件。华为看到，在欧美如果涉嫌侵犯企业的商业秘密，侵权的个人和企业会因为缺乏诚信很难生存下去。然而，国内尚未建立起深度诚信的环境，企业文化认同的基础离不开社会文化与法制环境。相比越来越多的跨国企业在中国设立研发中心，华为却不断将很多研发中心移到国外，其中当然包含很多因素。但是从某种角度来看，商业秘密保护不但透视出企业文化，而且能折射出我们的知识产权环境。

资料 7.3

竞业限制协议为商业秘密保护重要方法

商业秘密是很多企业的核心资产。商业秘密纠纷决定企业命运的案例屡见不鲜，中芯国际就是因与台积电的商业秘密纠纷一再失利，最终被迫将控股权拱手相让才求得和解。商业秘密的流动往往是因为员工的流动，因此对商业秘密的控制首要着眼点是对人的控制。传统保护商业秘密的措施如保密协议和离职前的脱密措施等，在员工离职尤其是加入竞争对手后的实施效果都难以令人满意。

竞业限制制度是为保护商业秘密对员工实施合法约束的重要方法。根据员工与企业劳动关系存续状况，竞业限制的法律依据是不同的。在劳动关系存续期间，应当适用《公司法》对特定身份人员所规定的竞业限制。根据《公司法》第 147 条规定，董事、监事、高级管理人员对公司负有忠实义务和勤勉义务；第 148 条规定，董事、高级管理人员未经股东会或者股东大会同意，不得利用职权便利为自己或者他人谋取属于公司的商业机会，自营或者为他人经营与所任职公司同类的业务。以上法条所称高级管理人员，根据《公司法》第 271 条解释是指，公司的经理、副经理、财务负责人，上市公司董事会秘书和公司章程规定的其他人员。此外，《劳动合同法》对员工忠诚义务的原则规定和第 91 条禁止劳动者同时与两家单位存在劳动合同关系的规定，通常也理解为对普通员工在劳动关系存续期间适用竞业限制的法律依据。

劳动关系解除后是否仍然可以适用竞业限制，无论是理论还是实践上都是商业秘密法发展史上的焦点问题，竞业限制的复杂性显露无遗。竞业限制保护的是企业的商业秘密，而受到直接影响的是劳动者的劳动自由，在这一对关系之间存在强烈紧张和冲突。“不可避免披露理论”是在竞业限制制度发展前期具有较大影响的理论，直接影响了部分重要判决的结果。1919 年宣判的伊士曼柯达诉保尔胶卷 Eastman Kodak Co. v. Powers Film Products，Inc.，179 N.Y.S. 325（N.Y. App.Div.1919）被认为是创立不可避免披露理论的里程碑。Warren 是在柯达工作 10 年并掌握核心胶卷技术的员工，柯达为阻止 Warren 加入竞争对手保尔胶卷而向法庭提起诉讼。纽约地方法院在判决中支持了原告的诉请，认为 Warren 加入保尔胶卷将不可避免使用和泄露柯达的商业秘密，唯有禁止 Warren 入职才足以保护原告的商业秘密。美国联邦第七巡回法院在 1995 年判决的另一起著名的百事可乐诉桂格与雷蒙德 Pepsi Co. Inc. V. William E. REDMOND，Jr. and The Quaker Oats Company 案中，根据原告诉请以原告前高管雷蒙德不可避免在原告竞争对手泄露商业秘密为由，发布了禁止雷蒙德在 6 个月内加入另一全球食品巨头桂格公司的禁令。

适用不可避免披露理论可以加强对企业商业秘密的保护，但也会明显限制劳动者就业选择、损害员工利益。通过协议方式对员工施加有条件的竞业限制则是一种良好的制度设计，这种制度设计为恢复企业和劳动者权利的平衡提供了可行的解决方案。2008 年生效的中国《劳动合同法》在第 23 条规定，“用人单位与劳动者可以在劳动合同中约定保守用人单位的商业秘密和与知识产权相关的保密事项。对负有保密义务的劳动者，用人单位可以在劳动合同或者保密协议中与劳动者约定竞业限制条款，并约定在解除或者终止劳动合同后，在竞业限制期限内按月给予劳动者经济补偿。劳动者违反竞业限制约定的，应当按照约定向用人单位支付违约金”。第 23 条规定使协议方式的竞业限制制度在中国经历多年争议，首次在法律层面得以确立。

竞业限制协议是法律特别规定的合同，和普通民事合同有共同点也有不同点。根据《劳动合同法》第 23 条的规定，竞业限制协议的生效需满足主体适格、双方意思表示一致、范围适度三个要件。

首先，竞业限制协议和普通民事合同一样是双方当事人的一致意思表示，在没有合意的前提下不能单方适用。尽管竞业限制协议在员工离职时才发生实际约束力，但用人单位如果在员工离职时才要求签署竞业限制协议会面临员工拒签的风险。一旦双方不能就竞业限制达成一致，企业是不能单方强制适用竞业限制的。有观点认为，单位支付经济补偿也是竞业限制协议生效的条件，但这种意见混淆了竞业限制协议的履行要件和生效要件。最高人民法院《关于审理劳动争议案件适用法律若干问题的解释（四）》（下称司法解释）第 7 条规定“当事人在劳动合同或者保密协议中约定了竞业限制和经济补偿，当事人解除劳动合同时，除另有约定外，用人单位要求劳动者履行竞业限制义务，或者劳动者履行了竞业限制义务后要求用人单位支付经济补偿的，人民法院应予支持”。根据基本法理和上述解释的规定，事先约定的竞业限制协议在员工离职时自动生效，单位是否支付经济补偿影响竞业限制协议是否依法履行但并不决定协议是否生效。

其次，竞业限制协议的生效还需劳动者主体适格，即作为竞业限制协议一方的员工需掌握企业商业秘密并具有特定身份。《劳动合同法》第 23 条规定，负有保密义务的员工才可以签订竞业限制协议。《劳动合同法》第 24 条第 1 款进一步规定“竞业限制的人员限于用人单位的高级管理人员、高级技术人员和其他负有保密义务的人员”。参照《公司法》第 147 条和第 271 条的规定，高级管理人员指“经理、副经理、财务负责人，上市公司董事会秘书和公司章程规定的其他人员”。但《公司法》是以员工身份作为是否承担在职期间竞业限制义务的单一标准，而《劳动合同法》第 24 条在高级管理人员、高级技术人员之外附加了“其他负有保密义务的人员”的兜底标准，使适用竞业限制协议的员工范围宽泛了很多。

最后，竞业限制义务的约定不能超过合理范围。《劳动合同法》第 24 条虽然规定“竞业限制的范围、地域、期限由用人单位与劳动者约定”，但同时规定了“竞业限制的约定不得违反法律、法规的规定”，范围限于“本单位生产或者经营同类产品、从事同类业务的有竞争关系的其他用人单位，或者自己开业生产或者经营同类产品、从事同类业务”，时间“不得超过两年”。如果竞业限制协议的约定超过了以上规定的合理范围，超过部分属于无效约定。

竞业限制协议的履行与解除。支付经济补偿是竞业限制协议中单位一方必须履行的义务。《劳动合同法》并未规定经济补偿的标准，很多地方和部门各自规定了从20%～60%不等的范围或最低标准，如北京高院和北京市劳动争议仲裁委员会《关于劳动争议案件法律适用问题研讨会会议纪要》第38条规定，按劳动关系终止前最后一个年度劳动者工资的20%～60%确定补偿费数额，上海高院在《关于适用〈劳动合同法〉若干问题的意见》第13条规定，按照劳动者此前正常工资的20%～50%。各地和各部门的规定虽然避免经济补偿过低的情况，但也造成适用标准的不统一。

司法解释第6条规定“当事人在劳动合同或者保密协议中约定了竞业限制，但未约定解除或者终止劳动合同后给予劳动者经济补偿，劳动者履行了竞业限制义务，要求用人单位按照劳动者在劳动合同解除或者终止前12个月平均工资的30%按月支付经济补偿的，人民法院应予支持。前款规定的月平均工资的30%低于劳动合同履行地最低工资标准的，按照劳动合同履行地最低工资标准支付”。实践中对该条规定的常见争议是平均工资是否包括奖金和补贴。参照《劳动合同法实施条例》第27条规定“劳动合同法第47条规定的经济补偿的月工资按照劳动者应得工资计算，包括计时工资或者计件工资以及奖金、津贴和补贴等货币性收入”。因此可以认为，司法解释规定经济补偿计算依据的月平均工资是包含年终奖和其他可期待的正常收入。

竞业限制协议的解除情形对单位和对劳动者来说是不同的。司法解释第8条规定“当事人在劳动合同或者保密协议中约定了竞业限制和经济补偿，劳动合同解除或者终止后，因用人单位的原因导致3个月未支付经济补偿，劳动者请求解除竞业限制约定的，人民法院应予支持”。因此，劳动者只能有条件的解除竞业限制协议，而且该项解除权是可以直接行使的实体权利还是向法院提起确认之诉的程序权利似乎还不够明确。司法解释第9条规定“在竞业限制期限内，用人单位请求解除竞业限制协议时，人民法院应予支持。在解除竞业限制协议时，劳动者请求用人单位额外支付劳动者3个月的竞业限制经济补偿的，人民法院应予支持”。由此可见，竞业限制期间单位支付3个月的经济补偿就可以不经劳动者同意而行使任意解除权。

竞业限制协议的违约责任。法院是否可以直接受理竞业限制协议纠纷的诉讼在实践中存在争议。《劳动争议调解仲裁法》第2条规定“因订立、履行、变更、解除和终止劳动合同发生的争议适用该法，应以劳动仲裁作为前置程序”，而最高院又将竞业限制纠纷划入2013年（最新）修订版的《民事案件案由规定》第六部分“劳动争议、人事争议”。按以上规定的思路，竞业限制协议纠纷属于劳动合同争议，应以劳动仲裁作为前置程序。

在单位违反竞业限制协议的情形，可同时适用司法解释第8条及第9条第2款的规定，即劳动者可请求解除竞业限制协议并请求额外支付3个月的经济补偿。在劳动者违反竞业限制协议的情形，则应适用司法解释第10条规定“劳动者违反竞业限制约定，向用人单位支付违约金后，用人单位要求劳动者按照约定继续履行竞业限制义务的，人民法院应予支持”。因此，单位除可要求劳动者按约定支付违约金外还可主张劳动者继续履行竞业限制义务。但在劳动者违约及泄密导致损失的情况下，就存在侵权责任和违约责任的竞合。一般来说在该种情况下单位应在侵权责任和违约责任中择一主张，避免劳动者因同一行为而重复承担不利后果。

用人单位在竞争对手明知其劳动者负有竞业限制义务仍予以雇佣情况下是否有权起诉竞争对手，同样是在理论和实践中都富有争议的问题。有观点主张适用《侵权责任法》第 8 条“二人以上共同实施侵权行为，造成他人损害的，应当承担连带责任”的规定。该观点的问题在于没有认清违反竞业限制协议的实质是违约纠纷，混淆了违约和侵权的界限。主张违约和注重侵权在法律依据、举证责任、程序规定等方面都有重大区别，不能在竞业限制协议纠纷中想当然适用《侵权责任法》的规定。值得参考的是《劳动合同法》第 91 条“用人单位招用与其他用人单位尚未解除或者终止劳动合同的劳动者，给其他用人单位造成损失的，应当承担连带赔偿责任”的规定。劳动合同的违约责任和竞业限制协议违约的情形并不完全相同，但也有很多类似之处。个人认为在能证明竞争对手存在恶意的情况下可以允许原单位要求竞争对手和劳动者承担共同责任。

资料来源：林华. 竞业限制协议为商业秘密保护重要方法［J/OL］. 中国知识产权，2015，101［2015-07］. http://www.chinaipmagazine.com/journal-show.asp？2220.html.

资料 7.4

客户名单构成商业秘密的认定

竞业限制是用人单位对负有保守用人单位商业秘密的劳动者，在劳动合同、知识产权权利归属协议或技术保密协议中约定的竞业限制条款，即，劳动者在终止或解除劳动合同后的一定期限内不得在生产同类产品、经营同类业务或有其他竞争关系的用人单位任职，也不得自己生产与原单位有竞争关系的同类产品或经营同类业务。限制时间由当事人事先约定，但不得超过两年。

竞业限制条款在劳动合同中为延迟生效条款，也就是劳动合同的其他条款法律约束力终结后，该条款开始生效。当事人在劳动合同或者保密协议中约定竞业限制条款的，必须同时约定经济补偿的内容。用人单位应当在终止或解除劳动者劳动合同后，给予劳动者经济补偿。该经济补偿标准、数额由当事人自行约定。在约定竞业限制条款时应当同时约定具体的违约责任的承担方式和内容，但不得再约定解除劳动合同的提前通知期。竞业限制的约定不得违反法律、法规的规定。

客户名单要成为商业秘密受到保护应当有着严格的条件，如果对不属于商业秘密的客户名单作为商业秘密来保护的话，不仅起不到商业秘密的基本作用，反而会促使不正当竞争行为的合法化。客户名单与其他商业秘密相比，公知性较强。它不像技术秘密，是对前所未有的方法的发现、发明，而是从已有的、现存的、公开的知识中分离出来的资料的集合。

如果客户名单仅仅只是复制社会上已有的通信地址集、厂商名录，而不具有独特性，这样的客户名单是不能成为商业秘密的，它属于全社会公有。只有通过花费自己大量时间、金钱、劳动，经过自己独特积累、搜集、加工、整理，使其具有独特性的客户名单才能成为企业的商业秘密。客户名单要构成商业秘密，也应具有价值性。客户名单成为商业秘密其中至关重要的一点就是企业自身把其当成商业秘密，并加以采取必要的保密措施。

如果企业自身在主观上就不认为其客户名单属于商业秘密，则不可能强调客观上该客户名单属于商业秘密。在主观认同的基础上，企业必须加强有关保密措施。且其所采取的保密措施是企业本身有意识的、连续的努力。

通常企业采取的保密措施有：思想措施（例如，对员工进行会议教育；对企业内部各级保密人员、保密工作者专门培训、发放保密手册等）、组织措施（建立保护商业秘密的管理体制）、制订保守商业秘密的规章制度、与员工签订保密合同等。需要强调的是企业对自身商业秘密的保护措施，这是判断企业信息是否属于商业秘密的根本特性。

可以认为，商业秘密的保密性是通过企业是否采取保护措施体现出来的。客户名单必须具有秘密性，使相对于不掌握该名单的人，产生了经济优势，否则不构成商业秘密，所以特定产品或服务的潜在客户，已经可以辨认，那么其身份不构成商业秘密。另一方面，那些特别的从而不容易模仿的客户情报，例如，有关消费者个人特殊需求的信息汇编，可以满足秘密性要求，构成商业秘密。

资料来源：客户名单构成商业秘密的认定［EB/OL］.［2015-08-06］. http://www.cnsymm.com/2015/0806/18477.html.

第三节　商业秘密的许可使用

和其他知识产权一样，商业秘密作为一种无形的资产可以由权利人许可他人使用，转换成现实利益。实践中，权利人许可他人使用其商业秘密一般都是通过订立技术转让合同的方式，约定双方的权利和义务，以及许可使用方式和其他相关事项。我国法律对许可使用合同的相关内容做了详细规定。在技术转让合同中，双方的权利和义务如下。

一、许可方的权利和义务

一般情况下，许可使用商业秘密中的让与人享有获取使用费、要求受让人依约定履行保密义务、在受让人违约时要求受让人承担相关违约责任等权利。

同时，根据我国法律相关规定，商业秘密许可使用人（技术让与人）让与人应当履行如下义务：

（1）提供技术资料，进行技术指导，保证技术的实用性、可靠性。我国《合同法》规定，技术转让合同的让与人应当按照约定提供技术资料，进行技术指导，保证技术的实用性、可靠性。最高人民法院关于印发全国法院知识产权审判工作会议关于审理技术合同纠纷案件若干问题的纪要的通知（法〔2001〕84 号）规定，技术转让合同让与人应当保证受让人按约定的方式实施技术达到约定的技术指标。

（2）承担保密义务。根据我国《合同法》和最高人民法院关于印发全国法院知识产权审判工作会议关于审理技术合同纠纷案件若干问题的纪要的通知（法〔2001〕84 号）的规定，技术秘密转让合同的让与人应当按照约定承担保密义务。但是，让与人的保密义务不影响其申请专利的权利，但当事人约定让与人不得申请专利或者明确约定让与人承担保密义务的除外。当事人之间就申请专利的技术成果所订立的许可使用合同，专利申请公开以前，适用技术秘密转让合同的有关规定；发明专利申请公开以后、授权以前，参照专利实施许可合同的有关规定；授权以后，原合同即为专利实施许可合同，适用专利实施许可合同的有关规定。

（3）保证提供的商业秘密不具有权利上的瑕疵。我国《合同法》第三百四十九条、第三百五十三条规定，技术转让合同的让与人应当保证自己是所提供的技术的合法拥有者，并保证所提供的技术完整、无误、有效，能够达到约定的目标。如果受让人按照约定使用技术秘密侵害他人合法权益的，由让与人承担责任，但当事人另有约定的除外。

（4）违反合同约定，应承担相应的违约责任。我国《合同法》第三百五十一条列举了几种违约责任。例如，让与人未按照约定转让技术的，应当返还部分或者全部使用费，并应当承担违约责任。

二、受让方的权利和义务

按照我国相关法律的规定，受让人在商业秘密许可使用中，应当履行如下合同义务：

（1）支付使用费。受让人首先应当按约定支付使用费。我国《合同法》明确规定了受让人支付使用费的义务，并规定如果受让人未按照约定支付使用费的，应当补缴使用费并按照约定支付违约金；不补缴使用费或者支付违约金的，应当停止使用技术秘密，交还技术资料，承担违约责任。使用费的数额一般应根据商业秘密的价值由合同双方当事人自愿约定。

（2）承担保密义务。秘密性是商业秘密的基本特征，也是商业秘密实现原本价值的前提条件。一旦公开，就成为公知信息，任何人都可以使用，这会给商业秘密权利人造成巨大的损害。我国《合同法》第三百五十条规定，技术转让合同的受让人应当按照约定的范围和期限，对让与人提供的技术中尚未公开的秘密部分，承担保密义务。

（3）按照合同约定使用商业秘密。合同生效后，商业秘密受让人应当根据合同约定的期限、地点、方式、范围等来使用商业秘密，否则就构成违约，将承担相应的违约责任。我国《合同法》第三百五十二条规定，使用技术秘密超越约定的范围的，未经让与人同意擅自许可第三人使用该技术秘密的，应当停止违约行为，承担违约责任；最高人民法院关于印发全国法院知识产权审判工作会议关于审理技术合同纠纷案件若干问题的纪要的通知（法〔2001〕84 号）提出，技术转让合同中约定受让人取得的技术须经受让人小试、中试、工业性试验后才能投入批量生产的，受让人未经小试、中试、工业性试验直接投入批量生产所发生损失的，让与人不需要承担责任。如果构成合同法规定的解除合同的条件，让与人可以向法院申请解除合同。

（4）违反合同约定，应承担相应的违约责任。我国《合同法》第三百五十二条有相关规定，受让人未按照约定支付使用费的，应当补缴使用费并按照约定支付违约金；不补缴使用费或者支付违约金的，应当停止使用技术秘密，交还技术资料，承担违约责任；使用技术秘密超越约定的范围的，未经让与人同意擅自许可第三人实施该专利或者使用该技术秘密的，应当停止违约行为，承担违约责任；违反约定的保密义务的，应当承担违约责任。

三、商业秘密许可协议

商业秘密许可协议是商业秘密权利人与其他企业或个人签订的，约定双方权利和义务的，规范双方行为的书面文合同。只要符合我国《合同法》规定的有关合同主体、内容、形式等要件，该协议即具有法律上的效力，对协议双方都具有约束力，协议任何一方违反协议的约定，另一方都可以依法采取相应措施和请求承担法律责任。

根据我国《合同法》第九条至第十二条有关订立合同的有关规定，再结合商业秘密许可的实践，商业秘密许可协议一般应包括以下内容：

（1）序文。包括合同名称、当事人姓名或名称、地址、签约时间、地点，合同生效日期、其他基本信息。

（2）合同标的。即许可使用的商业秘密，以及保密义务。协议应当明确约定许可使用的商业秘密的名称和内容，以免在使用过程中因约定不明确而产生不必要的纠纷。同时也应注意约定保密义务，有效保护商业秘密不被泄露。

（3）授权范围。我国最高人民法院《关于审理技术合同纠纷案件适用法律若干问题的解释》第二十五条规定了技术秘密实施许可主要包括，独占实施许可、排他实施许可、普通实施许可和再许可四种。实施许可方式并非必须约定的条款，当双方当事人没有约定或约定不明确时，法律明确指出视为普通实施许可。

（4）许可使用费及支付方式。权利人许可他人使用商业秘密的直接目的就在于获取收益。那到底该支付多少、如何支付、何时何地支付，这些都是协议应该明确约定的事项。

（5）违约条款。违约条款是商业秘密许可协议的重要条款，它规定了违约的情形，明确了违约的责任，有助于有效认定违约行为，及时解决违约纠纷。

（6）解决争议的方法。明确约定争议解决的方法，在纠纷发生时，可以避免出现案中案的状况，防止双方当事人在管辖权问题上浪费时间和精力。

以上六个条款是商业秘密许可协议常见的重要条款，各当事人可以根据现实需要，依法增加协议内容。例如权利人的保证、对合同涉及的技术、法律、经济术语进行双方同意的统一解释、许可方的培训、服务以及咨询义务、被许可方的协助义务等。

资料 7.5

中美两国商业秘密的法规及其执行比较分析

一、“商业秘密”的界定

和许多已制定商业秘密法的国家一样，中美两国对商业秘密的构成要件的规定主要集中在信息的秘密性、能够带来经济价值，以及权利人为保守秘密采取一定措施。

中国有很多法律涉及商业秘密，但主要是《反不正当竞争法》。该法于1993年1月1日生效，其中第10条对“商业秘密”进行如下界定：“不为公众所知悉、能为权利人带来经济利益、具有实用性并经权利人采取保密措施的技术信息和经营信息。”

为保护商业秘密不被侵权，就要满足该法第 10 条关于商业秘密定义的 4 个构成要件。中国的法院和学者对这四个构成要件进行了如下解释：

（1）“不为公众所知悉”：该定义中的“公众”并非一般公众，而是指现有的或潜在的同行业竞争者，或那些想利用该秘密获得经济利益的人。该“公众”仅限于中国“公众”——如果某商业秘密不是在中国境内而是在中国境外为人所知，则不被认为是该定义所说的“不为公众知悉”“不被知悉”意指秘密且不能从公共渠道获得。

（2）“潜在的经济利益”：通过有形或无形的方法，该商业秘密能够产生经济利益或商业价值，或提供竞争优势。

（3）“实用性”：该信息应当是确定的，能够立即应用于工业和商业领域，不能只是理论或一般原则。

（4）“保密措施”：在提出商业秘密侵权前，商业秘密权利人必须证明自己已采取适当合理的保密措施，并能通过书面记录查询到所采取的这些保密措施。所能采取的各类保密措施见下文。

美国有一部统一的商业秘密法典范本，由各州采纳使用。该法典规定了商业秘密侵权的民事救济。另外，美国还有一部单独的联邦法律。根据该法，某些侵占商业秘密行为构成联邦犯罪。

美国大多数州及哥伦比亚特区已经采纳《统一商业秘密法》并将其纳入各自的法典。该法对商业秘密的定义包括，秘密的对价、价值和保密措施：商业秘密是指，包括配方、模型、集成、计划、设计、方法、技术、程序的信息，必须：（1）因并不为公众所知、无法由他人通过正当方法轻易获知、其泄漏或者使用能够使他人获取经济利益，从而具有现实的或潜在的独立价值；（2）根据具体情况采取了合理努力，以维持其秘密性。与中国法律不同，美国法律在认定某一信息是否构成商业秘密时，并不要求该信息必须具有实用性。在美国，原告可能会证明某项商业计划或公司战略是受保护的商业秘密。

美国《1996 年经济间谍法》把盗窃或侵占商业秘密规定为联邦犯罪。该法关于商业秘密的定义比《统一商业秘密法》稍宽，它把商业秘密界定为“有形的或无形的”，并且规定某物可能是商业秘密而不论其是如何被存储的（美国法典第 18 篇第 1839 条）。因此，根据该法，某个商业秘密可能是“储存”在某个雇员记忆中的想法或过程。

二、侵犯商业秘密

中国法律明确规定，第三人对商业秘密侵权的责任。《反不正当竞争法》第 10 条规定以下行为构成侵犯商业秘密：以盗窃、利诱、胁迫或者其他不正当手段获取权利人的商业秘密；披露、使用或者允许他人使用前项手段获取权利人的商业秘密；违反约定或者违反权利人有关保守商业秘密的要求，披露、使用或者允许他人使用其所掌握的商业秘密；第三人明知或者应知前款所列违法行为，获取、使用或者披露他人的商业秘密，视为侵犯商业秘密。

在美国，对商业秘密侵权的指控称为“侵占商业秘密”。根据《统一商业秘密法》，侵占是指：获得该商业秘密之人明知或应知该商业秘密是以不正当手段获得的，如盗窃、贿赂、欺骗、违约或诱使违背保密义务，以及间谍活动；或披露或使用某商业秘密之人是通过不正当手段获取该商业秘密，或其在披露或使用时，明知或应知其商业秘密是通过不正当手段获得的；或在已产生保密或限制使用义务情势下获得的；或从负有保密义务人或限制使用义务人之处获得；或实际上是由于意外或失误获得的商业秘密。

《统一商业秘密法》特别规定，通过反向工程和独立开发获得商业秘密不构成侵占。该法还规定了第三人责任，只有当第三人在当时的情势下明知或应知该信息是通过不正当手段获得的和违背保密义务披露的情况下，该第三人才负有责任。

《1996 年经济间谍法》规定以下行为构成联邦罪：任何人，图谋或知道其犯罪将有益于外国政府、外国机构或外国代理人，仍故意实施下列行为的，即盗窃商业秘密，或者未经许可侵占、取得、带出、藏匿商业秘密，或者以伪造、阴谋、欺骗手段，获取商业秘密；对商业秘密，未经许可抄写、临摹、复制、草绘、绘制、拍摄、下载、上传、改变、破坏、影印、传送、递送、托送、邮寄，或用通讯或口头传递；知道商业秘密是未经许可盗窃、侵占、获取或传递的结果，仍然接受、购买或占有该商业秘密；意图实施上述（1）～（3）项行为；或与一人或多人共谋实施上述（1）～（3）项所列行为，且其中一人或多人为达到共谋的目的实施某种行为，将对上述所列行为承担责任。

三、执行和侵权责任

在中国，对商业秘密实施保护很难，因为原告承担了大量的举证责任。然而，如果商业秘密权利人在遭遇侵权时能够证明该信息实际上是秘密，则可有以下几种选择：

（1）行政诉讼：依据《反不正当竞争法》第 15 条，如果某人侵犯他人的商业秘密，该商业秘密的权利人可请求工商行政管理部门对侵权行为进行查处。工商行政管理部门可以责令侵权人停止侵权、返还偷窃的资料和信息、销毁使用权利人商业秘密生产的产品，并没收侵权人的非法所得、吊销其营业执照。在某些情况下，还可对侵权人处以罚款，罚款数额为 1 万～20 万元人民币。工商行政管理部门不能判定侵权人赔偿被侵权人。在明显的侵权案件中，工商行政管理部门的决定一般都能得到执行。尽管如此，多数专家和学者仍认为行政罚款数额不大，不足以起到威慑作用。

（2）民事损害赔偿诉讼：商业秘密权利人可以对侵权人提起诉讼，要求损害赔偿。但是在商业秘密侵权案件中，普遍认为原告很难全面胜诉。尽管法官确实努力做到公正，但他们没有遵循先例的义务。① 金钱赔偿：如果对商业秘密权利人金钱上的赔偿难以计算，法院可以根据侵权人侵权所得利润来计算损失。被判负有侵权责任之人还应承担商业秘密权利人因调查该案所支付的合理费用。从立案到开庭需要 4～7 年，判罚高额赔偿金的情况极为罕见。② 禁令：对于期望停止侵权的商业秘密权利人而言，禁令是最可行和最有帮助的救济。原告如要获得诉前禁令，则必须能够证明：该信息是商业秘密；被告的行为正在造成无法挽回的损失；原告在实质性问题上能胜诉可能性较大。此外，原告还必须交付保证金。

（3）刑事处罚：《中华人民共和国刑法》第 219 条把《反不正当竞争法》所界定的侵权行为的前 3 种确定为犯罪，规定任何人只要实施其中一种行为并给商业秘密权利人造成“重大的损失”（个人经济损失数额超过 50 万元，公司经济损失数额超过 150 万元），将被判处3年以下有期徒刑，并处罚金。此外，还有“加重情节”，即如果侵权行为给商业秘密权利人造成“特别严重的”损失（个人经济损失数额达250万元，企业经济损失数额达750万元），则处7年以下有期徒刑，并处罚金。然而，许多商业秘密权利人并不愿意向警方报案，因为在刑事诉讼过程中其商业秘密有被进一步披露给公众的风险。

在美国，实施商业秘密保护的主要办法是私诉，即商业秘密权利人针对侵占其商业秘密的人提起诉讼。《统一商业秘密法》规定商业秘密诉讼可以不公开进行，以保护该商业秘密，允许私人原告提出以下救济：

（1）禁令：通过禁令，可以停止现实的或潜在的侵占。只要该商业秘密是处在秘密状态，禁令就可以一直有效。法院还可以延长禁令，以便消除任何由侵占商业秘密而获得的商业优势。如果法院认为禁令不切实际，则可以对侵权人将来使用附加条件，要求其向侵权人支付合理的使用费。

（2）补偿性损害赔偿金：一般来说，商业秘密权利人可以获得实际的损害赔偿和被告由侵权行为引起的不当得利。如果这些损害无法证明，法院则责令被告向原告支付合理的使用费。

（3）警示性的损害赔偿：如果原告证明该侵占是故意的或恶意的，法院则可判处被告支付原告警示性赔偿金，数额不超过补偿性损害赔偿金的两倍。

在美国，还有一部分商业秘密侵权纠纷通过《1996年经济间谍法》来进行保护：根据《经济间谍法》，美国司法部可以就洲际贸易或国际贸易有关的产品提起侵犯商业秘密的刑事指控。政府承担很大的举证责任，必须证明被控侵权人在实施犯罪之时，无疑具有“故意或明知”的作案动机，还要证明商业秘密权利人采取了合理措施保密有价值的信息。实际上，依据《经济间谍法》而遭起诉的只是那些显而易见的和无辩护余地的侵占商业秘密行为，这在很大程度上是由于启动条件非常高。自该法施行以来，只有30多起案件。根据《经济间谍法》，如果某盗窃商业秘密行为被定为经济间谍罪，则对个人处以罚金50万美元以下（对组织机构处以500万美元以下），或者10年以下监禁，或者两者并罚。如果犯罪有益于外国政府、外国机构或外国代理人，则加重处罚，即对个人处以罚金50万美元以下（对组织机构处以罚金一千万美元以下），或者15年以下监禁，或者两者并处。另外，还要没收犯罪财产和犯罪所得财产或收入。根据《经济间谍法》，司法部长可以在民事诉讼中取得禁令，禁止侵权人继续实施经济间谍犯罪行为。但是，该法没有关于对遭受损失的商业秘密权利人进行赔偿的规定。

四、防范措施

知识经济时代，企业的核心竞争力将更多地来自技术发明、专利、创新等“软资产”，随着信息系统应用的普及，这些“软资产”体现为大量的电子文档。在日常工作中，需要数十甚至数百位员工协同工作，不可避免地需要涉及机密电子文档，如何很好地保护这些重要资料，成为摆在企业面前的一个难题。调查结果显示，68%的企业每年发生6起敏感数据丢失事件；20%的企业每年发生22起以上电子文件泄密事件；75%的泄密源自内部雇员故意所为；每次电子文件泄密所造成的损失平均是50万美元。在以往的企业泄密案件中，由于取证困难，以及现有法律的局限，企业的损失往往是巨大而无法挽回的。在内部人员故意的泄密行为面前，企业网络中的防火墙、入侵检测以及各种文件加密等技术手段均不能起到真正的防范作用。

当前许多企业在各地建立了研发机构，在同一个项目的研发上经常需要数十甚至数百位员工协作研发，由于工作需要涉及高密文档的环节以及人员众多，给知识产权的保护带来了管理上的困难。在以往的商业机密案例中，由于在知识产权损失的取证和赔偿方面的鉴定技术要求较高，以及我国现有知识产权保护法律尚有许多需要完善的地方，企业的损失往往是巨大而无法挽回的。在这种现状下，企业通过各种途径对自有知识产权进行严密保护，是必然的选择。

无论是在中国还是在美国，侵权一旦发生，就很难对商业秘密权利实施保护，而且实施保护的代价也很高昂。但相比之下，在中国更为艰难。因此，在中国的公司重要的是要采取全面的措施来保护他们的商业秘密，把侵权风险降至最低。对于任何国家而言，下面这些保密做法对保护商业秘密都很有益处：

（1）商业秘密核查：如果在你的公司，商业秘密的发展和保护是一个动态过程，最好实行定期审核的办法，即筛选你的商业秘密计划，找出所有潜在的商业秘密信息，确保其处于受保护中。

（2）规定限制的访问区域、密码及所有秘密信息使用者的安全检查。

（3）对敏感资料加密并放置安全地方存储。

（4）如有可能，秘密信息的使用者只能有权使用信息的必要部分。

（5）采取分类办法，如在材料上加盖图章，标明“秘密”或“机密”等字样。

（6）与将要接触商业秘密的人订立保密协议和不得参与竞争协议。

（7）要求出示雇员身份证和来访者通行证。

（8）制定颁发雇员手册，对有关商业秘密、复印政策等做出规定。

（9）对管理人员，主要雇员以及将会经常使用接触秘密信息的人进行推荐和背景检查。

（10）和即将离职的雇员进行离职面谈，提醒他们仍有继续对公司秘密信息保密的义务。

五、商业秘密合同适用条款

在中国：

（1）雇员保密协议：《劳动法》第102条规定，劳动者违反劳动合同中约定的保密事项，对用人单位造成经济损失的，应当依法承担赔偿责任。根据中国的法律，雇员必须保守商业秘密的期限是不固定的。多数法律规定只要某商业秘密不为公众知悉，无论是现在的还是先前的雇员均有义务保密。只有当该商业秘密为公众知悉，保密义务才解除。只要有可能，保密协议应明确规定要保密的信息，即“所有有关×产品的说明书、开发计划、市场营销，等等”。协议规定得越清楚，如对雇员在有关信息的秘密性的指示及雇员同意为其保密，在以后不得不提起的侵权诉讼中就越有利。这些协议可以与商业秘密权利人的所有雇员签署，并同任何一个有权获得该商业秘密的商业伙伴的所有雇员签署。

（2）竞业禁止协议：中国的法律没有明确规定竞业禁止协议。总的来说，中国的法院已经认可并支持竞业禁止协议，但协议要包含以下内容：

① 竞业禁止的特定范围。

② 期限——必须公平合理。各地方法规规定了竞业禁止的最长期限，一般为三年。

③ 补偿数额——雇主要为受到竞业禁止限制的雇员在此期间提供必要的经济补偿，否则，协议无效。有些法规规定最低年补偿金应为员工离职前1年年薪的一半。

④ 补偿金的支付办法。

⑤ 违反协议的责任。

和保密协议一样，竞业禁止协议应当尽可能明确、具体说明协议涵盖哪些秘密信息。

在美国：

（1）保密协议：保密协议是在某项商业秘密权利人与获知该项商业秘密一方建立的一种保密关系，无论该方是否是雇员。典型的保密协议包含秘密信息的界定和范围，通常采用列举信息类型或类别的方式。很多协议还规定秘密信息接受方保守秘密的期限一般为5年，但双方可以协商。

（2）竞业禁止承诺：这种承诺禁止雇员与其前任雇主在同一商业或行业竞争，或者禁止雇员在同一行业内为同样的客户提供服务。这种限制通常是在某一限定地域范围内持续一定时间。对此，各州有各州的标准。法院并不赞同限制自由贸易的合同，因此通常会对协议进行非常严格的审查，确保竞业禁止协议所涉及的限制是必要的，是为了保护雇主的合法利益，而非单纯为阻止公平竞争。竞业禁止协议在加州是完全被禁止的，不受法律保护。此外，与中国的类似协议不同，美国的法律不要求雇主为前任雇员在禁止期限内提供经济补偿。

资料来源：JEFFREY J.，ZUBERR. 比较分析中美两国商业秘密的法规及其执行［J/OL］. 2007，20［2007-10］. http://www. chinaipmagazine.com/journal-show.asp?295.html.

本章小结

本章主要介绍了有关商业秘密与未披露信息的内涵：包括商业秘密与未披露信息的概念，商业秘密与未披露信息的特征，商业秘密、未披露信息与知识产权的联系与区别，以及商业秘密与未披露信息的法律地位、法律保护。

本章重要概念

商业秘密、未披露信息与知识产权的联系与区别　商业秘密与未披露信息的法律地位、法律保护

思考题

1. 商业秘密与未披露信息的关系。

2. 商业秘密的特点。

3. 未披露信息的条件。

4. 对商业秘密的法律保护方式。

5. 怎样理解商业秘密许可合同的主要条款?

6. 美国某家具五金公司有意与珠三角一家外向型家具五金公司签订来样加工贸易协定。在建立正式贸易合作关系之前，美方公司要求中方公司必须与其先签订《技术保密协议》。由于该协议的标的是专有技术，因此，美方公司没有明细拟定委托中方公司进行加工的产品式样，而是概括性地要求中方公司对其提供的所有专有技术产品式样承担保密义务。中方公司不得生产加工与其提供的式样相同或相似的产品，不得允许他人参观其技术产品的生产流程，不得泄露其技术秘密（包括中方公司的员工），等等。任何违反保密协议的行为一经发现，中方公司必须向对方支付50万元的违约金。中方是否应该签署《技术保密协议》？该协议是否合理?

7. 被告吴某某、张某某销售原告蚌埠市甲有限公司的产品，原告按两被告的销售量支付提成及目标奖励。原告未与被告吴某某、张某某签订劳动合同和保密协议。被告吴某某、张某某与张某成立被告安徽省乙有限公司。一工程项目通过公开方式进行招标，评标标准和办法为合理低价法。原告蚌埠市甲有限公司与被告安徽省乙有限公司均参加此次投标。原告蚌埠市甲有限公司委派吴某某作为投标代表人参与投标。2013年9月26日进行评标，共有5家公司参与投标，其中报价最低的两家为被告安徽省乙有限公司89万余元和原告蚌埠市甲有限公司91万余元，最终由被告安徽省乙有限公司中标。故原告公司认为被告利用知悉原告的商业秘密，采取不正当手段挖掘原告客户，且吴某某利用作为原告投标代表人的身份泄露标价，让其自己的公司中标的行为显然已侵害了原告的合法权益，遂起诉至法院。请问：标书未签订保密协议是否必然不构成技术秘密?

8. 2006年6月，富士康集团的两家子公司—深圳富泰宏精密工业有限公司与鸿富锦精密工业（深圳）有限公司，一纸诉状把比亚迪股份有限公司告上深圳中院，以侵犯商业秘密为由索赔500万元。富士康是最早投资大陆的台资企业之一，也是中国最大电子产品专业制造厂商，在手机代工领域一直是国内的龙头老大。比亚迪是1995年在深圳成立的一家企业，2002年7月在香港主板上市，2003年起进入手机代工领域，产值超过百亿元。富士康与比亚迪之间一直摩擦不断，几年间富士康已通过深圳警方处理了4起富士康员工跳槽至比亚迪、盗窃富士康商业秘密的案件。请结合本章所学知识谈谈你的看法。

学生课后参考文献阅读

[1] 寇占奎，许振台. TRIPS 协议中未披露信息与我国商业秘密构成要件的比较［J］. 经济论坛，2002（21）：40-40.

[2] 任熙. 欧洲议会和理事会关于保护未披露的专有技术和商业信息（商业秘密）以防被非法获取、使用和披露指令的提案［J］. 知识产权法研究，2014（1）.

[3] 王敏侠. TRIPS 与我国商业秘密法律保护制度的发展与完善［J］. 安康学院学报，2007，19（1）：49-52.

[4] 孙益武. 欧盟商业秘密保护立法及其启示［J］. 德国研究，2014（3）：81-93.

[5] 陆维溪. TRIPS 背景下商业秘密法律保护的比较研究及对我国立法的完善建议［D］. 上海社会科学院，2010.

[6] 曹煦. 欧盟商业秘密保护探究及启示［D］. 西南政法大学，2015.

[7] 邱霞. 从雇佣管理角度论商业秘密保护立法［D］. 华东政法大学，2013.

[8] 曹梦萦. 论计算机软件领域侵犯商业秘密行为的认定［D］. 华中科技大学，2015.

[9] 曹宁. 商业秘密侵权及其民事司法救济［D］. 华东政法大学，2008.

[10] 张国敏. 与贸易有关的知识产权协议与我国商业秘密保护［J］. 河北法学，2010，28（7）：122-128.

[11] 陈明茹. 中美商业秘密保护制度比较研究［D］. 吉林大学，2005.

[12] 付慧姝. WTO 视野中的商业秘密法律保护［J］. 江西财经大学学报，2006（1）：84-86.

[13] 邱榆霞. 国际融资中商业秘密保护研究［D］. 大连海事大学，2005.

[14] 杨宁. 侵犯商业秘密罪“重大损失”的认定［D］. 清华大学，2015.

[15] 中国保护知识产权网. http://www.ipr.gov.cn/article/gnxw/symm/201507/1853547.html.

[16] 商业秘密网 http://www.cnsymm.com.

第八章　国际技术贸易的其他标的

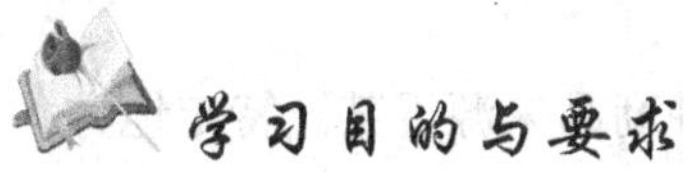

通过对本章的学习，掌握地理标志权、版权及邻接权、计算机软件、集成电路及布图和植物品种权的概念，了解其法律特征，以及申请保护的途径和保护内容，了解对与其相关的侵权行为的判定。

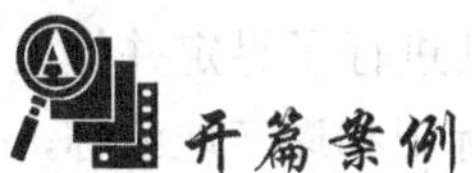

新东方侵犯“ETS”的著作权和商标权

【案例内容】

2003 年 9 月 27 日，曾把国内百万名学子培养成外语人才的北京私立新东方学校，为其盗版使用国外考试机构的版权试卷、教材付出了“血淋淋”的代价。历经两年多的审理，美国教育考试服务中心（简称 ETS）、研究生入学管理委员会（简称 GMAC）起诉北京海淀区私立新东方学校侵犯其著作权及商标权纠纷案，由北京市第一中级人民法院作出一审判决，法院认定两原告指控新东方学校侵犯其著作权、商标权的三个案件事实成立。

【分析】

“ETS”主持开发了美国大学、研究生院入学考试和以英语作为外语的考试以及作为美国大学和研究生院录取标准的“研究生录取考试”（简称“GRE”考试）。“ETS”将其开发的上百套考试试题在美国版权局进行了著作权登记。“ETS”以“TOEFL”、“GRE”（文字）作为商标在中国核准注册。因此，“ETS”的著作权和商标权均受中国法律的保护。但是自 20 世纪 90 年代中期以来，新东方学校未经“ETS”的同意大量复制、出版和发行“ETS”享有著作权和商标权的 GRE 考试试题，非法获利巨大，给“ETS”造成了损失。2001 年 1 月“ETS”向北京市一中院起诉，请求人民法院判令被告停止侵权；销毁其所有的侵权资料和印制侵权资料的软片；在全国媒体上向“ETS”公开赔礼道歉；赔偿经济损失人民币 100 余万元。

第一节 地理标志权

一、地理标志权的概念和特征

（一）地理标志权的概念

地理标志权（Geographical Indication，GI）是指，表明某种商品来源于某一特定地方、地区或国家的名称或标记，而且使用该标记能够表明或证明该商品的特定品质、声誉或其他特征。地理标志权是依法取得的对地理标志的一种专有权。

在1883年《巴黎公约》中，就有关于对使用虚假原产地标记的商品在进口时予以扣押的规定。1958年《保护原产地名称与国际注册里斯本协定》简称《里斯本协定》，对原产地名称的概念做出了明确的规定，提出了保护的一般要求，设立了原产地名称的国际注册制度。在1994年《TRIPS协定》中使用的是“地理标记”这个概念，对其进行了界定并提出了一些强化的保护标准。从其定义来看，地理标记能够包括前述原产地标记和原产地名称，是一个相对范围较广的概念。此外，还应当将“地理标记”和产品的“产地”区别开来，“产地”的概念在我国《反不正当竞争法》《产品质量法》《消费者权益保护法》中均有出现，它实质上表示的是一种事实，并且不需要进行登记或注册；而地理标记是一种知识产权，它代表的是产品具有市场价值的特征或声誉，通常在符合一定条件时通过注册取得。

资料 8.1

虚伪标记与地理标志

《巴黎公约》第10条虚伪标记：对标有虚伪的货源或生产者标记的商品在输入时予以扣押。（1）前条各款规定应适用于直接或间接使用虚伪的货源标记、生产者、制造者或商人标记的情况。（2）凡从事此项商品的生产、制造或销售的生产者，制造者或商人，无论为自然人或法人，其营业所设在被虚伪标为货源的地方、该地所在的地区，或在虚伪标为货源的国家，或在使用该虚伪货源标记的国家者，无论如何均应视为有关当事人。

原产地标记产品的质量或特性取决于地理原产地，而就地理标志来说，如果商品具有某种质量、信誉或某种其他特性，只要有一个取决于地理原产地的标准就够了，地理标志商品的原材料生产和产品开发无须完全位于特定的地理区域。地理标记也不一定用地理名称（原产地名称）来表示，单词、短语、具有地理含义的其他标记，只要能够表示产品的地理来源，都可以作为地理标志。

（二）地理标志权的特征

（1）地理标志中所指的地理位置应当是真实存在并且确定的，这种地理位置小到可以是一个乡村、县市，大到可以是一个国家，但必须是真实存在的，并且其范围应当确定。

（2）地理标志中所指地理位置的环境与人文因素导致特定产品具有特定品质或声誉。

环境因素指该地方特殊的地质、气候、土壤、水源、原材料等自然条件，如黑龙江省的地理环境使来自该地方的大米品质高于其他地区。人文因素则可以是特殊的历史、文化、工艺水平等，如金华火腿就是以其独特的制作工艺造就的高品质。

如果使用该地理标志的商品没有这种特征，就不具有保护的价值，因而就不可能成为地理标志的客体。

（3）地理标志具有识别或证明该地方产品的作用。地理标志也是一种产品标识，这点与商标近似。但地理标志所要表明的是产品的产地与产品的质量或特性的关系，其意义并不仅限于表明产品的来源，在这点上与商标是有区别的。

（4）地理标志权客体不得与他人在先权利冲突，也不得使用通用性的名称。这是保护在先权利的要求。如果地理标志与他人的权利，如商标权、版权等发生了冲突，则不能得到保护，更不能得到注册。使用通用性的名称已进入公有领域，其标志已不具有区别性，故不能得到保护。

（5）地理标志权客体在一定条件下不再受保护。这主要包括以下几种情况：使用该地理标志的产品丧失了其特异性或声誉；相关管理该地理标志的机构不具有检测或监督产品品质的能力。

二、地理标志权的获得

关于地理标志权的取得程序与方式，相关国际公约并没有做出统一规定，各国的做法也就会有所不同。地理标志权的取得方式与程序与各国对地理标志权的保护模式有关，综合各国的情况，可以分为两大类：注册取得和自动取得。

注册取得方式下，地理标志权产生于法定注册程序，又包括两种情况。第一，商标注册保护模式。在这种模式下，地理标志权体现在两个方面：一方面，地理标志的合法持有人或受托人，可以将该地理标记申请注册为集体商标或证明商标，按其注册的章程使用该集体商标或证明商标。另一方面，地理标志的合法持有人或受托人可以阻止他人将其地理标志注册为商标。这种权利属于一种共有的权利，美国法是这种保护模式的典型，在中国也可以通过注册集体商标的方式取得这种地理标志权。第二，专门注册保护模式。在这种模式下，地理标志权要通过专门的注册取得。例如，中国国家质量监督检验检疫总局在 2005 年发布了《地理标志产品保护规定》，建立了对地理标志进行单独注册和保护的制度。目前有许多国家或地区建立了原产地标志的注册制度，还包括《里斯本协定》所建立的国际注册制度。

自动取得指权利人不需要注册即可得到某种保护，这种保护并非仅针对知识产权意义上的“地理标志”，而是对于所有“产地”。这种自动取得的权利与注册取得的另外一个不同之处在于，这种权利性质上更接近一种救济权，是在某种其他的权利被侵害时所能主张的一种权利。例如，在反不正当竞争法、消费者权益保护法、产品质量法等部门法中对产品“产地”的虚假或欺诈性表示，其所直接侵害的是竞争者或消费者，对这些行为的禁止也是地理标志权的一种体现。

（一）国内地理标志注册

以中国为例。根据 2005 年发布的《地理标志产品保护规定》，其申请注册程序如下。

1. 申请

地理标志产品保护申请由当地县级以上人民政府指定的地理标志产保护申请机构或人民政府认定的协会和企业（以下简称申请人）提出，并征求相关部门意见。申请文件应包括有关地方政府关于划定地理标志产品产地范围的建议、有关地方政府成立申请机构或认定协会、企业作为申请人的文件、地理标志产品的证明材料、拟申请的地理标志产品的技术标准。

2. 受理

出口企业的地理标志产品的保护申请向本辖区内出入境检验检疫部门提出；按地域提出的地理标志产品的保护申请和其他地理标志产品的保护申请向当地质量技术监督部门提出。省级质量技术监督局和其直属出入境检验检疫局，按照分工，分别负责对拟申报的地理标志产品的保护申请提出初审意见，并将相关文件、资料上报国家质检总局。

3. 形式审查与公告

国家质检总局对收到的申请进行形式审查。审查合格的，由国家质检总局在国家质检总局公报、政府网站等媒体上向社会发布受理公告；审查不合格的，应书面告知申请人。有关单位和个人对申请有异议的，可在公告后的两个月内向国家质检总局提出。

4. 实质审查与公告

国家质检总局按照地理标志产品的特点设立相应的专家审查委员会，负责地理标志产品保护申请的技术审查工作。国家质检总局组织专家审查合格的，由国家质检总局发布批准该产品获得地理标志产品保护的公告。

5. 使用申请

地理标志产品产地范围内的生产者使用地理标志产品专用标志，应向当地质量技术监督局或出入境检验检疫局提出申请，申请经省级质量技术监督局或直属出入境检验检疫局审核，并经国家质检总局审查合格注册登记后，发布公告，生产者即可在其产品上使用地理标志产品专用标志，获得地理标志产品保护。

6. 使用管理

获准使用地理标志产品专用标志资格的生产者，未按相应标准和管理规范组织生产的，或者在两年内未在受保护的地理标志产品上使用专用标志的，国家质检总局将注销其地理标志产品专用标志使用注册登记，停止其使用地理标志产品专用标志并对外公告。

（二）区域地理标志注册

1. 欧盟的地理标志注册

欧盟的地理标志注册的基本依据主要是 1992 年通过的欧盟法规 EEC2081/92，其全称为《农产品食品地理标志和原产地名称保护条例》和专门的《葡萄酒和烈性酒地理标志和原产地名称保护条例》。这些法规所保护的地理标志有两种类型，即原产地标记保护 PDO 和地理标志保护 PGI。

申请的程序如下。

（1）申请。无论是协会或贸易商均可提出申请，申请必须向欧盟成员国主管机构递交产品说明书及能够表明产品特质的描述，成员国主管机构形式审查后转送到欧盟委员会。

（2）审查。欧盟委员会将对申请文件进行形式审查并公布。欧盟委员会还通过其任命的欧盟科学委员会对相关因素进行技术审查，包括名称的通用性、产品的传统性、市场竞争的公平性、消费者可能被误导的风险性及商标的冲突等方面。

（3）公告。在 6 个月的审查与异议期内，成员国或利害关系方可提出异议，如果审查通过并且如果有异议而异议不成立，则该名称将被注册并在官方公报（OJ）上公布。如果欧盟委员会认为名称不符合要求，则会与由成员国代表和欧盟委员会共同组成的管理委员会共同做出决定。如果还不能达成一致，则应交由欧盟理事会进行表决。

（4）使用。在欧盟注册的地理标志保护从申请注册开始，可以无限期，直至该注册被撤销。任何人只要其产品达到既定规格，均有资格使用该标志。

另外，为将地理标志的保护扩展到欧盟之外的申请人，该法规于 2003 年进行了修正，允许第三国向其申请注册地理标记，但应以在申请人所在受理国先行审查并合格为前提，并且任何 WTO 成员国均可在公告后的 5 年内提出异议。

2. 非洲知识产权组织的地理标志注册

《班吉协定》附件 6 规定了地理标记的注册与保护制度，规定依该协定注册的地理标记在成员国应受到保护。其注册的一般程序是：

（1）申请。任何自然人或法人或者其联合，如果是申请中所指定地区的指定产品的生产者均可提出申请，有关机关也可提出。申请可以向该组织或通过成员国主管机关提出。

（2）审查与公布。该组织将对申请进行形式与实质审查，并对不符合要求之处要求申请人修改。如果符合要求，将在《地理标记特别登记表》上进行登记。该组织将公布该注册并向申请人颁发证书。

（3）异议。从公布之日起 6 个月内，利害关系人均可提出书面异议，该组织将对其进行审查，如果异议成立，将撤销该注册。

（三）原产地标记国际注册的里斯本体系

该体系是依 1958 年《保护原产地名称及国际注册里斯本协定》所建立的，该协定到 2010 年 6 月有 26 个成员国。而《里斯本协定》附件 2 对申请的程序做出了详细的规定。依该协定，原产地标记国际注册的程序包括以下几个方面。

1. 申请

申请首先要在原属国取得对拟注册原产地名称的保护，在取得原属国保护后，再通过原属国主管机关提出申请。申请应当用规定的语言（英、法、西班牙语）提出，并缴纳规定的申请费用（500 瑞士法郎）。

2. 审查

国际局并不进行实质审查，但进行形式审查，并对有形式缺陷的申请给予 3 个月的期限进行纠正。如果符合形式要求，国际局将在《原产地名称国际注册表》上登记，并通知所有协定成员国，并在其《原产地名称公告》上公布。

3. 拒绝

收到国际局的通知后，成员国可以拒绝该申请，但有两个条件：一是必须在收到注册通知后一年内提出；二是必须在拒绝通知中指出拒绝理由。此时，国际局将通知原属国并公告，原属国将通知申请人，申请人将有权利按该拒绝成员国的国内法寻求救济。

4. 无效

该注册如果没有被拒绝但后来在某一成员国被无效，则国际局将进行公告并通知原属国。

5. 取消与变更

原属国可以要求取消或者变更国际注册，或者放弃在协定某些成员国的保护。

三、国际贸易中地理标志权侵权的判定

（一）地理标志权侵权行为概述

1883 年《巴黎公约》第 10 条规定，对于直接或间接使用商品原产地的虚假标记的行为，凡生产、制造或销售此项商品的生产者、制造者或商人，均应视为有关当事人，可以请求带有此类虚假标记的产品在进口时加以扣押。由于《巴黎公约》只规定了“使用”虚假标志这一种行为，不够明确，成员国于 1891 年又通过了《制止商品产地虚假或欺骗性标记马德里协定》该协定将侵犯原产地标记的行为分为虚假标记行为和欺骗标记行为，协定要求成员禁止在销售、展示、推销产品时，以及在产品的标记、广告、发票、酒水单、商业信函等商业活动中使用误导公众的指示标记。该协定不禁止商贩在来自于销售国之外的商品上标明其名称或地址，但必须在名称或地址后标出该产品的实际产地，或者以其他足以避免对实际产地产生误导的方式进行标注。该协定还对有关边境措施及保护条例外做出了规定。《TRIPS 协定》对原产地标记侵犯行为做出了较为明确的规定，特别禁止下列几种行为：

（1）使用任何手段，在商品的设计和外观上，以在商品地理标志上误导公众的方式标志或暗示该商品原产地并非其真正原产地的某个地理区域。

（2）作任何在 1967 年《巴黎公约》第 10 条之二意义内构成一种不公平竞争行为的使用。

（3）某种商品不产自于某个地理标志所指的地域，而其商标权包含了该地理标志或由其组成，如果该商品商标中的该标志具有在商品原产地方面误导公众的性质，则成员方在其法律许可的条件下或应利益方之请求应拒绝或注销该商标的注册。

（4）虽然地理标志所表示的商品原产地域、地区或所在地字面上无误，但却向公众错误地表明商品是原产于另一地域。

（5）对葡萄酒和烈性酒地理标志的额外保护，即除禁止上述行为外，还不得使用非产品来源地的翻译文字的地理标记，以及伴有诸如“类”“式”“仿”或类似的表达，即使标明商品真正来源地。

（二）地理标志权侵权的判定

对于已注册地理标志，各国法律一般只允许在注册中所指定区域的企业才能使用，并且

要在达到一定条件下才能使用。例如，根据《班吉协定》附件 7 第 15 条第 1、2 款，只要注册所指定区域的生产者，并且应当达到注册中所要求的产品特征，就能为商业目的在注册所指定的产品上使用该地理标记，即一种一般许可制。当所述产品投入流通后，任何人可以就这些产品使用该地理标记。欧盟有关农产品和食品的指令 No.2081/92 中也是采取这种一般许可的制度，只要所指定区域内的所注册产品的生产者符合注册中所指定的品质指标，即可以使用该地理标记。我国 2005 年《地理标志产品保护规定》采取的是申请核准制，地理标志产品产地范围内的生产者使用地理标志产品专用标志，必须向主管部门申请，并经国家质检总局审查合格注册登记后，发布公告，生产者即可在其产品上使用地理标志产品专用标志，获得地理标志产品保护。

对于侵犯注册的地理标志权，《班吉协定》附件 7 第 1 条第 3 款规定，除上述第 1，2 款所规定的合法使用外，任何在注册所指定的产品或类似产品上，为商业目的使用该地理标志或者类似标记，即使标明了真正的产地，或者使用该地理标志的译文，或者使用诸如“类”“式”“仿”或类似的表达，也属于违法。该条第 5 款进一步规定，在产品上使用一种会使公众认为产品来自实际产地以外的地区的名称或说明，也是一种违法行为。

Council Regulation（EEG）No.2081/92 中，对侵犯注册地理标志权的侵权行为做出了更广范围的规定，包括禁止下列行为：

（1）在与注册所指定的产品不同的产品上，任何直接或间接在商业中使用注册的名称，并会盗用注册名称的声誉。

（2）任何误用、模仿或诱导，即使指出了产品的真实产地，或者将受保护的名称做了翻译，或者在受保护的名称上加上诸如“型”“类”“法”“仿”之类的文字。

（3）任何在产品的内、外包装、广告材料、与产品相关的文件、容器上登有对其产品的来源、产地或基本特性有虚假或误导性指示。

（4）任何在产品来源上误导公众的其他行为。

我国《地理标志产品保护规定》第 21 条规定了下列侵权行为：“对于擅自使用或伪造地理标志名称及专用标志的；不符合地理标志产品准则和管理规范要求而使用该地理标志产品名称的；或者使用与专用标志相近、易产生误解的名称或标识及可能误导消费者的文字或图案标志，使消费者将该产品误认为地理标志保护产品的行为。”并规定由各地质检机构依法对地理标志保护产品实施保护，对上述行为质量技术监督部门和出入境检验检疫部门将依法进行查处。社会团体、企业和个人可监督、举报。

（三）地理标志权侵权的侵权抗辩

在 1891 年《制止商品产地虚假或欺骗性标记马德里协定》中就有关于违反原产地标记权抗辩的规定，其第 4 条规定：成员国法院“可决定，在其名称成为通用名之后，不适用本协定的规定。但对于涉及酒类产品的区域名称不适用上述规定”。以后，各国包括相关的国际条约均有此类规定，特别是《TRIPS 协定》规定较为全面，也可以代表各国的一般做法。其所规定的抗辩事由包括：善意或在先使用或注册；通用名；名称权；来源国不保护。

第二节　版权及邻接权

一、版权及邻接权的概念和特征

（一）版权及邻接权的含义

版权又称著作权，它是指文学、艺术和科学作品的作者以版权法及相关法律所享有的权利。版权属于民事权的范畴，是知识产权的一个重要组成部分。版权是知识产权的传统形式。

在各国版权法中，版权所包含的内涵有狭义和广义之分。狭义的版权包括著作人身权与著作财产权；广义的版权包括著作人身权、著作财产权和著作邻接权。

1. 著作人身权

著作人身权的内容主要包括发表权、署名权、作品修改权和保护作品完整权。上述作者人身权亦称作者精神权利。根据《知识产权协定》的规定，各成员不对该精神权利的规定承担义务。

2. 著作财产权

著作财产权是著作权人依据著作权法及相关法律通过各种合法形式利用其作品从而享受其带来的经济利益的权利。由于著作权人利用作品可给其带来经济利益，故称之为著作财产权或版权的经济权利。

著作财产权可以分为复制权、演绎权和传播权三大类。具体而言，著作财产权至少可包括以下八项经济权利：翻译权、复制权、公演权、广播权、朗诵权、改编权、录制权和制版权。

3. 著作邻接权

邻接权指不予版权相邻近的权利。“主要包括现场拼制作者对其录制的唱片、编演者对其表演的节目、广播电视组织对其广播的节目所享有的权利。”

广义的版权除了包括著作人身权、著作财产权之外，还应包括著作邻接权。

（二）版权的主体和客体

1. 版权的主体

因创作成果而享有版权的人，可以是自然人，也可以是法人，少数情况下也可以是国家。就自然人来看，包括从事科学研究、文学艺术创作的专业人员及业余人员；成年人，未成年人以及少数创作了作品（如绘画、书法、表演）的少年儿童。版权主体还有个人（独立创作作品）和集体（两人以上的作者合著作品）之分。

2. 版权的客体

版权的客体表现为创作活动的某种客观形式。版权的客体是作品，一般认为其构成要件有三：一是思想或感情的表现；二是具有独创性和原创性；三是具有有形的表现形式。

（三）版权及邻接权的特征

版权只有在申请时才能确立，没有筛选或接受程序；版权可以跨越很长的时间段，通常是创作者的有生之年至其死后50年；版权争端要在法院解决；版权包含了对某个创意的独特表达方式，并非创意本身。

1. 作为版权客体的作品表现方式广泛

《保护文学艺术作品伯尔尼公约》（以下简称《伯尔尼公约》）第2条第1款规定："'文学艺术作品'一词包括科学和文学艺术领域内的一切作品，不论其表现方式或形式如何，诸如书籍、小册子及其他著作；讲课、演讲、讲道及其他同类性质作品；戏剧或音乐戏剧作品；舞蹈艺术作品及哑剧作品；配词或未配词的乐曲；电影作品或以与电影摄影术类似的方法创作的作品；图画、油画、建筑、雕塑、雕刻及版画；摄影作品及以与摄影术类似的方法创作的作品；实用美术作品；插图、地图；与地理、地形、建筑或科学有关的设计图、草图及造型作品。"从该定义来看，其表现方式是不受限制的，在其后的列举也是非穷尽的。在《伯尔尼公约》整个发展过程中，其所保护的作品类型也是在不断变化的，如摄影作品、建筑作品、电影作品等是后来修改加入的。而且，在《TRIPS协定》下，计算机软件也被纳入版权的保护范围。

2. 版权只涉及表达而不涉及思想

《TRIPS协定》第9条第2款规定："版权的保护应及于表达，而不及于构思、程序、操作方法或者数学概念本身。"这是对《伯尔尼公约》的一个重要补充或者说明，作为对版权客体的一个重要规范，其意义是重要的。

作为版权客体范围的确定也受知识产权利益平衡原则的影响。给予作品的创作者的版权权利也是一种垄断权，从而对公共利益有限制作用，给予这种权利的目的是保护和促进这种创造活动，从整体上有利于公共利益，这种矛盾化的利益目标必然要求达成一种平衡。所以，版权所保护的客体只及于对思想、方法、事实等的一种特定的表达方式，而不及于这些思想、方法或事实本身。也就是说，这些思想观念、程序方法、事实信息等表达的基本构成因素还是保留在公共领域，为他人能充分自由使用，从而使他人利用这些基本构成因素进行创造不致受到妨碍。

3. 作为版权客体的作品应具有独创性

多数国家将独创性作为作品受保护的最主要实质性条件。所谓独创性按WIPO的解释，是指作品属于作者自己的创作，完全不是或基本不是从另一作品抄袭来的。有学者将其具体分析为两个条件：一是作品必须有作者智力上的努力而非只是复制现有作品；二是作品要有最低限度的创造性，这种最低限度的创造性往往只要求与现有作品不同。但按美国相关立法的解释，仅仅是词语或短句、标题或口号、相似的符号或设计、字母及其颜色变化、外部装饰的简单变化、成分或内容的简单罗列等，由于不具有最低限度的创造性而不受保护。

4. 作品的固定与可复制性

我们知道，版权保护的客体是无形的，但这种客体可以用各种方法进行固定，使之成为有形。对于作品是否以固定形式作为版权保护的条件，《伯尔尼公约》未做出强制性规定，其第2条第2款规定，本同盟各成员国得通过国内立法规定所有作品或任何特定种类的作品如果未以某种物质形式固定下来便不受保护。《TRIPS 协定》也对此未做出统一规定，各国在此问题上的做法有很大区别。英美法系国家一般认为作品只有固定在一定的物质载体上，才可以成为受保护的客体，而大陆法系国家多无此类要求。以美国为例，按美国宪法的解释，宪法所保护的作品是“writing”，因而必须有有形的载体，对于没有固定形式的作品，按美国《1976 年版权法》可以仍然受各州普通法的保护，但联邦法不予保护。从各州的判例来看，除非创作者明确表明其财产性权利，否则也得不到普通法保护。我国《著作权法实施条例》在规定独创性的同时，还要求作品能以某种有形形式复制，这在各国立法中较少规定。由于按现代条件，所有文学、艺术或科学作品都能以某种方式进行复制，所以这一点要求实质上反映的是作品的一个属性，不能作为作品受保护的形式要件。

5. 关于版权注册或声明

对于作品是否以注册或声明作为取得版权的形式要件，各国的做法不一样。概括起来有两种做法：一是有手续主义，即以对作品进行注册或声明作为取得版权或行使某项版权权利的条件。由于《伯尔尼公约》第 5 条第 2 款明确规定：“享受和行使这些权利不需要履行任何手续，也不管作品起源国是否存在有关保护的规定……”所以，规定将登记注册作为取得版权的国家很少，一般是规定将登记作为行使起诉权的程序（如美国、黎巴嫩等），或是作为合法转让的必要条件（如阿根廷、巴西等）。另外，《世界版权公约》认可注册取得版权的制度，但并非是必须条件，对于该公约中采取有手续主义成员国而言，在每份作品上有适当版权标记是在这些国家取得保护的充分和必要条件。二是无手续主义，即作品一经产生，不论是整体还是局部、出版还是未出版，只要符合取得版权的实质条件，就能取得版权保护，很多国家（如中国、日本、英国、西班牙等）都采用这一做法。

二、版权及邻接权的获得

（一）自动取得与有条件取得

除继受取得（转让、许可、继承等）外，与其他知识产权取得的条件不同，国际贸易中版权与邻接权的取得一般是自动的。这一原则的基础是相关的国际条约，主要是《伯尔尼公约》。按照该公约相关规定，作者为伯尔尼同盟成员国的国民，或者该作者在某成员国内有惯常住所，其作品无论是否已经出版，都应在所有同盟成员国受到保护；对于非本同盟成员国国民的作者，如果其作品首次在本同盟一个成员国出版，或同时在成员国与非成员国出版，其作品也应当在所有同盟成员国受到保护，并且均不需要履行任何手续。与《伯尔尼公约》不同的是，另一个重要的版权国际公约《世界版权公约》允许成员国保留取得版权的国内手续上的要求，但简化为一个统一的版权声明形式。由于加入《伯尔尼公约》的国家众多，所以《世界版权公约》的成员国也大多像美国一样，在加入《伯尔尼公约》时放弃了要求有版权声明才加以保护的规定，实行自动保护，但目前有约 20 个国家仍有这方面的要求。

（二）独立保护

《伯尔尼公约》《世界版权公约》规定的版权的自动取得，只表明合乎条件的作品在其成员国受到保护，并不意味着在各国所得到的权利或保护是一样的。因为根据这些公约，在达到公约所规定的最低权利要求的基础上，各国对版权的保护是独立进行的。例如，按《世界版权公约》规定，成员对作品的保护期限由各国法律规定，但不能少于作者有生之年及死亡后20年。也就意味着，在一个成员国以一种方式利用作品不构成侵权，在另一成员国却可能构成侵权。当然也有一些另外，如《伯尔尼公约》第7条第8款："无论如何，作品的保护期限由被要求给予保护的国家的法律加以规定；但是，除该国家的法律另有规定者外，这种期限不能超过作品起源国规定的期限。"另外，该公约第2条第7款也规定，对实用艺术品与工业设计的保护取决于作品来源国保护的方式。

（三）版权登记

版权登记包括两类，一类是权属登记，另一类是权利继受登记。权属登记指作者或其他权利人向登记机关登记权利的归属的登记，大多数国家建立了此类制度与相应机构。但是，这类登记一般是自愿的，也不能因此而确定权利的归属与登记的相一致。在美国，向美国版权局申请版权登记是自愿的，但在法律上有两种作用：证明其权利人的身份，这是提起侵权诉讼或海关知识产权备案所要求的；证明侵权人的故意，从而可以要求三倍赔偿。在中国，这种登记所起的作用，正如1995年国家版权局《作品自愿登记试行办法》第1条所讲："为维护作者或其他著作权人和作品使用者的合法权益，有助于解决因著作权归属造成的著作权纠纷，并为解决著作权纠纷提供初步证据，特制定本办法。"此外，由于此类登记是对外可公开查询的，这种登记还有利于作品、软件的许可、转让，有利于作品、软件的传播和经济价值的实现。

权利变动登记。目前，外国版权作品的登记由国家版权局委托中国版权保护中心（CPCC）来进行，国内作品的登记由省一级版权局负责。

权利继受登记，指权利的转让、质押、许可等事项的登记，这种登记也是自愿的，只起到初步证据的作用。但是也有一些例外，如根据2001年《计算机软件保护条例》第22条，中国公民、法人或其他组织向外国人许可或者转让著作权的，应当遵守《中华人民共和国技术进出口管理条例》的有关规定。依该条例，对涉及如制导、导弹信息处理、精密加工等领域的软件进出口，是列入管理目录而要求事先取得许可证的，对不在管理目录内的软件则作为自由进出口技术实行自动许可管理。再如，根据《关于对出版境外音像制品合同进行登记的通知》，对在我国境内出版境外音像制品的合同必须要登记，其目的主要是防止未经许可的出版。凡属国家版权局指定境外认证机构（国际唱片业协会、中国香港影业协会、美国电影协会）事先认证范围的，音像出版单位还应要求境外对方提供由认证机构开具的权利证明书。

三、国际贸易中版权及邻接权侵权的判定

对于版权与邻接权侵权行为的判定，各国立法大体有两种模式：第一种是仅规定版权的内容，对如何构成版权不做出一般规定，如非洲知识产权组织的版权法（见《班吉协定》附件7）等；第二种是一一列举各类侵权行为的外在特征分别进行规范，称为外延式，如中国、加拿大、澳大利亚等；第三类是不针对特定行为提出判断标准，提出侵权行为的一般特

征，对各类行为均可适用这种标准进行判断，称为内涵式，如美国、奥地利等。由于版权包括人身权和财产权两个方面，故侵权也可分为侵犯财产权和侵犯人身权两种类型。

（一）侵犯财产权

采取外延式立法模式，侵犯版权和邻接权的行为主要包括（以我国《著作权法》为例）以下几种：

（1）侵犯复制权，即未经权利人许可，以印刷、复印、拓印、录音、录像、翻录、翻拍等方式将作品制作一份或者多份的行为。

（2）侵犯发行权，即未经权利人许可，以出售或者赠与方式向公众提供作品的原件或者复制件的行为。

（3）侵犯出租权，即未经权利人许可，有偿许可他人临时使用电影作品和以类似摄制电影的方法创作的作品、计算机软件的行为，计算机软件不是出租的主要标的除外；但在有些国家（如欧盟成员国），未经许可出租任何类型的作品均可构成侵犯出租版权行为。

（4）侵犯展览权，即未经权利人许可，公开陈列美术作品、摄影作品的原件或者复制件的行为。

（5）侵犯表演权，即未经权利人许可，公开表演作品，用各种手段公开播送作品的表演的行为。

（6）侵犯放映权，即未经权利人许可，通过放映机、幻灯机等技术设备公开再现美术、摄影、电影和以类似摄制电影的方法创作的作品等的行为。

（7）侵犯广播权，即未经权利人许可，以无线方式公开广播或者传播作品，以有线传播或者转播的方式向公众传播广播的作品，以及通过扩音器或者其他传送符号、声音、图像的类似工具向公众传播广播的作品的行为。

（8）侵犯信息网络传播权，即未经权利人许可，以有线或者无线方式向公众提供作品，使公众可以在其个人选定的时间和地点获得作品的行为。

（9）侵犯摄制权，即未经权利人许可，以摄制电影或者以类似摄制电影的方法将作品固定在载体上的行为。

（10）侵犯改编权，即未经权利人许可，改变作品内容、创作新作品的行为。

（11）侵犯翻译权，即未经权利人许可，将作品从一种语言文字转换成另一种语言文字的行为。

（12）侵犯汇编权，即未经权利人许可，将作品或者作品的片段通过选择或者编排，汇集成新作品的行为。

（13）侵犯其他版权财产权行为，即未经权利人许可，侵犯其他应当由著作权人享有的财产性权利的行为。

采用内涵式，侵犯版权与邻接权主要包括如下几种行为：

以美国法为例。在美国法上，判定版权侵权一般采用下列步骤；第一步，确定版权的存在与权利人，这是侵权存在的前提；第二步，确定是否有“实际复制”及复制品是否能够得到，实际复制并不要求完全一样，而要求的是“惊人的相似”；第三步，确定是否有侵占行为，此时，法院采取的是“过滤法”，即先过滤出作品中受保护的部分（事实、思想、进入公有领域的内容等不受保护），再确定所侵占的是否是作品中应受版权保护的部分，再证明就所预期的受众而言，这两个作品之间有实质上的相似。此时有两种方法——过滤法与整体法，前者只将受保护的部分进行比较，后者就作品的整体进行比较。

在奥地利法上基本采取此类做法。版权侵权分为两种类型：剽窃和盗版。剽窃，指部分或全部使用版权人作品，作出某些改变后，冒称为自己的作品的行为；盗版指未经权利人许可复制他人作品并进行贸易的行为。对于为个人使用的少量复制不构成侵权，但计算机软件则是例外，少量复制即构成侵权。

（二）侵犯人身权

版权与邻接权的人身权，指作品创作者依法享有的与其名誉、精神、观念等有关的非财产性权利。一般而言，这种权利具有无期限性和不可分离性，无期限性指这类权利没有期限，即使作品创作者的财产性权利已经终结，但这种权利仍然存在，可以由权利的继受人加以保护或者行使。不可分离性指这类权利不能转让或许可，即使作品的使用权进行了转让，受让人也不能取得这种权利。

侵犯版权和邻接权的行为包括（以我国《著作权法》为例）以下几种。

（1）侵犯发表权，即未经权利人许可，发表其作品的行为。

（2）侵犯署名权，即未经权利人许可，将与他人合作创作的作品或者根本没有参加创作的作品当作自己的作品署名或发表的行为。

（3）侵犯修改权，即未经权利人许可修改或者授权他人修改作品的行为。

（4）侵犯作品完整权，即未经权利人许可，歪曲、篡改权利人作品的行为。

第三节　计算机软件

一、计算机软件的概念和特征

（一）计算机软件的含义

计算机软件是指，计算机程序及其有关文档。

计算机程序指，为了得到某种结果而可以由计算机等具有信息处理能力的装置执行的代码化指令序列，或者可被自动转换成代码化指令序列的符号化指令序列或者符号化语句序列。文档指，用自然语言或者形式化语言所编写的文字资料和图表，用来描述程序的内容、组成、设计、功能规格、开发情况、测试结果及使用方法，如程序设计说明书、流程图、用户手册等。

软件产业于 20 世纪 60 年代初兴起，在过去的 40 多年中取得了飞速发展。随着计算机及网络的普及，社会对软件的需求日益强烈。软件产业的发展，对软件知识产权的保护提出了新的要求。

（二）计算机软件的分类

计算机软件按不同的标准可以分为不同的类型。按计算机软件的应用分类，可以分为系统软件应用软件；按软件的法律形式分类，可以分为商业软件、共享软件和免费软件。

（三）计算机软件贸易

1. 计算机软件贸易的性质

现实生活中，软件贸易包含两项具体内容：提供软件使用权和提供软件技术服务。软件贸易是一种版权贸易。软件贸易还包括提供软件技术服务。这是因为软件不同于文学作品之类的普通商品，用户仅获得使用权而不会使用就不能获得软件给他带来的经济价值，不能达到购买该软件所期望达到的功能目的。因此软件贸易不能仅提供使用权，而必须提供技术指导，确保用户能够使用该软件。从这一意义上讲，软件贸易又具有技术贸易的性质。

因此，软件贸易同时具有版权贸易和技术贸易的双重性质。

2. 软件贸易的特征

软件贸易的版权贸易、技术贸易的双重性质决定了它具有以下的几点特征：

既是程序复制件的贸易，又是程序中包含的商业秘密的贸易，因此，它可能是一个企业尤其是一个高科技企业最重要的财富，是企业盈亏成败的关键。就软件贸易而言，最核心的商业秘密就是源程序。

软件贸易往往必须通过签订合同执行。由于软件贸易既是版权贸易又是技术贸易，因此它不可能像简单的商品贸易那样一手交钱一物交货就能完成。也由于软件贸易既要提供软件复制件又要提供软件的技术服务。计算机软件具有开发难度大、开发投资高、复制容易、复制成本极低的特点，因此软件贸易也具有“一次产出、多次交易、多方使用”的特征，而这是专有技术贸易的特征。

二、计算机软件的获得

（一）软件版权的转让

版权的转让指的是版权中经济权利的转让，即著作财产权的转让。软件版权转让根据不同标准可以划分为不同的种类。从转让方式看，可以通过出卖、赠与、质押、赔偿等方式进行转让。

软件版权的转让必须符合以下条件：

（1）签订书面合同。根据软件保护条例规定，不签订书面合同的，软件版权的转让无效。

（2）转让合同仅在软件版权保护期内有效。也就是说，版权的有效期不会因版权的转让而改变。

（3）必须向软件版权登记机构备案。中国软件版权人境内开发的软件向外国人转让时还应报请国务院有关主管部门批准。

（二）软件版权使用许可

软件版权的使用许可是指，软件版权所有人在软件版权保护有效期内授权要求使用其软件的人在合同规定的方式、条件、范围和时间内行使使用权、并通过该授权获得相应的报酬。软件保护条例列举了六种使用方式：复制、展示、发行、修改、翻译与注释。

软件版权许可的种类可以有以下几种：

（1）独占许可。

（2）独家许可。

（3）普通许可。

（4）法定许可和强制许可。

国际上常用的许可合同大概有以下九类：单人许可、单机许可、共同许可、网络许可、场地许可、单位许可、字体许可、共享软件许可和免费软件许可。

（三）软件承包开发

所谓软件承包开发，是指应一个或几个委托人的专门要求，软件开发者开发一项软件产品的贸易活动。开发者与出版商之间，开发者与最终用户之间都可能存在承包开发的合同关系。

开发者的工作内容主要包括以下三个方面：开发之前进行开发项目的可行性研究和软件需求规格的制订；根据委托者的要求进行软件开发和调节；最终用户使用过程中进行支持和维护工作。软件承包开发合同中的另一个重要内容是，规定开发者应向委托者提供交付者清单，包括交付件的验收标准。

因此，承包开发合同要求开发人员将每一阶段的工作情况和结果记录成文档，尽量把无形的东西转化为有形的东西。

（四）计算机交钥匙合同

交钥匙合同是指供方为建成整个工厂，向受方提供全部设备、技术、经营管理方法，包括了工程项目的设计、施工、设备的提供与安装，受方人员的培训、试车，直到能开工生产后，才把工厂交给受方。

计算机交钥匙合同，就是整个计算机系统的买卖与软件的转让。主要内容是：供方向受方出售硬件，提供软件许可证，提供对软件、硬件的初始服务并延续到开机后一段较长时间内的计算机的安装与测试、软件的测试。

由于软件是这一类型合同的核心内容之一，因此计算机交钥匙合同也是软件贸易合同的主要形式之一。

三、国际贸易中计算机软件侵权的判定

20 世纪 70 年代开始，世界各国陆续将计算机软件纳入法律保护的范围，以保障和鼓励计算机软件开发的投入和创新。1972 年 11 月，菲律宾率先将计算机软件纳入著作权法保护范围。1980 年，美国版权法进行修订，明确规定计算机程序只要具有独创性，就属于版权法保护的范围。1994 年，关贸总协定乌拉圭回合签署了《与贸易有关的知识产权协议》（以下简称“TRIPS 协议”），将计算机程序列入保护范围。到 2003 年，全球已有 60 多个国家和地区将计算机程序纳入著作权法律保护体系中。

我国对软件的保护采取了适用著作权法的原则，同时制定单行法规进行具体保护。1990 年，《中华人民共和国著作权法》明确了计算机软件是著作权的保护对象。之后，先后颁布

的《中华人民共和国著作权法实施条例》《计算机软件保护条例》《计算机软件著作权登记办法》《关于惩治侵犯著作权的犯罪的决定》等法律法规都对计算机软件著作权保护问题做出了规定。特别是加入世界贸易组织之后，我国又修订了《著作权法》和《计算机软件保护条例》，加大了对计算机软件的保护力度。总的来看，我国现行法律对计算机软件著作权的保护是比较严格的。但同时，由于我国计算机技术相对发达国家还比较落后，对知识产权的保护意识还比较薄弱，计算机软件著作权的侵权行为还很严重。如何正确地对计算机软件著作权侵权行为进行认定，已成为司法实践和理论研究中的热点、难点问题。它涉及一系列复杂的法律与技术问题，需要对发生争议的某一计算机程序与比照物（权利明确的正版计算机程序）进行对比和鉴别。

（一）"思想、表达二分"法

"思想、表达二分"，即著作权法只保护思想的表达，而不保护思想本身。"思想、表达二分"是著作权法的基本准则，同样适用于计算机软件著作权保护。新《计算机软件保护条例》第六条规定"本条例对软件著作权的保护不延及开发软件所用的思想、处理过程、操作方法或者数学概念等。"通过思想、表达的划分，排除不受著作权法保护的"思想"，是认定侵权行为的主要阶段。

但在司法实践中，由于计算机软件兼具"文字作品"和"实用工具"二重属性，确定"思想、表达二分"的具体法律标准一直是个备受争议的问题。各种形式的计算机程序编码即文字性成分都是思想的表达，应受到著作权法的保护；而程序的功能目标，通常认为属于思想领域，是不受著作权法保护的，这两部分的界限非常清晰，随后的难点在于在编码和功能目标之间存在着一个宽泛的模糊区域，是仅通过编码与功能目标的划分所难以规制的。例如，程序的总体结构、接口设计、屏幕显示等所谓程序的非文字部分，这部分中间区域哪些属于思想、哪些属于表达，是有待进一步的法律标准来明确的。

SSO 法则是解决这一问题的尝试。SSO，即计算机软件的结构（Structure）、顺序（sequence）和组织（organization）。其中，程序的结构就是一个程序的各个组成部分的构造以及数据结构；程序的顺序，就是程序各部分在执行过程中的先后顺序，也就是所谓的程序的"流程"；程序的组织，则是程序中各结构及顺序之间的宏观安排。SSO 法则认为，虽然被告的程序与原告的程序代码完全不同，但二者的结构、顺序和组织相同或相近似，仍构成侵犯著作权。

资料 8.2

SSO 法则

这一法则确立于美国 Whelan 公司诉 Jaslow 公司案。在美国 Whelan 公司诉 Jaslow 公司案中，原告对一项以 EDL 语言编写的用于 IBM—serie I 计算机的牙科实验室管理程序 Dentalab 享有著作权。被告曾在原告处工作并且参与了 Dentalab 程序的开发工作。后来被告自己又用 BASIC 语言编制了一项和 Dentalab 程序在功能上非常相似，运行于 IBMPC 的程序 Dentcome。虽然 Dentcome 与 Dentalab 之间并无完全雷同的现象，然而法院以两种程序结构、顺序、组织相同为由判定侵权成立。联邦第三巡回法庭的上诉判决认为，“对于一项实用作品而言，其创作的目的和作品的功能是该作品的思想概念。而对于目的和功能的实现并非绝对必需的，任何东西都是该思想概念的表现”。这一判例使软件著作权的保护范围从文字编码扩大到了软件的结构、顺序与组织，确立了 SSO 标准，从而使软件的结构、顺序与组织不再被视为软件作品的思想而是被作为软件作品思想的表达形式加以保护。

（二）“实质性相似+接触+排除合理解释”法

“实质性相似+接触+排除合理解释”原则是国际通行的计算机软件著作权侵权判断准则之一。“实质性相似”指，被控侵权的软件在表达方式上与原告的软件存在实质性的相似，主要分为两类情形：一是文字部分相似，以软件程序代码中引用的百分比为依据来判断；二是非文字部分相似，主要靠定性分析来判断，量化分析比较困难。总的来说，所谓实质性相似应是指软件整体上的相似，包括软件程序的组织结构、处理流程、所用数据结构、所产生的输出方式、所要求的输入形式等方面的相似，并不单纯以引用的软件程序代码百分比来判断。

判断“实质性相似”的主要方法：一是对照法，即对侵权软件和被侵权软件进行直接对比。这种对比包括两段源程序对比、源程序和目标程序间的对比、两段目标程序间的对比。二是测试法。通过对两个软件进行测试，如果各中间结果都基本一致，则应属于实质性相似，从而构成侵权。三是逐层分析法。判断两个软件是否构成实质性相似，有时不能拘泥于将两段程序做直接的比较，以相似之处数量的多寡来认定，而是要从系统设计、功能设计、结构顺序、结果的输入输出等方面逐层分析。四是整体感觉法。对于“整体上的相似”的判断要求有一个独特的观察角度，即普通软件用户的角度。这一视角可以矫正专家由于对技术问题的过分深入而忽视总体思维的弊端。五是“掺假”发现法。即在计算机程序中加入一些对程序运行没有意义和作用的指令和符号，如开发者的姓名，单位或者废程序段等；或是采用很难为盗版者发现和修改的独特的代码序列，作为“伪装记号”来保护程序。这样，在进行技术鉴定时，如果发现两个软件的这些随机性很强的无意义特征都相同或基本相同，则可以成为证明实质性相似的有力证据。

单凭“实质性相似”并不能判断侵权行为。独立开发时的设计巧合、由于可供选择的表达方式有限等也可能导致软件程序的相似。所以在认定“实质性相似”后，还要判断“接触”事实。这里的“接触”指，被控侵权软件的开发者以前曾有研究、复制权利人软件产品的机会。我国在法律实践中借鉴了“实质性相似+接触”原则，并引入“排除合理解释”，修正为“实质性相似+接触+排除合理解释”原则，即在认定了实质性相似和接触的情况下，仍允许被告通过对“实质性相似”的合理解释来否认侵权。

（三）“抽象—过滤—比较”三步判断法

该判断法是 1992 年 6 月美国联邦第二巡回法院在 Computer Assoc 诉 Altai 案中确立的规则。该判断法认为，判断被告软件中的结构、顺序及组织是否侵犯了原告软件的著作权，应分三步有层次地认定，而不能不加分析地判定结构、顺序和组织相似，就一定构成侵权。

第一步，“抽象法”，把原告、被告作品中属于不受著作权法保护的“思想”本身，从“思想的表达”中删除。如果两部作品只是创作或设计思想本身相同，即使这种相同十分明显也不构成相同或“实质性相似”。为此，可将软件程序分解为由低到高的不同层次。随着层次的上升，越来越多的“思想”被突出出来，从而使能够被推定为“思想表达形式”的因素越来越少。

第二步，“过滤法”，即将不受保护的资料与受保护的表达分离开，以限定原告作品著作权保护范围。不受保护的资料在认定上主要有三种方法：（1）融合学说，该学说认为，当某一思想只有唯一的或为数极少的表达时，则表达与思想融合为一，其中的表达不受著作权保护；（2）通用元素说，该学说认为作品的表达包含字面表达与非字面表达，字面表达受著作权法保护，但非字面表达只有具有独创性时才有可能受著作权法保护；（3）公有领域因素说，认为一切属于公有领域的资料都排除在著作权保护之外。

第三步，“对比法”，即经“抽象”和“过滤”之后，把剩下部分进行对比，如果被告作品中仍然有内容与原告作品“实质性相似”，可认定为侵权。具体对比方法主要有三种：一是“摘要层次”测试法。即将原告的作品和被告的作品做出一系列抽象层次不等的摘要，然后进行比较。如果两者的相似是在思想观念上，就不存在实质性相似。如果两者的相似在表达上，则构成实质性的相似。该检验法一直是美国法院判定实质性相似的占支配地位的方法。二是“一般读者”检验标准。指在对作品的实质性相似的认定上应从作品的一般读者的角度来考虑。在特定的侵权纠纷中，什么样的人可以作为一般读者是个有争议的问题。因此，对该标准的使用多依赖法官或陪审团的感觉。三是“作品所针对的读者”检验标准。这是对“一般读者”标准的修正，指如果作品所针对的读者较为狭窄，读者需要具备特定的专业知识，那么法院调查重点就是接受作品所针对的读者，或者接受那些具有专业知识读者的举证。

资料 8.3

计算机软件版权

一、计算机软件的版权保护

创意与表达二分法原则是版权保护的一个基本原则，即版权保护创意的表达方式，但对于创意本身却不提供保护。计算机软件是程序和文档的集合体。文档完全受版权保护这一点毋庸置疑。

但软件的主体部分——程序，很明显具有“创意表达混合性”的特点。虽然软件直接适用创意与表达二分法原则有些困难，但是由于它既是一种独立创造，也是对特定内容——某种创意以某种客观形式表达的特殊作品，满足了版权法保护客体所需具备的基本特征。从另一个角度看，计算机程序具有作品和工具双重性质。从表现来看，它像文学作品；从功能来看，它是使用工具。所以从其表现形式将它划归版权法保护范围是合理的。

世界上大多数国家采用版权法对软件进行保护。目前世界各国主要通过以下三种情况确立版权对计算机软件的保护：（1）修订版权法，在其中增加软件保护条款；（2）颁布单行法规规定；（3）通过判例加以确定。

将计算机软件纳入版权法的保护范畴有以下几点优越性：一是版权的产生比专利权的产生容易，更适应软件的发展速度。这是因为世界上大多数国家在版权问题上采取的是“无手续主义”，即版权随作品的产生而产生，无须专门的申请审批手续，因而花费少、取得保护方便。二是通过版权保护，软件的国际保护也较易实现。

二、计算机软件实行专利保护有何利弊

1. 计算机软件实施专利保护的优越性

表现在：赋予专利所有人获得大量资金回报的可能性。提高研发效率，节省成本。专利保护期限较短，更适合软件发展要求。

2. 计算机软件实施专利保护的弊端

表现在：获得软件专利比较困难。专利审查的时间较长，而且费用比较高。软件技术日新月异，这给专利局对专利“新颖性”的审查增加了难度。

资料 8.4

软件联盟就一起软件著作权纠纷达成和解

日前，国际知名BSA|软件联盟对外宣布，其代表欧特克等国际化成员公司，就其与大连六环景观建筑设计院有限公司，在大连中院的调解下，双方就软件著作权纠纷达成和解。大连六环景观将以主要采购正版软件加部分补偿款的方式，向权利人公司支付总计225万元了结此案，同时承诺将在企业内部积极推进软件正版化，倡导景观设计行业使用正版软件。

软件联盟中国区总监兼首席代表王晓艳说：“景观设计公司常常需要不断推出创新型解决方案以满足客户需求，这就要求企业必须培养尊重和鼓励创新的文化，建立起对知识产权的尊重。景观设计与建筑密不可分，对房地产行业的发展起到了重要作用。尊重和保护软件知识产权，也将为景观设计公司吸引更多重视声誉和长远发展的潜力客户。我们希望此次和解能够提升景观设计行业的知识产权保护意识，加速全行业的软件合规进程。”

大连六环是一家从事景观及建筑设计和施工的综合型企业，曾获“联合国国际科学与和平周荣誉奖”和“中国优秀住宅综合金奖”等国内外奖项50余项。作为国内知名设计机构，该公司设计承建了包括万科、长春亚泰和上海世茂等多家知名房地产企业的住宅景观项目。然而，这样一家在业内广受尊重和赞誉的企业，却因对软件资产管理不善，安装了未经授权的软件，险些“自毁清誉”。但是解决矛盾的方式有很多种，最终，在大连六环与软件权利人公司的积极沟通和共同努力下，双方以相互谅解的方式解决了此次纠纷。

有关人士表示：“严格遵守法律规定、保护知识产权对于推动景观设计行业的持续创新和规范发展至关重要。大连六环作为国内景观设计行业的知名企业，深深意识到知识产权的重要性，在带头承诺仅使用正版软件的同时，还将与软件联盟携手合作，共同推进全行业的知识产权保护意识和软件正版化进程。”

本案代理律师表示：“大连六环采购权利人公司的正版软件，并承诺在企业内部积极推进软件正版化，体现了对权利人合法权益的尊重，对同行业知识产权保护具有很好的示范作用。”

第四节 集成电路及布图

一、集成电路及布图的概念和特征

（一）集成电路的含义

集成电路，是指半导体集成电路，也就是我们平常所说的芯片，是整个电子工业的基础，是信息产业的核心。集成电路作为微电子技术的核心，是目前发展非常迅速的一种新技术。广泛地应用于多种产品。

集成电路具有下列特征：（1）集成性；（2）整体性；（3）工艺严格。

（二）集成电路布图设计的含义

集成电路布图设计（以下简称布图设计），就是集成电路的拓扑图（integrated circuit designs），是指集成电路中至少有一个是由源元件的两个以上元件和部分或者全部互联线路的三维配置，或者为制造集成电路而准备的上述三维配置。

布图设计又称掩模作品或拓扑图。

（三）集成电路布图设计专有权的含义

1. 布图设计专有权的概念

布图设计专有权，是指通过申请注册后，依法获得的利用集成电路设计布图实现布图设计价值、得到商业利益的权利。

2. 布图设计专有权的性质：著作权保护和专利保护

3. 集成电路布图设计的保护取得的条件

布图设计要有独创性，布图设计应当是作者依靠自己的脑力劳动完成的，设计必须是突破常规的设计或者即使设计者使用常规设计但通过不同的组合方式体现出独创性时，都可以获得法律保护。

（四）集成电路布图设计权客体的特征

1. 集成电路元件、部件或者连接线的二维或三维设计

也就是说，这种知识产权保护的不是集成电路本身，而是集成电路元件（必须有有源元件）、部件或连接线的空间配置。合理的配置能提高集成电路的功能、减小集成电路的体积，从而降低成本，这是这种创新的价值所在。符合一定条件的电路本身由于是一种技术方案，属于专利保护的范围，这也是其与专利权的不同之处。

2. 独创性

按1989年《华盛顿条约》第3条第2款的规定，受保护的集成电路布图设计应当具有独创性，即该布图设计是创作者自己的智力劳动成果，并且在其创作时该布图设计在布图设计创作者和集成电路制造者中不是公认的常规设计；或者由常规的元件及其连接组合而成，但这种组合作为整体具有独创性。

3. 非功能性

集成电路布图设计权保护的客体不涉及集成电路的功能设计，由于这方面的设计是用一定的技术方案来解决一定的技术问题，因而属于专利保护的范围。这种客体也不涉及集成电路所存储的信息（如EPROM），这种计算机信息属于版权法保护的范围，但这种集成电路的布图设计仍然属于该权利的客体。

二、集成电路及布图的获得

1989年《华盛顿条约》在集成电路布图设计的保护方式上没有进行限制。关于集成电路布图设计权的取得，该条约第7条规定了三个方面的内容：第一，在该布图设计在世界任何地方人投入一般商业利用前，可以不保护；第二，在该布图设计向主管机关进行登记之前，可以不保护，如进行登记应可要求提供该设计的样本或样品；第三，在该设计在世界任何地方投入商业实施一定期间后（至少两年），本条约成员可拒绝对其登记。该条约规定的保护期限是8年。

1994年《TRIPS协定》将1989年《华盛顿条约》的第2～7条（第6条第3款除外）和第16条第3款纳入协定成员国的义务，虽未明确规定集成电路布图设计权取得的特定方式，但规定了一个更长的保护期限。

由于相关国际条约未对集成电路布图设计权的取得采取一致的规则，因此各国对此做出了一些不同的规定，主要有以下两种方式。

（一）作为一种独立的知识产权形式进行保护

这是目前大多数国家对集成电路布图设计的保护方法，这其中又包括两种方式。

1. 登记制

登记制指布图设计完成后，创作者或权利受让人必须在主管部门办理注册登记手续后，才能取得这种专有权。多数制定专门的集成电路布图设计保护法的国家，采取了这种登记制，包括中国、加拿大等。

例如，加拿大1990年《集成电路布图设计法》第5条规定，这种专有权从申请日开始，到该设计首次投入商业使用日或申请日中较早一个日期起的第10个历年的年底。注册主管机关是产业部部长指定的集成电路布图设计登记官，能够向其提出集成电路布图设计申请的包括，加拿大的国民、居民；与加拿大属于同一保护集成电路布图设计条约成员国的国民或居民；WTO成员国的国民；依据对等原则，承诺保护加拿大国民集成电路布图设计专有权的国家的国民。申请文件应包括下列内容或材料：申请人的姓名与地址、布图设计的标题、布图设计首次投入商业利用的日期或者没有投入利用的说明、有关申请人与该布图设计利害关系的说明，其他可能要求的内容或材料。在申请包括上述内容并同时缴纳了相关费用后，就可以取得申请日（在不合乎上述要求时，登记官也可以给予申请日期，但要求其在规定的时间内补缴相关资料或费用）。在不符合相关条件时，登记官也可以驳回注册。在利害关系人的申请下，联邦法院也有权撤销或修正注册。

我国，2001 年 10 月开始实施的《集成电路布图设计保护条例》中明确规定，布图设计专有权经国务院知识产权行政部门登记生效。未经登记的布图设计不受本条例保护。

2. 使用取得与登记制相结合

使用取得与登记相结合指，布图设计专有权的取得，应通过登记取得。但对未登记的布图设计，在其首次商业利用后的一段时间内，给予法律保护，超出该期限不登记则不再保护。美国、荷兰、非洲知识产权组织等采取的是这种立法模式。

例如，美国 1984 年颁布了《半导体芯片保护法》（后编入美国法典 17.USC.9），该法虽然编入了第 17 篇“版权”这一部分，而且其注册也由美国版权局主管，但其实质是与版权不同的一种知识产权形式。

依该法，该布图设计（该法称为掩膜作品）的所有人是美国国民或居民，或者是与美国参加同一保护布图设计的国际条约的国家的国民或居民，或者是无国籍人，从其在美国注册或在世界任何国家投入商业利用之日起均可得到保护。如果该布图设计在世界任何地方投入商业使用后两年内没有申请注册，则不再进行保护，而保护期限从注册之日或者从在世界任何地方投入使用开始（以先发生为准），到开始后的第 10 年的年底终止。

其注册程序很大程度上与版权注册是一样的，即应当使用版权局指定的表格并填写所需信息、附上相应的布图设计的识别材料，并缴纳相应的注册费。对于符合条件的申请，将进行注册并发给注册证。如果对版权局的驳回决定不服，可以向地区法院请求司法复审。这种注册并非强制性的，可以作为权利取得的一种方式，在相关侵权司法程序中，该注册还可以起到初步证据的作用。

（二）作为其他类型的知识产权保护

在英国 1989 年《外观设计权（半导体拓扑图）条例》中，明确规定集成电路布图设计为 1988 年《版权、设计与专利法》中第三部分所规定的外观设计，并且该第三部分的规定也适用于集成电路布置图设计。此外，该条例还增加了一些特别的规定，如由于集成电路布图设计属于一种三维结构，可以适用对外观设计的自动保护原则，但该条例将其扩展到二维的半导体产品截面也自动得到保护，而一般二维设计不属于 UDR。只要设计者或委托人符合一定条件，该设计自动得到英国法律的保护。其保护期限为：该设计或包括该设计的产品在世界任何地方首次公开使用或销售之日起，到该日起的第 10 年的年底终止。但这种公开必须是在该设计完成之日起 15 年内进行，否则不再保护。

三、国际贸易中集成电路及布图侵权的判定

（一）侵犯集成电路布图设计权的行为概述

1989 年 WIPO《关于集成电路知识产权条约》明确规定为侵权的行为包括两类：

（1）未经权利人许可，复制受保护的布图设计的全部或其任何部分，无论是否将其结合

到集成电路中，但复制不符合原创性要求的任何部分布图设计除外。

（2）未经权利人许可，为商业目的进口，销售或者以其他方式分销受保护的布图设计或者其中含有受保护的布图设计的集成电路。《TRIPS 协定》基本上是确认了上述侵权行为，但增加了一种情况，即“分销带有这样的集成电路的物品”，并要求该集成电路持续含有非法复制的布图设计。

由于《TRIPS 协定》成员国众多，上述规定成为其成员国的一般义务，并体现在各国立法上。例如，我国 2001 年《集成电路布图设计保护条例》第 30 条所规定的两种侵权行为基本上是上述规定的翻版。在美国《半导体芯片保护法》中规定了“侵权半导体芯片”的定义，是指“违反所有人的专有权而制造、进口或分销的半导体芯片”，并对专有权做出了明确的规定。在 WIPO《关于集成电路知识产权条约》中明确规定，成员可以在 WIPO《关于集成电路知识产权条约》中明确规定，成员可以规定其他的行为也构成侵权，所以有些国家规定的此类侵权行为范围较广。例如，日本《半导体集成电路布图设计法》第 22、23 条所规定的侵权行为是：“任何侵犯或者可能侵犯其对布图设计专有使用权的行为，任何有贸易中制造、转让、出租、为转让或出租而展示、进口仅能用于仿制已注册布图设计的行为。”

（二）侵犯集成电路布图设计权的判定

在判断一件产品是否构成侵犯集成电路布图设计专有权时，各国的规定几乎都与 1989 年《关于集成电路知识产权条约》规定一致。综合该条约及各国的相关规定，构成侵权必须满足的条件包括以下几方面。

第一，存在有效的集成电路布图设计专有权。如前述，各国通常是以注册作为保护的条件的，这又包括两种情况，一是从其开始投入商业即得到保护，其前提是已经投入商业利用，并在规定的时间内提出注册申请并得到了注册；二是从申请日起开始得到保护，其前提是在规定的时间内提出注册申请并得到了注册。未登记的布图设计在各国通常是不受保护(像英国将其作为工业设计加以自动保护的除外)。

第二，未得到权利人的许可，复制了受保护的布图设计的全部或原创部分。也就是说，如果只是复制部分布图设计，而这部分又不属于该设计的原创部分，则不构成侵权。

第三，复制品不一定要固定在产品中。也就是说，不论是否已将该受保护的布图设计应用于集成电路中，只要以某种形式复制了该设计（如制成掩膜等），即可构成侵权。

（三）侵犯集成电路布图设计权的侵权抗辩

1989 年 WIPO《关于集成电路知识产权条约》规定了几种侵权抗辩情形。

（1）合理使用，指为私人目的或者单纯为了评价、分析、研究或者教学的目的而进行复制。

（2）反向工程，指第三者在评价或分析受保护的布图设计的基础上，创作符合原创性条件的新的布图设计，并使用或复制所新创作的布图设计。

（3）强制许可，包括第三者未能以合理条件取得许可和为防止权利人滥用权利为目的两种情形。

（4）善意销售，指进行或者指示进行该行为的人在获得该集成电路时不知道，或者没有合理的依据知道该集成电路包含有非法复制的布图设计。

（5）权利的用尽，指对由权利持有人或者经其同意投放市场的受保护的布图设计，或者采用该布图设计的集成电路，未经权利持有人的许可而进行的任何行为。《TRIPS 协定》主要规定了善意获得这种情形，并进一步规定此时权利人应有权要求上述行为人支付相当于自由谈判应支付的使用费，而行为人有权继续进行这种销售。

受该条约的影响，各国有关集成电路布图设计侵权抗辩的一般规定大多与上述规定基本相同，当然也有国家的规定与此有所不同。例如，我国《集成电路布图设计保护条例》第 23 条第 3 款规定，“对自己独立创作的与他人相同的布图设计进行复制或者将其投入商业利用的”，也不构成侵权。

第五节 植物品种权

一、植物品种权的概念和特征

（一）植物品种权概述

这里所指的植物品种是指，经过人工培育的或者对发现的野生植物加以开发，具备新颖性、特异性、一致性并有适当命名的植物品种。植物品种权（Plant Variety Rights，PVR），也称植物培育者权（Plant Breeder' Rights，PBR），指法律授予植物新品种的培育人对繁殖材料（包括种子、插条、分株、组织培养体）和收获材料（包括鲜切花、果实、叶子等）一定期间的排他性权利。

《保护植物品种国际公约》（UPOV）是目前该领域一个主要国际公约，它规定了成员国授予并保护植物品种权的一般义务，并规定了应受保护的植物品种的条件，以及申请与授权的一般程序要求。按照《TRIPS 协定》第 27 条第 3 款（b）项规定，成员可以将植物和生产植物的主要是生物学的方法（非生物学或微生物学方法除外）排除在可授予专利的范围之外，但要求成员依专利或有效的专门制度来保护植物品种。这里规定成员可以明确排除的是植物本身以及生产植物的生物学方法，但对其品种（实质上指的是其繁殖材料），该协定要求的是通过专利或专门制度加以保护，这和各国对植物品种保护的制度设置是相协调的。

目前，很多国家是通过专利和专门制度对植物品种进行保护的，可分为双轨制和单轨制两种类型。在美国，可以用专利保护植物品种，同时，对有性繁殖或块茎繁殖的植物品种，也可以得到专门保护，属于一种双轨制保护模式。《1930 年植物专利法》即对无性生殖的植物品种进行专利保护，1970 年又制定了专门的《1970 年植物品种保护法》对有性繁殖或块茎繁殖的植物品种进行专门的法律保护。在 1980 年戴蒙德诉查克瑞巴蒂案中，美国最高法院做出了原本只属于 PVPA 保护的有性繁殖的品种也可以得到实用新型专利保护的决定，这个决定在后来最高法院的判例中得到了确定，成为一个普通法规则。德国、法国、荷兰、日本等国则采取了另外一种双轨制方法，即一方面有保护植物品种的专门制度，另一方面，对于不在专门制度保护明细范围内的植物品种，则可申请专利保护。

单轨制包括两种类型：一是完全采取专利制度加以保护，如意大利、匈牙利等国；二是完全以专门制度加以保护，如中国、阿根廷、巴西等国。

（二）植物品种权客体的特点

根据相关国际公约（如UPOV）及各国立法的规定，受保护的植物品种应具有以下五个特征。

1. 新颖性

新颖性指申请品种权的植物新品种在申请日前该品种繁殖材料未被销售，或者经育种者许可，在申请国境内销售该品种繁殖材料未超过1年；在申请国境外销售藤本植物、林木、果树和观赏树木品种繁殖材料未超过6年，销售其他植物品种繁殖材料未超过4年。

2. 特异性

特异性是指申请品种权的植物新品种应当明显区别于在递交申请以前已知的植物品种。

3. 一致性

一致性是指申请品种权的植物新品种经过繁殖，该植物品种的不同种株之间，除可以预见的变异外，其相关的特征或者特性一致。

4. 稳定性

稳定性是指申请品种权的植物新品种经过反复繁殖后或者在特定繁殖周期结束时，其相关的特征或者特性保持不变。

5. 适当的名称

授予品种权的植物新品种应当具备适当的名称，并与相同或者相近的植物属或者种中已知品种的名称相区别。该名称经注册登记后即为该植物新品种的通用名称。下列名称不得用于品种命名：（1）仅以数字组成的；（2）违反社会公德的；（3）对植物新品种的特征、特性或者育种者的身份等容易引起误解的。

二、植物品种权的获得

《保护植物品种国际公约》（UPOV）规定了成员授予并保护植物品种权的一般义务及品种权的具体内容，也规定了授予品种权的条件和申请授权的具体程序要求。依该公约，在某个成员国的初次申请可以取得12个月优先权，在成员国的申请和保护是独立的，各成员国主管机关应审查申请是否符合公约所规定的实质条件。其所规定的权利期限，按1991年版本条文是授权之日起20年，对木本和藤本植物是25年。对于申请或公告后到授权前的期间还应给予临时保护。但该公约并未建立统一的国际申请制度。

就各国而言，排除前述有些国家所采取的用专利保护某些植物品种权的制度，对作为一种独立的知识产权形式进行保护的植物品种权，各国均要求进行申请并经授权后才能取得。

按受理和授权机关的不同，可分为国内植物品种权申请和区域植物品种权申请两大类。

（一）国内植物品种权申请

国内植物品种权申请程序与专利申请比较相似，但其受理机关一般与专利申请受理机关不同。例如，美国《植物品种保护法》所规定的受理机关是美国农业部下的植物品种保护局；中国则有两个部门受理，即农业部下的植物新品种保护办公室和林业总局植物新品种保护办公室。下面以美国为例，依据《植物品种保护法》及其《实施条例》来说明其一般的申请程序。

1. 申请

美国国民或居民、UPOV联盟成员国的国民或居民可以向该局提出申请，其他不属于上述范围的人只能按对等原则有资格提出申请。申请应包括：（1）一份有申请人签字的完整的申请表。（2）完整的有关该植物品种的各方面的说明。（3）对于块茎繁殖的植物品种，提交该品种活性培养材料在制定公共机构进行保藏的证明；对于种子繁殖类植物品种，则应提交至少3 000粒种子的保藏声明，并在申请日后的3个月或签发品种权证书之日前（以先到日期为准）提交指定公共机构保藏。（4）缴纳申请费。如果申请文件或材料完整，将会被接受并给予申请日和申请号；如果不完整或者有缺陷，则会被要求在3个月内进行修改补充，如果还不合要求，该申请将被视为放弃。

2. 审查

审查将在保密状态下进行，除审查中的部分内容在局长认为符合公共利益的情况下进行公开外，基本内容不得公开（除非得到申请人或其代理人的要求或同意）。审查将主要集中于实体条件的满足，在实体条件满足的情况下，审查员也会指出其不合乎要求的形式或程序问题。

3. 授权

如果符合要求，审查员将向申请人或代理人发出核准通知书，要求其在通知书发出之日起的两个月内缴纳规定的费用。在收到通知书后，品种权证书签发之前，申请人还可以对申请进行修改。在收到费用及确定该植物品种的种子是否使用被确认的一类的名称后，将签发植物品种权证书。如果审查员认为该申请不符合植物品种权的实体要求，将驳回该申请，并说明理由。此时申请人可以要求复审并可依驳回理由对申请文件进行修改，复审仍旧由审查员或局长进行。如果复审仍被驳回，可以向农业部部长申诉，如果对其决定仍不满，则可以向美国海关与专利上诉法院，或者美国上诉法院要求司法复审，也可以向美国地区法院提起民事诉讼。

4. 对申请或授权异议

在申请审查过程中，或者在签发植物品种权证后的5年内，任何人均可向该局提出异议的申请。局长可以依据备查结果做出维持、变更或撤销申请或植物品种权证的决定。

（二）区域植物品种权申请

1. 共同体植物品种权申请

共同体植物品种权（Community Plant Variety Right，CPVR）是根据欧盟法规（Council Regulation No.2100/94 of 27.7.1994）所建立的一种在全欧盟范围内有效的植物品种权，由欧盟植物品种局（Community Plant Variety Office，CPVO）负责受理申请与授权，而CPVO公约是欧盟的一个具有独立法律地位的机构。根据上述欧盟法规，授予CPVR的实体条件采取的是UPOV的规定，其申请程序包括下面几个步骤。

（1）申请。任何自然人或法人均可提出申请，申请应使用欧盟的官方语言。如果申请人不属于欧盟成员国的自然人或法人，则必须在欧盟成员国指定代理人进行程序代理。申请人如果不是植物品种的培育者，还必须提交转让证明。申请可以向成员国指定的国家局或者直接向 CPVO 提出，如果向成员国国家局提出，则应向 CPVO 通知这种提交，否则会导致其申请日推后。国家局不对其进行审查，将在收到申请文件后的两周内向 CPVO 传送。申请应使用规定的表格，并填写所需的信息，符合条件的申请将会给予申请日。

（2）审查。审查包括形式审查、实质审查和技术审查。形式审查主要审查是否有相关内容、优先手续、申请手续是否齐全、费用缴纳情况等；实质审查要审查是否属于受保护的植物品种、该植物品种是否是新的、申请人是否有权提出申请、所指定的植物品种名称是否符合规定等。在前述审查没有发现驳回理由的条件下，将进行技术审查。技术审查要审查该植物品种的特异性、一致性与稳定性，该审查交由 CPVO 的行政理事会所委托的相关成员国的国家局（审查局，Examination Office）进行。经审查后将向 CPVO 提交审查报告，CPVO 将该报告送交申请人发表意见。

（3）授权或驳回。经审查后，如果没有发现驳回的理由，将授予 CPVR，并确认植物品种权的名称，并进行登记和公告，其权利期限是从授权之日起 25 年，对木本、藤本及土豆类植物，该期限则是 30 年。如果申请不符合条件，或者没有在规定时间更正文件的缺陷，或者没有符合要求的命名，该申请均将被驳回。对驳回的决定可以向 CPVO 的复审委员会要求复审，对复审决定不服的还可以向欧盟初审法院上诉，也可以直接向欧盟初审法院上诉。

2. 非洲知识产权组织植物品种权申请

依《班吉协定》附件 5，非洲知识产权组织建立了区域植物品种权授权制度。这一区域制度从授权的实体要求上看与 UPOV 规定一致，其申请程序从一定程度上讲，是共同体植物品种权申请的翻版，在此不再赘述。但有几点要注意，第一，其植物品种权从签发植物品种权证书起 25 年。第二，SAPI 所授予的品种权可以被该组织撤销或判定无效。或者，如果在一国法院判定无效，会导致在该成员国的无效。第三，OAPI 植物品种权人要自付费用，在品种权的整个有效期内持有该植物品种，以便有关机构随时检查其是否仍具有相关特性，否则可以导致该项植物品种权被取消。

三、国际贸易中植物品种权侵权的判定

（一）侵犯植物品种权的行为概述

按《国际植物新品种保护公约》（UPOV）1978 年文本的规定，植物品种权人的权利包括：任何对受保护植物品种的繁殖材料为商业目的的生产、许诺销售及营销行为，均须得到权利人的授权，这种权利对无性生殖（如插枝、压条、嫁接等方式）的植物品种，则包括整株植物；权利人对于通常也可用于繁殖的观赏植物，其权利可延伸到该观赏植物及其部分。在 UPOV 1991 年文本中，其权力范围做出了一些扩展，包括：

（1）进出口上繁殖材料的行为、为前述行为而储存上述繁殖材料。

（2）上述权利还应扩展到收获材料，如果该收获材料是未经授权的繁殖材料所生产的。上述权利还要扩展到实质上由受保护的植物品种、与受保护的植物品种没有实质性区别的品种、需要反复运用受保护品种才能生产的品种。《TRIPS 协定》只要求成员保护植物品种，但未对其权利范围做出规定。

在 UPOV 的影响下，各国对植物品种权的保护制度有较大的一致性。作为 UPOV 成员国，其加入不同的文本所应承担的义务不一样，到 2009 年 10 月，在所有 68 个 UPOV 成员国中有 43 个加入的是 1991 年的文本，这些国家在此方面承担了更广泛的义务。再如，欧盟在 2005 年加入 UPOV 时，通过专门立法将该文本的规定转化为成员义务（见欧盟理事会决定 2005/523/EC）。日本加入的也是 1991 年文本，其保护也是以植物品种权注册为条件。在日本，1998 年《种子与种苗法》中所规定的植物品种权范围是：对注册植物品种及在特性上与受保护的植物品种没有明显区别的品种的排他使用权，这种排他使用权还延伸到通过对受保护品种进行改造但未改变其根本性质的品种，以及需要重复使用受保护品种才能生产的品种。

中国加入的是 1978 年文本，承担保护的义务则如上述 1978 年文本的规定。按 2006 年《最高人民法院关于审理侵犯植物新品种权纠纷案件具体应用法律问题的若干规定》第 2 条第 1 款，侵犯植物新品种权的行为包括："未经品种权人许可，为商业目的生产或销售授权品种的繁殖材料，或者为商业目的将授权品种的繁殖材料重复使用于生产另一品种的繁殖材料的，人民法院应当认定为侵犯植物新品种权。"

（二）侵犯植物品种权的判定

根据 UPOV 1991 以及各国法的规定，在判定某一植物品种是否构成侵权时，要比较该植物品种与受保护的植物品种的情况，主要考虑其是否属于下述几种情况之一：

（1）其繁殖材料或收获材料与被保护的植物品种是否完全相同。

（2）在受保护的品种权不属于受保护品种的一种衍生品种的前提下，其繁殖材料或收获材料是否实质上属于该受保护的植物品种衍生品。

（3）其繁殖材料或收获材料是否需要重复使用受保护品种才能得到，这种情况下，该植物品种虽然不侵权，但由于生产过程中要使用受保护植物品种的繁殖材料或收获材料，因此此类植物品种的繁殖材料或收获材料也构成侵权。我国《最高人民法院关于审理侵犯植物新品种权纠纷案件具体应用法律问题的若干规定》第 2 条第 2、3 款规定了判断的基本方法："被控侵权物的特征、特性与授权品种的特征、特性相同，或者特征、特性的不同是因非遗传变异所致的，人民法院一般应当认定被控侵权物属于商业目的生产或者销售授权品种的繁殖材料。被控侵权人重复以授权品种的繁殖材料为亲本与其他亲本另行繁殖的，人民法院一般应当认定属于商业目的将授权品种材料重复使用于生产另一品种的繁殖材料。"

（三）侵犯植物品种权的侵权抗辩

UPOV1991 规定了一些植物品种权的例外，这些例外也是通常被控侵权时能够进行抗辩的理由，主要包括如下几种情形：第一，私人或非商业目的的使用；第二，实验目的的使用；第三，用于培养其他品种以及对所述其他品种的各种应用；第四，权利用尽，即在权利人或经其同意的人将受保护植物品种材料销售后，权利人不能阻止对这些材料销售的处理行为，除非涉及进行培育繁殖，或是将其出口到一个不保护该植物品种的国家（只用于最终消费的除外）；第五，作为一种选择性的例外，成员国可以规定，在合理限制和保证权利人合法利益的条件下，允许农民在自己土地上、利用在自己土地上种植受保护的品种所收获的产品进行繁殖；第六，为公共利益而授权第三人实施专有权，主要指强制许可，此时应保证权利人得到合理的补偿。

对于加入上述 UPOV 1991 的成员国而言，它们的规定与 UPOV 1991 大致相同，但也可能有些不同之处。例如，日本 1998 年《种子与种苗法》中规定，对于享有该受保护植物品种或本质上相同的植物品种的方法专利的专利权人或其受许可人而言，该受保护植物品种的注册权利人不能禁止其生产该植物品种。

在 UPOV 1978 中仅规定了有关公共利益或推广该品种而对权利人的权利进行限制这种情况。由于我国加入的是该文本，所以我国《植物新品种保护条例》中，规定了下面几种例外：

（1）利用授权品种进行育种或其他科研活动。

（2）农民自繁自用授权品种的繁殖材料。

（3）强制许可。

前两种情况可以不经权利人许可并不向其支付使用费，后一种情况则应得到主管机关的许可并支付权利人合理的费用。

案例讨论

GFCI（接地故障漏电保护器）产品是美国政府为保护居民人身安全而强制推行的安全装置，在美国拥有年销售量 30 亿美元的巨大市场。通领科技是全球生产 GFCI 产品的五家企业之一，作为一家拥有高新技术自主知识产权的外向型企业，通领科技拥有 46 项专利，其产品全部销往美国、加拿大等北美国家。由于高科技含量远远领先于同行，通领科技在进入美国市场后，引起了行业巨头莱伏顿公司的恐慌。莱伏顿于 2004 年发起了恶意的专利诉讼，采取了在美国司法界也很罕见的刁蛮的诉讼手段，将通领科技的 4 家美国经销商的董事、股东以及管理人员的所有私人财产全部诉上法院。面对这种情况，通领科技积极迎战，在付出了高额的诉讼费用，经历了 3 年多的漫长等待后，通领科技拿到了两份“马克曼命令”，认定通领集团 GFCI 产品采用的永磁式电磁机构原理的漏电保护技术没有侵犯美国莱伏顿公司的 558 专利和 766 专利。2007 年 7 月 10 日，新墨西哥州地方法院判决通领科技集团的 GFCI 产品不侵犯莱伏顿公司的专利权。

美国新墨西哥州联邦分区法院布朗宁法官下达判决书，判定中国通领科技集团制造销往美国的 GFCI 产品，不侵犯莱伏顿公司第 6246558 号美国专利。目前，莱伏顿公司正积极寻求与中国通领科技集团和解。长达 28 页的判决书中指出：2007 年 4 月 12 日，法庭举行了听证会，认为通领科技的器件并没有包含“558”专利权利要求中的相关“复位接触件”和“复位件”等要素，和以等效的方法完成同样功能的相同或等价的结构，因此法庭认定通领科技等被告依法胜诉。

中国通领科技集团与莱伏顿公司的专利纠纷始于 2004 年。2004 年 4 月，莱伏顿公司以其第 6246558 号美国专利被侵犯为由，分别在美国新墨西哥州等多个地方法院起诉 4 家中国通领科技集团的重要客户。为维护美国客户的合法权益，陈伍胜率领中国通领科技集团的技术专家专程赴美国参与制定了诉讼的策略，选择新墨西哥州联邦分区法院作为主审法庭。

2005 年 3 月 28 日，新墨西哥州美国联邦分区法院布朗宁法官主持召开了马克曼听证会。2006 年 6 月，法院下达了对案件结果具有决定性作用的马克曼命令，采纳了通领科技等被告对“558”专利相关权利要求的解释，明确显示了通领科技的产品不侵权。

本章小结

本章主要介绍了有关国际技术贸易的其他标的，即地理标志权、版权及邻接权、计算机软件、集成电路及布图和植物品种权的基本概念和本质特征；分析了上述技术权益的申请保护程序和保护内容；阐述了针对本章技术贸易标的主要侵权行为。

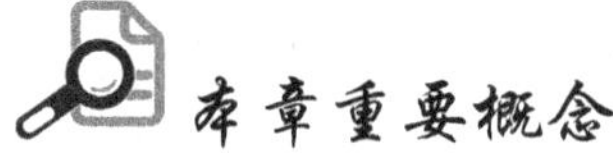

本章重要概念

地理标志权　版权及邻接权　计算机软件　集成电路及布图　植物品种权　侵权判定

思考题

1. 你能用本章理论解释 2016 年苏宁易购的地理保护标识产品——茶叶吗？

2. 某大学哲学系副教授甲，集十几年教学、科研成果，写成一部 60 余万字的《中国哲学思想史》书稿。甲将自己的书稿送呈著名专家乙教授审改，并诚心邀请乙教授与自己一起在作品上署名。乙对甲的书稿进行了较大修改，但拒绝因此而署名。甲反复请求，态度至诚，乙力辞不成，便同意在甲之后署名，但声明不将名字列在甲前，不要分文稿酬。甲将定稿后的书稿送交出版社，该社审读后，认为该书稿很有出版价值，便与甲签订了出版合同，甲特申明该书出版时，作者署名顺序为先甲后乙。出版社编辑丙在审完书稿后，认为将乙的名字署在前面会使该书产生更大的影响，于是在未征得甲、乙同意的情况下，改变了原来的署名顺序。半年后，该书出版发行。甲、乙拿到样书后发现，作者署名顺序为先乙后甲，两人均对出版社不打招呼、擅自变更作者署名顺序感到十分气愤，遂找出版社协商，但出版社认为谁先谁后都一样，因而拒绝更改。请根据上述案情回答：（1）本案例中依法享有该产品署名权的是哪一方？（2）该作品的合法作者有哪几位？（3）本案例应当怎样处理？

学生课后参考文献阅读

［1］王玉清，赵承壁. 国际技术贸易［M］. 北京：对外经济贸易出版社，2013.
［2］林珏. 国际技术贸易［M］. 北京：北京大学出版社，2016.
［3］冯汉桥. 国际贸易中知识产权的取得与保护［M］. 北京：知识产权出版社，2011.

［4］徐元. 当前我国实施外贸领域国家知识产权战略的思考［J］. 国际贸易，2013（4）：27-30.

［5］杨林燕，王俊. 知识产权保护提升了中国出口技术复杂度吗？［J］. 中国经济问题，2015（3）：97-108.

［6］许陈生，高琳. 我国知识产权保护与高技术产品进口［J］. 国际商务：对外经济贸易大学学报，2012（6）：36-46.

［7］林秀梅，孙海波. 中国制造业出口产品质量升级研究——基于知识产权保护视角［J］. 产业经济研究，2016（3）：21-30.

［8］徐元. 转型升级背景下我国应对知识产权壁垒存在的问题与对策［J］. 财政研究，2015（5）：75-79.

［9］Helpman E. Innovation，Imitation，and Intellectual Property Rights［J］. Econometrica，1993，61（6）：1247-80.

［10］Hazel V. J. Moir. Innovation，intellectual property，and economic growth［M］/ Innovation，intellectual property，and economic growth/Princeton University Press，2011：177-181.

［11］http://en.wikipedia.org/wiki/Technology.

第九章　国际技术贸易的主要方式

学习目的与要求

通过对本章的学习，熟悉国际技术贸易的主要方式，即国际技术许可证贸易、技术咨询和技术服务的概念、特点和类型，掌握不同方式下的技术转移方式和流程，同时了解其合同主要内容。

开篇案例

华为18年无一项原创发明　购买专利竞跑国际市场

【案例内容】

截至2011年3月，华为已累计在全球申请专利达到40 148件：其中中国专利累计申请31 869件，已获得授权14 705件；国外申请累计8 279件，已获得授权3 060件。85%的外国授权专利是在欧美发达国家获得的。在下一代无线通信标准LTE领域，华为拥有的基本专利份额达到15%以上。

根据世界知识产权组织WIPO统计数据显示，2009年华为PCT专利数居全球第二，2008年华为PCT专利数居全球第一。2006年在信产部公布的“2006年电子信息百强企业专利申请量”排名中，华为以总共专利5 043项位列榜首：其中发明专利4 695项，2006年研发投入47.48亿元。专利申请总量基本相当于后九家企业申请量之和。

一、华为现阶段的专利战略和未来需要突破的问题

尽管如此，华为似乎并不满足，在2006年12月的内刊《华为人》上，华为战略规划部部长方唯一尖锐地指出了公司迄今为止没有一项原创发明。除此以外，在《实》文中，华为系统地阐述了现阶段的专利战略和未来需要突破的问题。

尽管华为深刻反省自身没有原创发明，但华为通过核心专利购买取得一定市场优势。华为在这篇内刊文章中坦言：“华为在过去的18年里每年坚持投入销售收入的10%以上在研发上，资金投入都维持在每年70亿～80亿元以上，经过18年的艰苦奋斗，迄今为止，华为没有一项原创性的产品发明。”

二、华为的专利战略：购买专利与国际市场赛跑

华为通过购买的方式和支付专利许可费的方式，获得所缺少的核心技术，实现了产品的国际市场的市场准入，并在竞争的市场上逐步求得生存。

购买核心专利之后，华为“主要做的是在西方公司的成果上进行了一些功能、特性上的改进和集成能力的提升，更多的是表现在工程设计、工程实现方面的技术进步，与国外竞争对手几十年、甚至上百年的积累相比还存在很大差距”。

这种专利战略比企业绕开这些专利采取其他方法实现，成本要低得多，由于支付费用，也实现了与西方公司的和平相处。

事实证明，这种方式可以为我国的高科技企业在国际上的竞争赢得充分的时间。有一款全球领先而且份额占据第一的产品，在功能、性能上超越竞争对手的一个关键技术，是华为通过购买某外国公司的技术而获得的。当时华为寻找并选择了一家该领域非常领先的厂家，该厂家累计投入已经超过 7 000 万美元，经分析认为其产品和技术具有很高的市场价值，最后决定购买该技术。

此后，华为在拉美最大的固定运营商 Telemar 的某光纤系统上，实现了市场突破性应用。华为称，必须承认国际厂商领先了许多，这种巨大的差距是历史形成的。一方面，由于发达国家创新机制的支持，普及了创新的社会化，技术获取相对容易；另一方面，当我们还在创始时期的起步阶段，国外有些专利就已经领先很多。这种通过谈判，支付合理费用的方式，使华为有机会进入国际市场的竞争。

华为要在海外取得规模收入，如果没有与西方公司达成许可协议和由此营造的和平发展环境，这个计划就不能实现。“虽然我们在国内外总共申请了超过 1 万件专利，但我们知道真正核心的基本专利还不多。”华为清醒地认识到基础专利的成长过程是十分漫长而艰难的，即使是应用型基本专利的成长过程也至少需要 3～5 年。

华为法务总监郭世栈在此前的“中国集成电路知识产权”论坛中表明了未来华为知识产权的战略方向：必须要提高专利质量。华为现在的标准专利已经占到所有专利的 5%，这个比例应该说相对是比较安全的。华为也希望尽快地把专利扩大到全球范围。华为目前主要市场在海外，特别是在欧洲、美洲这些地方，应该要做到都有专利。

【分析】

华为公司作为专利的被许可人、受让人，其实施知识产权的战略目标主要有：

1. 将创新成果成功转化为专利；
2. 取得竞争优势（包括进攻和防御）；
3. 将专利转化为经济效益。

第一节　许 可 贸 易

一、许可贸易的含义及类型

许可证贸易是国际技术贸易中最为普遍的一种形式，也称为“许可贸易”，是指技术出售者将其技术标的物的使用权通过许可证协议或合同的形式销售给技术接受方的一种贸易方式。

（一）许可贸易的含义

许可贸易是专利权所有人、商标所有人和专有技术所有人，作为许可方向被许可方授予某项权利，允许其按许可方拥有的技术实施，制造、销售该技术项下的产品，并由被许可方支付一定数额的报酬。

（二）许可贸易的类型

按照不同的标准，许可贸易交易方式的分类如下图 9-1 所示：

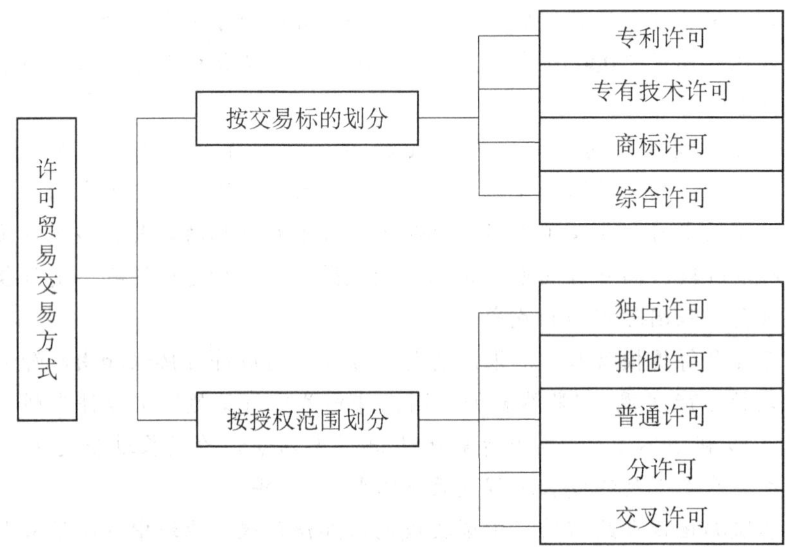

图 9-1　许可贸易交易方式的分类

对于按照交易标的划分的许可类型，在此就不再赘述。而授权范围不同的各种许可，则买卖双方的权利有所不同，具体参见表 9-1。

表 9-1　不同种类的许可贸易买卖双方的权利

许可种类	买卖双方的权利		
	受方是否享有使用权	供方可否保留使用权	第三人可否获得使用权
独占许可	有使用权	无使用权	不能获得使用权
排他许可	有使用权	保留使用权	不能获得使用权
普通许可	有使用权	保留使用权和转让权	可获得使用权
分许可	有使用权、转让权	保留使用权和转让权	可获得使用权
交叉许可	有使用权、无转让权	保留使用权无转让权	不能获得使用权

（三）许可证贸易合同的特点

许可证贸易合同是指，双方当事人为共同实现专利权、商标权和专有技术使用权有偿转让的特定目标而规定双方权利和义务的法律文件。

（1）许可证贸易合同为多项内容相互结合的合同，除单纯的专利权许可、商标权许可和专有技术转让合同外，大多数情况是这三者之间的相互结合。

（2）许可证贸易合同涉及多方面的法律。许可证贸易合同本身符合有关法律规定，而且合同内容所涉及的有关法律是多方面的。如，必须符合有关国家的专利法，商标法、税法、合同法等，另外，许可合同一般均须经各国有关当局审查批准才能生效。

（3）许可证贸易合同是一种内容比较复杂的合同，条款多，涉及面广，有些还包含特有的法律性极强的条款或技术性很强的条款。从合同形式上看，除合同正文外，往往还包括大量的附件。

（4）许可证贸易合同期限长。根据有关国家对合同期限的规定，许可合同的有效期一般为5～15年。我国规定，许可合同的有效期一般为10年，经批准，有效期亦可规定为10年以上。

（5）许可合同不是取得一般使用权的合同，而是取得某种具有工业产权的无形资产的合同。诸如：发明、实用新型、外观设计、商标使用权的合同或专有技术使用权合同。

资料 9.1

许可合同

许可合同的主体，即签订和执行合同的当事人，转让技术的一方称为许可方（Licenser），或译为出让方、输出方和或售让人，也有的称之为技术供方（Supplying Party）或转让方（Transferer）。

接收技术的另一方则相应地称为引进方（Licensee），或译为受让方、输入方、受证人、技术受方（Receiving Party）或被转让方（Transferee）。

许可合同的客体，又称合同的标的，主要包括专利技术、专有技术和商标。

二、知识产权许可和转让的含义

知识产权许可（licensing）：许可方将所涉知识产权授予被许可方按照约定条件使用/实施的活动，简称许可。或在不转让财产所有权的条件下让渡财产中的权利。

知识产权转让（assignment/sale）：出让方将所涉知识产权让渡给受让方的活动，简称转让。

世界知识产权组织（WIPO）及外文资料中多从广义上使用“转让”（transfer）一词，通常意义包括“许可”（licensing）和狭义的“转让”（assignment / sale）。

资料 9.2

知识产权许可转让的现状

从1978年到1990年，欧美主要企业的“无形资产”比值从20%提升到了70%。欧美目前拥有众多的专利技术公司，他们80%～90%的收入来自于专利费的收取和技术转让。

美国高通，其80%的年收入来自于专利转让，美国的TI每年仅向韩国三星转让专利的收入就达到10多亿美元。IBM的知识产权收益从1990年3 000万美元到1995年的专利许可费为6.5亿美元，2000年IBM公司申请注册专利2 886项，年度总利润达到81亿美元，其中专利许可转让费占17亿美元。

随着当代技术贸易在国际贸易中的地位越来越高，许多国家企业都把专利技术贸易当作是一种重要的收入来源。有资料统计，在技术贸易中许可证贸易占80%以上。

资料 9.3

知识产权许可转让的动因

知识产权所有人自行产业化成本十分昂贵，包括市场由几家大公司控制、无能力或时间或资源等；

知识产权所有人（通常即发明人）资金紧缺，通过许可收取使用费来维持进一步研发所需资金的时间较长；

所涉知识产权只有与其他相关技术相结合才具可用性；

知识产权所有人经营业务范围之外或无意涉足的技术领域的技术；

知识产权所有人作为纯粹的研究者或研究机构，无意于涉足商业活动；

出售带来的现实收益会高于许可，因为后者需要较长的时间且存在较多风险和不稳定因素。

三、知识产权许可 / 转让的分类

（一）根据客体的不同进行分类

技术许可/转让（包括专利技术许可/转让、专有技术许可/转让）、出版和演出许可 / 转让、商标许可 / 转让、计算机软件许可 / 转让等。

（二）根据许可人授予许可是否基于自愿进行分类

1. 自愿许可

独占许可（Exclusive Licensing Agreement）：除被许可方可以按照约定独占使用有关知识产权外，包括知识产权权利人在内的任何第三方均不能使用该知识产权。

排他许可（Sole Licensing Agreement），许可方允许被许可方在约定的范围内独家使用知识产权，不允许任何第三方在该范围内使用该知识产权，但是许可方仍保留自己在该范围内使用该知识产权的权利。

普通许可（Simple Licensing Agreement）：技术许可方在一定的地域和期限内将技术的使用权转让给技术的被许可方，但同时许可方仍可以将技术再转让给其他被许可方，并保留自己使用技术制造和销售产品的权利。

分许可（Sub Licensing Agreement）：被许可方在一定条件下以自己的名义许可第三方使用所涉知识产权的活动。分许可的效力取决于许可方和被许可方的原许可。只有原许可合同中规定了被许可人可以在一定范围内再许可第三方使用所涉知识产权，被许可人和第三方签订的分许可合同才有效。

交叉许可（Cross Licence）：交叉许可指合同双方在互利基础上各自相互交换拥有的专利或商标或专有技术的使用权。交叉许可可以是独占的，也可以是排它的或普通的，一般要求各方权利对等。如技术价值相当，通常不收取使用费。交叉许可合同通常应用于合作生产等特殊情况。

上述五种许可形式反映了被许可方对技术使用权占用程度的不同，所付出的代价也不同。一般说来，独占许可代价最大，排他许可次之，普通许可最低。在国际技术贸易中，双方签订哪种许可合同，主要决定于双方的意图和当时实际情况。通常采用普通许可和独占许可较为普遍。

资料 9.4

专利实施许可

最高人民法院《关于审理技术合同纠纷案件适用法律若干问题的解释》(2005.1.1)第 25 条，专利实施许可包括：独占实施许可；排他实施许可；普通实施许可。

独占实施许可是指，让与人在约定许可实施专利的范围内，将该专利仅许可一个受让人实施，让与人依约定不得实施该专利；

排他实施许可是指，让与人在约定许可实施专利的范围内，将该专利仅许可一个受让人实施，但让与人依约定可以自行实施该专利；

普通实施许可是指，让与人在约定许可实施专利的范围内许可他人实施该专利，并且可以自行实施该专利。

当事人对专利实施许可方式没有约定或者约定不明确的，认定为普通实施许可。专利实施许可合同约定受让人可以再许可他人实施专利的，认定该再许可为普通实施许可，但当事人另有约定的除外。

2. 非自愿许可

知识产权所有人以外的任何人未经知识产权所有人的同意而被允许使用该知识产权的，属非自愿许可。包括法定 / 强制许可与默示许可。

法定 / 强制许可：由法律或立法机关施加的非自愿许可。

专利强制许可（Compulsory License）是指一国的专利主管机关，根据一定的条件，依法向第三人颁发许可证书，允许该第三人未经专利权人的同意使用受专利保护的技术，包括生产、销售、进口有关专利产品等。同时，强制许可的使用者通常要向专利权人支付一定的补偿费。

《TRIPS 协议》第 8 条规定：成员国可采取适当措施防止权利持有人滥用知识产权。例如，专利权人不实施其专利。

授予强制许可的 3 种情况：具备实施条件的单位以合理条件请求专利权人许可实施其专利，但在合理长的时间内未获得许可；国家出现紧急状态或非常情况，或为了公共利益的目的；从属专利情况下的强制许可。

资料 9.5

与公共健康相关的知识产权国际争端涉及强制许可制度的实施

跨国医药公司与南非的贸易争端；

美国与巴西的贸易争端；

美国控诉印度药品及农用化学品专利权保护措施案；

欧盟控诉加拿大的医药品专利权保护案；

巴西与 ROCHE 药厂的价格争议；

美国与南非艾滋病药品争议；

美国和加拿大的炭疽病毒危机等。

具有讽刺意味的是，强制许可的本意是保护弱者，但强制许可（不仅仅在制药领域）措施最积极的实施者其实是发达国家。从 20 世纪 60 年代末期到 80 年代末期，加拿大曾在制药领域广泛实施强制许可。英国在 20 世纪 70 年代以前也曾实行过强制许可。

案例

南非和巴西启动强制许可的前例

【内容】2001 年 11 月召开的 WTO 会议上通过的赋予成员国在紧急状况下对专利药品行使强制许可权的宣言。2005 年的罗氏制药案让各界人士看到了解决中国艾滋病危机的希望。许多人都在大声疾呼国家尽快对抗艾滋病药物实施强制许可，从而降低药品价格，使更多人得到所需药品。

【问题】强制许可真的就能够敲开治疗艾滋病、肺结核、疟疾等困扰发展中国家疾病的药物的高价大门，从而使更多人得到治疗吗?

【分析】专利法、专利法实施细则、相关法律、司法解释和国际协议条款、WTO 中的《TRIPS 协议》

按照世界贸易组织《与贸易有关的知识产权协议》（TRIPS）的有关规定，各成员国在发生大众健康危机时可以采取特殊措施，包括允许本国企业强行仿制外国专利药。TRIPS 对强制许可有非常严格的限制条件，其中一个主要条件“出现重大疫情”。这就必然要求政府更为坦率地谈论艾滋病问题。强制许可必然侵犯国外公司的知识产权，国外公司的利益也不应完全被忽视。实行强制许可需要满足很多条件，包括强大的仿制能力、可观的国内市场（TRIPS 目前规定强制许可条件下的仿制药物不能出口，TRIPS 新一轮谈判将专门讨论这一问题）、完善的管理和法律体系等。

上述条件是许多发展中国家所不具备的，这也是发展中国家运用强制许可似乎不如发达国家积极的一个重要原因。实际上，一些发展中国家如果实施了强制许可，很有可能会出现由于国内药厂不具备必要的生产能力和质量控制体系，导致仿制药品质远不及原来的专利药，延误患者治疗的情况。在许多国家，腐败的渗入也使仿制药厂成为许多人借以牟利的所在，地方保护和垄断行为反而让患者无法得到真正需要的药品。

默示许可：非经明示和书面协议方式，通过向他人实施特定行为，如果他人可由此正当推定知识产权所有人已经同意其使用的，构成默示许可。

1927 年，美国联邦最高法院就在 De Forest Radio Tel. Co. v. United States 一案（De Fores 案）的判决中对专利默示许可进行了阐明："并非只有正式的授权许可才能达到许可使用的效果。对于专利权人使用的任何语言或采取的任何行为，只要它能够让他人正当地推定专利权人已经同意其从事制造、使用或销售等实施专利的行为，则可以构成一种许可，并可以在专利侵权诉讼中以此作为抗辩。"

资料 9.6

专利默示许可的发生情形

基于技术标准而产生的专利默示许可：

（1）将专利纳入技术标准已经成为不可逆转的趋势，这让标准化组织不得不予以正视，并主动完善自身政策以平衡各方利益，减少因专利许可问题而阻碍标准制定和实施的机会。

（2）信息披露制度。在我国，2008 年 7 月 8 日，《最高人民法院关于朝阳兴诺公司按照建设部颁发的行业标准〈复合载体夯扩桩设计规程〉设计、施工而实施标准中专利的行为是否构成侵犯专利权问题的函》〔2008〕民三他字第 4 号称："鉴于目前我国标准制定机关尚未建立有关标准中专利信息的公开披露及使用制度的实际情况，专利权人参与了标准的制定或者经其同意，将专利纳入国家、行业或者地方标准的，视为专利权人许可他人在实施标准的同时实施该专利，他人的有关实施行为不属于专利法第十一条所规定的侵犯专利权的行为。"据此，从专利权人参与标准制定或同意专利进人标准的行为本身即可推断出专利默示许可的存在。

基于技术推广而产生的专利默示许可：

如果专利权人将其专利纳入国家推广使用的技术项目，是否与将自己的专利纳入技术标准一样，内在地蕴含了开放专利许可的意愿？

原告江苏优凝公司于 2006 年 6 月 2 日将其"挡土块"发明专利纳入水利部"948"推广项目，推广起止时间为 2006 年 6 月至 2007 年 12 月，并授权被告扬州勘测设计公司在设计中使用其专利，但不得生产、制造、销售其产品。2007 年 5 月，扬州勘测设计公司在泰州市翻身河综合整治工程施工图纸的"素砼预制块大样图"设计中采用了原告"挡土块"发明专利所记载的技术方案；被告江苏河海公司按前述施工图纸组织施工，并按"素砼预制块大样图"向江苏神禹公司采购"生态挡墙块"2 000 平方米，共支付人民币 279 876 元。原告据此向法院提起侵犯专利权诉讼。本案一审和二审判决均将原告行为定性为专利默示许可。

基于产品销售而产生的专利默示许可：

（1）专利权人销售的零部件专用于制造其专利产品的情形。虽然专利权人没有销售其获得专利的产品本身，而只是销售了该专利产品的零部件，但这些零部件除了用于制造该专利产品外，并无其他任何用途。只要专利权人在销售这些零部件时没有明确提出限制性条件，就应当认为购买者获得了利用这些零部件制造、组装专利产品的默示许可，其行为不构成专利侵权。

（2）专利权人销售的产品专用于实施其专利方法的情形。如果专利权人销售的设备（或产品）只能专用于实施其专利方法，则无论专利权人对该专用设备是否享有专利权，仅仅从该专用设备销售的行为本身，即可推定购买者获得了实施专利权人专利方法的默示许可。

德国联邦最高法院在 1979 年所作的一项判决中指出："如果专利权人售出的是一个没有获得专利保护的设备，而该设备只能用于实施专利权人的方法专利，也不会使该方法专利被权利用尽，可以认为购买者获得了实施该方法专利的默示许可，不过默示许可是双方当事人之间的协议问题。"

（3）专利权人出售的未完成产品须利用其专利方法完成的情形。在 1942 年 United States V.Univis Lens Co. 案中，美国联邦最高法院指出，专利权人的专利覆盖了镜头毛片（只能用于制造眼镜镜片），（假定在本案中）也覆盖了将镜头毛片加工成眼镜镜片的打磨和抛光方法，那么，专利权人及其被许可人对镜头毛片的销售本身，则既包含了受专利保护的镜头毛片所有权的完全转移，也授予了完成受专利方法保护的最终阶段（打磨和抛光）的许可。

基于产品修理而产生的专利默示许可：

专利产品在使用中发生故障等问题，需要通过更换零部件等方式进行修理，此时，更换零部件等修理行为是否应该明确获得专利权人的许可？

美国联邦巡回上诉法院在 Hewlett-Packard Company V. Repeat-O-Type Stencil Manufacturing Corporation，Inc. 案中指出，对专利产品使用和销售的默示许可包括对专利产品修理的默示许可。修理包括对未受专利保护的部件的替换，以及对相同部件的重复替换和分别替换不同的部件。但是，对专利产品使用和销售的默示许可不包括制造新产品的权利或对已经使用和用尽的产品的再造权利。在英国普通法中，正常购买专利产品也蕴含着使用、再销售以及修理该专利产品的隐含许可。在通常情况下，专利产品的合法购买者有可能被视为获得了修理其所购买的专利产品的默示许可。不过，当修理行为被扩大成为重造或者再制造一个新的专利产品时，其行为不能被视为是一种默示许可。

基于平行进口而产生的专利默示许可：

平行进口即所谓的"灰色市场"零售的一种形式，是指未经国内知识产权人授权，将该知识产权人或其被许可人在国外投放市场的产品向国内进口，而该产品在国内享有知识产权。

平行进口是否侵权，至今仍是一个有争议的问题。但是，法院在承认平行进口的合法性时，多数采用的是权利用尽原则，但也有法院采用的是默示许可理论。

在 1997 年德国 BBS 公司诉日本一家公司进口专利车轮一案中，日本最高法院正是基于默示许可判决日本公司不构成侵权，法院认为："专利权人在德国向一家日本公司出售其专利产品时，应当预见到出售后的产品可能会进口到日本，但专利权人在售出时没有作限制，就应当认为给购买者提供了可以在日本自由处置该专利产品的默认许可。”我国也有学者主张通过适用默示许可理论来解决平行进口的合法性问题。

但我国2008年修改的《专利法》第69条第1项已经在专利领域明确承认了平行进口的合法性，因此，在司法实务上，并无必要以默示许可理论作为平行进口不侵犯专利权的抗辩依据。不过，在商标、版权等领域至今对平行进口没有明确法律规定的情形下，倒是有必要从默示许可的角度考虑其合法性，作为在公共政策上平衡平行进口牵涉的各方利益的理论依据。

（三）根据许可所采用的形式要件的不同进行分类

明示与默示许可。具体可见本节“（二）中2. 非自愿许可”部分。

（四）根据许可授权权限范围的不同进行分类

独占许可、排他许可、普通许可、交叉许可和分许可。具体可见本节“（二）中1. 愿许可”部分。

第二节　技术服务与技术咨询

一、技术服务与技术咨询的含义

咨询服务业作为一个独立的行业是近代才产生的，在第二次世界大战后得到蓬勃发展，并随着各国现代化的进程逐渐成为许多发达国家社会、经济生活中的重要组成部分。咨询服务是实施决策科学化、管理科学化的一种有效形式。同时，它以技术传授、技能交流、技术规划、技术评估、技术服务、技术培训等为主要经营活动。跨国技术咨询服务活动也是国际技术转让的一种基本形式。

技术服务是指受托方应委托方的要求，针对某一特定技术课题，通过调查研究，运用所掌握的专业技术技能和经验、信息、情报以及科学的方法和先进手段，进行分析、评估、预测等向委托方所提供的知识性的服务。

技术咨询，是指受托方应委托方的要求，针对解决重大技术课题或特定的技术项目，运用所掌握的理论知识、实践知识和信息，通过调查研究，运用科学的方法和先进手段，进行分析、评价、预测，为委托方提供建议或者几种可供选择的方案。

二、技术服务与技术咨询的同异

（一）技术服务与技术咨询的相同点

1. 技术服务与技术咨询都是解决技术课题

技术服务与技术咨询是针对特定技术项目、技术课题所提供的技术性的服务；其他服务或咨询是针对技术以外的问题，如经济问题、法律问题、医疗保健问题等非技术领域的问题，不属于技术服务或咨询的范围。

2. 技术咨询与技术服务所用的知识大多是公共知识

技术咨询与技术服务所用的知识不要求新颖，也不要求是保密的知识，只要求现有的、成熟的、实用的。甚至是经验等一般的知识，只要能解决约定的技术项目和技术课题就足以满足要求。出现该现象的原因在于：第一，技术服务或技术咨询项目或课题并不一定是新问题，有的可能是他人早已解决，而委托方尚未解决的问题，所以受托方可以利用现有的公共知识和信息为委托方解决问题；第二，技术咨询或服务结果的好坏和受托方的经验、能力及所掌握的各种信息和资源有着密不可分的联系。在同样的客观环境下，由于不同的机构对信息的搜集、加工能力不同，服务的结果也可能有很大差别；即使掌握信息和知识完全相同，不同机构在对信息、知识运用的方式和效率上也会有很大差异，这些都会导致服务结果的差异。因此，技术咨询或技术服务的结果不单单取决于咨询服务机构掌握知识的先进程度。更大的意义上决定于它们运用这些知识的技能和效率。当然，技术咨询与技术服务有时也需要使用专利技术和技术秘密，这种情况下通常需要单独签订专利或专有技术许可使用合同。

3. 技术咨询和技术服务都是由独立的专业机构提供的

技术咨询与技术服务的价值在于它的科学性和可靠性，而科学性与可靠性来源于从事咨询、服务的机构与人员的独立性。无论是技术咨询还是技术服务，都是由专业机构受委托向具体客户提供的服务。与内部人员或关联机构提供的技术咨询服务相比较，专业咨询、服务的机构和人员更能保持客观中立的态度，排除外界的干扰，找到正确、可靠的技术解决方案。因此可以说，技术咨询和技术服务机构的独立性是咨询服务产业的生命。

4. 技术咨询和技术服务同时具有提供劳务和转让技术成果的双重性质

首先，技术咨询和服务合同的客体是特殊的劳务行为，即通过受托方的努力完成委托方交给的技术咨询或服务工作，为委托方解决特定的技术问题；其次，在工作完成后，受托方要将工作的成果即咨询报告、技术方案等转移给委托方，这是一种智力成果的转让。咨询成果提供给委托方后，其所有权即属于委托方，受托方无权使用或允许其他人使用。虽然在技术服务合同中没有智力成果转让的具体规定，但实际上在受托方为委托方提供服务的过程中已经完成了技术的转让。因此，无论是技术咨询合同还是技术服务合同，都具有劳务提供和技术转让的双重属性。

（二）技术咨询和技术服务的区别

技术咨询与技术服务是相互联系的，一般很难将两者截然分开，它们的共同特点如前所述，但它们之间也存在很大的区别。在实际业务中，当事人不应混淆两者的界限，否则难以确定合同的性质及当事人的权利和义务。两者的不同点主要表现为以下几方面。

1. 技术咨询技术服务适用的范围不同

技术服务适用于单项具体技术课题，如产品质量控制、产品设计、材料鉴定、工程计算等。技术咨询则往往适用于工程项目的新建、改、扩建、技术改造等大中型项目或重大技术课题，一般称“特定的技术项目”。

2. 技术服务机构的责任不同

技术咨询机构仅负责项目的评估、论证、预测、建议等，按约定的时间提供符合咨询合同要求的咨询报告，并不负责咨询报告的实施，实施的责任在委托方，委托方有权选择是否采纳咨询机构提出的方案。如果委托方按咨询报告实施，但结果不理想甚至造成失败，其损失由委托方自己承担，咨询机构不承担责任，除非这种结果是由于咨询机构在咨询过程中未遵循职业道德、未恪尽职守或故意的行为所导致的。

与技术咨询不同，技术服务机构不仅需要提出技术问题的解决方案，而且必须负责方案的实施，使委托方的技术问题得到圆满解决。如发展一项新产品、产品更新换代、降低原材料和能源消耗，成果必须达到规定的技术指标。如果技术方案实施结果未达到规定的技术指标，或者给委托方造成经济损失，技术服务机构应承担赔偿责任。

3. 技术咨询与技术服务使用的知识范围不同

技术咨询需要理论知识、专业实践知识和技术前沿信息，在科学分析基础上提出有创见性的建议，建议在经济上要合理、技术上要先进、生产上要可行，具有可操作性。技术服务需使用专业技术知识和经验，即解决实际问题的知识，只要使特定的技术问题得以解决即可。

4. 技术咨询与技术服务的成果形式不同

技术咨询是为委托方提供特定技术项目预测、评估、论证意见，其成果形式是书面咨询报告、建议书等。技术服务是以专业技术知识，解决特定技术问题并实现委托方所期望的结果，最终使技术课题圆满解决。

5. 技术咨询与技术服务的时间不同

技术咨询业务一般是在某一项目建成之前，而技术服务业务一般是在某一项目建成之后，但这并非二者的本质区别。

三、技术服务与技术咨询的业务程序

通过上一节的介绍，我们可以了解到技术咨询与技术服务业务涉及的范围很广，其业务难易程度因课题和项目的不同而有所差异，所以业务程序也不完全相同，有繁有简。但为了确保技术咨询和技术服务的质量和效果，达到委托方希望的目的，还是要遵循一定的业务程序。一般来说，技术咨询和技术服务的业务程序包括以下步骤。

（一）选择合适的技术咨询与技术服务机构

目前在社会上有许多机构可承接技术咨询和技术服务的项目，但这些机构在业务范围、专业化程度和专业水平上存在较大差别。因此，在选择咨询和服务机构之前，委托方必须对社会上各种咨询、服务机构进行全面认真的调查和了解，以便选择最能满足自己需要，胜任咨询、服务工作的合适机构。目前社会上的技术咨询和技术服务机构主要有以下几种类型。

1. 独立开业的服务、咨询专家或专家组

这些机构一般是由某个技术领域有声望的专家、学者、教授或公认的权威人士所组成，他们具有较深的专业造诣和较高的知识水平，擅长于解决专业性很强的技术课题，或对技术课题提出有价值的评估建议。这些专家或单独或以小组的形式独立开业，承接技术咨询或服务项目。这种专家或专家组的优点是他们能够快速、低成本、有针对性地解决疑难技术课题；缺陷是往往组织不够严密、专业范围较窄、缺乏先进的实验设施，办公条件较差等。因此，这种机构比较适合解决专业性较强的技术课题。

2. 专业咨询、服务公司

专业咨询、服务公司是由多学科专业人才汇集组成的、专门从事技术咨询和技术服务的企业，有完善的组织机构和特定的业务范围。这种咨询、服务公司的优点是学科知识面广、人员素质高、经验丰富，而且公司组织结构严密，工作程序和管理也比较规范，拥有测试、试验手段和辅助人员等。因此，这类机构有能力解决多学科、多专业的复杂技术课题，可以独立承担大型项目的综合性技术咨询、服务工作。但是相应的，他们的服务费用也比较高。

3. 工程承包公司

工程承包公司主要承担项目的建设和施工，但也具有工程设计力量和项目前期准备的实际经验。他们除了可以承担整个项目的整体设计或关键部位的专业设计及现场勘测、施工监督等工作外，同时也可以从事其所属领域的技术咨询和服务工作。

4. 专业科学研究机构

专业科研机构集中了大量的专业人才，有很强的研究和开发能力，不但善于从事基础理论研究，也善于从事技术应用研究，并能把研究成果转化、应用到工业生产领域。他们既能解决工艺改进、质量控制、产品设计、测试等具体技术课题，也能承接复杂的技术咨询任务，是业务全面的机构。但他们的缺点是理论知识丰富而实际生产经验不足，并且由于技术咨询和技术服务工作不是其介入的主要业务，因此在接手咨询和服务任务后，往往没有给予足够的重视，投入的人力、物力不足，因此在服务的速度和质量上有时难以保障。

5. 高等院校

高等院校是科学技术发展的一支重要力量，他们不但拥有各类专门人才，还拥有著名的专家、学者、教授，又有较强的实验手段，因此很多企业都委托他们进行专题研究、人员培训和设计、咨询等。但与专业科研机构相类似，高等院校的缺点也是理论知识丰富而生产实践经验不足，往往只善于解决技术咨询课题，对处理技术服务课题则显得力不从心。

总之，可供选择的技术咨询和技术服务机构很多，它们都有各自的专业范围和特长，也有各自的缺陷。因此，在选择技术咨询、服务机构时，委托方必须根据所要解决课题的性质、范围、难易程度等因素选择最为合适的机构。委托方选择咨询、服务公司的方式，可以采用查阅咨询、服务公司名录，经有关单位或组织机构推荐和介绍等方式。要想做出较为正确的选择，委托方应根据需要，针对咨询、服务机构的业务范围、组织规模、业绩、水平、人员构成、信誉及其经营状况等，从中选择专业对口，经验丰富，条件、能力、信誉较好且收费合理的机构。

（二）拟定咨询、服务任务书

咨询、服务任务书（Terms of Reference）是委托方向技术咨询或服务机构提出技术课题、咨询项目的初步说明书，其内容主要包括项目的主题、范围和要求（包括完成的时间和质量等），以及工作环境、条件、项目资金的来源等。

咨询、服务任务书可以由委托方做成“标书”（Statement for Tender），在主要的报刊上发布，让咨询、服务机构购买，通过招、投标程序，选择合适的机构。同时，委托方也可以通过询价（Inquiry）方式，向预先选定的咨询、服务机构发送任务书，邀请他们按要求提出报价，以便委托方进行选择。

（三）对报价书或投标书进行比较或评标

技术咨询或技术服务机构收到或买到咨询或服务任务书后，经过认真研究任务书的内容，确定该课题是否属于本机构的专业范围；然后评估课题难易程度、所需人员和条件、工作量大小等因素，衡量本机构能否胜任这一课题。如认为有能力承担该课题，就按咨询或服务任务书的要求，拟定报价书或投标文件，并在委托方规定的最后时限之前提出报价书或投标书。

委托方应对报价书或投标书进行综合分析、比较、评标，从中选择条件、费用最符合要求的咨询、服务机构作为合作者。

（四）双方协商签订技术咨询或技术服务合同

根据技术咨询、服务任务书的内容及报价书、投标书的评定结果，委托方和受托方要就咨询或服务的条件进行反复磋商，以便澄清双方的立场，缩小双方在咨询或服务条件上的差距，取得相互谅解，最终达成一致意见。根据协商的结果，双方签订技术咨询或技术服务合同。

技术咨询或技术服务和同时规定技术咨询或技术服务活动中委托方和受托方权利、义务的具有法律效力的书面文件，也是受托方执行技术咨询或服务技术工作的依据，以及考核咨询或服务成果的质量标准，具有非常重要的意义。合同条款的完备与否直接关系到该项目的成败。因此，当事人双方应该仔细斟酌合同的各项条款，特别是双方的各项权利、义务和违约责任的有关规定，以促使受托方按期完成任务，保证咨询、服务成果的质量，同时也更好地维护双方当事人的合法权益。

四、技术服务与技术咨询的主要方式

技术服务与技术咨询的涉及范围非常的广，下面介绍几种主要的技术服务与咨询的方式。

（一）技术服务的方式

（1）培训。为用户培训操作和维修人员。培训内容主要是讲解产品工作原理，帮助用户掌握操作技术和维护保养常识等，有时还可在产品的模拟器或实物上进行实际的操作训练。

（2）设备的测试、分析和验收技术服务。根据用户要求在现场或安装地点（或指导用户）进行产品的安装调试工作。

（3）设计服务。

（4）代理雇主起草、拟定技术文件，商业文件，如草拟公司章程、合同、招标书等技术服务。

（5）代理雇主进行贸易谈判、法律诉讼、财务审计等技术服务。

（6）计算机技术应用服务，主要包括计算机系统软件编制和辅助设计等智力密集型服务。

（7）特定项目的信息加工、分析和检索。

（二）技术咨询方式

技术咨询服务的形式有许多种，下面是几种常见的方式：

（1）提供技术资料。

（2）项目或项目咨询。

（3）可行性研究。

（4）技术评估。

（5）企业管理咨询。

（6）政策咨询。

五、技术服务与技术咨询合同

技术咨询与技术服务合同是指雇主（委托方）与技术咨询、服务机构（受托方）之间为解决雇主所提出的有关技术专题、技术方案或某项服务内容，经双方协商所达成的具有法律约束力的书面文件。这类合同既是技术转让合同，也是提供劳务的合同。与其他技术转让合同不同，技术咨询与技术服务合同没有一个固定的模式，这主要是由于服务和咨询课题的性质、复杂程度差异较大，提供服务的内容也是五花八门。一般来说，合同条款的繁简主要取决于课题的难易程度、期限的长短、费用金额的大小等因素。课题的难度越大、技术水平要求越高、受托方承担责任越大，其合同条款也越全面、越细致；反之，合同条款则应比较简明概括，避免规定细节过多，导致合同重点模糊或执行困难。

虽然技术咨询与技术服务合同的具体条款难以确定，但一些主要内容仍然是合同中必备的，如合同名称和编号、前言、合同的主题、咨询、服务的方式、要求、价格和支付、双方责任范围、税费、保证条件、违约及其补救的办法、不可抗力或情势变迁、争议的解决、合同的生效及法定地址等。另外，还可根据合同的要求制定各种附件，作为合同的一个组成部分。下面仅对合同应涵盖的主要内容进行介绍和分析。

技术服务与技术咨询的主要条款必须包括：合同名称和编号、前言、合同的主题、服务咨询的要求、服务咨询方式、价格、支付、双方责任范围、水费、保证条件、违约及其补救的办法、不可抗力或情势的变迁、争议的解决、合同的生效及法定地址。

（一）技术咨询与技术服务的基本内容

（1）范围。

（2）项目名称。

（3）关于技术服务内容、方式和要求。

（4）合同履行期限、地点和方式。

（5）关于验收标准和方式。

（6）工作条件和协作事项。

（二）受托方的责任

主要内容应规定完成服务、咨询的期限、担当服务咨询任务的人数、人员的资历、应提供的资料、最终报告、图纸、计算数据、最终审查的办法、委托方派遣培训人员的人数和培训时间等。其中，应特别注意以下问题的订立：

（1）保证服务、咨询工作的质量。

（2）负责解答委托方提出的问题。

（3）按照合同规定的期限，完成技术服务或咨询任务。

（4）验收咨询结果。

（三）委托方的责任

该条款主要规定了以下几个方面：

（1）说明咨询的主题。

（2）迅速提供咨询课题的背景资料、有关的技术资料及数据。

（3）在受托方调查研究的过程中为其提供必要的协助。

（4）接受受托方的工作成果。

（5）支付约定的服务、咨询费。

（四）技术咨询与服务的计价与支付

一般的技术服务、咨询费由基本费用和附加费用两部分构成。

技术服务、咨询费的基本费用具体构成主要包括：

（1）专家服务费。

（2）直接的费用。

（3）间接的费用。

（4）预期利润（酬金）。

（五）技术服务、咨询费的附加因素

主要包括咨询项目的复杂程度、咨询项目的重要程度、委托方的权威程度。

1. 服务咨询费的计算

（1）计时收费方式。

（2）按工程费百分比计算方式。

（3）固定收费方式或一揽子收费方式。

2. 服务咨询费的支付

（1）支付货币。

（2）支付时间：一次支付、分期支付。

（3）支付的单证：商业发票、汇票、资料及咨询报告的邮寄单或空运单。

（六）订立技术服务与技术咨询合同应注意的问题

为了保证委托方目的的顺利实现，签订合同时应注意以下几点：

（1）明确区分技术服务与技术咨询之间的界限。

（2）明确规定服务咨询时间。

（3）建立工作联系制度。

（4）对税费的规定应符合中国税法。

案例讨论

普华永道咨询的服务模型

背景：在五个行业（制造业、信息通信业、能源业、金融业和服务业）中提供贯穿行业的三类核心服务（企业战略、流程改进和信息技术解决方案），如表 9-2、图 9-2 所示。

表 9-2　普华永道按行业分三类核心服务

制造业	信息、通信业	金融业
消费品	信息技术	银行
工业品	电信	资本市场
医药	大众传媒	保险；证券
汽车	能源业	服务业
零售业	石油、天然气和石油化学	政府机构
	电力和水利	医疗
	矿产	公共服务

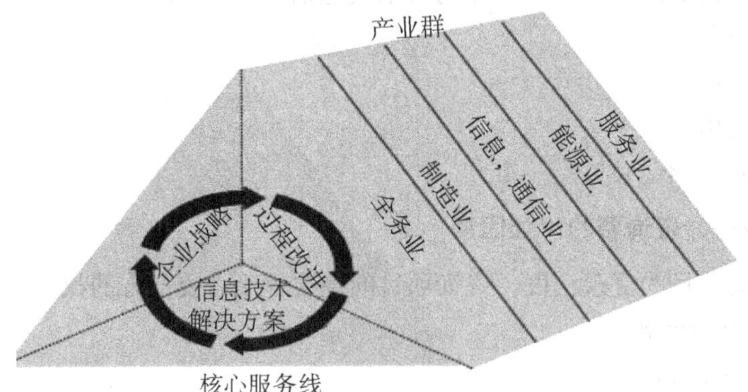

图 9-2　核心服务线

某项目要求：为某高科技企业设计并实施适应市场经济的组织结构。

此项目结果：咨询顾问提交了撤除行政功能型部门组织，建立首问负责的事业部制组织结构的方案报告。客户高级管理层认为此方案不适合国情，予以否决。

客户疑义：制度环境不完善，行为惯性和思维惯性尚未突破，管理水平整体低下，无法承受“戏剧性”的变化。价值取向崇尚伦理道德，强调人际和谐的高层管理者认为中国企业对中间层面的管理，需要张弛有度，如此为了效率而效率的一步到位，势必过犹不及。

咨询观点：中国特色不应该是回避改革的借口，贯彻不利是这场组织变革夭折的原因。

本章小结

本章主要介绍了国际技术贸易的主要方式，即国际技术许可证贸易、技术咨询和技术服务的概念、特点和分类，梳理了不同方式下的技术转移方式和流程，特别是相应的技术转让合同的主要内容。

本章重要概念

许可贸易　知识产权许可　知识产权转让　技术服务　技术咨询

思考题

1. 什么是许可证贸易？说明许可证贸易的种类及其主要特征。
2. 许可证贸易合同的主要特点有哪些?
3. 技术咨询和技术服务的相同点和主要区别有哪些?

学生课后参考文献阅读

［1］王玉清，赵承壁. 国际技术贸易［M］. 北京：对外经济贸易出版社，2013.

［2］林珏. 国际技术贸易［M］. 北京：北京大学出版社，2016.

［3］冯汉桥. 国际贸易中知识产权的取得与保护［M］. 北京：知识产权出版社，2011.

［4］徐元. 当前我国实施外贸领域国家知识产权战略的思考［J］. 国际贸易，2013（4）：27-30.

［5］杨林燕，王俊. 知识产权保护提升了中国出口技术复杂度吗？［J］. 中国经济问题，2015（3）：97-108.

［6］许陈生，高琳. 我国知识产权保护与高技术产品进口［J］. 国际商务：对外经济贸易大学学报，2012（6）：36-46.

［7］林秀梅，孙海波. 中国制造业出口产品质量升级研究——基于知识产权保护视角［J］. 产业经济研究，2016（3）：21-30.

［8］徐元. 转型升级背景下我国应对知识产权壁垒存在的问题与对策［J］. 财政研究，2015（5）：75-79.

［9］Helpman E. Innovation，Imitation，and Intellectual Property Rights［J］. Econometrica，1993，61（6）：1247-80.

［10］Hazel V. J. Moir. Innovation，intellectual property，and economic growth［M］// Innovation，intellectual property，and economic growth/Princeton University Press，2011：177-181.

［11］http://en.wikipedia.org/wiki/Technology.

第十章　国际技术贸易的其他方式

学习目的与要求

通过对本章的学习，知道国际工程承包、国际租赁、PPP、国际特许经营和平行进口这几种技术转移方式，熟悉其概念、基本特点和主要分类，了解各种方式执行过程中技术转移的内涵。

开篇案例

国际工程承包

【案例内容】

南亚某国水电站工程的施工采取国际性竞争招标，合同格式采用 FIDIC 土建工程标准合同条款，辅以详尽的施工技术规程和工程量表（BOQ）。设计和施工监理的咨询工程师由欧洲的一家咨询公司担任。通过激烈的投标竞争，最终由中国和一个发达国家的公司共同组成的国际性的承包联营体以最低报价中标，承建引水隧洞和水电站厂房，合同价 7 384 万美元，工期为 42 个月。在施工过程中，承包商遇到了极为不利的地质条件，出现塌方 40 余次，塌方量达 340 余立方米，喷混凝土支护面积达 62 486 平方米，共用钢锚杆 25 689 根。由于勘探设计工作深度不够，招标文件所提供的地质资料很不准确，致使“承包联营体”陷入严重困境，面临工期拖延和成本超支的局面，承包商因而向业主和咨询工程师提出了工期索赔和经济亏损索赔。

资料来源：东南大学精品课网站. http://zlgc,seu. edu.cn/jpkc/2008jpkc/2008Contact.

第一节　国际工程承包

一、国际工程承包的概念

1. 国际工程承包的概念

国际工程承包是一项综合性较强的商务活动，是在第二次世界大战后才蓬勃兴起的一种国际经济合作方式。在一项承包工程建设中，不仅涉及土木建筑，还涉及大量的融资、技术、劳务、管理、保险等经济活动。随着科学技术的进步和生产的不断发展，国际工程承包内容日趋复杂，规模更加庞大，分工越来越精细。

国际工程承包（international contracting for construction）是国际上的承包商（公司）以提供自己的资本、技术、劳务、设备、材料、许可权等，通过国际招标、投标、议标和其他协商途径，为工程发包人（业主）营造工程项目，并按照事先商定的条件、合同价格、支付方式等收取费用的一种商业活动方式，是国际经济合作的主要方式之一。

国际工程承包的业务范围极为广泛，几乎遍及国民经济的每个部门，甚至进入了军事和高科技领域。据美国《工程新闻记录》（ENR）统计，225 家最大国际承包商的国际承包业务主要涉及交通运输业、房屋建筑业、石油化工业、电力行业、工业工程建设以及给排水设施建设等行业。国际工程承包就其具体内容而言，大致包括以下几方面：工程设计、技术转让、机械设备的供应与安装、原材料和能源的供应、施工、资金、验收、人员培训、技术指导和经营管理等。

国际工程承包涉及的当事人主要有工程项目的所有人（业主或称发包人）和承包商，业主主要负责提供工程建造所需的资金和酬金等，而承包商则负责工程项目的建造、工程所需设备和原材料的采购，以及提供技术等。

国际工程承包的内容主要包括工程设计、工程施工、工程劳务及工程验收。

2. 国际工程承包的特点

国际工程承包具有以下特点：

（1）综合性。国际工程承包是一项综合性很强的国际经济技术合作方式，它是国际技术转让、国际劳务合作、国际货物买卖相结合的一种国际贸易形式。

（2）复杂性。国际工程承包的内容十分复杂，包括勘察设计、土木工程、工程管理、技术咨询、设备贸易、货物买卖、技术使用许可及技术培训等，其中多个环节可能要涉及第三国或更多国家。

（3）周期长。国际工程承包涉及工程项目建设的各个方面，内容十分复杂，通常周期都比较长，少则一两年，多则五六年，甚至几十年。

（4）风险大。由于国际工程承包设计的项目一般都规模大、周期长、内容复杂，受政治、经济及自然条件的影响与制约，其风险性也大大增加。

二、国际工程承包的方式

国际工程承包具有以下方式：

（1）总包。总包是指从投标报价、谈判、签订合同到组织合同实施的全部过程，其中包括整个工程的对内和对外转包与分包，均由承包商对业主（发包人）负全部责任。这是目前国际工程承包活动中使用最多的一种承包形式。

（2）单独承包。单独承包是指由一家承包商单独承揽某一工程项目。这种承包形式适用于规模较小、技术要求较低的工程项目。采用单独承包的承包商必须具有较雄厚的资金。

（3）分包。分包是指业主把一个工程项目分成若干个子项或几个部分，分别发包给几个承包商，各分包商都对业主负责。在整个工程项目建设中，由业主或业主委托某个工程师，或业主委托某个分包商负责其分包工程的组织与协调工作。

（4）二包。二包是指总包商或分包商将自己所包的工程的一部分转包给其他承包商。二包商不与业主发生关系，只对总包商或分包商负责。但总包商或分包商选择的二包商必须征得业主的同意。一般说来，总包商或分包商愿意把适合自己专长、利润较高、风险较小的子项目留下来，而把利润较低、施工难度较大而且自己又不擅长、风险较大的子项目转包出去。

（5）联合承包。联合承包是指由几个承包商联合共同承揽一个工程项目，各承包商分别负责工程项目的某一部分，他们共同对业主负责的一种承包形式。联合承包一般适用于规模较大和技术性较强的工程项目，各承包商之间是以合同方式组成联营或合营公司共同参加项目投标。

（6）合作承包。合作承包是指两个或两个以上的承包商事先达成合作承包的协议，以各自的名义对某项工程项目投标，不论哪家公司中标，都按协议共同完成工程项目，对外则由中标的那家承包商与业主进行协调。

（7）代理承包。代理承包是指某中介机构以承包商的名义，代办投标和有关承包的其他事项等服务，并按代理协议收取佣金的中介方式。

第二节 国际租赁

一、国际租赁的概念

（一）租赁

租赁是所有权和使用权之间的一种借贷关系。即由物件的所有者（出租人）按契约规定，将租赁物件租给使用者（承租人），承租人在规定期限内，分期支付租金并享有对租赁物件使用权的一种经济行为。

（二）国际租赁

国际租赁也称跨国租赁，它是指分居不同国家和地区的出租人与承租人之间的租赁活动。租赁的物品一般是交通设备、开发资源的设备、通信器材、基建设备以及工业机械。承租人向出租人租借这些设备进行以生产经营为主要目的的生产；承租人一般以企业用户为主，拥有租赁设备的使用权；出租人享有法律上的设备所有权。

二、国际租赁的产生与发展

（一）租赁的早期历史

租赁已有悠久的历史，公元前2000年前，居住在亚洲巴比伦地区幼发拉底河下游的苏美尔族就开始租赁贸易。公元前1400年前后，在地中海西岸的腓尼基人，除创造了一种古希腊语前身的先进字母外，还创造了租赁，他们把一些船租给了一些商人。其后罗马人从事租赁活动，并在东罗马优斯丁尼安皇帝（公元527—565年）法典汇编中有了详细的规定，从此这种形式的商业活动兴盛起来。不过，即使到了中世纪，租赁物件主要还是限于土地、房屋、马匹和农用工具等。19 世纪初期，随着农业机械化的发展和陆上运输方式的改善，货物租赁的种类有了较大的增长。火车租赁的出现，明显地促进租赁业务的进一步发展和租赁技术的提高。1836—1849 年，伦敦第一条铁路——伦敦至格林尼治线，经过 8 年单独经营以后，被租给东南铁路公司经营。

中国的租赁历史悠久，起源可追溯到原始社会人们的商品交换与使用。有文献记载的租赁可追溯到公元前的西周时期。据《卫鼎（甲）铭》记载，邦君厉把周王赐给他的五田，出租了四田。

（二）国际租赁的发展

第二次世界大战以后，美国的工业要从战时生产转变为平时的生产。一方面是企业需要筹集资金更新设备，以扩大再生产；另一方面是生产设备部门又迫切需要市场推销产品的情况下，以融资为主要目的的现代设备租赁开始在美国出现。1952 年 5 月，H • 叔恩费尔德创建了世界上第一家专门经营租赁业务的“美国租赁公司”(现名美国国际租赁公司)，在旧金山开业，从此揭开了标志着真正以独立的企业形态大规模经营现代租赁业务的序幕。

20 世纪 50 年代末，美国在经历了租赁的初期发展后，租赁公司开始开辟海外市场。1959 年 6 月，美国租赁公司在加拿大开设第一家附属机构。至 1960 年，融资租赁传入欧洲。1963 年，美国政府准许银行业进入租赁市场，美国租赁业的发展如虎添翼，获得了很大的便利。至 80 年代，美国租赁行业已发展至 3 000 多家，居世界首位。

现代租赁传入亚洲，最早兴起的是日本。日本租赁业开始于 1963 年 8 月。从第一家“日本租赁株式会社”的成立开始，20 多年来发展十分迅速，现在已有 1 000 多家租赁公司，租赁业在日本已成为颇有地位的一大产业。为了适应对外开放和对内搞活经济的新形势，从 1981 年开始，我国已陆续创建了 30 余家专营或兼营租赁业务的租赁公司。

表 10-1　国际租赁的发展

阶　段	时　间	特　点
一	第二次世界大战以后	现代租赁业在美国出现
二	20 世纪 50 年代末	美国租赁公司开始开辟海外市场 英国租赁业开始发展
三	20 世纪 60 年代中期	日本租赁业开始发展
四	20 世纪 60—80 年代	美国租赁业有了较大发展

三、国际租赁的结构

租赁贸易的构成最简单的形式仅包括出租人和承租人两方。由出租人将租赁物件租给承租人。但实际情况是，一笔交易往往还涉及出售设备的制造厂商和金融机构，即除出租人和承租人之外，还涉及第三方或第四方当事人，成为三边或多边交易。

第一种情况：如果是三边交易，即租赁交易的直接当事人是出租人、承租人和供货人，出租人介于供货人和承租人之间，这种租赁方式的结构如图 10-1 所示。

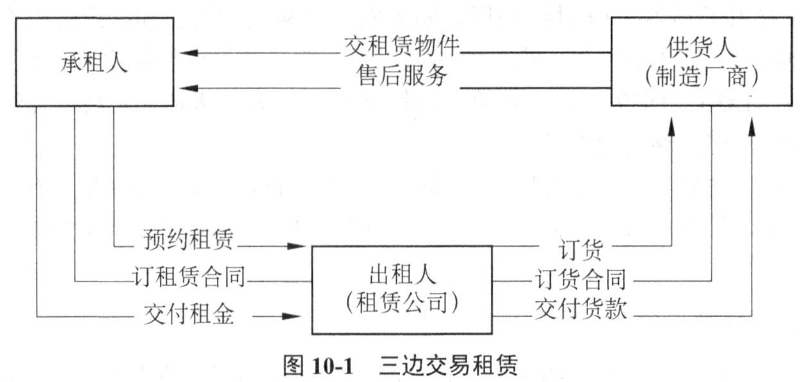

图 10-1　三边交易租赁

资料来源：邵望予. 国际租赁知识［M］. 北京：人民出版社，1990.

如图 10-1 所示，出租人（租赁公司）根据承租人所需要的租赁物件（譬如：机械设备或成套设施）向供货人（制造厂商）订货，签订购货合同。如制造厂商在国外，则为一笔对外贸易的交易，须签订进出口购销合同。出租人在订货前先与承租人签订租赁合同。供货人在收到租赁公司订货的货款后，一旦订购的物件准备就绪，就发给承租人。承租人在租赁物件验收合格并安装投产后，根据租赁合同的规定，按期向租赁公司交付租金，直至合同履行结束。参与上项业务活动的任何一方当事人，如果与另一方分属不同的国家即属于国际租赁。它包括两种类型：一种是租赁双方跨越国境，另一种通过设在海外的附属企业经营租赁。前者是出租人和承租人分处在不同的国家，后者往往是供货人和出租人分处在不同的国家。

第二种情况主要是有金融机构参与并涉及维修、保险、资信调查等，较前面所述的一种结构复杂。如图 10-2 所示。

这种结构方式与前面一种的主要不同之处是：租赁公司向供货单位订购承租人所需物件的资金是通过借贷合同向金融机构融通的。租赁公司将该项贷款用作支付供货单位货款，待承租人使用租赁设备后按期向租赁公司交付租金，租赁公司再转向贷款银行还款。因此，这种租赁结构方式的主要当事人涉及承租人、租赁公司、供货单位和金融机构四方。它们可以分别处于两个或两个以上的国家。上述这类租赁公司有的是独立企业也有的是金融机构的附属企业。租赁物件的维修保养有的归承租人负责，一般由承租人与有关维修单位签订维修合同，也有的归租赁公司承担责任。租赁物件的保险一般由租赁公司与保险公司签订保险合同。

四、现代国际租赁的特征

现代国际租赁既不同于销售、分期付款和租用，也不同于古代租赁和近代租赁。现代租赁是以融资为主要目的，具有以下几个特征：

第一，现代租赁是以融资和融物相结合，并以融资为主要目的的经济活动。近代租赁的承租人只是为了获取租赁物的使用权，到期偿还，对租赁物的所有权不感兴趣。而在现代租

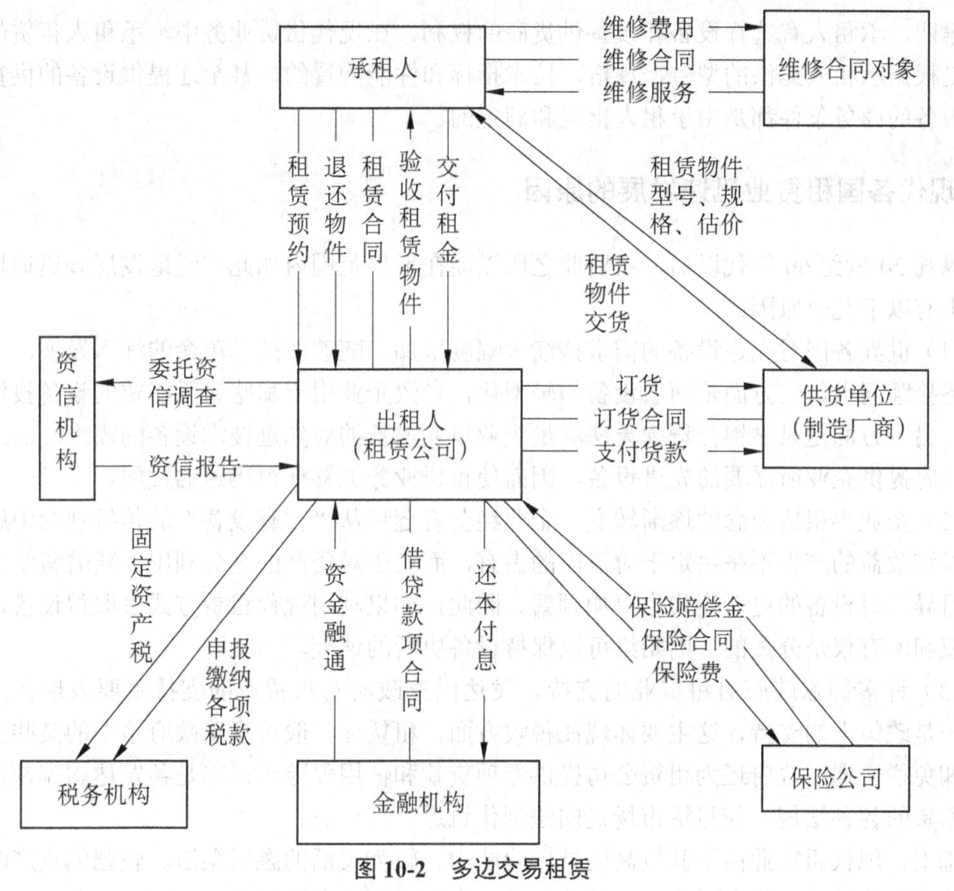

图 10-2　多边交易租赁

资料来源：邵望予. 国际租赁知识［M］. 北京：人民出版社，1990.

赁业务中，出租人按承租人的需要购得设备后，再将其出租给承租人使用，目的在于收取超过贷款本息的租金，这实际上是出租人的一种投资行为。而承租人则通过取得设备的使用权解决其资金不足的问题，并用租来的设备生产出具有高额利润的产品来偿还租金。租赁的设备在使用一段时间后，可以将设备退回、续租或留购。在现代租赁合同中，租期往往与租赁物的寿命一样长，这就等于将所有权引起的一切责、权、利转让给了承租人，实际上已变成了一种变相的分期付款交易，即融资与融物相结合。这表明，承租人的目的不仅是为了在某一段时间内使用该物品，而且还想以此作为融资手段占有该物品。

第二，承租人对租赁物的所有权和使用权是分离的。现代租赁虽然在租期结束时，出租人和承租人可能成为买卖关系，或在租期未到之前就已含有买卖关系。但在租期内，由于设备是由出租人购进的，设备的所有权仍属于出租方，承租人只是在按时支付租金并履行租赁合同各项条款的前提下，对所租设备享有使用权，没有所有权。

第三，一笔租赁业务往往存在两个或两个以上的合同，并涉及三方或更多的当事人。在现代租赁活动过程中，有些租赁方式往往要在一笔租赁交易中签订两个或两个以上的合同，例如，融资租赁至少涉及三方当事人，即出租人、承租人和租赁物的供货商，出租人与承租人之间签订一个租赁合同；出租人与供货商之间签订一个购货合同；如果出租人需要融资，不仅要涉及银行或金融机构，还需要由出租人与银行或金融机构签订一个贷款合同。

第四，承租人有选择设备和设备供货商的权利。在现代租赁业务中，承租人租赁的设备往往是根据承租人提供的型号、规格、技术指标和性能购置的，甚至连提供设备的供货商及购买设备的商务条件都是由承租人指定和商定的。

五、现代各国租赁业迅速发展的原因

纵观20世纪60年代以后，租赁业之所以能在世界范围内如此广泛地发展和迅速增长，大体上有以下几个原因：

（1）世界各国对先进设备的需求持续大幅度增加。随着新技术革命的深入发展，先进技术设备接踵问世。一方面是随着设备的轻型化，导致企业用于那些易于租赁的设备投资不断增加；另一方面是只靠银行贷款无法满足企业日益增长的对先进技术设备的需求。而现代租赁能及时提供企业所需要的先进设备，因而使租赁业务能够获得迅速的发展。

（2）企业界租赁观念的逐渐转变。企业经营者逐步从“占有设备”的传统观念中解脱出来，经济效益的产生不是决定于对资产的占有，而在于对资产的充分利用。随着科学技术的日新月异，对设备的更新换代也更加频繁。因此，如果利用现代租赁方式去取得设备，由于使用权和所有权是分离的，则始终可以保持设备更新的速度。

（3）许多国家政府对租赁业的支持。发达国家政府对租赁业的支持主要表现在两个方面：一是政策上的支持，这主要体现在税收方面，租赁业一般可享受政府给予的某些额外的减税和免税待遇，政府还为租赁公司提供专项贷款和信用保险等；二是各发达国家都颁布了有关租赁的各种法规，使租赁市场走向法制化轨道。

综上，现代租赁业由于其较高的抗风险能力、较为灵活的融资渠道、较强的资产配置能力以及融资推销双向的发展优势，使其在“二战”后迅速发展起来。

六、国际租赁的类型

掌握现代租赁业的主要方式，对于准确把握现代租赁业的基本特征和法律性质，以便对现代租赁业务中所出现的争端进行公正的仲裁，而不为现代租赁业中的各种具体形式所迷惑，有着非常重要的现实意义。根据租赁的目的和出租人收回投资方式的不同，现代租赁业包括两种有本质区别的主要租赁类型，经营性租赁、融资租赁与其他租赁方式。

（一）经营性租赁

1. 概念

经营性租赁亦称营业性租赁，指出租人根据市场需要而购进通用设备，通过不断出租给不同用户使用而逐步收回租赁投资并获得相应利润的一种租赁形式。出租人负责提供设备的维修与保养等服务，并承担设备过时风险。

2. 特点

（1）一项经营性租赁交易只涉及两方当事人，即出租人和承租人，作为出租人的租赁公司购买设备的过程是独立行为，一般与承租人无关。

（2）经营性租赁所经营的设备一般有三个特征：一是通用性强，有较好的二手货市场；

二是需要高度的保养或专门的管理；三是技术进步快，无形损耗大。租赁公司因有专门的技术人员集中维护设备，与每一承租人单独承担这种设备的维护相比，费用相对较低。所以，与购买相比，承租人租用这类设备既可减少资金占压，又可以节约开支。

（3）经营性租赁的租赁机构要向承租人提供各类专门服务，如设备的维护与保养，并承担设备过时的风险。

（4）经营性租赁以满足用户短期需要为主，所以租期较短。

（5）经营性租赁具有非全额清偿性，即出租人的投资回收来源于不同的承租人在每一租期内所缴纳的租金之和。

（6）经营性租赁具有可节约性，即承租人可根据本身的需要，在租赁交易到期之前，经过一定的手续提前终止合同。

（7）经营性租赁的所有权不可转让，即租期结束后，承租人对租赁设备只有退租或续租两种选择权。

3. 经营租赁交易程序

经营租赁交易程序如图 10-3 所示。

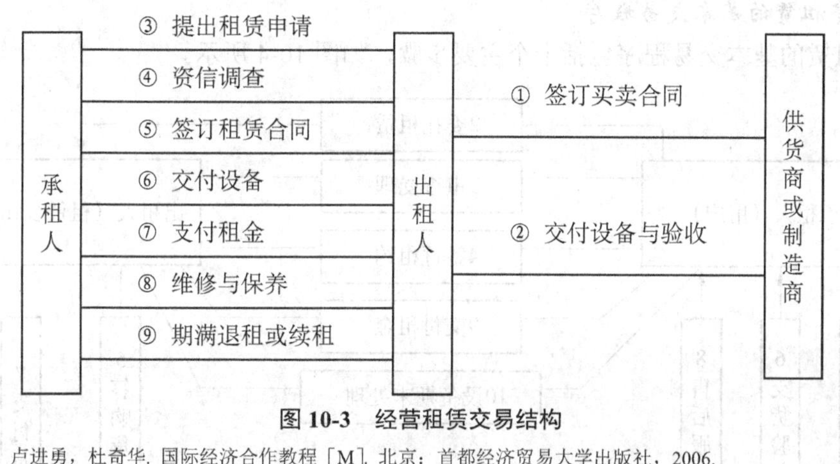

图 10-3　经营租赁交易结构

资料来源：卢进勇，杜奇华. 国际经济合作教程［M］. 北京：首都经济贸易大学出版社，2006.

（二）融资租赁

1. 概念

融资租赁是指这样一种交易行为，出租人根据承租人的请求及提供的规格，与第三方（供货商）订立一项供货合同，根据此合同，出租人按照承租人在与其利益有关的范围内所同意的条款取得工厂、资本货物或其他设备（以下简称设备）。并且，出租人与承租人（用户）订立一项租赁合同，以承租人支付租金为条件，承租人只拥有设备的使用权。

2. 融资租赁的特点

（1）融资租赁是一项至少涉及三方当事人——出租人、承租人和供货商，并至少由两个合同——买卖合同和租赁合同构成的自成一类的三边交易。这三方当事人相互关联，两个合同相互制约。

（2）拟租赁的设备由承租人自行选定，出租人只负责按用户的要求给予融资便利，购买设备，不负担设备缺陷、延期交货等责任和设备维护的义务；承租人也不得以此为由拖欠和拒付资金。

（3）全额清偿。即出租人在基本租期内只将设备出租给一个特定的用户，出租人从该用户收取的租金总额应等于该项租赁交易的全部投资及利润，或根据出租人所在国关于融资租赁的标准，等于投资总额的一定比例，如 80%。换言之，出租人在一次交易中就能收回全部或大部分该项交易的投资。

（4）不可节约性。对承租人而言，租赁的设备是承租人根据其自身需要而自行选定的，因此，承租人不能以退换设备为条件而提前中止合同。对出租人而言，因设备为已购进商品，也不能以市场涨价为由而在租期内提高租金。总之，一般情况下，租期内租赁双方无权中止合同。

（5）设备的所有权与使用权长期分离。设备的所有权在法律上属于出租人，设备的使用权在经济上属于承租人。

（6）设备的保险、保养、维护等费用及设备过时的风险均由承租人负担。

（7）基本租期结束时，承租人对设备拥有留购、续租或退租三种选择权。

3. 融资租赁的基本交易程序

融资租赁的基本交易程序包括十个主要步骤，如图 10-4 所示。

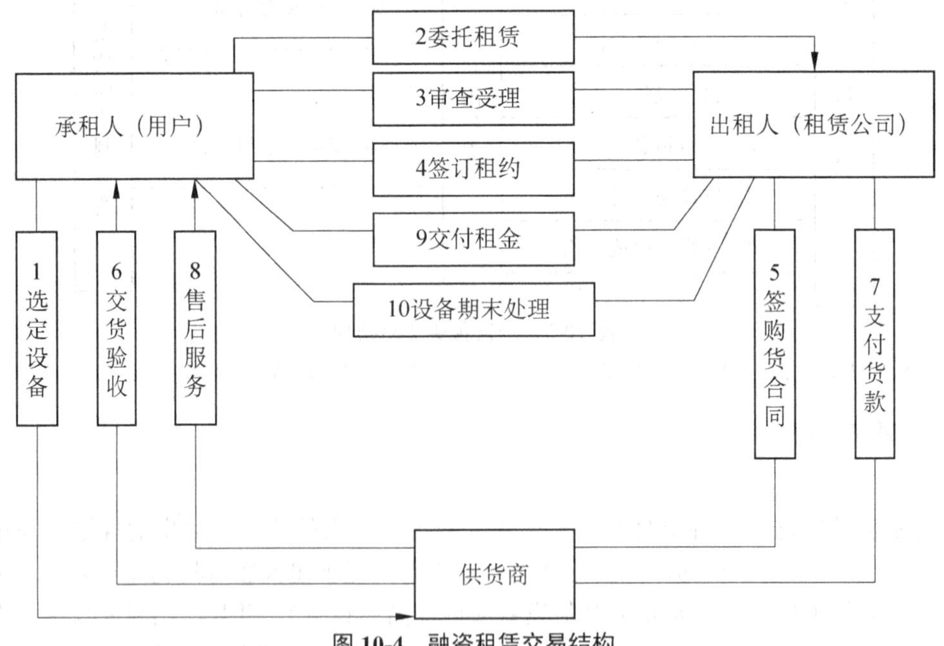

图 10-4　融资租赁交易结构

资料来源：公言磊. 融资租赁在我国的应用研究［J］. 东北财经大学，2007，12.

（三）其他租赁方式

1. 杠杆租赁

杠杆租赁多见于价格昂贵的设备和固定资产。由于所需资金金额巨大，出租人无力独自购买，以设备本身和设备出租后租金的受让权为担保，向银行贷款，用贷款和一部分自有资金购买设备，再把设备出租给承租人，用租金偿还贷款本息。在这种租赁方式中，出租人居中，从承租人处收取资金，并需归还银行贷款。出租人对其所贷款项负责，若承租方违约，出租人承担损失，银行本息照付。杠杆租赁方式结构复杂，当事人较多，是租赁贸易中较特殊的方式。租赁合同一经达成协议，不得中途撤销。杠杆租赁并非完全属于全部回收性租赁，也不是仅一次性就签订租赁合同。

2. 回租

回租即承租人将自有设备作价卖与出租者，先将固定资产转变为现有资金后，再将原设备反租过来，采用分期交付租金的办法。承租人向出租人租赁原来属于自己的设施，一般做法是：先由承租人和出租人签订租赁协议，然后再签订买卖合同，由出租人购进标的物，将其租给承租人，即原物主。这种租赁方式主要用于不动产，由于承租人缺少资金而出售不动产以筹措所需资金。回租租赁均为融资租赁。标的物的售价将分摊在各期租金中，往往并不反映真正的市场价，多取决于承租人所需资金的数额。

3. 综合性租赁

综合性租赁是租赁与合资经营、合作经营、对外加工装配、补偿贸易及包销等其他贸易方式相结合的租赁方式。但租赁与合资经营、合作经营相结合的方式，必须是合营公司注册资本以外的部分。具体来说，由出租人将机器设备租给承租人后，承租人或用租赁的设备生产出的产品偿付租金，或用加工装配所获工缴费顶替租金分期偿付，或把产品交出租人包销，由其从包销价款中扣取租金。

第三节　PPP

一、PPP 的概念

PPP（Public-Private Partnership），又称 PPP 模式，即政府和社会资本合作，是公共基础设施中的一种项目运作模式。在该模式下，鼓励私营企业、民营资本与政府进行合作，参与公共基础设施的建设。

按照这个广义概念，PPP 是指政府公共部门与私营部门合作过程中，让非公共部门所掌握的资源参与提供公共产品和服务，从而实现合作各方达到比预期单独行动更为有利的结果。

与 BOT 相比，狭义 PPP 的主要特点是，政府对项目中后期建设管理运营过程参与更深，企业对项目前期科研、立项等阶段参与更深。政府和企业都是全程参与，双方合作的时间更长，信息也更对称。

PPP 是 Public-Private Partnership 的英文首字母缩写，指在公共服务领域，政府采取竞争性方式选择具有投资、运营管理能力的社会资本，双方按照平等协商原则订立合同，由社会资本提供公共服务，政府依据公共服务绩效评价结果向社会资本支付对价。

PPP 是以市场竞争的方式提供服务，主要集中在纯公共领域、准公共领域。PPP 不仅是一种融资手段，而且是一次体制机制变革，涉及行政体制改革、财政体制改革、投融资体制改革。

二、PPP 模式政策背景

自 2013 年以来，PPP 相关政策密集出台，主要内容如下：

2015 年 4 月 21 日，中华人民共和国国家发展和改革委员会、中华人民共和国财政部、中华人民共和国住房和城乡建设部、中华人民共和国交通运输部、中华人民共和国水利部、中国人民银行联合发文《基础设施和公用事业特许经营管理办法》，鼓励和引导社会资本参与基础设施和公用事业建设运营，提高公共服务质量和效率，保护特许经营者合法权益。

2015 年 3 月 17 日，国家发改委和国家开发银行联合发文《关于推进开发性金融支持政府和社会资本合作有关工作的通知》，灵活运用基金投资、银行贷款、发行债券等各类金融工具，推进建立多元化、可持续的 PPP 项目资金保障机制。

2015 年 3 月 5 日，李克强作政府工作报告，提出要在基础设施等领域积极推广 PPP 模式；财政部年度预算报告，提出要开展 PPP 示范项目建设，释放社会投资潜力。

2014 年 12 月 2 日，国家发展改革委发文《关于开展政府和社会资本合作的指导意见》，鼓励和引导社会投资，增强公共产品供给能力，促进调结构、补短板、惠民生。国家发展改革委投资司委托中咨公司研究中心起草《政府和社会资本合作项目通用合同指南（2014 版）》，用于规范和引导政府和社会资本合作（PPP）项目合同编写工作的专业指南。

2014 年 11 月 29 日，财政部发文关于印发《政府和社会资本合作模式操作指南（试行）》的通知，规范项目识别、准备、采购、执行、移交各环节操作流程。

2014 年 11 月 26 日，国务院发文《关于创新重点领域投融资机制鼓励社会投资的指导意见》，提出实行统一市场准入，创造平等投资机会；创新投资运营机制，扩大社会资本投资途径；优化政府投资使用方向和方式，发挥引导带动作用；创新融资方式，拓宽融资渠道；完善价格形成机制，发挥价格杠杆作用。

2014 年 10 月 2 日，国务院发文《关于加强地方政府性债务管理的意见》（43 号文），提出建立“借、用、还”相统一的地方政府性债务管理机制，有效发挥地方政府规范举债的积极作用，切实防范化解财政金融风险。

2014 年 9 月 24 日，财政部发文《关于推广运用政府和社会资本合作模式有关问题的通知》，提出拓宽城镇化建设融资渠道，促进政府职能加快转变，完善财政投入及管理方式，尽快形成有利于促进政府和社会资本合作模式（Public-Private Partnership，PPP）发展的制度体系。

2014 年 8 月 31 日，十二届全国人大常委会第十次会议通过了《关于修改〈中华人民共和国预算法〉的决定》，并重新颁布修订后的预算法，强调建立跨年度预算平衡机制。

2014 年 5 月 26 日，财政部成立政府和社会资本合作（PPP）中心，时任副部长王保安担任 PPP 工作领导小组的组长，中心主要承担 PPP 工作的政策研究、咨询培训、信息统计和国际交流等职责。

2015 年 5 月 8 日，国务院批转国家发改委关于 2015 年深化经济体制改革重点工作意见的通知，提出积极推广政府和社会资本合作（PPP）模式，出台基础设施和公用事业特许经营办法，充分激发社会投资活力。

三、PPP 模式意义

政府和社会资本合作模式是在基础设施及公共服务领域建立的一种长期合作关系。通常模式是由社会资本承担设计、建设、运营、维护基础设施的大部分工作，并通过“使用者付费”及必要的“政府付费”获得合理投资回报；政府部门负责基础设施及公共服务价格和质量监管，以保证公共利益最大化。当前，我国正在实施新型城镇化发展战略。城镇化是现代化的要求，也是稳增长、促改革、调结构、惠民生的重要抓手。立足国内实践，借鉴国际成功经验，推广运用政府和社会资本合作模式是国家确定的重大经济改革任务，对于加快新型城镇化建设、提升国家治理能力、构建现代财政制度具有重要意义。

（1）推广运用政府和社会资本合作模式，是促进经济转型升级、支持新型城镇化建设的必然要求。政府通过政府和社会资本合作模式向社会资本开放基础设施和公共服务项目，可以拓宽城镇化建设融资渠道，形成多元化、可持续的资金投入机制，有利于整合社会资源，盘活社会存量资本，激发民间投资活力，拓展企业发展空间，提升经济增长动力，促进经济结构调整和转型升级。

（2）推广运用政府和社会资本合作模式，是加快转变政府职能、提升国家治理能力的一次体制机制变革。规范的政府和社会资本合作模式能够将政府的发展规划、市场监管、公共服务职能，与社会资本的管理效率、技术创新动力有机结合，减少政府对微观事务的过度参与，提高公共服务的效率与质量。政府和社会资本合作模式要求平等参与、公开透明，政府和社会资本按照合同办事，有利于简政放权，更好地实现政府职能转变，弘扬契约文化，体现现代国家治理理念。

（3）推广运用政府和社会资本合作模式，是深化财税体制改革、构建现代财政制度的重要内容。根据财税体制改革要求，现代财政制度的重要内容之一是建立跨年度预算平衡机制、实行中期财政规划管理、编制完整体现政府资产负债状况的综合财务报告等。政府和社会资本合作模式的实质是政府购买服务，要求从以往单一年度的预算收支管理，逐步转向强化中长期财政规划，这与深化财税体制改革的方向和目标高度一致。推广使用 PPP 模式，是支持新型城镇化建设的重要手段。有利于吸引社会资本，拓宽城镇化融资渠道，形成多元化、可持续的资金投入机制。

四、PPP 模式内涵

由于各国意识形态和实践需求不同，目前不同国家地区和国际组织对 PPP 模式的内涵并未达成共识。加拿大 PPP 国家委员会指出，PPP 是公共部门和私人部门之间的一种合作关系，主要强调公私部门之间的风险分担和利益共享。美国 PPP 国家委员会认为 PPP 是介于外包和私有化之间并结合了两者特点的一种公共产品提供方式，并从项目生命周期角度强调了私人部门的参与，尤其是强调了私人部门的投融资。综合以上两种观点，根据我国国情和实践需求，本文认为 PPP 模式内涵应至少包含以下三种核心要素之一。

（1）融资要素。学者 Ghavamifar 对 PPP 模式类型的调研结果显示，由私人部门承担融资责任是区分 PPP 模式和传统方式的重要因素。实践中，私人部门参与投融资能有效减轻政府财政负担，加快基础设施建设。

（2）项目产权要素。此处项目产权不仅指所有权，而且包含经营权和收益权等权利。根据产权经济学，特许私人部门拥有项目所有权或项目经营权和收益权，可以激励私人部门进行管理和技术创新，从而提高 PPP 项目的建设运营效率。同时，特许私人部门运营基础设施，有利于促进公共部门机构改革，消除冗员。

（3）风险分担要素。共同分担风险是 PPP 模式与传统方式的重要区别所在，PPP 模式中公私部门按照各自承担风险能力的大小来分担风险，不仅能够有效地降低各自所承受的风险，还能加强对整个项目的风险控制。因此，本文将 PPP 模式的内涵界定为：公共部门与私人部门之间的合作关系，在风险共担、利益共享的基础上，公共部门充分利用私人资源进行基础设施投融资、设计、建设和运营维护全部或部分工作，以更好地为公众提供服务和满足社会公共需求。

五、PPP 模式优缺点

（一）PPP 模式优点

近年来，在全球各个地区，通过多种多样的 PPP 方式，私营部门在基础设施领域的投资总体上持续快速增加。结合全球范围内的 PPP 项目实践，PPP 模式的优点主要体现在：更高的经济效率、更高的时间效率、增加基础设施项目的投资、提高公共部门和私营机构的财务稳健性、基础设施（或公共服务）的品质得到改善、实现长远规划、树立公共部门的新形象、私营机构得到稳定发展等。

1. PPP 模式可以实现更高的经济效率，实现物有所值

PPP 项目依靠利益共享、风险共担的伙伴关系，可以有效降低项目的整体成本。在公共部门独立开展项目时，项目的整体成本由以下几个部分构成：项目建设成本、运营成本、维修和翻新成本、管理成本以及留存的风险。在 PPP 模式下，项目建设成本、运营成本、维修和翻新成本以及私营机构的融资成本统称为 PPP 合同约定成本，由于私营机构在建设施工、技术、运营管理等方面的相对优势得以充分发挥，PPP 合同约定成本会小于公共部门独立开展项目时的相应成本。另外，由于 PPP 项目需要协调更多参与方的利益，项目管理成本（包括公共部门对项目监管、为项目提供准备工作和支持等产生的成本）会略高于公共部门独立开展项目的成本。在风险留存方面，由于不同的风险分配给管理该类风险具有相对优势的参与方，因此项目的总体风险状况得到明显改善。各项成本的变化以及风险状况的降低，形成了 PPP 项目的优势，即所谓的“物有所值”部分。

艾伦咨询集团（Allen Consulting Group）曾对澳洲的 21 个 PPP 项目和 33 个传统模式项目进行过比较，结果显示：PPP 模式在成本效率方面显著优于传统模式，从项目立项到项目全部结束，PPP 模式的成本效率比传统模式提高了 30.8%；从绝对金额看，所考察的 21 个 PPP 项目的总合同成本为 49 亿美元，项目生命周期的成本超支为 5 800 万美元；相比之下，33 个传统模式项目的总合同成本为 45 亿美元，项目生命周期的成本超支达 6.73 亿美元。

2. PPP 模式的效率优势不仅体现在经济效率上，还体现在时间效率上

艾伦咨询集团在同一篇调查报告中指出，PPP 项目的完工进度平均比计划提前 3.4%，而传统模式项目的完工进度平均比计划推迟 23.5%。另外，传统模式下，项目完工的超时程度受项目大小影响较为严重，项目越大，工程进度延期的程度越高，但在 PPP 模式下，没有发现项目大小对工程进度的显著影响。

其他机构或研究者大多得出相似的结果。例如，英国审计署对 PFI 模式（英国 PPP 的主要模式）和传统模式的效率进行了统计，结果表明：在 PFI 模式下，76%的项目按进度计划完成，78%的项目支出在预算之内；而在传统模式下，只有 30%的项目按进度计划完成，27%的项目支出在预算之内。在另外一篇报道中，英国审计署相信现有的 PFI 项目将节省至少 15 亿英镑的支出。

是否能够提高项目总体效率，是判断 PPP 模式是否适用的关键。财政部在 2014 年 11 月 29 日发布的《政府和社会资本合作模式操作指南》中明确提出：财政部门（政府和社会资本合作中心）会同行业主管部门，从定性和定量两方面开展物有所值评价工作。本书其他章节也对物有所值评价进行了详细论述。

3. PPP 模式有助于增加基础设施项目的投资资金来源

PPP 模式下，项目融资更多地由私营机构完成，从而缓解了公共部门增加预算、扩张债务的压力，因此公共部门可以开展更多、更大规模的基础设施建设。在政府因财政紧缩，或信用降低而无法进行大规模融资时，PPP 模式可以为政府提供表外融资。

PPP 模式下，政府不仅可以节省基础设施的初期建设投资支出，还可以锁定项目运行费用支出，一方面降低短期筹集大量资金的财务压力，另一方面提高预算的可控性，这两个方面都有利于政府进一步扩大对基础设施的投入。

PPP 的这一优势对现阶段的国内地方政府意义重大，通过推广 PPP 模式，可以化解地方政府债务风险。运用转让——运营——移交（TOT）、改建——运营——移交（ROT）等方式，将融资平台公司存量基础设施与公共服务项目转型为政府和社会资本合作项目，引入社会资本参与改造和运营，将政府性债务转换为非政府性债务，可以减轻地方政府的债务压力。

4. PPP 模式可提高公共部门和私营机构的财务稳健性

一方面，由于政府将部分项目责任和风险转移给了私营机构，项目超预算、延期或在运营中遇到各种困难而导致的，或有财政负债增加的风险被有效隔离；另一方面，由于 PPP 模式下的项目融资在整个项目合同期间是有保障的，且不受周期性的政府预算调整的影响，这种确定性可以提高整个项目生命周期。投资计划的确定性和效率，提高公共部门的财务稳健性。此外，PPP 项目的性质决定了项目需求所产生的风险相对较低，项目的未来收入比较确定，提高了社会资本的财务稳健性。

5. PPP 模式可使基础设施/公共服务的品质得到改善

一方面，参与 PPP 项目的私营机构通常在相关领域积累了丰富经验和技术，私营机构在特定的绩效考核机制下有能力提高服务质量。另一方面，PPP 模式下，私营机构的收入和项目质量挂钩：政府付费的项目中，政府会根据项目不可用的程度，或未达到事先约定的绩效标准而扣减实际付款（付款金额在项目开始时约定）；在使用者付费的项目中，使用者的需求和项目的质量正相关，这就使私营机构有足够的动力不断提高服务质量。如果设施或服务由公共部门单独提供，由于其缺乏相关的项目经验，且由于其在服务提供和监督过程中既当“运动员”又当“裁判员”，绩效监控难以落到实处。在传统政府模式下，地方政府通常为某项重大工程临时组织指挥部之类的专门工作团队，负责组织项目设计与建设，建设完成后移交给政府下属事业单位或国有企业日常运营。由于工作团队缺乏相关项目运作经验，所以难以保证项目建设质量，无力控制项目建设成本，甚至会因经验不足导致项目失败。并且，工作团队付出大量学费积累的经验和教训，在当地可能再无用武之地，因为当地不会经常有同类重大项目需要新建，资源浪费与效率较低问题突出。

6. PPP 模式有助于公共部门/私营机构实现长远规划

在传统政府模式下，一个项目会被分包成很多子合同，由不同的参与者执行，这些参与者之间通常并没有紧密的合作。在 PPP 模式下，由于项目的设计、建设和运营通常都由同一个联合体执行，虽然联合体也由不同的参与者构成，但由于各个参与者需要为同一个目标和利益工作，项目的不同参与者之间可以得到充分整合，实现良好的协同。此外，由于项目的收益涉及整个生命周期（whole of life cycle），在利益驱动下，私营机构将基于更长远的考虑，选择最合适的技术，实现设施长期价值的最大化和成本的最小化。而在传统政府模式下，则更多是基于短期的财政压力、政策导向和预算限制来考虑。

7. PPP 模式有助于树立公共部门的新形象

在 PPP 模式得到良好推广和执行的情况下，所有项目都能按时、按预算完成，而且基础设施/公共服务的品质得到有效提高，可以使公众对政府的美誉度增加，对政府的财政管理能力信心倍增。

8. 通过推广 PPP 模式，可以使私营机构得到稳定发展

PPP 模式为私营机构提供了风险较低、现金流稳定、由政府合同背书的长期投机会，可以有效刺激当地产业，增加就业机会。

（二）PPP 模式缺点

虽然 PPP 模式的上述优势得到市场的一致认可，并且大部分都有实证数据支持，但任何事情都不可能十全十美，PPP 模式在运作过程中也存在以下缺点：私营机构融资成本较高、特许经营导致的垄断性、复杂的交易结构带来的低效率、长期合同缺乏灵活性、成本和服务之间的两难选择等。

1. PPP 模式导致私营机构融资成本较高

与公共部门相比，金融市场对私营机构信用水平的认可度通常略低，导致私营机构的融资成本通常要高于公共机构的融资成本。当然，在评价社会资本的融资成本时，除了考虑利率之外，还需要考虑项目所转移的风险、社会资本的创新能力，以及项目总体绩效的提升等，从社会整体的功效考虑项目价值。此外，社会资本和公共机构的融资成本也在进一步接近，虽然融资成本的差异不可能完全消除，但这方面的影响在逐渐降低。

10 年期的企业债和相同年限国债、地方政府债、城投债的到期收益率中，企业债可以近似为大型社会资本的融资成本；国债为无风险利率；地方政府债可以视为地方政府信用担保的融资成本；由于融资平台在基础设施建设方面的特殊地位，城投债的收益率可视为目前部分在建基础设施的融资成本。可以看到：大型社会资本的融资成本高于国债和地方政府债，低于城投债；社会资本的融资成本和国债/地方政府债的差距在逐渐缩小，尤其是2015年年初以来，社会资本的融资成本无论是绝对值，还是与国债/地方政府债的差距，都在逐渐降低。

2. PPP模式普遍采用的特许经营制度可能导致垄断

一方面，在PPP模式下，居高的投标成本和交易费用以及复杂的长期合同，导致很多规模较小的私营机构对PPP项目望而却步，因此减少了政府部门对社会资本的选择空间，也使招投标过程不能实现良好的竞争性。另一方面，PPP模式普遍采用的特许经营制度，实际上使中标的投资运营商获得了一定程度的垄断性，利益基本上能得到合同保障。这种缺乏竞争的环境在某些情况下会减弱私营机构降低成本、提高服务品质的动力。当然，PPP模式并不是产生垄断性的必要条件，在单纯的政府模式下，政府实际上也表现出垄断性。

3. PPP项目复杂的交易结构可能降低效率

首先，在PPP项目中，通常需要多个独立参与者通力合作，而多个参与者会导致整个项目的约束条件增加。其次，由于每个参与项目的商业机构都会在咨询、会计和法律等方面产生支出，这部分支出会包括在投标价格中，从而传导给公共部门。国外的经验显示，PPP市场越成熟，这部分成本就越低。例如，如果公共部门采用标准化的合同体系，可以为参与商业机构节省在项目尽职调查和评估过程中所产生的成本。同时，在评估增加的这部分交易成本时，也需要考虑PPP模式下通过风险分担带来的额外好处。再次，复杂的交易结构需要公共部门和私营机构建立与PPP模式相匹配的专业能力。现阶段，国内相关方面的能力欠缺较为明显，现状的改善还需要较长时间。在这种情况下，政府部门过度依赖外部咨询机构，会导致在项目开展过程中所积累的知识和经验并没有沉淀在公共部门内部，这又减缓了公共部门提升建设相关能力的进度。目前，各个国家都成立了类似PPP中心的组织，包括中国的财政部PPP中心、英国的Infrastructure UK、加拿大的PPP Canada、美国的NCPPP、欧盟的EPEC等，这些组织在沉淀PPP项目经验和知识的过程中起着非常重要的作用。最后，交易结构的复杂性和众多的参与方可能使项目沟通存在一定的障碍，特别是在未来发生一些不可预料的事件时，可能会在合同条款的争议方面耗费过多时间。而且，即便在项目启动的过程中，也可能存在公共部门内部意见不一致，或民众和公共部门意见不一致的情况，这在一定程度上会降低效率。

4. PPP的长期合同缺乏足够的灵活性

为了项目长期运行稳定，PPP合同可能会比较严格，灵活性不够，公共部门或私营机构在起草合同的时候，很难将未来的变化充分地考虑进来，合同条款通常只考虑当前时点的情况，导致项目后期管理不能因时制宜，而只能遵照合同条款执行——哪怕这些条款已经不再能使项目生命周期的综合成本最优化。解决合同灵活性和合理性的途径有两个方面：一是在项目前期就尽最大努力做好整个生命周期的规划，通常，公共部门需要聘请具有丰富PPP项目经验的咨询机构对项目进行前期调查分析，确保参与方对项目需求有充分的理解，对项目的费用有可靠的预算，对风险有全面的评估并可以在公共部门和私营机构间实现最优分担；同时，还要确保通过招投标过程得到具有竞争性的报价，当然这些前期工作势必产生不菲的成本。二是在起草合同时保留适当的灵活性，这也必将增加成本，一方面是来自投资的不确定性增加而产生的风险溢价，另一方面是来自将来需要改变对私营机构的激励机制而产生的或有支出。解决合同灵活性和合理性的成本，有可能降低项目投资者的投资回报率，防止出现过高的投资回报率。

5. 公众使用公共产品/公共服务的成本表面上可能提高

如果公共产品/公共服务由公共部门提供，由于公共部门的非营利性和不按全成本核算定价的特点，公众所付出的直接使用费用较低。当然，世界上不存在免费午餐，低收费最终会表现为地方政府债务的累积或公共机构的亏损，也会通过其他渠道由公众承担相关成本，甚至潜在成本可能更高。在PPP模式的定价机制下，私营机构需要补偿项目相关的全部成本并获得合理水平的投资收益，对产品或服务进行市场化的定价，可能增加公众的直接使用成本。如此，PPP合同中约定的定价机制可能是控制公共资源使用成本的一个手段，但定价机制的确定同样困难，尤其在涉及多边合作的PPP项目中，不仅需要考虑当地的发展水平、技术进步的趋势，还需要考虑汇率等其他因素。一个典型的例子是来宾B电厂的电价，资料显示来宾B电厂的电价比来宾A电厂的电价高出60%有余，其中一个主要原因是运营期满15年后项目公司将项目资产无偿移交给地方政府，项目的巨额投资要在15年内回收，远低于电厂的正常使用年限和投资回收期。从各国的经验来看，PPP项目总体上可以降低公众使用公共产品/公共服务的综合成本。

通过前文的实证数据，我们可以发现，PPP模式在提高效率方面的贡献有大量实证案例支撑，通过必要的流程优化、引入适宜的争议解决机制，并规范公共治理方式，可以有效控制效率降低的风险。

六、中国式PPP模式发展

不论是从时间维度，还是从发展思路来看，PPP模式在中国的发展阶段均可分为以下三个阶段。

（一）1995—2003年——“摸着石头过河”的阶段

这一阶段，PPP模式被世行及亚行作为一种新兴的项目融资方式引入中国，与中国政府当时对外商投资的急切需求不谋而合。从1995年开始，在国家计委的主导之下，广西来宾B电厂、成都自来水六厂及长沙电厂等几个BOT试点项目相继开展。2002年，北京市政府主导实施了北京市第十水厂BOT项目。这些项目虽然不是PPP模式与中国的第一次亲密接触，而且未竟全功，但因其规格之高、规模之大、影响之广而在中国式PPP发展史上留下了浓墨重彩的一笔。

尽管如此，以吸引外商投资为主要目的的项目操作理念，从前述项目启动伊始，即已注定其所借用的PPP外衣难免会在中国遇到水土不服的困境。而摸着石头过河的心态，也在很大程度上决定了与此相关的顶层设计难以推动及完成。事实上，国家计委一度启动的BOT立法工作就因种种原因而最终陷于停顿。若干试点项目无论成功与否，也没能真正起到由点及面的示范效应。PPP模式在中国的第一轮发展浪潮，在几个相关部委的几份相关文件出台之后，基本归于平息。

值得肯定的是，在该阶段后期，建设部及各地建设行政主管部门开始在市政公用事业领域试水特许经营模式，合肥市王小郢污水处理厂资产权益转让项目即为这一阶段涌现出来的早期经典案例。在王小郢项目的运作过程当中，项目相关各方，包括中介咨询机构，对中国式 PPP 的规范化、专业化及本土化进行了非常有益的尝试，形成了相对成熟的项目结构及协议文本，为中国式 PPP 进入下一个发展阶段奠定了良好的基础。

（二）2004—2013 年——“黑猫白猫”的阶段

2004 年，建设部一马当先，颁布并实施了《市政公用事业特许经营管理办法》（下称“126 号令”），将特许经营的概念正式引入市政公用事业，并在城市供水、污水处理及燃气供应等领域发起大规模的项目实践。各级地方政府也纷纷以 126 号令为模板，先后出台了大量地方性法规、政府规章及政策性文件，用于引导和规范各自行政辖区范围以内的特许经营项目开发。自此，中国式 PPP 进入第二轮发展浪潮。因其显著的实用主义特征，我们称之为“黑猫白猫”的阶段。

这一阶段，计划发展部门不再是 PPP 模式应用的唯一牵头方或主导方，包括建设、交通、环保、国资等行业主管部门，以及地方政府在内的各路人马纷纷披挂上阵。无论黑猫白猫，只要能够顺利捕获“社会资本”这只精灵鼠，似乎就是好猫。中国的 PPP 项目虽然不再一味偏爱境外资本，但其单一的筹资导向并无实质性转变。公私双方之间，前者甩包袱，后者占市场的心态在很多项目里都表现得十分明显。公共产品或服务的交付效率、风险管控、社会及经济效益这些 PPP 模式的重要内核，反而失去了自己应有的位置。也正因如此，中国式 PPP 的发展在这一阶段的中后期遭遇反复，大量低价或非理性竞标，乃至于国（资）进民（资）退的现象层出不穷。

从现实角度出发，考虑到中国地方政府的施政偏好，以及不同性质的社会资本各自特有的利益诉求，发生上述情况还是可以理解的。无非是“黑猫白猫”的理念在 PPP 领域内的现实反映，亦在相当程度上揭示了 PPP 模式在中国的异化趋势。即搁置顶层设计，一切以短线的实用价值优先。具体到微观层面，中国式 PPP 则仍以筹集社会资金为导向，把政府缺钱的、做不好的公共产品或服务推向一个并不成熟的市场。至于项目中长期的发展、社会效益和经济收益如何，则常常不是现任政府主管部门、甚至于投资人现任总经理的关注焦点。在此情形之下，即便有外部的财务及法律顾问参与其中，他们提出的专业意见通常也不为项目方所完全理解并接纳。不可避免的，大量潜在风险在看似红火的发展热潮中逐步累积。时至今日，各地 PPP 项目当中已经陆续出现政府方或投资人怠于履约甚至违约的情况，并以前者居多。

另一方面，“黑猫白猫”阶段同时也是 PPP 模式在中国发展壮大的一个重要过程。供水及污水处理行业的成功经验，经过复制与改良，被用于更加综合、开放和复杂的项目系统，而不再限于一个独立的运作单元，项目参与主体和影响项目实施的因素也趋多元。这方面的经典案例有北京地铁四号线和国家体育场两个 PPP 项目。而广泛、多元的项目实践，反过来也促进了 PPP 理论体系的深化和发展。实践与理论共识初步成型，政策法规框架、项目结构与合同范式在这个阶段得到基本确立。

（三）2014 年以后——规范化阶段

作为中共十八大确定的落实“允许社会资本通过特许经营等方式参与城市基础设施投资

和运营”改革举措的第一责任人，中国财政部从2013年底即已展开对PPP模式推广工作的全面部署。2014年3月，时任财政部副部长王保安在政府和社会资本合作（PPP）培训班上发表讲话，对推广PPP模式的原因、任务和方式予以系统阐述，并提出要从组织、立法和项目试点等三个层面大力推广PPP模式。2014年5月，财政部政府和社会资本合作（PPP）工作领导小组正式设立。相比于财政部的令箭频发，国家发改委也在2014年5月一口气推出了80个鼓励社会资本参与建设营运的示范项目，范围涉及传统基础设施、信息基础设施、清洁能源、油气、煤化工、石化产业，且项目模式不局限于特许经营。最为引人瞩目的，则莫过于特许经营立法工作的重新启动。据悉，《基础设施和公用事业特许经营法（征求意见稿）》已由国家发改委法规司制订完成，并已发业内广泛征求修改意见。至此，PPP模式的制度化建设终于正式提上议事日程。2014年也因此被不少业内人士视为PPP模式在中国的发展元年。我们将2014年及其以后的若干年称作中国式PPP的规范化发展阶段，与其说是基于现状的一个预测与展望，不如说是对PPP模式的最新倡导者做好顶层设计，补上重要一课的期待。

七、PPP模式的三大特征

（一）伙伴关系

PPP具有三大特征，第一是伙伴关系，这是PPP最为首要的问题。政府购买商品和服务、给予授权、征收税费和收取罚款，这些事务的处理并不必然表明合作伙伴关系的真实存在和延续。比如，即使一个政府部门每天都从同一个餐饮企业订购三明治当午餐，也不能构成伙伴关系。PPP中私营部门与政府公共部门的伙伴关系与其他关系相比，独特之处就是项目目标一致。公共部门之所以和民营部门合作并形成伙伴关系，核心问题是存在一个共同的目标：在某个具体项目上，以最少的资源，实现最多最好的产品或服务的供给。私营部门是以此目标实现自身利益的追求，而公共部门则是以此目标实现公共福利和利益的追求。形成伙伴关系，首先要落实到项目目标一致上。但这还不够，为了能够保持这种伙伴关系的长久与发展，还需要伙伴之间相互为对方考虑问题，具备另外两个显著特征：利益共享和风险分担。

（二）利益共享

需明确的是，PPP中公共部门与私营部门并不是简单分享利润，还需要控制私营部门可能的高额利润，即不允许私营部门在项目执行过程中形成超额利润。其主要原因是，任何PPP项目都是带有公益性的项目，不以利润最大化为目的。如果双方想从中分享利润，其实是很容易的一件事，只要允许提高价格，就可以使利润大幅度提高。不过，这样做必然会带来社会公众的不满，甚至还可能会引起社会混乱。既然形式上不能与私营部门分享利润，那么，如何与私营部门实际地共享利益呢？在此，共享利益除了指共享PPP的社会成果，还包括使作为参与者的私人部门、民营企业或机构取得相对平和、长期稳定的投资回报。利益共享显然是伙伴关系的基础之一，如果没有利益共享，也不会有可持续的PPP类型的伙伴关系。

（三）风险共担

伙伴关系作为与市场经济规则兼容的 PPP 机制，利益与风险也有对应性，风险分担是利益共享之外伙伴关系的另一个基础。如果没有风险分担，也不可能形成健康及可持续的伙伴关系。无论是市场经济还是计划经济、无论是私人部门还是公共部门、无论是个人还是企业，没有谁会喜欢风险。即使最具冒险精神的冒险家，其实也不会喜欢风险，而是会为了利益千方百计地避免风险。

在 PPP 中，公共部门与私营部门合理分担风险的这一特征，是其区别于公共部门与私营部门其他交易形式的显著标志。例如，政府采购过程之所以还不能称为公私合作伙伴关系，是因为双方在此过程中是让自己尽可能小地承担风险。而在公私伙伴关系 PPP 中，公共部门却是尽可能大地承担自己有优势方面的伴生风险，而让对方承担的风险尽可能小。一个明显的例子是，在隧道、桥梁、干道建设项目的运营中，如果因一般时间内车流量不够而导致私营部门达不到基本的预期收益，公共部门可以对其提供现金流量补贴，这种做法可以在“分担”框架下，有效控制私营部门因车流量不足而引起的经营风险。与此同时，私营部门会按其相对优势承担较多的、甚至全部的具体管理职责，而这个领域，却正是政府管理层“官僚主义低效风险”的易发领域。由此，风险得以规避。

如果每种风险都能由最善于应对该风险的合作方承担，毫无疑问，整个基础设施建设项目的成本就能最小化。PPP 管理模式中，更多是要突破简单化的“融资模式”理解，上升到从管理模式创新的层面上理解和总结。

八、PPP 的类型

（一）融资性质

从广义的层面讲，公私合作 PPP 应用范围很广，从简单的，短期（有或没有投资需求）管理合同到长期合同，包括资金、规划、建设、营运、维修和资产剥离。PPP 安排对需要高技能工人和大笔资金支出的大项目来说是有益的。它们对拥有服务大众的基础设施的国家来说很有用。公私合作关系资金模式是由在项目的不同阶段，对拥有和维持资产负责的合作伙伴所决定。PPP 广义范畴内的运作模式主要包括以下几种。

1. 建造、运营、移交（BOT）

私营部门的合作伙伴被授权在特定的时间内融资、设计、建造和运营基础设施组件（和向用户收费），在期满后，转交给公共部门的合作伙伴。

2. 民间主动融资（PFI）

PFI 是对 BOT 项目融资的优化，指政府部门根据社会对基础设施的需求，提出需要建设的项目，通过招投标，由获得特许权的私营部门进行公共基础设施项目的建设与运营，并在特许期（通常为 30 年左右）结束时将所经营的项目完好地、无债务地归还政府，而私营部门则从政府部门或接受服务方收取费用以回收成本的项目融资方式。

3. 建造、拥有、运营、移交（BOOT）

私营部门为设施项目进行融资并负责建设、拥有和经营这些设施，待期限届满，民营机构将该设施及其所有权移交给政府方。

4. 建设、移交、运营（BTO）

民营机构为设施融资并负责其建设，完工后即将设施所有权移交给政府方，随后政府方再授予其经营该设施的长期合同。

5. 重构、运营、移交（ROT）

民营机构负责既有设施的运营管理以及扩建/改建项目的资金筹措、建设及其运营管理，期满将全部设施无偿移交给政府部门。

6. 设计建造（DB）

私营部门的合作伙伴设计和制造基础设施，以满足公共部门合作伙伴的规范，往往是固定价格。私营部门合作伙伴承担所有风险。

7. 设计、建造、融资及经营（DB-FO）

私营部门的合作伙伴设计，融资和构造一个新的基础设施组成部分，以长期租赁的形式，运行和维护它。当租约到期时，私营部门的合作伙伴将基础设施部件转交给公共部门的合作伙伴。

8. 建造、拥有、运营（BOO）

私营部门的合作伙伴融资、建立、拥有并永久的经营基础设施部件。公共部门合作伙伴的限制，在协议上已声明，并持续的监管。

9. 购买、建造及营运（BBO）

一段时间内，公有资产在法律上转移给私营部门的合作伙伴。建造、租赁、营运及移交（BLOT）。

10. 只投资

私营部门的合作伙伴，通常是一个金融服务公司，投资建立基础设施，并向公共部门收取使用这些资金的利息。

（二）非融资性质

1. 作业外包

政府或政府性公司通过签订外包合同方式，将某些作业性、辅助性工作委托给外部企业/个人承担和完成，以期达到集中资源和注意力于自己的核心事务的目的。一般由政府方给作业承担方付费。

2. 运营与维护合同（O&M）

私营部门的合作伙伴，根据合同，在特定的时间内，运营公有资产。公共合作伙伴保留资产的所有权。

3. 移交、运营、移交（TOT）

政府部门将拥有的设施移交给民营机构运营，通常民营机构需要支付一笔转让款，期满后再将设施无偿移交给政府方。

（三）股权产权转让

政府将国有独资或国有控股的企业的部分产权/股权转让给民营机构，建立和形成多元投资和有效公司治理结构，同时政府授予新合资公司特许权，许可其在一定范围和期限内经营特定业务。

（四）合资合作

政府方以企业的资产与民营机构（通常以现金方式出资）共同组建合资公司，负责原国有独资企业的经营。同样，政府将授予新合资公司特许权，许可其在一定范围和期限内经营特定业务。

第四节　国际特许经营

一、国际特许经营的概念

特许经营作为一种日渐成熟的商业经营模式，在以美国为代表的欧美国家已经有近一个世纪的实践经历了。同其他商业经济名渊源相同，特许经营的经济学意义与政治有极强的关联性。特许经营原本为法文 franchise，意为免于奴隶、苦役的身，寻求自由之身。《现代英汉综合大辞典》中又赋予了其一定的政治性含义：（1）公民权，选举权，参政权；（2）政府授予个人、公司或社团的特权，特许；（3）免除赋税负担的特权；（4）经销（尤指拥有经销权的地区）；（5）（保险）免赔额；（6）美国于 1920 年给妇女以参政权。franchise 的英文含义来自欧洲封建时期帝王君主赋予个人的某些特殊的权利，显然，最初的政治性色彩较为浓厚。国土授予贵族领地，贵族享有领地内的行政管理权和征税权以及从事酿酒和销售酒的权利、开办与殖民地贸易的权利，作为回报，贵族将税收及经营利润的一部分上交给王室，这部分费用当时被称作 royalty，时至今日，royalty 已经被赋予了“特许权使用费”的含义。从以上含义中我们会发现，现行的特许经营权与最初的权利分置有历史的渊源和承接关系。

案例

截至 2011 年年底，我国特许体系已超过 5 000 个，加盟店总数在 100 万家以上，覆盖的行业超过 70 个。但在行业快速发展的同时，行业集中度不高、品牌影响力不大、规模经济不明显等问题也不容忽视。

进入 21 世纪以来，中国特许加盟事业快速兴起并蓬勃发展。最新数据显示，特许企业直接创造的就业岗位超过 1 000 万个。特许加盟事业正在成为中国连锁企业的支柱性产业。但如何使过去相对粗犷的、快速的发展通过创新求变达到更加稳定和健康，这是特许行业从业者在未来需要研究和实践的。

创新成为行业重点

中国连锁经营协会会长郭戈平在第 14 届中国特许加盟大会（2012 年 5 月 9 日至 10 日）上表示，2011 年我国在企业特许加盟连锁方面取得了骄人成绩，行业并购活跃，集中度提高，不少品牌在加盟方面有了更加开放的心态和创新的模式。

据介绍，2011 年，便利店、专卖店等业态的特许经营发展迅速。部分本土企业，如广东的美宜佳、山西的唐久便利店等在周边区域加快布点，外资便利店也加快了进军西部市场的步伐。通过打通供应链，专卖店在 2011 年增长超过 40%，是零售业态中发展最快的。

一些过去一直以直营为主的体系，也陆续开放加盟市场，如迪信通、宏图三胞、快乐柠檬等。麦当劳和7-11等作为国际上特许经营市场的标杆企业，2011年在国内相继开放加盟业务。这将会吸引更多的投资资者关注特许加盟市场，也会带动其他企业重新审视和加快加盟事业的开展。2011年还有一些新的国际特许品牌进入中国市场，如Carls Junior（汉堡）、Mr.Fields（西餐）等。

另外，在行业并购方面，如家投资4.7亿元收购莫泰；锦江之星于2010年收购山西金广快捷连锁酒店品牌，2011年将特许权卖到菲律宾，与法国连锁酒店实施品牌联合营销；7天斥资1.36亿元收购了湖南华天集团的21家酒店。教育培训行业的龙头企业并购扩张也非常活跃。

特许经营在各个行业百花齐放的同时，都将探索产品与服务模式创新作为行业发展的重点。郭戈平（1997年创办中国连锁经营协会，兼任会长、秘书长，现任中国连锁经营协会专职会长）举例补充道：全家便利在上海便利店市场取得了引人瞩目的业绩，全家便利在产品创新方面做足了文章，不断开发迎合目标顾客的快食产品，实现了出色的坪效，有效化解了租金不断上涨的压力，加盟商也在总部不断的产品创新中尝到了甜头。

荣昌伊尔萨打破洗衣连锁行业的主流模式，由总部投资建立密集的收衣网点，掌握并扩大业务来源，一方面可以有效调配资源，将衣物调剂给处于不同发展阶段的加盟店，帮助其改善业务，或对新开店提供重点扶持，改变了服务业连锁加盟普遍存在的总部与加盟店之间缺乏有形资源纽带的不利局面，增进了双方的依赖度和黏合度，另一方面也实现了成熟市场的进一步渗透，在饱和市场挖掘新的业务增长点。

除了产品与服务模式创新外，网络和移动新技术也成为市场新的增长点。郭戈平在大会发言中指出，东易日盛的3G客户服务系统，利用移动互联技术，由原来的内部平台发展成为面向最终消费者的用户体验式服务平台，一方面可以提升最终顾客的消费体验、提高品牌忠诚度，另一方面可以掌握客户资源，更好地支持加盟商提升服务，吸引更多客源。

中国二手车交易网通过网上网下联动服务模式，利用网上平台实现信息撮合服务，同时吸引大量网上客户进入实体网络，解决虚拟网络无法提供的增值服务。网下连锁店则起到提高品牌专业度和信任度的作用，形成理想的“鼠标+水泥”的多渠道营销。

立法尚不健全

尽管如此，我国商业特许经营在迅猛发展的同时也出现了各类性质不同的问题。商务部流通业发展司副司长吴国华在第14届中国特许加盟大会上表示，中国计划用五年时间形成一批标准化管理能力强、诚信经营的知名商业特许经营企业和品牌，并将启动特许经营企业成熟度评价。

从宏观上看，问题主要表现在行业集中度不高、品牌影响力不大、规模经济不明显。

现在我国特许经营体系超过了4 500个，散、小、乱的现象较为突出，部分企业一发展加盟就走样变形的问题时有发生。

从微观上看，特许人知识产权意识不强，被特许人自我保护意识和承担风险能力比较弱，导致商业特许经营纠纷案件近几年呈现直线上升的态势。这些矛盾和问题已经影响到了特许经营的健康、有序发展。

吴国华说，商业特许经营立法的不健全是目前商业特许经营中很多问题的根源，下一步商务部流通业发展司将调查研究《商业特许经营管理条例》执行过程中出现的共性问题，根据特许经营发展的情况推动对条例进行实时的修订。同时，将加快推进特许经营标准制定，即分行业制定特许经营管理规范、合同示范文本和评价标准。

“十二五”期间，商务部将进一步规范和促进特许经营发展，充分发挥其在服务民生、促进消费、拉动民间投资、带动创业就业等方面的重要作用。吴国华表示，商务部今后将进一步推动法律法规的完善，研究相关促进和规范政策，创造公平的环境，推动特许经营不断发展壮大。首先是加强和完善行政执法。其次是加强备案管理工作，下一步将两级备案和三级监管的模式改为三级备案和三级监管的模式，使备案和监管结合得更加紧密。

另外，吴国华透露，自2012年起，特许经营服务促进工作被纳入20个中小商贸流通企业服务体系建设试点城市的范围，将加强中小企业服务力量并给予配套资金支持。同时，将研究和启动特许经营企业成熟度评价工作，以此培育一批经营模式成熟、市场接受度高的知名企业，走“以良币驱逐劣币”的道路。

（资料来源：孙一枚，王立历. 商务启仪降进一步规范促进琅汽午经营［N］. 中国商报，2012-05-15.）

二、特许经营形式

特许源于政府特许，始于生产特许，终于商业特许。目前所说的商业特许基本涵盖了上述历史意义的特许的全部。商业特许经营按其特许权的形式、授权内容与方式、总部战略控制手段的不同，可以分为以下四种类型。

（一）政府特许经营

政府通过自身的行政特权，将特定时期或特定活动衍生出的商业活动有限度转让予企业运营，对其中的产品销件、服务提供、设施配置等权限通过合约形式转让给有经代资质的企业，以此形成政府特许形式。其典型案例是：世博会相关产品的生产与销售、国家救济性物资的筹集与发放等。

（二）特许经营生产特许

受许人投资建厂，或通过OEM的方式，使用特许人的商标或标志、专利、技术、设计和生产标准来加工或制造取得特许权的产品，然后经过经销商或零售商出售，受许人不与最终用户（消费者）直接交易。典型的案例包括：可口可乐的灌装厂、奥运会标志产品的生产。

（三）产品—商标特许

受许人使用特许人的商标和零售方法来批发和零售特许人的产品。受许人仍保持其原有企业的商号。单一地或在销售其他商品的同时销售特许人生产并取得商标所有权的产品。

（四）经营模式特许

受许人有权使用特许人的商标、商号、企业标志以及广告宣传，完全按照特许人设计的单店经营模式来经营；受许人在公众中完全以特许人企业的形象出现；特许人对受许人的内部运营管理、市场营销等方面实行统一管理，具有很强的控制。

国际特许经营（franchising）是许可证贸易的一种变体，特许权转让方将整个经营系统或服务系统转让给独立的经营者，后者则支付一定金额的特许费（franchise fee）。

三、特许经营的特征

特许经营的外在表现形式因实施国的国情特点不同而有所不同，是个性特征与一般表象的统一。从一般性上讲，特许经营有如下特征：

第一，特许经营是特许人和受许人之间达成的一种特定的契约关系；

第二，特许人允许受许人使用自己的商号和（或）商标和（或）服务标记、经营诀窍、商业和技术方法、持续体系及其他工业和（或）知识产权；

第三，受许人自己对其业务进行投资，并拥有其业务；

第四，受许人需向特许人支付费用，是契约的主要标的；

第五，特许经营是一种持续性关系，通常有一定存续时间限制。

特许经营是特许权人与被特许人之间达成的一种合同关系。在这个关系中，特许权人提供或有义务在诸如技术秘密和训练雇员方面维持其对专营权业务活动的利益；而受许人获准使用由特许权人所有的或者控制的共同的商标、商号、企业形象、工作程序、专利及经营技巧等，可由受许人自己拥有或自行投资相当部分的企业。

由此我们可以看出，权利主体的不同转换是特许概念变化的根源。特许经营的概念最早起源于政府将自己的某些专属权利授予私人或者商家使用，本质上是一种政府的行政许可。称为“政府特许经营”。后来这种概念被商家所借用，某些商家将他们的某些专属权利授予其他私人或者商家使用并从中获利，从而形成了所谓的“商业特许经营”。授权的一方就被称为特许人（franchisor），被授权的一方就被称为受许人或加盟商（franchisee）。特许经营企业在市场扩张时将触角伸向国外，在国际范围内开展特许经营业务，由此就产生了国际特许经营实体如何面对新的生存环境，有效地在东道国开展特许经营业务的问题。国际特许经营理论及实践就日益成为业内关注的对象。

四、国际特许经营的定义

特许经营在经济全球化背景下的逻辑延伸是国际特许经营产生的主要原因。国际特许经营是国际特许经营实体的一种双边协议或许可与被许可关系。某一个人或集体（受许人）有权使用另一企业（特许人）的商标和（或）运营模式，在某一特定的区域从事特定商品或服务的经营活动；为了获得这种权利，受许人有义务向特许人支付加盟金和特许权使用费。国际范围内，特许经营可以定义为一个经营机会，即一种服务或一种使用特定商标的产品的所有者（厂商或分销商）将当地分销或销售专有权赋予某一个人，该人要向所有者支付各项费用或专利权使用费。其中赋予他人权利的个人或经营企业称为特许人；被赋予经营权并根据选择的方法生产或销售产品或服务的个人或企业称为受许人。而特许经营企业跨越国界的特许经营活动被称为国际特许经营。

随着许多特许人走出国门、进入东道国，特许经营已日益成为一种国际性的活动。其中，有两个理由促使特许人致力于涉足国际市场：一是由于企业在本国市场上缺乏扩展机会，或者特许人对能获得的营业区域和主要市场失去进一步拓展的信心，使得他们要进军国外市场；二是特许人被国外市场日益增长的机会和需求所吸引，在掌握国外市场的大量法律、经济、文化等信息的基础上，在东道国开展特许经营业务。

1997 年我国出台的《商业特许经营管理办法（试行）》（已废止）第五条中对区域总特许的定义为：分特许（区域特许）即由特许者将在指定区域内的独家特许经营权授予被特许者，该被特许者可将特许经营权再授予其他申请者，也可由自己在该地区开设特许网点，从事经营活动。调查资料表明，在美国，50%的企业使用区域总特许的方式向海外扩张，30%～40%的澳大利亚企业也使用区域总特许的方式向海外扩张。这里区域特许成为国际特许的代名词，其内涵也在国际特许经营的科学定义范畴之内。

资料 10.1

各国特许经营的发展

根据国际特许经营协会（IFA）的 2007 年年度报告，特许经营模式为美国提供了 1 800 万个工作岗位和 1.53 万亿美元销售额，范围涉及快速食品、大众服务、维修、零售商店、商务服务、房地产、租赁、汽车、零售食品、餐厅、建筑、烘烤食品、儿童商品、教育、旅游、印刷、运动、人力资源等 18 个行业的 230 个部门。该报告还指出美国的特许经营仍在持续增长，2000—2006 年，特许经营单位从 283 000 个增加到 376 500 个，增长了 33%。目前，IFA 包括了 8 000 位加盟商，1 000 位盟主及 400 位供应商，协会成员的特许经营发展遍及 100 多个国家。

在欧洲，特许经营作为一种特别的商业经营模式已有较长的历史。早在第二次世界大战之前，欧洲就已存在成功的特许经营模式；20 世纪 70 年代早期，欧洲的特许经营及其立法已发展得比较完善；1972 年，欧洲特许经营协会（European Franchise Federation）成立；近几年，随着各国对知识产权的进一步重视和应用，特许经营在欧洲更取得长足的发展。至 2004 年，欧洲特许经营发展较为成熟的 20 个国家已拥有 5 552 个特许经营品牌、250 643 家被特许者，比 1998 年分别增长了 50%和 49.7%。目前，法国是欧洲最大的特许经营市场，在国际市场上已拥有超过 230 个特许品牌，销售额达到 516 亿美元，特许经营者超过 929 家，自 2000 年以来年均增长率达到 10%。

日本的特许经营主要是受到美国的影响，但是日本企业秉承了在引进经验的基础上大胆创新的一贯作风，形成了具有本土特色的特许经营模式。例如，藤田商社与美国麦当劳合资成立了日本麦当劳，在对麦当劳经营方式与服务特色的深入调查之后，藤田商社实施了本土化的人本管理和训练，在某些方面取得的效果甚至超过美国麦当劳的培训体系。日本的特许经营协会成立于20世纪60年代。

中国的特许经营起步较晚，并且开始于第三产业中的零售业、餐饮业和服务业，相比之下国外的特许经营一般起步于制造业，而且至今制造业的特许经营仍占一定比重。至2006年年底，中国的特许经营体系数量超过2 600个，加盟店近20万个，分别比2005年增长了13%和16%。特许企业为社会提供就业岗位超过300万个，行业覆盖面也越来越广，但是各行业引入特许经营的程度存在很大差异，其中食品、营养品专卖、礼品专卖、休闲餐饮特许增长最快。2007年5月1日，旨在规范商业特许经营活动并促进其健康有序发展的《商业特许经营管理条例》（下称《条例》）正式开始实施。为保证《条例》的贯彻落实，国务院又颁布了《商业特许经营备案管理办法》和《商业特许经营信息披露管理办法》。两个办法的颁布，提供了贯彻落实《条例》的具体措施。

资料来源：中国连锁经营协会网站. http://www. ccfa. org.

五、国际特许经营的类型

国际特许经营虽然在国外经营中表现出了多样性特征。但是都有其独特的模式，这些模式可总结为下面典型的五种类型：

（1）外国服务业的特许经营。国际特许经营的开端是在服务业，主要包括酒店和快餐店。许多国家欢迎国外特许经营商加入酒店业，因为发展酒店业的目的主要是吸引外国游客，为发展经济营造良好的外部环境。如著名的特许酒店万豪、希尔顿等都落户在不同国家。同时各国对像麦当劳、汉堡王、肯德基等这样的快餐店的加盟也在政策上给予支持。

（2）本国服务业的特许经营。随着国外特许经营的进入，东道国商业团体和政府逐渐发现了这些新业务中存在巨大的潜在利润。借助于特许经营模式的引进，逐渐掌握国外先进的管理手段和操作技术，使东道国的特许经营体系得到极大的激励和高速的发展。如在北京，与喜来登五星级大酒店仅隔两个商业区的地方，中国企业开了另一个形式几乎完全相同的五星级大酒店。在南美洲，Bob’s Hamburgers是巴西最大的快餐汉堡包供应商，规模甚至超过了麦当劳，它们得到国民青睐的原因就是拥有与麦当劳一样地道的口味和优雅的环境。

（3）外国零售业、商业服务和其他特许经营。一个国家引进特许经营后，许多当地商人将寻找有更多商业利润的特许经营加以引进。除了快餐店，零售业和服务业的特许经营也已逐步融入当地商会。在引进中，应注重与当地的服务业进行组合，构建新的商业运行模式。

（4）国内的特许经营。由于东道国商人开始发展国内的特许经营。在国内扩展业务，同时，各国的特许经营企业也进入了全面扩展时期，东道国商业企业与外国的竞争日趋激烈。他们通常会选择最好的产品——通过当地的实力产品或服务来与公司或个人合作，还在熟悉相关的外国法律法规甚至宗教文化等基础上建立具有核心竞争力的特许经营体系，如中国的全聚德的分店遍布其他国家，在经营上获得了成功。

（5）出口本国的特许经营。Fast Frame Inc. 和 The Body Shop是从英国引进到美国的，是获得巨大成功的特许经营模式。把国内的特许经营出口到国外是发展特许经营的最后一步，很多特许经营企业一旦在国内获得成功就会考虑向国外扩展，并已成为许多国家在国际范围内开展新一轮竞争的战略重点。

资料 10.2

世界各国的特许经营法

澳大利亚：1998 年 7 月 1 日通过了一项特许经营法规，属于澳大利亚商业法案。该法规规定特许经营销售、重建即扩展之前必须先通报。除非保证在澳大利亚只经营一处特许经营，否则海外特许人也必须遵守该法规。

印度尼西亚：印尼 1997 年 7 月通过规定，要求向被特许人提供通报，还要求特许人向政府机构注册其特许经营协议和通报文件。协议必须是书面的且受印尼法律制约。法规还规定任何被特许人都要自己拥有并经营其分店，对当地的产品及原料有优先权，特许人必须向新的被特许人提供指导和培训。特许经营协议的最短期限为 5 年，对海外特许人还有一定的规定。

马来西亚：1998 年 12 月，马来西亚通过了通报、注册及关系法。包括在马来西亚进行的一切特许经营之前要提交一份完整的通报文件、特许经营协议的样本、经营手册、培训手册、最新审计的财政申报，以及特许经营法对注册所要求的其他文件。外国的特许人也必须向注册处提交申请，才能在马来西亚出售特许经营权。

韩国：1997 年 4 月通过了行政规定来规范特许经营，主要是公平贸易委员会颁布的“特许经营业的不公贸易案的标准”，要求特许人在通报文件中提供必要信息，而且不允许特许人毫无根据的要求被特许人购买设备和商品。提供服务及进行商业活动时，不许单方修改特许经营协议，或是在没有正确理由的情况下强加给被特许人协议到期后的非竞争性协议。

意大利：尽管没有正式的法规。但意大利特许经营协会有严格的自我管理规定。要求全体成员都要提供售前公报，并向协会提交其特许经营协议，结束特许经营也要遵循正确的程序。协议最短 3 年，要具体规定特许人所给予的帮助。

墨西哥：联邦立法规定，特许经营要有售前通报，特许人的相关信息要上交。

俄罗斯：联邦民法第二部分规定，特许人有义务注册全部签订的特许经营协议，此外还有其他一些实质性条款。

西班牙：要求在其国内经营的特许人向政府注册，并提供有关其特许经营体系的书面授权通报。

第五节 平行进口

一、平行进口的含义及特征

平行进口是相对于授权进口的一个概念。一般而言，平行进口是指一个独立于知识产权权利人的企业或者个人在出口国获得“合法”产品并未经知识产权权利人许可而将其进口到进口国的行为。

例如，A 国的经销商将直接从制造商处购买的某种产品再出口转售到 B 国，与 B 国直接从制造商处进口该产品的经销商进行竞争。在这种情况下，A 国的经销商将产品再出口到 B 国的行为，与制造商自己将产品直接出口到 B 国的行为相比较，就是一种“平行进口”。

平行进口商进口的商品所使用的商标与国内授权经销商被许可使用的商标同属同一商标权所有人或其被许可人。若合法商家合法销售的商品所使用的商标与平行进口商品所使用的商标的商标权人分别在两个不同的国家或地区，彼此不存在许可或被许可关系，则平行进口商品必然对进口国商标权人构成侵权。

（1）进口人获得的产品是“合法”的产品。

（2）该“合法”产品在进口国进入了知识产权的保护范围。

（3）该“合法”产品向进口国的进口未获得进口国知识产权权利人的授权。（核心）

（4）平行进口行为受到了进口国知识产权权利人的反对。

二、平行进口在中国——以汽车为例

通过生产协议实现海外汽车国内销售的一般进口方式通常是，海外汽车制造商通过中国进口商将汽车通过协议的方式授权给国内的经销商、分销商或是进口直销店，再通过协议授权给特约店和地区代理店（我们通常所说的 4S 店），最终面向消费者进行销售。因此消费者在购买外国进口汽车时，其价格中除了海外汽车自身价值、高昂的进口税费，还包括了逐级销售授权费用，以及每一层级上的丰厚预期利润，从而造成我国海外汽车进口销售价格高筑。

而平行进口并不相同，拥有广阔海外货源和国内客源的经销商通过一般进口的方式，将海外汽车进口到中国市场，不通过任何授权，而是直接转卖给最终消费者。不仅绕过了层层总经销、大区经销到 4S 店的销售环节，从而降低了汽车价格，而且还能够紧跟国际市场，满足消费者差异化的消费需求。由于到达最终消费者的这两条销售方式是平行的，因此我们把后者形象地称为平行进口，如图 10-5 所示。

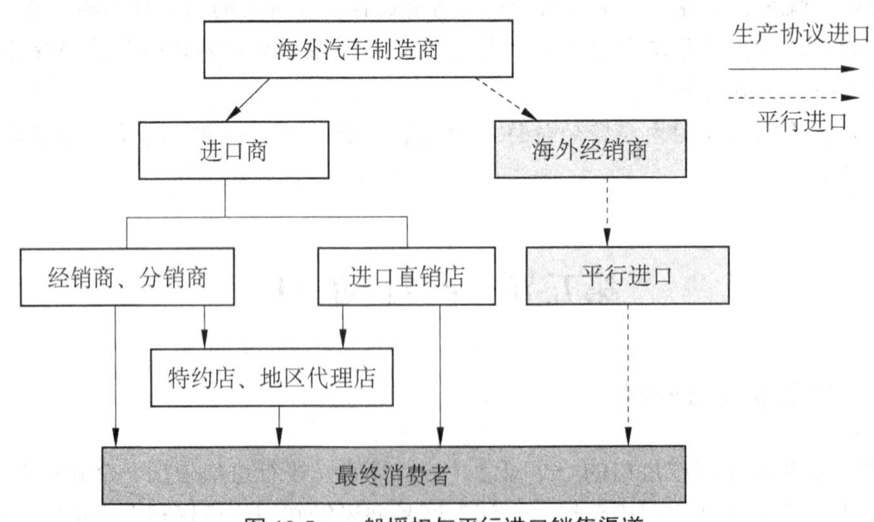

图 10-5　一般授权与平行进口销售渠道

资料来源：作者编制。

2015 年 1 月上海自贸区启动平行进口汽车试点。此后天津、广东、福建自贸区也相继启动试点。2016 年 11 月，四川、新疆、大连、宁波 4 省区市为第二批试点，可见，自贸区已经成为发展平行车产业的“主战场”。根据中国进口汽车市场数据库数据显示，2017 年上半年，全国平行进口车数量达到 81 649 辆，同比增长 49.7%，上半年累计占进口总量的 14.1%。

其中，尤以天津自贸区平行进口汽车数量最大。截至 2017 年上半年，全国平行进口汽车试点企业一共有 106 家，其中天津占到了 35 家，成为全国保税平行进口汽车进口额最大口岸。2017 年上半年，天津口岸进口平行进口汽车 5.55 万辆，同比增长 89.6%，占到全国总量近 68%；总货值 27.1 亿美元，同比增长 87.2%。

三、平行进口产生的动因

从根本上讲，平行进口问题是知识产权保护和国际贸易自由化相冲突的产物，而直接原因归纳起来只有一个，即国与国之间同一商标下的商品的价格的差异。正是这种差异驱动平行进口人购买在国外市场出售的商品，然后按低于本国正常物价之价格销售于本国市场，形成所谓“灰色市场”。引起国与国之间同一种商品价格差异的因素多种多样，归纳如下：

（一）市场因素

（1）企业为扩大市场占有率，往往在不同的国家、地区市场上采取不同定价，从而造成同一商标产品在不同国家形成差价。

（2）由于各国经济周期不一致，造成各地市场有冷有热，供求不平衡，因而导致市场差价。

（3）汇率的变动也同时会导致并加剧市场差价。

（二）生产和经营成本

（1）由于各国工人工资水平、原材料价格水平等的差异，使得在不同国家生产同一种产品的成本有很大的不同，也就造成了各国市场的同一商标产品的价格差的存在。

（2）一国知识产权保护程度高，只有获得知识产权人的许可或同意并支付许可费，才可以进行生产和销售，生产成本也就相应提高，而且权利人为了扩大、稳定销售市场，还要付出相当的成本支付一定的广告费，并提供包装、装潢、技术说明、使用指导和售后服务，等等。这些无疑都会增加经营成本，从而提高商品价格。而平行进口商一般不需付出售前的市场开发费用，因此其商品售价低于制造商或授权经销商的销售价格。

（三）知识产权保护程度的差异

（1）国家间经济发展水平差异对知识产权产品保护制度本身的差异。

（2）国家间对知识产权产品“权利用竭”认知差异造成的平行进口。

（四）其他因素

各国对同种商品的关税税率不一致也会导致各国间的市场差价，而相关立法、政策等也是造成价格差的因素之一。

四、平行进口的理论解释——权利穷竭

（一）权利穷竭原则

权利穷竭原则，是知识产权法上的一个重要原则，该原则是指知识产权所有人或许可使用人一旦将知识产品合法置于流通以后，原知识产权权利人所有的一些或全部排他权因此而用尽。这一原则是基于私人利益与社会利益的平衡而产生的，其直接理论依据就是经济利益回报。它在传统知识产权领域得到广泛认可，并被用来分析国际贸易中的平行进口问题。

权利穷竭原则与知识产权的地域性特征相结合，产生了权利国内穷竭和国际穷竭两种学说，国际穷竭说是用来支持平行进口的。尽管权利穷竭说与平行进口关系密切，但它并不能完全用来评判平行进口是否侵权。

（二）国际权利用尽

“国际权利用尽”是指经权利人许可生产的知识产权商品第一次投放市场后，权利人就丧失了控制权，即权利被用尽，销售商可不受限制地进行销售，包括从该知识产权保护区域外进口到保护区域内销售。也就是说，知识产权人在完成首次销售后（无论首次销售发生于国内还是国外），其权利即已穷竭，无论任何人在任何国家使用或转售该产品的行为，都无须征得权利人的许可，也不侵犯知识产权。

该原则立足于知识产权的实现，是知识产权保护价值目标与贸易自由化价值目标平衡的结果，由德国现代知识产权之父 Josef Kohler 发展并为德国法院所采纳。但也有人认为，该原则有利于防止专利人不正当分割市场，阻碍专利产品自由流通，因此主要被用来支持平行交易的合法性。因为在这种原则下，知识产权产品在任何地方投放市场均使得权利用尽，由此可见，权利的国际用尽主张平行进口的合法性。

（三）国内权利用尽

“国内权利用尽”是指知识产权人依据不同的法律获得的知识产权是不同的，各知识产权之间是相互独立的；知识产权在一国领域的实现和用尽并不意味着知识产权人根据他国法律获得的知识产权在该他国的实现和用尽。

该原则是建立在权利产生于主权国家的法律这一理论上的。同一项知识产权在不同国家获得保护是该知识产权依据各个国家的法律而授予的结果。

商标的地域性原则指，根据某国法律取得的商标权，仅在该国领域内有效并受到保护，一旦跨出该国领域，就不发生效力。由于各国商标法的内容、保护的期限、范围和方式等均有所不同，商标权仅是一个主权国家法律的产物，因此依不同国家法律产生的商标权是相互独立的，主要表现为：在一国获得商标权并不能自动地在他国获得同一商标权；即根据某国法律取得的商标权仅在该国领域内有效并受到保护，一旦跨出该国领域就不发生效力。

按照这种理论，商标在首次销售地范围内权利穷竭，而在进口国并不穷竭，平行进口显然是对国内有关知识产权权利人所享有的依国内法取得的知识产权的侵犯，因而，平行进口应予以禁止。

（四）TRIPS 协议对平行进口的态度

各国均有权自主决定对平行进口是否适用“权利穷竭”。通常，以美国为首的发达国家，为了避免发展中国家的低价商品冲击，坚决反对平行进口，提倡区域用尽；相反，发展中国家则主张平行进口，提倡国际用尽，否则将造成知识产权人事实上的“权力滥用”。

五、商标平行进口产生的影响

（一）平行进口的有利影响

平行进口商品以其价格上的优势推动了商品的销售，扩大了依附于商品之上的商标的影响，不仅实现了商标自身的价值，还使商标权人也成为直接的受益人。有利于推动竞争，限制垄断。平行进口有助于打破进口国商标权使用者的垄断力量，防止其利用知识产权的垄断地位超高定价。

平行进口的发生将使得同一商标商品的供给大量增加，商品的供需发生变化，商品均衡价格下降，消费者剩余增加，居民福利增加。可见，平行进口对于进口国来说会提高居民的福利水平。

（二）平行进口的不利影响

国内商标权人或独占被许可人的市场份额被挤占，价格受冲击，国内同牌商品的发展潜力大为减弱，不利于本国经济的发展。

平行进口商无法从生产厂商得到技术服务、维修、产品升级服务和零配件供应，因而售后服务难以保障，有损消费者的利益。

国内商标权人对其商标信誉的确立和维护进行大量的广告投入，创造了独立的信誉。如果允许平行进口，无疑是允许平行进口商不用花广告费，无偿地利用该国的商标权人在该国的推广努力和由此创造的特殊声誉，这种“搭便车”行为对商标权人显然是不公平的。

有损进口国商标权人的声誉。平行进口的商品虽然商标一致，但质量上可能存在差异，若该商品没有明示来源，易使消费者对二者产生混淆，将平行进口商品存在的质量问题或售后服务不完善的问题迁怒于国内商标权人。

1. 对消费者产生的不利影响

（1）可能会使消费者对产品的来源产生混淆。

（2）产品质量可能存在差异。

（3）平行进口商的售后服务保障可能会低于授权销售商品。

2. 给权利人带来的不利影响

（1）不正当竞争。

（2）假冒商品影响声誉。

（3）削弱知识产权可转让的动力。

（4）缩小权利人利用知识产权的自由度。

（5）破坏创新的动力。

六、各国对平行进口法律地位的认定

（一）TRIPS 协议的认定

由于商标平行进口涉及贸易问题，因此各国均是从自身的实际出发，对该问题做出有利于本国的规定，因此各国关于商标平行进口在立法与实践上存在着很大的分歧。

TRIPS 协议对此持保留态度。TRIPS 协议第 6 条规定，在符合国民待遇和最惠国待遇的前提下，在依本协议解决争端的过程中，不得利用本协议的任何条款处理知识产权穷竭问题。所以，平行进口不属于 TRIPS 的调整范围，而其他国际条约、协议等多边条约对此态度也不明确。

（二）不同国家的认定

1. 欧盟立法

欧盟商标法基于共同体经济政策的直接目标，认可并维护成员国之间的平行贸易。与此同时，对平行贸易可能引起的不公平竞争给予关注，明确地规定了对平行贸易的限制性条款，如：在商品质量有变化或损坏的情况下，商标所有人得阻止商品的继续销售（包括平行进口）。

2. 美国立法

美国的平行进口在美国原则上是禁止的，但也有例外。例外的情形有：在商品上用标签加以详细说明，使消费者不会产生混淆（即“标签例外原则”）；经美国商标权人书面同意。做这样的规定既对进口商进行了一定限制，又满足了自由贸易的要求。总的来说，美国对平行进口是比较严格限制的。

3. 日本立法

日本明确允许平行进口，在国际上引起了相当大的震动。日本在 20 世纪 60 年代以前严禁平行进口，但在 70 年代初的派克笔案中，其态度发生了变化，允许平行进口。

法院对平行进口是否违法提出了下列参考因素：商标是否指明了产品产地的厂商；平行进口货物的质量；国内商标权人是否建立了独立的商誉；平行进口人是否利用了该商誉；国内商标权人是否促进了商品价格和服务上的公平和自由竞争；有无不公平的做法。

4. 我国立法

我国现行商标法及其实施细则均未对权利用尽或平行进口问题做出专门规定。许多学者认为，鉴于我国当前低价位市场的国情，允许商标平行进口对我国经济的发展是有利的。

至于具体的实施问题，有学者提出要尽快修改我国反不正当竞争法，规定必要的限制措施以防止借平行进口之名、实施不正当竞争的行为发生，并提出了以下参考标准：

（1）进口商应诚实地以显著方式披露其商品与真正授权经销商的商品来源的不同，以免引起消费者的混淆和误解。

（2）平行进口商在转售商品时，不得对商品进行任何改变、改动，甚至不能重新包装。当平行进口商品与进口国独家经销商的商品存在任何实质性差异时，该平行进口商品即被认定为非真品、冒牌货，商标权人即有权禁止。

（3）不得擅自利用进口国独家经销商已经建立的商业信誉和商品声誉，即不得实施任何

“搭便车”的销售行为。

（4）不得诋毁、贬损商标权人的商业声誉以及商品信誉。

资料 10.3

1998 年的 Silhouette V. Hartlauer 一案，欧洲法院做出了一个引起轩然大波，但同时也是有决定性意义的判决，因为它最终在司法领域确立了欧共体不采取“商标权国际用尽原则”（International Exhaustion）而采取“商标权区域用尽原则”（Regional Exhaustion）。

（一）基本案情

原告 Silhouette 是一家生产高档眼镜的奥地利公司，它使用“Silhouette”商标把产品销往世界各地。在奥地利，这种眼镜是由原告自己供给特定的眼镜商。被告 Hartlauer 是奥地利一家眼镜销售商，主要以低价来吸引顾客。1995 年 11 月，原告把一批镜框卖给一家保加利亚公司，同时通知买方只能在保加利亚及苏联加盟共和国内销售这些镜框。随后，被告通过一定渠道购得这批镜框，并于同年 12 月开始在奥地利销售这批镜框。原告反对由被告擅自在奥地利销售其镜框，认为根据《协调成员国商标立法 1988 年 12 月 21 日欧洲共同体经事会第一号指令》（以下简称《指令》），商品只有在由商标权人本人或经其同意而被投放至欧洲共同体市场时其商标权才用尽，故向法院申请禁令禁止被告的销售行为。

由于《指令》对共同体域外商标权利的用尽规定得并不明确，奥地利政府在将《指令》纳入其商标法时认为该问题应留由司法实践加以决定，由于奥地利司法实践中一直采取“商标权国际用尽原则”，所以一审、二审根据奥地利承认商标权利国际用尽的司法实践均判原告败诉。

原告不服，继续向奥地利最高法院提起上诉。最高法院注意到本案涉及对欧洲理事会法律文件的解释，根据《欧共体条约》第 177 条，法院决定中止对案件的审理，并就指令第 7 条第 1 款的解释，即是否允许成员国自行规定商标权利国际用尽的问题，提交欧洲法院做临时裁定（Preliminary Rulings）。

（二）Silhouette 案的两派观点

在案件审理过程中，存在两种截然不同的观点。

观点一：包括总法务官（Advocate General），成员国中的德国、法国、英国、意大利、奥地利及欧洲委员会在内的一方反对适用“商标权国际用尽原则”。理由是：首先，《指令》的第 7 条第 1 款将商标权用尽的情形仅限于投放至共同体内的商品，按照“明示其一即是排斥其他”的原则，其排除了投放至共同体外的商品也采用商标权利用尽的可能；其次，《指令》的目的就是使各成员国国内商标法律趋于一致，而权利用尽原则是商标权的核心内容，不允许各成员国有不同的规定，否则可能会在共同体市场内部形成贸易壁垒，严重损害内部市场的一体化，与建立共同体的宗旨不符；最后，如果共同体采取商标权利国际用尽原则而外国并不采用这一原则，则由于缺乏互惠，在双方的贸易中，共同体的当事方将处于不利的境地。

观点二：一些学者及瑞士政府认为，应当采取“商标权国际用尽原则”；理由是：首先，对于商标权利是否采取国际用尽原则，不能将《指令》保持缄默的行为解释成其对这一问题持禁止的立场。相反，从欧共体商标法律制度统一进程中立法草案的反反复复可看出，立法者更倾向于将此方面的规定留由各成员国自行决定；其次，采用商标权利国际用尽原则，消费者将从廉价的进口商品中得到实惠，并且会促进生产者价格竞争，反之则会让商标所有人分割市场，垄断价格差利润；最后，建立共同体市场的目的是为实现各成员国资源的最有效配置，如果统一地不适用商标权利国际用尽原则，则是把共同体市场与国际大市场分割开来而不是溶入，而由于采取了这种对内保护的措施，在国际市场上共同体关于内部资源最有效配置的目标是无法实现的。

（三）欧洲法院对 Silhouette 案的判决

欧洲法院于 1998 年 7 月 16 日做出判决，最终采纳了前一种观点。认为：《指令》第 7 条与第 5 条都是对共同体内部商标权人权利范围的界定，只不过在表达上前者采用了否定式而后者采用了肯定式。根据第 5 条第 1 款，一个注册商标赋予其所有权人专有的权利，以阻止所有未经其同意而在贸易中使用其商标的行为；而第 1 条规定只有在商标权人本人或经其同意的第三人将带有其商标的制品投放至共同体市场时，商标专有权才用尽，商标权人才不再拥有禁止他人使用其商标的权利，其并无意于专门规定有关成员国与非成员国间商标权利用尽的原则；根据序言的第 1、3、9 部分，出于建立自由流通的内部市场的需要，缩小成员国间法律的差异是必要的，而确保注册过的商标在各国的法律体系下享受同样的保护是最基本的要求，所有指令中有关商标权内容的实体的、重要的规定应完全协调，包括有关平行进口的规则。

至此，欧洲法院回答了奥地利最高法院提出的问题，即奥地利国内法中关于那些由商标权人本人或经其同意的其他人将带有该商标的商品投放至欧洲共同体市场外时商标权将用尽的规定，与《指令》的第 7 条第 1 款是不相符的，也就是说欧洲法院不承认“商标权国际用尽原则”。不过判决最后又补充到，允许共同体通过国际协议的方式与第三国在互惠的情况下实行商标权利国际用尽。

（四）Silhouette 案的意义

这一判决表达了欧洲法院反对采取“商标权国际用尽原则”的立场。从而平息了长时间的争论，统一了各国在此问题上的不同做法，进一步完善了欧洲商标法统一过程中关于商标权利用尽的规定。同时，该案认可商标权人可以行使商标权来组织来自共同体外部的平行进口，赋予了域内商标权人更大的权力，保护了欧盟的贸易利益。由于该判决的重要性，其已成为共同体商标法统一进程中的一个具有里程碑性质的判例。

七、案例

（一）“LUX”香皂平行进口

荷兰联合利华公司享有“LUX”及“LUX 力士”商标的专有权。上海利华有限公司通过与荷兰联合利华公司的合同约定享有“LUX”及“LUX 力士”商标在中国地区的独占使用权，生产“力士”（LUX）品牌系列产品，并在中国消费者中获得了好评。但东南亚金融危机以来，我国周边国家的“LUX”产品因成本低、价格便宜，纷纷通过各种渠道涌入中国市场。1999 年 6 月 7 日，中国佛山海关依据《中华人民共和国知识产权海关保护条例》扣留了广州进出口贸易公司（被告）申报进口的一批泰国产“LUX”香皂。同月，上海利华以广州进出口贸易公司在未经商标持有人许可的情况下进口、销售泰国产的“LUX”香皂，侵犯了该公司“LUX”及“LUX 力士”商标独占许可使用权为由，向广州市中级人民法院提起诉讼。经法庭调查，荷兰联合利华有限公司（许可方）与原告（被许可方）签订独占许可使用合同，其中约定“如果发现任何侵犯本协议授予的权利的行为，接受方有权对任何侵犯该种权利的侵权人采取法律措施（包括诉讼）或其他接受方认为适当的行为；协议有效期两年，自订立之日起生效”。法院认为原告是“LUX”商标及“LUX 力士”商标在中国（不包括香港、澳门、台湾地区）的独占许可使用人，其对上述商标独占使用的权利受到法律保护，被告进口的“LUX”牌香皂侵犯了原告的独占使用权。

（二）米其林轮胎平行进口

2009 年 4 月 24 日，湖南省长沙市中级人民法院当庭审理宣判了一起特殊的知识产权案件。原告是以生产轮胎闻名的世界 500 强企业——法国米其林集团，被告是长沙市销售轮胎的两个个体工商户。2008 年 4 月，原告发现被告经营销售侵犯原告注册商标专用权的产品，特向法院提起诉讼，请求被告赔偿经济损失 10 万元。被告则认为，其销售的轮胎为原告在日本的工厂生产的正品，且该产品系被告合法取得，并没有侵犯原告的商标专用权。法院一审判决被告停止侵权并赔偿原告经济损失 5 000 元。

（三）上海自贸区的平行进口汽车

2015 年 2 月 15 日上午，中国（上海）自由贸易试验区平行进口汽车试运行启动仪式在上海自贸试验区平行进口汽车展示交易中心举行。上海市商务委员会、中国（上海）自由贸易试验区管理委员会和上海外高桥（集团）有限公司共同为“中国（上海）自由贸易试验区平行进口汽车展示交易中心揭牌”。上海海关、上海出入境检验检疫局、上海市工商行政管理局、上海市税务局、上海市公安局、上海市环保局、上海市交通委员会共同出席仪式，首批平行进口汽车试点企业列席。

自同年 1 月 7 日《关于在中国（上海）自由贸易试验区开展平行进口汽车试点的通知》公布以来，社会反响强烈，很多企业前来咨询并积极参与试点申报，经上海市商务委员会和中国（上海）自由贸易试验区管理委员会共同认定，首批平行进口汽车试点企业名单于 2 月 10 日对外公布。试验区推进平行进口汽车功能发展，有利于优化进口环节管理，为调整汽车品牌销售有关规定提供试行依据，有利于促进国内汽车销售和服务更趋合理。通过借鉴国际上平行进口汽车成熟的运作经验，以第三方平台为载体，完善管理和配套服务体系，逐步建成集经销商管理、产品质量追溯、政府公共配套服务与平行进口汽车售后服务于一体的闭环管理体系，切实保障消费者合法权益。

第三方平台为入驻企业提供适合其经营规模所需的车辆展示经营及消费者体验场地：一期在洲海路 999 号外高桥森兰国际 C 幢一层，建设建筑面积 2 000 平方米的上海自贸试验区平行进口汽车展示交易中心；二期将在外高桥森兰庭安路地块建设规划面积达 7 万平方米、建筑面积近 1 万平方米的综合性平行进口汽车展示交易中心，预计 2015 年 10 月正式启动运营。

第三方平台为入驻企业构建完整的售后服务与零部件网络体系。其中位于高设北路29弄76号的首家综合维修样板店已初步建成，建筑面积约2 700平方米，并投入试运行。目前，平台已与自贸试验区内多家汽车零部件领域的品牌供应商洽谈合作，开展集中采购，择优进口，以实现质优价廉，打通国际汽车零部件的直供渠道，保障平行进口汽车零部件的供应与渠道的通畅。

此外，第三方平台还将引入车辆检测、评估等社会化专业服务机构，为企业和消费者提供更为便利的服务。

本章主要介绍了国际工程承包、国际租赁、PPP、国际特许经营和平行进口这几种技术转移方式的概念、基本特点和主要分类，特别是各种方式执行过程中的技术转移过程和内涵。

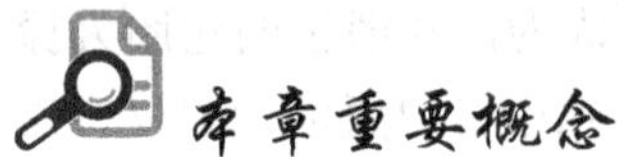

国际工程承包　国际租赁 PPP 国际特许经营　平行进口

1. 以假充真，前特许经销商被判侵权

LEVI'S 牛仔裤的生产商美国利惠公司（Levi Strauss & CO.）系“LEVI'S”商标持有人，该商标在我国也已成功注册，核定使用范围包括服装、牛仔裤等。贝姿公司曾是利惠公司的特许经销商。2004年7月，贝姿公司从广州购进了一批假冒“LEVI'S”505型、510型牛仔裤、“LEVI'S”T恤衫，并以牛仔裤每条369元T恤衫每件169元的价格置于置地广场、南方商城折扣店进行销售。2006年3月14日工商闵行分局执法检查时，当场查获到假冒“LEVI'S”注册商标的牛仔裤183条和T恤衫52件。经“LEVI'S”美国利惠公司鉴定，上述牛仔裤和T恤衫均为假冒商品。经工商核定，贝姿公司非法经营额为7万余元。2006年5月10日，工商闵行分局做出《行政处罚决定书》，认定贝姿公司的上述行为构成销售侵犯注册商标专用权，责令该公司立即停止侵权行为；并决定没收、销毁假冒商品，罚款人民币15万元。对此，贝姿公司承认了曾销售假冒“LEVI'S”服装的行为，并对工商闵行分局的查处表示认可。

此后，利惠公司认为，贝姿公司作为利惠公司的特许经销商将假冒的“LEVI'S”产品混在真品中出售，其行为构成对利惠公司“LEVI'S”，注册商标专用权的侵犯，使利惠公司的商誉、“LEVI’S”品牌形象及经济利益均遭受了难以弥补的损害。遂于 2007 年 2 月，以贝姿公司侵犯商标权为由，诉至上海市一中院，要求贝姿公司停止侵权，赔偿损失并登报消除影响。利惠公司在诉讼中主张，除了工商已认定并没收的假冒商品外，贝姿公司在被查处前已销售了大量假冒牛仔裤，但贝姿公司予以否认。

法院认为，工商分局认定在被告经营场所现场查获的总价值为 76 315 元的牛仔裤和 T 恤衫系侵犯“LEVI’S”商标的商品，贝姿公司在诉讼中明确表示认可工商行政管理部门的查处，故法院确认贝姿公司实施了销售侵犯原告注册商标专用权的商品的侵权行为，应承担停止侵权、赔偿损失、消除影响的民事责任，鉴于原告因被侵权所受到的损失，以及被告因侵权所获得的利益均无法查清。在考虑 LEVI’S 注册商标的知名度和被告销售、库存的侵权商品数量后，法院判决贝姿公司赔偿利惠公司经济损失人民币 10 万元。

资料来源：周柏伊.LEVI’S 被以假乱真出售［N/OL］.［2007-06-21］. 新闻晚报. http://news.sina.com.cn/c/2007-06-21/122912065725s.shtml.

2. 亚洲“飞机租赁大王”——罗伯特·马汀

飞机租赁是各国航空公司更新和扩充机队的基本手段之一，包括经营性租赁和融资性租赁两种方式。在全世界机队中，租赁飞机的比重达到了 60%以上。租赁飞机以其较低成本、较高的灵活性及多种融资渠道而成为航空公司的现实选择。作为亚洲飞机租赁大王的新加坡飞机租赁公司在罗伯特·马汀的带领下，飞机租赁协议书像雪片一样洋洋洒洒，成为全球航空运输业界众多企业首选的合作伙伴。在东南亚，捷星亚洲航空公司租赁了新加坡飞机租赁公司的两架空中客车 A320 型飞机；亚洲航空公司租赁了新加坡飞机租赁公司的 80 架空中客车和波音飞机；惠旅航空公司租赁了新加坡飞机租赁公司的 3 架空中客车 A320 型飞机，并打算每年递增租赁两架飞机；马来西亚航空公司以 11～12 年的租期租赁了新加坡飞机租赁公司的 4 架波音 777-200ER 型飞机，租赁费用高达 2 亿美元。

资料来源：胡羽. 亚洲“飞机租赁大王”——罗伯特·马汀［EB/OL］.［2005-11-29］http://www.emkt.com.cn/article/239/23993.html.

学生课后参考文献阅读

［1］王玉清，赵承壁. 国际技术贸易［M］. 北京：对外经济贸易出版社，2013.

［2］林珏. 国际技术贸易［M］. 北京：北京大学出版社，2016.

［3］冯汉桥. 国际贸易中知识产权的取得与保护［M］. 北京：知识产权出版社，2011.

［4］徐元. 当前我国实施外贸领域国家知识产权战略的思考［J］. 国际贸易，2013（4）：27-30.

［5］杨林燕，王俊. 知识产权保护提升了中国出口技术复杂度吗？［J］. 中国经济问题，2015（3）：97-108.

［6］许陈生，高琳. 我国知识产权保护与高技术产品进口［J］. 国际商务：对外经济贸易大学学报，2012（6）：36-46.

［7］林秀梅，孙海波. 中国制造业出口产品质量升级研究——基于知识产权保护视角［J］. 产业经济研究，2016（3）：21-30.

［8］徐元. 转型升级背景下我国应对知识产权壁垒存在的问题与对策［J］. 财政研究，2015（5）：75-79.

［9］Helpman E. Innovation，Imitation，and Intellectual Property Rights［J］. Econometrica，1993，61（6）：1247-80.

［10］Hazel V. J. Moir. Innovation，intellectual property，and economic growth［M］// Innovation，intellectual property，and economic growth/Princeton University Press，2011：177-181.

第十一章　国际技术贸易合同的适用法律与争端解决

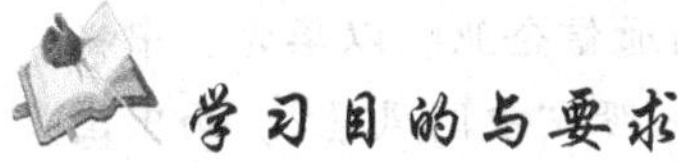

通过本章的学习，了解国际技术贸易适用法律的特点，掌握国际技术贸易合同适用法律方式的选择，熟悉国际技术贸易的限制性商业惯例，了解国际技术贸易争议的解决、适用法律及其处理。熟悉国际技术贸易争端解决方案的选择和国际贸易法的使用规则，了解采用仲裁方式解决贸易纠纷的利弊。

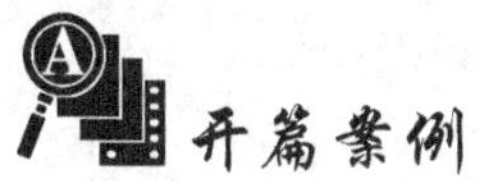

思科诉华为侵犯知识产权

历时1年多，被通信业界誉为“诉讼第一案”的思科诉华为侵犯知识产权的官司最终以当事双方的和解收场。美国当地法院鉴于华为、思科以及3COM公司已分别提交终止诉讼申请，终止了思科对华为的诉讼，并宣布思科今后不得再就此案或相同事由向华为提起诉讼。下面是案件进程：2003年1月23日，思科正式起诉中国华为公司及华为美国分公司，要求停止侵犯思科知识产权。2003年1月24日，华为公司回应，一贯尊重他人知识产权，并注重保护自己的知识产权。2003年2月7日，华为公司宣布停止部分被指侵权产品在美国市场上的销售。2003年3月14日，思科拒绝对华为公司涉嫌窃取其商业机密研发类似产品进行进一步刑事调查。2003年3月18日，华为一名前雇员周一在递交联邦法庭的文件中声称，华为抄袭思科，连瑕疵都一样。2003年3月19日，华为否认剽窃思科的知识产权，并指控思科出于垄断市场的目的诋毁该公司的形象。2003年3月20日，华为公司与美国3COM公司联合宣布，双方将组建合资企业，华为-3COM公司。2003年3月25日，3COM公司CEO为华为作证，称华为没有侵权行为。2003年3月26日，思科坚持要求美国地方法院下令禁售华为产品。2003年4月14日，华为回应思科指责，声称早已采取有效步骤从美国市场上撤回了那些产品。2003年6月7日，美地方法院判华为停止使用有争议的代码，但认为思科没足够证据证明华为抄袭。2003年6月10日，思科、华为互不相让，分别称将继续寻求法律手段解决和保护公司正常权益。2003年6月11日，3COM要求法官裁决与华为合资生产产品没有侵权。2003年10月1日，两公司达成初步协议，同意在独立专家完成审核的过程中中止诉讼，暂停6个月。2004年4月6日，思科向美地方法院提交申请，请求法院继续延期审理该公司同华为的专利纠纷6个月。2004年7月28日，思科与华为最终达成和解，法院终止思科对华为的诉讼。全部解决了该起专利争议。

【案例分析】

业界认为这是一个“双赢”的结果。华为做出了对产品相应的修改，打消思科的“疑问”，同时华为停止销售了诉讼案件涉及的产品，思科达到了其最初的目的。对于华为，事件的解决，为其树立了新的国际企业形象，华为也通过处理事件本身中所付出的努力，使自己从一个在国际市场上不知名的中国企业，成为广受国际关注的通信企业。以华为、中兴、上海贝尔阿尔卡特为代表的中国厂商确实在海外市场上掀起了一股“中国风暴”。而中国厂商在“走出去”时会遇到不少问题，其中一个很重要的环节就是知识产权。华为为在国际事务中缺乏经验的中国企业做出了一个表率，并且为中国企业在以后碰到类似情况时如何面对提供了参考。

第一节　国际技术贸易合同的法律适用

一、国际技术贸易适用法律的特点

国际技术贸易合同所涉及的法律有两类，一类是各国制定的关于技术转让的法律，适用于本国；另一类是国际条约或国际贸易惯例。每一项国际技术贸易合同都具有涉外因素，而这些涉外因素又会导致两个以上国家的法律在适用同一合同时，引起国际技术贸易合同法律适用的冲突。

国际技术贸易涉及两种法律关系，一是国际技术贸易合同法律关系；二是国际技术贸易行政法律关系。这是国际技术贸易在法律适用方面与一般的国际货物买卖交易相比所具有的不同特点。

二、国际技术贸易合同的法律适用规则

（一）涉外合同的概念及特点

国际技术贸易合同属于涉外合同。所谓涉外合同，是指当事人一方是外国人，或者交易的标的在国外，或者交易合同的权利义务关系发生在国外的合同。这种合同的特点是，同一个合同涉及不同国家的法律，从而导致不同国家的法律对合同的部分或者整体有约束。由于各国对同一权利和义务解释可能差别很大，这就产生了适用法律的冲突问题。当事人在不能通过调解协商解决问题的时候，将会依照一定的规则，解决合同冲突。

（二）国际技术贸易法律适用规则

国际技术贸易法律适用规则主要有：国内立法、国际条约、国际惯例。

1. 国内立法是国际技术贸易合同适用的主要法律

国内立法一般有两种：普通法和特别法。普通法是当事人所在国家的一般法律规范，是从宏观上对有关民事关系所做的基本规定。多数技术输出国采用这种立法。特别法是针对各类专门问题所制定的专门管理某一类民事关系的法律、法规。许多技术输入国采取后一种办法。这些国家在其有关数额外技术转让的法规中规定了国际技术转让法律适用的原则和规定，而其中多数国家都规定国际技术转让合同只能适用技术输入国的法律。

2. 国际条约

国际条约，包括技术贸易当事人所在国家缔结或加入的国际公约、协定，其中有“多边条约”和“双边条约”。合同当事人应该遵守本国缔结的国际公约，当国内立法与国际公约冲突时，优先考虑国际公约，除本国在加入时已声明除外。

3. 国际惯例

国际惯例，是指在国际技术贸易长期实践中形成的、普遍接受和承认的习惯做法。如果当事人在未订立法律选择条款的情况下，合同适用于与之有最密切关系国家的法律，已经成为商人们普遍接受的习惯做法，亦即国际技术转让法律适用的一个惯例。

三、国际技术贸易合同适用法律的方式的选择

（一）选择适用法律的方式

国际技术贸易合同中的法律选择问题，一般适用以下三种情况。

1. 明示选择

明示选择，是指当事人在合同中有明确的意思表示，指明当遇到合同权利义务冲突的时候愿意依照具体哪国的法律为准。例如，在合同中明确规定，“本合同适用中国法”“本合同适用美国法”等。这种合同适用于双方比较容易达成一致意见的情况，好处是一旦发生争议时，有明确的法律参照。当事人双方一旦在合同中确定了一种有效的法律选择，任何一方若再提出新的使用法律要求，一般是不能接受的，除非有非常充足的理由。

2. 暗示选择

暗示选择，是指当事人双方未在合同中明确指明合同的适用法律，当双方对合同产生争议并提交法院或仲裁机构时，由法院或仲裁机构根据合同和一切与合同有关的事项推定适用的法律。国际上实行暗示法的总的原则是：所推定的适用的法律必须是“合同参照此法律体系而签订的，或交易行为与法律体系具有密切的和最实际的联系”的法律。

3. 适用国际公约

如果当事人双方所属国为某一双边或多边条约的缔约国，当事人所签订的合同适用于该国际条约。在这种情况下，合同当事人无权自由选择。

（二）选择国际技术贸易适用的法律需应注意的问题

在选择国际技术贸易适用法律时要注意以下几个方面。

1. 保留制度

按保留制度的解释，如果合同条约规定适用的外国法律将会违背本国的公共利益时，则

不能选择外国法。

2. 法律规避

法律规避又称“法律欺诈”，它是指涉外民事法律关系当事人为了实现利己的目的，故意制造某种连结点以避开本应适用的对其不利的法律，从而使对其有利的法律得以适用的行为。

3. 外国法的适用

在英、美国家，外国法不被看成是法律，它们只看重事实，所以当事人引用外国法律时，也需要用证据来证明；以德国为代表的国家，对外国法，法院根据职权来确定外国法的内容，有时也需要控诉双方提供事实依据。

第二节　国际技术贸易的限制性商业惯例

一、限制性商业惯例的含义与特点

（一）限制性商业惯例的含义

凡是通过滥用或者谋取滥用市场力量的支配地位，限制进入市场或者以其他方式不正当地限制竞争，对国际贸易、特别是对发展中国家的国际贸易及其经济发展造成不利影响，或者通过企业之间的正式或非正式的、书面的或者非书面的协议以及其他安排造成同样影响的一切行为都叫作限制性商业惯例。

一般认为，国际技术许可或转让中的限制性商业惯例，是指在国际技术许可或转让过程中，技术许可方或转让过程中，技术许可方或转让方为了保障其技术垄断和技术优势，获取高额利润，凭借其技术优势，对技术受方施加的种种的不公平、不合理的限制行为。对于限制性商业惯例的确认，发达国家和发展中国家有着不同的标准。发达国家坚持竞争标准（competition test)，即认为对竞争是否有限制作用作为衡量限制作用作为衡量限制性商业惯例的标准，某种做法对竞争起着限制或者扭曲作用，就属于限制性商业惯例。发展中国家主张的是发展标准（development test)，即某种限制是否属于限制性商业惯例做法应该以是否阻碍受方国家经济技术发展作为衡量标准。

目前，限制性商业惯例问题已经成为阻碍国家技术贸易发展的一个重要因素，许多技术贸易因为限制性条款而达不成协议。这不是存在于个别国家的问题，而是涉及整个国际技术贸易发展的全球化问题。因此，各国都通过立法对限制性商业惯例进行管制，联合国也通过有关的国际规章解决这个问题。

当前，限制性商业惯例问题已经成为阻碍国际技术贸易发展的一个重要因素，许多技术贸易因为限制性条款而达不成协议。这不是存在于个别国家的问题，而是涉及整个国际技术贸易发展的全球化问题。

（二）限制性商业惯例的特点

在国际技术贸易中，首先要区分哪些限制是限制性商业惯例。虽然存在许多限制性商业惯例，但是并不是所有限制都属于限制性商业惯例的范畴。从上述定义可以看出，限制性商业惯例具有以下几个特点。

1. 限制性商业惯例实施的主体是企业

企业是指商号、社团和其他经济组织，这些均可以成为实施限制性商业惯例的主体。值得注意的是，国家机构不是实施限制性商业惯例的主体。国家机构的目的是维护社会公共秩序、公共政策、公共道德，虽然有时也会对贸易和市场产生限制法令，但是不在实施限制性商业惯例主体范围之内。

2. 限制性商业惯例必须是为法律所禁止的、不合理的或者不正当的限制竞争或实行政治歧视的做法的行为

这是限制性商业惯例与公平贸易中的合理限制的主要不同之处。限制性商业惯例的本质是供方以其拥有的技术作为资本，通过限制性商业惯例，对技术贸易施加不利影响，束缚受方的自主经营和发展，以达到其控制技术和垄断市场的目的。这种行为既扰乱了正常的市场秩序，又损害了消费者的利益。这些行为或做法可以分为两类：

（1）企业之间通过正式或非正式、书面或非书面的协议或安排，谋取在整个产品制造、销售过程中的支配垄断地位；同类企业之间通过协议控制价格、划分市场，以消除其内部的竞争，排除外来竞争者。

（2）企业单独或者与其他企业联合利用某项技术、某一项服务或某一类商品的优势地位，滥用或取得市场支配地位的行为。

3. 滥用市场垄断地位

限制性商业惯例的核心问题是垄断，滥用市场垄断地位是指，处于市场垄断地位的企业强行规定不公平的价格和交易条件，划分市场范围，要求交易对象抵制与非垄断企业成交，将这些企业逐出市场，或要求交易对象接受各种不合理的附加条件，作为与其订立合同的条件等。

处于市场垄断地位和滥用这种地位是有本质区别的。前者是法律允许的，后者是法律不允许的。在国际技术贸易中，应当对合理使用技术独占权和滥用技术独占权加以区别。例如，专利权人对其专利技术享有独占权，这种独占权受到专利法的承认和保护。在专利技术的转让中，技术供方禁止受方未经其许可将专利技术转让给第三者使用，这种做法是合法的，也是合理的。但如果技术供方搭卖供方的设备和原材料，作为受方取得技术的条件，而这些设备和原材料与保证技术实施的质量无关，受方可能在市场上获得比供方价格低的同种设备与原材料。在这种情况下，供方的要求已越过了专利法规定的专利权范围，是对独占权的滥用，是不合法的，属于限制性商业行为。

（三）限制性商业惯例的实质

限制性商业惯例产生的主观方面的原因在于，行为当事人从事经济活动的目的是实现自身利益的最大化；从客观方面分析，交易双方利益的一致性和矛盾性决定了经济活动的本质，既是一种互利行为，又是一种在平等对抗中形成的动态平衡。在国际技术许可或转让中，由于许可方的经济、技术优势以及知识产权保护的某些特殊要求，使得许可方的交易地位变得优越起来，也正是这种优越到了交易平衡，使限制性商业惯例的产生从可能转变成现实。

因此，限制性商业惯例的实质是技术许可方以保护专利、商标等合法权利为借口，以最大限度谋取高额垄断利润为目的，不合理地利用自身的优势地位，人为地限制竞争，向其潜在的竞争对手，即技术被许可方，在许可或转让时提出的一种单向的权利限制。

二、限制性商业惯例的表现形式

限制性商业惯例表现形式很多，联合国 1981 年 4 月 10 日拟定的《国际技术转让行动守则草案》中，列举出 20 条限制性惯例。但代表转让方利益的一些发达国家千方百计地想使限制性惯例在《守则》中合法化，遭到了以七十七国集团为首的发展中国家的强烈反对。终因双方的严重分歧，该《守则》未获正式通过。但是，《守则》草案总结了国际技术转让的一些做法，提出了技术转让普遍应遵循的原则，在国际上有较广泛的基础，因而对指导国际技术转让、建立良好的国际技术贸易新秩序有着重要意义。在 1985 年 6 月 5 日联合国发表的《国标技术转让行动守则（草案)》中，将限制性商业行为归纳为以下十四项。

（1）单方面回授条款。要求技术受方将其对转让技术做出的改进，无偿的。非互惠的提供给技术供方使用。

（2）权利不争条款。不允许技术受方对技术供方所转让的专利技术有效性提出异议。

（3）排他性使用条款。不允许技术受方使用与引进技术有竞争的其他技术或生产有竞争性的产品。但出于技术保密或保证受方履行销售义务的原因，而不得不订立的条款除外。

（4）对研究和发展的限制。限制受方利用转让技术进行科学研究，发展新产品、新工艺或新设备。

（5）对技术人员使用方面的限制。要求受方使用供方指定的人员，或限制使用技术受方国家的人员。但在开始传授技术阶段，为了保证技术转让的效率，而需要订立这种条款的除外。如果其后已有经充分训练的当地人员或已培训了这种人员时，供方仍继续这种要求则属不合理要求。

（6）限定价格。供方对受方利用转让技术所制造的产品规定价格，或规定受方在制定和更改价格时，必须征得供方的同意。

（7）对改进转让技术的限制。禁止受方按当地情况修改引入技术或对引入技术进行创新，或强行要求受方在设计和规格上作受方不愿接受或不必要的更改。

（8）专卖权与代表权条款。规定受方的产品由供方或供方的指定人专卖，或规定由供方或供方指定人代表受方进行贸易活动。

（9）搭售条款。要求受方购买他所不愿意要的额外技术、货物或服务，作为取得所需技术的条件，或规定由供方或供方的指定人独家供应所需要的设备、原材料或提供服务。但是如果为保证产品质量非订立这种条款不可，则作为例外。

（10）出口限制。禁止受方出口使用引进技术制造的产品，规定产品只能在国内销售；限定产品出口地区的数量；规定产品的出口和出口价格必须征得供方的同意。但出于保护供方和其他受方的合法利益而制订的这类条款除外。

（11）共享专利或交叉许可协定。由于技术供方之间订立共享专利或交叉许可协议，或由于其他技术转让国家交流的安排，而引起对技术转让的地区、数量、价格、客户或市场方面的限制，或造成支配某一工业或某个市场的后果，而对技术转让产生不利的影响。

（12）对广告宣传的限制。供方对受方的产品广告宣传进行不合理的限制，除非因下列情况需要这种限制：技术转让中包含技术供方的商标或商号的使用许可，为了防止供方的商业信誉受损，防止供方可能对产品负赔偿责任，或为了确保转让技术的机密性，以及为了保障安全和保护消费者的利益，则可以对广告宣传做出某些限制。

（13）对使用失效工业产权的限制。要求技术受方在继续使用已失效、被撤销或有效期已满的专利或商标时，仍需支付使用费或承担其他义务。

（14）合同期满后的限制。在合同期满或终止后，不允许受方继续使用该项技术，若受方需要继续使用，必须支付额外的使用费。

以上十四项基本上包括了国际技术贸易中限制性商业惯例的主要内容。根据草案的规定，这些内容不应订入国际技术转让合同中。必须注意，上述内容与各国法律规定的内容不完全一致。由于对于某些商业行为是否属于限制性商业惯例，各国存在意见分歧，因此这些行为未列入草案的内容中，但这些行为被一些国家的法律列为限制性商业惯例。

三、限制性商业惯例的立法

限制性商业惯例对国际贸易特别是国际技术贸易产生了严重障碍，但是并不是所有的限制性商业惯例都为有关国际技术贸易准则和有关国家所禁止。目前世界各国对国际技术贸易中限制性商业惯例的内容、解释和掌握尺度差别很大。

（一）发达国家有关管制限制性商业惯例的立法

发达国家多为技术输出国，大都没有制定专门的技术许可或转让法律，调整和管制国际技术许可或转让中的限制性商业惯例的职能主要是由名称各异的反垄断法承担的。如美国的《反托拉斯法》、英国的《限制性贸易行为法》、德国的《反限制竞争法》、法国的《竞争法》、日本的《反垄断法》，等等。发达国家都认为，凡是构成或导致市场垄断，妨碍自由竞争的做法都属于限制性商业惯例。即判断技术贸易中某一做法或合同条款是否属于限制性做法从而受到法律禁止，主要是看其是否影响了市场上的自由竞争行为。发达国家的这些法律有两个共同特点，第一：它们都属于强制性法律。第二：对违反这类法律的制裁措施，一般都相当严厉，除了民事制裁外，还可以进行刑事制裁。

1. 美国的《反托拉斯法》

美国的《反托拉斯法》在发达国家关于限制性商业惯例的立法中具有代表性。它制定早，执行比较严，对其他发达国家有较大影响。《反托拉斯法》是美国国会通过的有关保护竞争、限制垄断和不公平贸易做法的实体法和程序法的总称。它主要由三个法案组成：

（1）1890 年的《谢尔曼反托拉斯法案》。《谢尔曼法》是美国联邦第一部反托拉斯法，也是美国历史上第一个授权联邦政府控制、干预经济的法案。该法是美国反托拉斯法中最基本的一部法律，奠定了反托拉斯法的建设基础，但该法的规定极为含混和笼统，在实践中难以操作。同时，《谢尔曼法》提供的是一种事后救济，着重对已存在的垄断行为加以惩罚。

（2）1914 年的《克莱顿法案》。1914 年，美国国会制定了第二部重要的反托拉斯法——

《克莱顿法案》，作为对《谢尔顿法》的补充。与《谢尔顿法》相比，《克莱顿法案》主要起到一种预防垄断的作用：即凡是那些可以合理地预见可能会对竞争产生损害的行为，虽然其实际未产生损害，但都是违法的。《克莱顿法案》所确定的“早期原则”显然比《谢尔曼法》更有利于打击垄断行为。

（3）1914 年的《联邦贸易委员会法案》。1914 年的《联邦贸易委员会法案》授权成立联邦贸易委员会，作为负责执行各项反托拉斯法律的行政机构。其职责范围包括：搜集和编纂情报资料、对商业组织和商业活动进行调查、对不正当的商业活动发布命令、阻止不公平竞争。

以上这几项法律仍然是美国反垄断、管理洲际贸易和对外贸易的主要法律。从性质上看，《谢尔曼法》兼有民法和刑法的性质，《克莱顿法案》和《联邦贸易委员会法案》则属于民法范畴。此外，罗斯福“新政”时期的法律和措施也丰富了反托拉斯法的理论和实践。

在常去的司法实践中，为了确定某种商业行为是否合法，美国法院使用了两项重要原则，即“合理原则”和“本身违法原则”。“合理原则”是指某种商业行为虽然含有一定的限制竞争自由的成分，但如果没有超出商业上认为合理的限度，不会导致削弱或消除其在美国市场上的竞争，就不认为是违反《反托拉斯法》的行为。“本身违法原则”是指某种商业行为，其本身具有明显的反竞争性质，一旦发现这种行为就可判定其为非法，不需要考虑其是否合理。目前一般认为属于本身违法的行为主要有：固定价格、集体抵制、划分市场、维持转售价格、搭卖合同以及滥用专利权的限制性商业行为。

美国的《反托拉斯法》主要是针对国内贸易制定的，至于企业在出口方面所采取的限制性商业行为对美国市场产生了不利的影响，或者限制了美国国内其他竞争者的出口时，就有可能被认为是非法行为而受到《反托拉斯法》的制裁。

2. 欧洲经济共同体的《竞争法》

欧洲经济共同体的《竞争法》主要反映在成员国所签订的《罗马条约》中。欧共体竞争法是成员国之间适用的竞争法，主要是反对成员国间贸易中的限制性商业行为。除此以外，各成员国还有各自的反不公平竞争法。例如，原西德于 1957 年制订了《限制竞争法》；英国于 1948 年通过了《垄断和限制性行为的调查和管制法》，1956 年又通过了《限制性贸易行为法》，现行有效的是 1976 年修订后的《限制性贸易行为法》和 1980 年的《竞争法》；比利时 1960 年 5 月颁布了《反托拉斯法》。两套法律相互独立，但又有着密切的联系，共同发挥着维护统一市场公平竞争，增强整体国际竞争力的作用。

3. 日本的反垄断法

1947 年日本颁布了《关于禁止私人垄断及保护公平贸易法》，该法提出了禁止在贸易活动中签订含有限制性商业行为条款的一般原则。按照这些原则，日本公平贸易委员会于 1968 年 5 月颁布了《国际许可贸易的反垄断法》，该法第一条就明确规定技术引进合同中订有以下 9 种条款就构成不公平贸易活动，应受到法律禁止（但其中大部分都有例外）：

（1）限制技术受方产品出口的地区。

（2）限制受方产品出口价格或出口数量，或强行规定由供方或其指定人经销出口产品。

（3）限制受方制造、销售有竞争性的产品或使用有竞争性的技术。

（4）强行规定受方向供方或供方指定人购买原材料和零部件。

（5）强行规定由供方或供方指定人销售受方产品。

（6）限制受方产品在日本转销的价格。

（7）在合同中规定技术回授条款。

（8）对并非使用转让技术制造的产品也收提成费。

（9）限制原材料、零部件或受方产品的质量。但从维护供方商标的信誉或者技术效果的角度进行质量控制的除外。

1968 年制定的《国际许可贸易的反垄断法》主要是针对日本技术引进的，虽然该法目前仍有效，但日本技术转让法律的重点已转移到限制技术出口方面。1981 年以后，日本由于已发展成为在经济实力和工业技术方面可以与西方发达国家相匹敌的强国，所以于 1981 年颁布了《关于修改外汇管制与外贸管制的法律》，大大放宽了对技术引进合同的审查，而把重点转移到对技术出口的管制。该法规定，技术引进合同只要向日本银行申报即可，不要再报大藏省和通商产业省等部门审批，而日本的技术出口则要得到这些政府部门的批准，由政府部门对具有战略意义的尖端技术的输出严加控制。

（二）发展中国家有关限制性商业惯例的立法

发展中国家多为技术输入国，它们为了克服技术引进过程中的重重困难，在国际技术贸易中，一些发达国家凭借它们在技术上的优势和经济方面的垄断地位，向发展中国家提出种种限制性条件。针对这种情况，发展中国家纷纷加强了技术转让的立法，并且设置了专门机构对技术转让合同进行审查和监督。许多发展中国家规定，与外国签订的技术贸易合同必须经过政府主管部门批准才能生效。通过政府的干预来维持本国的经济利益，只不过发展中国家的立法与发达国家在国际技术贸易中的地位不同，发展中国家大多是以保护技术引进方的利益为主要目的。

1. 墨西哥的《技术转让法》

1972 年 12 月，墨西哥政府颁布了《技术转让法》，规定下列内容为限制性商业行为：凡许可方控制和干涉被许可方经营的，或要求在被许可方企业拥有决策权；单方面回授条款；限制被许可方对技术进行研究与开发；搭售安排；强迫被许可方同意由许可方专营技术产品出口；控制被许可方技术产品的质量，限制其价格和产量；合同期满后，仍要求被许可方对许可技术保密；免除供方对许可技术侵权的责任；限制被许可方技术产品的出口数额等。

2. 巴西的《技术转让合同注册规范法》

1958 年，巴西政府颁布了《技术转让付款办法》的第 436 号法令，国家通过银行对外付款方式对技术引进工作实行管理。1971 年，巴西政府颁布了《工业产权法典》；1975 年，又颁布了《技术转让合同注册规范法》，这是巴西比较系统的技术转让法规。1981 年，颁布了关于引进计算机技术的条例，逐步完善了技术引进的立法工作，对技术转让从经济上、技术上、法律上实行全面的管理，特别是对限制性条款，上述法律中都有具体的规定。例如，《规范法》中就有 6 条规定。国家工业产权局的主要任务就是对技术贸易合同进行审查，凡是列有不符合下述 6 条限制性条款中任何一条的合同，工业产权局都不予批准。

（1）规定专利许可的期限不应超过其工业产权所保护的有效期，其中发明专利最长为15年，实用新型、外观设计为10年。

（2）规定专利许可合同不应包括任何公开的或隐含的阻碍引进方经营活动，特别是不应出现限制引进方宣传或广告的条款。

（3）规定不准限制引进方自由地雇用人员的权利，不准限制和损害引进方的产品出口。

（4）不准限制、修正、损害、中断、妨碍引进方的技术研究和发展活动，引进方对引进技术所做的改进和发展，其产权应归引进方。

（5）规定许可合同中不准列有限制引进方对其产品的制造、销售和商标开展广告宣传活动的条款。

（6）规定许可方不得限制引进方在合同期满后继续使用引进的技术和有关资料。

3. 其他发展中国家针对限制性商业惯例的立法

发展中国家有关技术转移的内容虽然有繁有简，但主要内容大体相似。一般规定都有总的原则、适用范围、审批程序、合同应具备的条件等。同时，对一些不合理的条款还规定不容许被订入合同。这部分是政府机构审核的重点。

拉丁美洲制定技术转移法律的国家除了墨西哥和巴西之外还有阿根廷、哥伦比亚、委内瑞拉、秘鲁、智利、厄瓜多尔、玻利维亚等。阿根廷于1974年10月颁布了关于技术转移的第20794号法律，以后又经过多次修改或重订；哥伦比亚于1972年7月颁布了《关于技术合同内容和制定批准此类合同的标准的第1234号法令》；委内瑞拉于1975年颁布的746号法令是关于技术转移的专门法规。

亚洲的菲律宾1978年10月颁布了《为成立工业部技术转移局以执行第1520号总统令第5节有关规定条例》，该条例是菲律宾有关技术转移的专门法规。印度有关国际技术贸易的规范主要包括在1979—1980年颁布的《工业管理条例》、1970年颁布的《专利法》和1969年颁布的《垄断和限制性商业条款法》之中。泰国政府自1954年以来，制定了一系列关于吸收和管理外资的法律，其中最主要的有1960年颁布的《促进工业投资条例》、1977年的《促进投资条例》、1979年的《工业投资条例》等。在泰国的有关投资法规中，多数都列有关于技术转移的种种规定。印度尼西亚1969年制定的《外国投资法》也包括了相似的规定。

非洲的赞比亚于1977年颁布了第18号法令，也是关于有关技术转移的单行法令。此外，埃及、尼日利亚、喀麦隆等国也制定了有关技术专业的法规。

案例

车头标识引发了中日企业一场跨国知识产权争端

小小的车头标识引发了中日企业一场跨国知识产权争端。日本丰田2003年将中国第一家民营汽车企业吉利汽车告上法庭，认为吉利美日车标图案酷似其“小地球”造型，构成侵权。同时，丰田还认为吉利在对外宣传中打出“丰田动力，价格动心”和“本车使用丰田8A发动机”的广告语，是不正当竞争行为。丰田为此向吉利汽车索赔1 400万元。因吉利是第一家因知识产权问题走上法庭的本土整车生产企业，所以有媒体将此案称之为“入世后中国汽车界第一案”。吉利是中国第一家生产轿车的民营企业，与其他企业不同，吉利并不以生产汽车配件和CKD车起步。在揭开汽车价格的黑箱之后，吉利迅速推进在技术研发上的工作，逐步揭开了技术研发的神话。由于实行与国际接轨的技术合作模式，与韩国、意大利、德国的专业汽车设计公司签订了技术合作协议，吉利在汽车设计上已经有了“造血”功能。2003年11月24日，吉利被丰田诉知识产权侵权案在北京市第二中级人民法院一审判决，吉利控股集团胜诉。问吉利胜诉的主要原因是什么？中国企业在知识产权保护方面要注意什么？

【案例分析】（1）国内企业在知识产权方面要着重树立保护、发展和竞争三种意识，通过知识产权保护最终达到促进国家技术进步、提高民族工业实力和增强国家经济实力的目的。只有在中国形成有效的保护知识产权体系，才能激发我们民族的创新能力。（2）加强沟通合作减少国际知识产权纠纷要注意以下三个方面，一是作为主权国家应当制定较为完备和先进的知识产权法律法规；二是加强知识产权保护意识、强化保护知识产权的意识；三是加强服务意识，引导企业建立健全知识产权保护制度，从根本上消除和减少纠纷的发生。（3）我国企业要走向国际市场，取得竞争优势，必须尽快转变观念，重视知识产权保护，建立一套与国际市场接轨的知识产权管理体制。（4）及时收集国内外的专利信息、商标信息和反不正当竞争信息，提出研究开发新技术新产品的建议、商标防御以及反不正当竞争具体方案的建议。

第三节　国际技术贸易争端解决

同国内技术贸易相比较，国际技术贸易涉及面广、时间长，当事人之间对合同履行或不履行产生分歧，乃至产生纠纷的可能性也较大。分歧或争议一旦发生，当事人的权利与义务关系处于一种不确定状态，当事人的权益受到损害，不利于正常贸易的发展。因此采用恰当的解决争端的方式，使得当事人之间的争端顺利解决，既有利于当事人维护合法权益，也有利于日后的进一步合作。

《中华人民共和国合同法》第128条规定：“当事人可以通过和解或者调解解决合同争议。当事人不愿和解、调解或者和解、调解不成的，可以根据仲裁协议向仲裁机构申请仲裁。涉外合同的当事人可以根据仲裁协议或者仲裁协议无效的，可以向人民法院起诉。当事人应当履行发生法律效力的判决、仲裁判决、调解书；拒不履行的，对方可以请求人民法院执行。”

一、协商解决

协商是指合同当事人在发生纠纷以后，由双方当事人直接进行接触，通过友好协商，相互做出一定让步，在彼此认为可以接受的基础上，达成一致意见形成和解协议，从而解决双方争端的一种做法。

二、调解解决

合同双方发生争议，而又无法协商解决，则可把争议案交给第三方，由其提出解决办法，进行调解。合同中有关调解条款内容应包括以下几点：

（1）指定专家的办法和专家应具备的条件。

（2）专家提出的解决方案及其法律效力。

（3）解决争议的程序和合同各方应提交的证明文件和有关材料。

（4）专家费用的负担。

三、仲裁解决

在国际技术贸易中，仲裁（arbitration）是指合同双方当事人达成协议，在双方发生争议时，如果通过调节不能解决，愿将有关争议提交双方所同意的第三方进行裁决，裁决的结果对双方都有约束力，双方都必须遵照执行。仲裁条款是合同双方当事人同意把争议案提交仲裁机构审理的协议，它是仲裁机构受理争议案的法律依据。若合同中未设立仲裁条款，合同双方必须另行签订仲裁协议，否则仲裁机构是不受理该争议案的。

仲裁协议内容要完整、明确。

（一）仲裁协议的内容

（1）仲裁的事项及范围。

（2）仲裁机构名称。

（3）仲裁规则。应该注意的是，仲裁规则与合同适用法律不同，仲裁规则属于程序法范畴，解决如何进行仲裁的问题。

（4）仲裁地点有下列三种规定：

① 在我国仲裁。若在我国仲裁，合同可以规定：“如果合同双方发生争议，经友好协商不能解决，则提交中国国际贸易促进委员会、中国国际经济贸易委员会、中国国际经济贸易仲裁委员会，按其现行仲裁程序规则进行仲裁，仲裁地点在北京，其裁决是终局的，对双方均具有约束力。”

② 在被诉方国家仲裁。例如，合同可以规定：“凡因签订和执行本合同所发生的或与本合同有关的一切争议，双方应通过友好协商解决；若协商不能解决，则提交仲裁解决，仲裁在被诉方所在国进行。若在中国，由中国国际贸易促进委员会，中国国际经济贸易仲裁委员会根据现行仲裁程序规则进行仲裁。若在××国（被诉方所在国），由××（被诉方所在国家的仲裁机构名称）根据该机构的仲裁程序规矩进行仲裁，其裁决是终局的。”

③ 在第三国仲裁。合同双方之间产生的纠纷，既不在供方国家也不在受方国家仲裁解决。我国目前许多合同采用这一做法，合同中一般规定在瑞典斯德哥尔摩商会仲裁院仲裁，或在瑞士商会仲裁院仲裁。例如，合同可以规定：“凡因执行本合同所发生的或与本合同有关的一切争议，若双方通过友好协商不能解决，则提交××（某第三国某地）的仲裁机构，按照该仲裁机构的仲裁程序规则进行仲裁，其裁决是终局的。”

④ 仲裁效力。一般规定仲裁裁决是终局的，对双方均具有约束力。《中华人民共和国民

事诉讼法》第二百五十五条规定："涉外经济贸易、运输和海事中发生的纠纷，当事人在合同中订有仲裁条款或者事后达成书面仲裁协议，提交中华人民共和国涉外仲裁机构或者其他仲裁机构仲裁的，当事人不得向人民法院起诉。"第二百五十七条规定："经中华人民共和国涉外仲裁机构裁决的，当事人不得向人民法院起诉。"

仲裁的裁决具有法律强制性，其法律效力与法院判决书是相同的。有效地裁决若得不到执行，当双方都属于联合国《承认及执行外国仲裁裁决公约》的缔约国时，有关当事人可以向对方所属国家的法院申请强制执行。

（二）仲裁程序

仲裁程序包括仲裁申请、指定仲裁人、仲裁审理、仲裁裁决等。

（1）仲裁申请。仲裁机构对于双方的争议根据双方当事人签订提请仲裁机构解决的书面协议，并按一方当事人的书面申请予以受理。提交仲裁申请书的，应提交合同副本一份。仲裁申请书的内容主要包括：当事人各方的姓名和地址，双方争议的问题，争议案的说明与证据，要求解决的办法，所选定的仲裁人的姓名，或者委托仲裁委员会主席代为指定仲裁人的声明等。

（2）指定仲裁人。各国对于仲裁人的人数及选定办法的法律规定不尽相同。多数国家法律规定由三人组成仲裁庭（委员会），三人中由双方当事人各指定一人，再由被指定的两名仲裁人共同指定第三人。根据中国国际经济贸易仲裁委员会现行的仲裁规则，首席仲裁员由仲裁委员会主席指定。国际经济贸易仲裁的申请人和被诉讼人各自所指定的仲裁员并不代表其当事人一方的利益。

（3）仲裁审理。关于仲裁的审理方法，大致可分为两种：一种是开庭对质，双方当事人和证人对质作证；另一种是书面审理，双方当事人提供文件证据，不公开审理，即使开庭也是为了审问，而不是对质，证人作证时，其他证人不得在场。

（4）仲裁裁决。仲裁的裁决由独任仲裁人或多数仲裁人做出。仲裁裁决一般是终局的，对双方均有约束力，任何一方不可再向法院申诉。但是，仲裁裁决具有法院的判决效力，若败诉方不执行，胜诉方可以申请法院依法强制执行。

关于一国做出的裁决在国外执行的问题，1958 年于纽约签订的《承认和执行外国仲裁裁决公约》规定，缔约国承认和执行在任何外国做出的仲裁裁决。世界上主要国家都加入了该公约。我国于 1986 年正式加入该公约。

四、诉讼解决

国际民事诉讼是指一国法院在当事人及其他诉讼参与人的参加下，以国家法律为依据，按照法律程序，审理涉外民事案件的全部活动。

对外经济贸易活动中的争议，若双方当事人不能以合作协商的方式予以解决，而且双方之间有没有订立仲裁协议，任何一方当事人都可以向有管辖权的法院起诉。例如，我国《最高人民法院关于审理科技纠纷案件的若干问题的规定》中有如下规定：

（1）在技术合同纠纷诉讼中，对技术合同涉及的技术进行鉴定，应当以合同约定转让方、开发方或服务方提供的技术成果或者技术服务内容为鉴定对象，从原理、设计、工艺和必要的技术资料等方面，按照合同约定的检验方法和验收标准，审查其是否能够达到合同的技术、经济指标。

（2）当事人在技术合同中未约定验收标准，又没有国家标准、专业技术标准而无法进行鉴定的，可组织专家对有关技术合同所涉及的技术是否合乎本行业实用的一般要求做出评价。

（3）当事人在技术合同中没有约定检验方法或验收标准，事后又无法达成协议的，人民法院或仲裁机构可以根据具体案情采用本行业规定的、常用的或合乎实用的检验方式和验收标准进行质量鉴定、专家评议或验收鉴定。对于合同约定的验收标准明确、技术成果并不复杂的情况，可采用当事人现场演示、操作、制作等方式对技术成果进行鉴定。

（4）确定技术成果的鉴定机构，除法定鉴定单位外，可由当事人协商推荐共同信任的机构或专家进行鉴定；当事人不能协商一致的，由人民法院或仲裁机构委托有关科委推荐机构或者聘请有关专家组成鉴定组进行鉴定。

（5）对已经按照国家有关规定通过鉴定的，或者已经被生产实践证明是成熟可靠的技术成果的，合同当事人对该项技术成果的评价发生争议时，人民法院经过审查，除有相反的证据足以否定鉴定结论的情形外，不再对该项技术成果做重复鉴定。

（6）对于专利实施许可合同纠纷，不能以专利证书代替技术鉴定结论。

（7）对技术成果进行鉴定，应当严格按照《中华人民共和国民事诉讼法》第七十二条（人民法院对专门性问题认为需要鉴定的，应当交由法定鉴定部门鉴定；没有法定鉴定部门的，由人民法院指定的鉴定部门鉴定）执行，鉴定部门应注意全面了解鉴定所需的案件材料并询问双方当事人，不能把个别专家对技术成果的评价意见作为鉴定结论。

五、仲裁与诉讼的区别

解决国际技术贸易争议，仲裁和诉讼各有其特点和长处，当事人应当根据交易的具体情况商定合同中是否订立仲裁条款。一般来说，国际经济仲裁与诉讼的主要区别有以下几个方面。

（1）审理案件机构的性质不同。仲裁庭是民间组织，而法院是国家司法机关。

（2）仲裁庭的仲裁员由双方当事人指定或由仲裁庭指定，而法庭的法官是依法产生、由国家任命或选举产生。

（3）仲裁裁决是终局的，对双方均有约束力，任何一方不得向任何机构上诉或提出变更仲裁裁决的请求；而司法诉讼则不同，任何一方当事人如果对判决结果不服，可向上级法院提出上诉。

（4）审理程序不同。仲裁程序一般由双方当事人事先约定，而法庭必须按照本国诉讼法进行。

国际上普遍认为，技术转让交易中的纠纷，可以通过仲裁方式解决，而且也认为仲裁方式比诉讼方式具有更多的优点。所以，技术转让让合同当事人大多愿意在合同中规定仲裁条款，将解决纠纷的方式事先规定在合同中，以排除法院的管辖。然而，由于国际技术贸易较为复杂，不仅当事人双方可能发生争端，而且可能同第三方发生争端，如发生侵权行为，技术受让方有可能成为被告，受到法院的传讯。在这种情况下，就产生了诉讼问题。此外，如果合同没有规定仲裁条款时，一方当事人可以选择诉讼作为解决争端的方式。

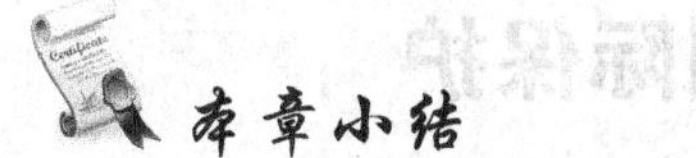

本章小结

国际技术贸易政策，是指一定时期内一个国家或地区为了实现特定的经济增长、国际贸易和科技发展等目标而制定并实施的一系列方针、措施和原则的总和，它反映出一国在一定时期内对国际技术贸易的鼓励、限制和禁止的政策内容。

一般认为，国际技术许可或转让中的限制性商业惯例，是指在国际技术许可或转让过程中，技术转让方为了保障其技术垄断和技术优势，获取高额利润，凭借其技术优势，对技术受方施加的种种不公平、不合理的限制行为。

限制性商业惯例的特点是：一是限制性商业惯例实施的主体是企业；二是限制性商业惯例必须是为企业所禁止的、不合理的或者不正当的限制竞争或实行政治歧视的做法的行为；三是滥用市场垄断地位。

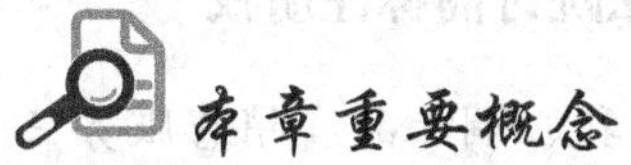

本章重要概念

限制性商业惯例　明示选择　暗示选择　仲裁

思考题

1. 限制性商业惯例的含义、特点及其实质是什么？
2. 国际技术贸易合同的法律适用规则有哪些？
3. 国际技术贸易纠纷解决的方式主要有哪些？

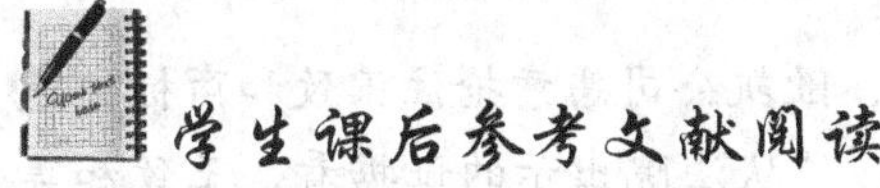

学生课后参考文献阅读

［1］杜奇华，冷柏军. 国际技术贸易［M］. 北京：高等教育出版社，2016.
［2］林珏. 国际技术贸易［M］. 北京：北京大学出版社，2016.
［3］http://en.wikipedia.org/wiki/Technology.
［4］http://www.zgjsmy.com/中国技术贸易网.
［5］https://data.worldbank.org/indicator/BM.GSR.ROYL.CD.

第十二章　知识产权及其国际保护

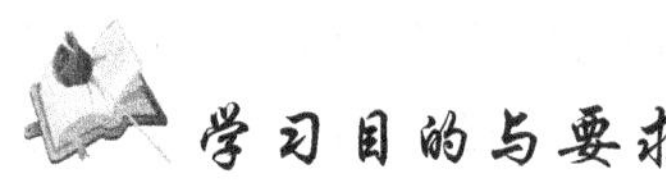

通过对本章的学习，掌握知识产权的基本含义、主要内容、法律特征及知识产权保护的意义，理解与知识产权有关的基本理论，了解版权制度、专利制度和商标制度的发展过程。

“中华老字号海外维权第一案”王致和德国慕尼黑高等法院讨商标注册权

2006 年 7 月，王致和集团到德国注册商标时发现，王致和腐乳、调味品、销售服务三类商标被德国欧凯公司注册。2007 年 1 月，在双方协商未果后，王致和集团在德国慕尼黑地方法院向欧凯公司提起诉讼，追讨其商标权。

这是中国加入世贸组织后中华老字号企业海外维权第一案。

2007 年 11 月 14 日，德国慕尼黑地方法院做出一审判决，禁止欧凯公司在德国擅自使用王致和商标，依法撤销欧凯公司抢注的王致和商标。王致和集团在德国地方法院一审中胜诉。

2008 年 2 月 25 日，一审败诉的德国欧凯公司向德国慕尼黑高等地方法院提出上诉。

2009 年 1 月 22 日，慕尼黑高等法院开庭审理了此案。庭审中，王致和方面的律师据理力争，并出示了充分的证据，要求法院支持王致和方面的主张，撤销欧凯公司抢注的王致和商标。而欧凯公司没有出示任何新的证据。

王致和集团聘请的德国知名律师沃尔夫冈博士认为，欧凯公司恶意抢注王致和商标，违反了德国反不正当竞争法，其抢注的目的在于从中获益。“从法院出示的证据看，王致和集团获胜的概率相当大。”他表示，对王致和集团最终赢得这场跨国官司充满信心。

据介绍，中国知名商标在海外被侵权的现象并非个别，有的企业商标很有名，但至今仍未注册，中国企业要重视商标、专利等知识产权的保护，不要等侵权事件发生后才想到保护自己。

王致和集团总经理王家槐说，这一跨国商标维权案虽然经历了两年，但未对王致和的生产经营带来负面影响。连续两年，王致和集团实现了产品产量、销售收入和经济效益两位数以上增长。王致和是一个具有百年积淀的中华民族品牌。目前，王致和集团已在 40 多个国家和地区进行了商标注册。

在“王致和”案中的这家欧凯公司，还在德国抢注了洽洽瓜子、老干妈、白家粉丝、今麦郎等中国知名商标，据悉只有白家粉丝表示要和欧凯对簿公堂。看来中国企业海外维权依然任重道远。

第一节　知识产权保护的经济学分析

一、知识产权概述

（一）知识产权的含义及范围

知识产权是指，人类智力劳动产生的智力劳动成果所有权。世界贸易组织在《与贸易有关的知识产权协定》中，规定知识产权的范围包括：（1）版权及有关权利（即邻接权）；（2）商标权；（3）地理标识权；（4）工业品外观设计权；（5）专利权；（6）集成电路布图设计权（即拓扑图权）；（7）未披露信息专有权（即商业秘密权）；（8）与控制许可合同中限制竞争行为有关的权利。知识产权实际上是一种智力的成果权，它是指对科学、文化、艺术等领域从事智力活动创造的智力成果依法所享有的权利。

（二）知识产权的特点

知识产权作为一种财产权，它与人们所拥有的普通意义上的财产权不同，它有以下基本特征：（1）知识产权具有无形性；（2）知识产权的专有性；（3）知识产权时间与地域的有限性；（4）知识产权具有可复制性。

（三）知识产权的类型

1. 按客体的性质来划分

（1）著作权。如文字作品、视听作品、音乐作品、多媒体作品、科学作品等。

（2）工业产权。如专利、商业秘密、计算机软件、数据库、集成电路布图设计等。

2. 按主体对客体支配程度划分

（1）自主知识产权，是指以基本或原创性智力成果为对象，依法获得的、具有完整、独立自主支配该成果能力的专用权。

（2）非自主知识产权，是指在原创性智力成果基础上，做出的具有重大技术进步和显著经济效益的智力成果，依法获得的、其实施受原创成果主体制约的专用权。

（四）知识产权对经济和社会发展的作用

知识产权保护为知识的创造、传播、应用及其产业提供了法律保障，从而促进创新，并带来更加广泛的技术扩散，使科学技术和整个社会不断向前发展。知识产权从法律上保护了创造者的专有权和自由支配权，从而鼓励了个人进行发明创造。随着技术创新数量的增加，技术转移的数量和规模也随之扩大，技术转移的成本尤其是直接费用也随之减少，这就促进了国际技术贸易的发展壮大，并在此基础上提升了各国乃至全世界的整体技术水平，推动了人类进步。

二、知识产权的基本理论

知识产权本质上是财产权、所有权。所有权人对占有物的支配自由不受其他人的影响或阻碍，但是所有权并不能直接增加所有权人对占有物的支配自由，而是通过排除并禁止其他人的干涉和阻碍，间接地使所有权人获得对占有物的支配自由。

（一）罗马法的先占理论

先占，是指通过占有的方式，取得无主物或者抛弃物这些物品的所有权的一种原始取得方式。其构成要件在陈朝璧老先生所著的《罗马法原理》中被表述得十分易于理解：第一，须占有之物，无所属之人；第二，须有占有该物之事实。在江平、米健老师所著的《罗马法基础》中，先占的构成要件虽然有四个，但大体上还是和陈朝璧老先生的基本一致：事实上占有标的物，控制标的物；须为第一个占有者；须有据为己有的意思；占有物为无主物或者抛弃物。由此可见，先占强调了两个要件："先"和"占"。"先"强调的是占有的顺序，即第一个，也就是说，在你占有该物的时候，这个物品是不能有其他人在占有的事实的。而"占"则是强调占有的状态，强调你对该物有据为己有的意思。

先占的对象，在古罗马法中一般被认为是"从未属于罗马人之物"，一般来说包括三个：自然界之物，他人抛弃物，战争中的敌人之物，这些又被统称为无主物。无主物可能是根本没有主人，也可能是被其所有者抛弃了的。

（二）财产的自然权利观

就财产权的正当性而言，以洛克财产权劳动学说为代表的自然权利论和源于休谟并经边沁等人发扬光大的功利主义影响最为深远。两种理论看似难以调和的两极，实则从不同侧面揭示了财产权的正当性基础。在这个意义上，知识产权既是源于创造性活动的自然权利，又是国家基于功利原则授予的法定之权。

知识产权制度的创设实际上是作为工具主义的制定法对知识产权自然权利理论进行重大修正的产物。"尽管专利权和版权合理性的论证在很大程度上要归功于自然法理论，但是它们并没有完全沿着自然权利的轨迹发展，而是由制定法进行了多方面的修正，最终由自然权利转化为法定权利。"

自然权利毕竟只是一种抽象的权利，只有经过功利主义设计的法定权利才属于具体、可操作的权利，有准确界定的客体、明确具体的权项，并规定了或长或短的保护期限。知识产权是建立在自然权利基础之上的法定权利。

（三）自由意志观

康德在《法的形而上学原理》一书中阐述了他的财产"自由意志"理论：

（1）所有权概念与占有事实。康德将占有分为两种形态，"即作为感性的占有（可以由感官领悟的占有）和理性的占有（可以由理智来领悟的占有）。同一个事物，对于前者，可以理解为实物的占有；对于后者，则可以理解为对同一对象的纯粹法律的占有"。在他看来，单纯是感官的占有，尚不足以称之为所有权意义上的"我的"。只有在不以肢体或个人力量来实现对物的占有，而是在观念上将某物视为"我的"情况下，并且在物与人的事实分离也不能改变人与物的关系的情况下，才能称为所有权。

（2）所有权目的与自由意志。康德认为，为了所有权的目的，主体必须将某物作为一个对象来占有，即将该物视为已有，这个属于所有人意志选择的外在对象，“其本身在客观上必须是没有一位主人的（作为无主物）”。“我通过正式的表示，宣布我占有某个对象，并用我自由意志的行动，去阻止任何人把它当作他自己的东西来使用。”可以认为，某物要成为权利上“我的”所有物，主体须在主观意志上有将该物作为自己独占物的要求；同时，某物要作为“我的”财产而不受他人侵犯时，主体须是该物真正的占有者或所有者。

（3）所有权内容与共同意志。康德提出“外在获得”（所有权取得）的原则：“无论是什么东西，只要我根据外在自由法则把该物置于我的强力之下，并把它作为我自由意志活动的对象，我有能力依照实践理论的公设去使用它，而且，我依照可能联合起来的共同意志的观念，决意把一物变成我的，那么，此物就是我的。”由此，康德得出结论：所有权包含着双重意志内容——个人意志的占有和共同意志的占有。当一个人并不直接占有、控制某物却还能够反对他人对该物的占有、控制的时候，这是由于共同意志在发挥作用。所有权的真正奥秘不在于物主对物的自由支配，而是物主在自由支配物时所具有的不可侵犯性。共同意志即是全体社会成员对物主占有、控制某物的行为所持的共识、共认的观念，依康德的说法，“占为已用，在观念上，作为一种外在立法的共同意志的行为，根据这种行为，所有的人都有责任尊重我的意志并在行动上和我意志的行为相协调”。

（4）所有权效力与体现共同意志的普遍法则。康德分析了物主存在的两种意志内容：一是通过言行宣布某种外在的东西是“我的”，其他人有责任不得动用物主对其行使了意志的特定对象；二是包含着物主做出承诺即不侵犯其他人占有的外在地属于他人的对象。这种互不侵犯属于他人的东西的保证，是从体现共同意志的普遍法则中产生出来的。“所以，只有那种公共的、集体的和权威的意志才能约束每一个人，因为它能够为所有人提供安全的保证。当人们生活在一种普遍的外在的以及公共立法状态之下，而且还存在权威和武力，这样的状态便称为文明状态。”

三、知识产权制度的产生与发展

（一）版权制度的产生与发展

版权，又称著作权，是作者对其作品享有的专有权。版权作为一种法律概念，起源于欧洲。原始版权制度在中国延续了七百多年，在欧洲延续了两百多年。著作权的产生与发展，与人类科学技术的发展密切相关。事实上，著作权制度本身就是科学技术发展的产物。自著作权制度产生后，它依然是随着科学技术的发展而不断发展变化。或者说，科学技术的发展总是对著作权制度不断提出挑战，而著作权制度也在应战之中不断发展完善。一方面，随着科学技术的发展，产生了一些新的受保护客体，著作权制度逐渐将它们纳入了受保护的范围之中；另一方面，随着科学技术的发展，产生了一些新的对于作品的利用方式，著作权制度逐渐将这些新的利用方式纳入了著作权的范围之内。谈及起源，因其与“印刷”、“出版”的密切，我们首先称其为版权（著作权）。在其权利的演化过程中我们可以看到，版权由实物到权利的过渡，由载体到权利的强化，由特权到私权的演化。

1. 中国

版权的起源，东西方知识产权法学者无一例外地认为，版权是随着印刷术的应用而产生的。早先，正如对印刷术发明的认识一样，大多数西方的知识产权学者认为，15 世纪德国人约翰内斯·古登堡（Johannes Gutenberg）在欧洲对活字印刷术的应用是版权保护的开始；直到 20 世纪中后期，西方版权法相关的著述中，才渐渐对于版权起源于欧洲发生了疑问。1981 年，联合国教科文组织的专家们在该组织出版的著作中指出："有人把版权的起因与 15 世纪欧洲印刷术的发明联系在一起。但是，印刷术在更早的很多世纪之前就已在中国和朝鲜存在，只不过欧洲人还不知道而已。"综观版权的历史，更多地体现在物质性产品的特权与私权上，并非简单起于一种民事权利，更不是起源于财产权，而是更多是一种"行政特权"，而类似于 15 世纪威尼斯、法国、英国颁布的禁止他人随便翻印的特许令，在中国的宋代就已出现。晚清的版本、目录学家叶德辉在他的代表作《书林清话》中就有明确的记载："书籍翻板，宋以来即有禁例。吾藏五松阁仿宋程舍人宅刻本王偁《东都事略》一百三十卷，目录后有长方牌记云：'眉山程舍人宅刊行，已申上司，不许覆板。'"书中还记录了一项宋代国子监禁止翻板的"公据"。宋国子监属礼部，招收七品以上官员子弟为学生，系宋朝最高学府。国子监还设书库，刻印经史书籍，供朝廷索取、赐予以及本监出售之用。南宋在监内专设"印文字所"。国子监所印书籍称"监本"，一般刻印精美，居全国之冠。所以，国子监有官办出版社的职能。在古代出版史上，无论官刻、坊刻、私刻，均有牌记表明刻书、藏版之所外，有的还有禁止原刻印出版者之外的其他人翻板的内容。类似的禁例，已经或多或少反映出版权保护中对经济权利予以保护的因素，虽我国古代并没有对版权形成制度化的保护机制，但这种低层次的非法律制度规范性的权利状却是客观存在的。

2. 欧洲

在欧洲，有人考证，第一个对印刷商无偿地占有并使用作者的精神创作成果谋利提出抗议的是德国的宗教改革领袖马丁·路德，他在 1525 年出版了一本题为《对印刷商的警告》的小册子，揭露了某些印刷商盗用他的手稿，指责这些印刷商的行为与拦路抢劫的强盗毫无二致，直到今天，西方国家仍旧把盗印他人作品的图书版本称为"海盗版"，这可能也是与我们把盗印的书称为"盗版书"的暗合吧。1709 年，英国议会通过《为鼓励创作而授予作者及购买者就其已经印刷成册的图书在一定时期之内享有权利的法》，这也是世界上第一部版权法，由于名字太长，为了方便记忆，就用当时在位的英国女王的名字命名为《安娜法》。该法注重作者享有的财产权利及出版商对于作品利用的相关权利，这对美国版权法也产生了重要的影响。18 世纪，法国大革命期间，在废除了原有的各种特许权，包括出版者的特许权后，在新的著作权制度中突出了作者和作者的权利。在 18 世纪的德国，以康德为代表的学者提出，作品不仅能给作者带来经济利益，而且反映了作者的人格，是作者精神的外延的观点，导致了作者精神权利的产生和发展，把版权保护制度推向了一个新的阶段。随后，强调作者的精神权利就成了大陆法系著作权制度中的一个基本特点，与强调版权的作者财产权利且兼顾出版者利益的英美法系形成了鲜明的对比。

3. 美国

美国版权法在理论和实践上都承接了英国的传统。这可以从美国表述法律的语言、获得版权的机制，以及美国法庭在定义版权时所做的法律决定中看到。除了特拉华州，美国其他12个州在1783年至1786年之间通过了版权法。这些法案均是以《安娜法》为基础的。这些法案立法目的依次为：（1）保护作者的权利；（2）促进学习的研究；（3）为图书贸易提供秩序；（4）防止垄断。所有这些法案都需要作者和出版商在当地的登记处进行版权注册，其实际并无法成功的实行。1790年5月31日，美国国会通过了第一个联邦版权法，此法案依然遵从着英国的先例。在该法案通过后的19世纪初，作者的自然权利渐渐失去了它的潜在意义，从而使得出版商从作者的版权中获得了大部分的利润。美国现行的版权法是1976年通过，1978年1月1日开始实施的，随经数十次修改，却依然承袭了注重版权的"商业性"和"登记注册"制度的传统。

虽然英美法系的代表国家英国，以及加拿大等国，在20世纪中后期将"修改权"与"保护作品完整权"这两项精神权利增加为版权法的两项重要内容，但作为英美法系主要国家的美国的联邦版权法中，仍没有保护精神权利的内容。在美国的强烈要求下缔结的《与贸易有关的知识产权协议》（TRIPS协议）中也没有对作者的精神权利予以保护，与"贸易有关的"知识产权主要是知识产权中的经济权利便不足为怪了。

真正意义上的知识产权制度产生的历史虽然不长，但对于国民经济发展的作用是不可忽视的。随着科学技术的飞速发展，世界各国日益重视知识产权的立法问题，通过法律的形式授予知识产权所有者以专有权，促使知识产权进入商品贸易中，知识产权制度已经成为各项法律体系中的重要组成部分；而在国际贸易中，知识产权也已成为某个或某些经济大国保护本国利益的重要手段。党的十一届三中全会以来，我国对知识产权的认识出现了重大意义的突破和发展。就著作权而言，我国现行的著作权起草于1979年，由于牵涉面较为广泛，起草时间长达11年之久。直到1990年9月7日，才由全国人大常委会通过，于1991年6月1日起实施。著作权法实施之前，又颁布了由国务院通过的《中华人民共和国著作权法实施条例》。随着我国陆续加入了《保护文学艺术作品伯尔尼公约》《世界版权公约》《日内瓦公约》等，尤其是加入世界贸易组织（WTO）缔结TRIPS协议，我国先后于2001年及2010年对著作权法进行了两次修订工作，体现了中国对WTO规则的遵守，也表明了对著作权的保护态度更加明确、意识更加强化。

（二）专利制度的产生与发展

专利权是法律赋予公民、法人或者其他组织对获得专利的发明创造在一定期限内依法享有的专有权利。世界上专利制度的雏形，最早出现在欧洲。

1. 世界专利制度的产生与发展

专利制度的产生、发展是科学技术和商品经济发展到一定程度的产物，它的发展经历了一个漫长的过程。

（1）专利制度的萌芽。中世纪欧洲专利制度的萌芽是在欧洲封建社会的中后期，随着商品经济和技术的发展，一些国家的封建君主开始授予某些商人和能工巧匠在一定时期内免税或独家经营某种新工艺、新产品的权利。如英国国王在13、14世纪曾以法令形式把这种权利授予外国商人和工匠，对吸收外国先进技术、促进英国经济发展起了重大作用。

（2）现代专利制度的雏形。威尼斯共和国的专利法形成于15世纪，位于地中海沿岸的一些意大利城市共和国，一度成为东西方航海和贸易中心。首先把专利加以制度化的是工商业比较发达的威尼斯共和国。1474 年，该国制定了世界上第一部专利法。该法规定：任何在本城市制造的前所未有的、新而精巧的机械装置，一俟完善和能够使用，即应向市政机关登记。在 10 年内没有得到发明人许可，本城其他人不得制造与该装置相同或相似的产品。如有任何人制造，上述发明人有权在本城市任何机关告发。该机关可以命令侵权者赔偿 100 金币，并将该装置立即销毁。上述规定表明，威尼斯共和国的专利法已经包含了现代专利法的一些基本因素，为现代专利制度奠定了基础。著名科学家伽利略曾在威尼斯取得了扬水灌溉机 20 年的专利权。

（3）现代专利制度的诞生。17 世纪，英国资本主义经济有了迅速发展，新技术成为有效的竞争手段，资本家纷纷要求以国家法律形式确认发明的私有财产地位。于是，英国议会于 1623 年制定了《垄断法》。该法废除了过去封建特权制度，同时建立起对真正的发明予以专利保护的制度。《垄断法》规定：专利只授予真正的发明人；授予专利的发明必须具有新颖性；专利权人有权在国内垄断发明物品的制造和使用权；凡违反法律、妨碍贸易及损害国家利益的专利一律无效；专利权有效期 14 年，等。《垄断法》成为现代专利制度诞生的标志。它包含的一些基本内容及原则规定，为以后各国制定专利法提供了榜样，对资本主义专利制度的建立产生了重大影响。

（4）专利制度的发展和走向国际化。资产阶级革命以后的英国进一步改善了专利制度。专利法中开始要求发明人必须充分陈述发明内容并予以公布，以此作为取得专利的条件。这样，专利制度就以资产阶级合同的形式反映出来了，专利说明书也出现了。继英国之后，许多资本主义国家先后实行专利制度，颁布专利法，美国 1790 年、法国 1791 年、荷兰 1809 年、奥地利 1810 年、俄罗斯 1812 年、普鲁士 1815 年、瑞典 1819 年、西班牙 1826 年、智利 1840 年、巴西 1859 年、印度 1859 年、阿根廷 1864 年、加拿大 1869 年、德国 1877 年、日本 1885 年……据联合国世界知识产权组织 1983 年统计，全世界有专利法的国家达 140 个。由于专利法是国内法，有严格的地域性，各国关于专利申请、授权条件和程序各不相同，给国际技术交流造成许多不便。到了 19 世纪末期，资本主义发展到帝国主义阶段，各国间经济、技术交流日益增多。为适应这种形势，专利制度向国际化方向发展。1883 年，以法国为首的 10 多个欧洲国家为了解决工业产权的国际保护问题，经过协商，签订了《保护工业产权巴黎公约》。该公约开创了专利法国际协调的先河。第二次世界大战以后，国际化的趋势进一步加强，签订了一系列专利保护的国际条约，成立了世界知识产权组织。如果以威尼斯共和国的专利法为专利制度的起源，专利制度已有五百余年的历史；若以英国议会的垄断法为开端，专利制度也经历了三百余年的发展历史。

2. 中国专利制度的产生与发展

（1）1949 年以前，我国历史上曾有过许多发明创造，但当时的封建统治者没有采取任何保护和鼓励措施，直到 19 世纪中叶以后，西方专利思想传入我国。最早把西方专利思想介绍到我国来的是太平天国领袖洪秀全的堂弟洪仁玕。他居住香港多年，学习近代科学知识，1859 年到南京后被委以要职。他在主持太平天国政务期间，撰写了具有资本主义色彩的《资政新篇》，鼓励发明创造，提出了建立专利制度的主张。“倘若能造如外邦火轮车，一日夜行七八千里者，准其自专其利，限满准他人仿做。”机器发明创造以“益民”为原则，给不同的发明创造不同的保护期。“器小者，赏 5 年，大者，赏 10 年，益民多者，年数加多。无益之物有责无赏，期满准他人仿做。”“有能造精奇信利者，准其出售。他人仿造，罪而罚之。”这些主张和现在的专利制度精神基本吻合，但因太平天国革命的失败，未能实现。我国近代专利史上第一个有关专利的法规是 1898 年清朝光绪帝颁发的《振兴工艺给奖章程》。该章程规定，大的发明如造船、造炮或用新法兴办大工程（如开河、架桥等），可以准许集资设立公司，批准 50 年专利。其方法为旧时所无的，可批准 30 年专利，仿造西方产品，也可批准 10 年专利。由于戊戌变法的失败，该章程也未能实行。真正具有现代意义的专利法是由国民党政府 1944 年颁布、1949 年 1 月 1 日实施的专利法。台湾至今沿用这部专利法。

（2）中华人民共和国成立以后的专利制度，1950 年政务院颁布《保证发明权与专利权暂行条例》。该条例对保障专利权，专利申请条件、手续、审批程序，异议制度，专利权人权利、义务，保护期及违法者的法律责任等，都做了规定。颁布该条例，说明党和政府在中华人民共和国成立初期就认识到了建立专利制度对我国社会主义建设的重要性。但该条例从 1953 年到 1957 年只批准了 4 项专利权和 6 项发明权。1957 年以后，该条例已名存实亡。1963 年 11 月，国务院明令废止。1963 年，我国发布了新的《发明奖励条例》。该条例未及实施便进入 10 年“文革”时期。1978 年 12 月我国又颁布了修订的《发明奖励条例》，并依照条例规定，评选出了一大批发明创造成果，颁发了证书并予以奖励。

（3）1984 年的专利法为适应改革开放和经济建设的需要，1980 年经国务院批准成立国家专利局。1980 年 3 月我国参加了联合国知识产权组织。1984 年 3 月 12 日，《中华人民共和国专利法》正式公布，并 1985 年 4 月 1 日起开始实行。这标志着我国对发明创造的保护进入了一个新的历史时期。该专利法充分考虑了我国国情，体现了社会主义性质，基本上遵守了国际公约和国际惯例，对我国经济发展、科技进步起了推动作用。从 1985 年 4 月 1 日到 1992 年，我国专利申请量以平均每年 23.8%的速度增长。到 1992 年 1 月，中国专利局累计受理专利申请 22 万余件，批准专利 8 万余件。在我国申请专利的国家和地区已达 66 个。专利技术的实施取得了明显的经济效益和社会效益。由于缺乏经验，在专利法实施过程中发现了一些缺陷和不完善之处，需要修改、补充和完善。另一方面，考虑到国际协调发展的趋势，我国专利保护水平应进一步向国际标准靠拢。为此，专利法先后经过两次修改。1992 年 9 月 4 日，第七届全国人大常委会第 27 次会议审议通过第一次修改专利法的决定。2000 年 8 月 25 日，第九届全国人大常委会第 17 次会议审议通过第二次修改专利法的决定，修改后的专利法于 2001 年 7 月 1 日起施行。

（三）商标制度的产生与发展

1. 世界商标制度的产生

商标的概念源于西方。法国是世界上最早实行商标法律保护的国家。英国也是世界上较早实行商标法律保护的国家之一。目前为止，绝大多数国家的法律已经确认，商标权作为一种专有权并受到法律保护。

世界上最早的商标制度产生于法国。1803 年，法国颁布了《关于工厂、制造场和作坊的法律》。随着商品经济的发展，商标的使用范围愈来愈广，其形式也日臻完备。但随之而来的是伪造、仿制商标的情况也日益增多，因为商品生产者在商品上印上标记的权利并没有法律条文予以保护，商标的合法使用人根本无法阻止他人的仿制行为。因此，在 19 世纪较为发达的法国，为了保障商品生产者的合法权益，维护其经济利益和市场经济秩序，对商品生产者和经营者在自己商品上所做的特殊标志从法律上加以保护，以国家强制力保证商标只允许商标所有人使用，他人不得仿冒。《关于工厂、制造场和作坊的法律》就是在这种情况下产生的。该法律共十六条，其中第十六条把假冒商标定为私自伪造文件罪。这是世界上最早的商标保护的法律条文，但是该法还不是一个专门关于商标的法律，并且也没有在全国统一实施。

1804 年，法国《拿破仑法典》即《法兰西民法典》首次肯定了商标作为无形财产与其他财产权一样受法律保护，开创了近代的商标制度。世界上最早通行的全国统一的商标法也产生于法国，这就是 1857 年制定的《关于以使用原则和不审查原则为内容的制造标记和商标的法律》。这项法律来源是《法兰西民法典》第 1382 条和 1802 年、1809 年的两个“备案商标法令”。这项法律确立了商标注册制度，是最早的成文的专门商标法。107 年后，即 1964 年该法做了大幅度修改，以《关于以注册原则为内容的商标和服务标记的法律》之名公布施行。继法国之后，英国于 1862 年制定了第一部成文商标法，但它直到 1875 年才开始实行商标注册制度；美、德、日三国也分别于 1870 年、1874 年和 1875 年颁布了各自的商标法。这个时期的商标保护主要实行按使用取得对商标专有权承认的制度，以及不注册使用与注册使用并行，均可取得商标专有权的制度。

2. 中国商标制度的产生

我国近代之前只有商号没有商标。虽然有学者认为北宋济南刘家功夫针铺印刷铜板上的“认门前白兔儿为记”（见图 12-1）是最早的商标，但有牵强附会之嫌，最多只能说是具有商品识别意义的标识，而不是商标。

图 12-1　北宋济南刘家功夫针铺印刷铜板上的“认门前白兔儿为记”

我国近代商标是与资本主义输入一起产生的。在受西方经济影响较深的沿海地区，因西方工业文明的影响，企业为了产品出口和防止假冒，在商品包装上打上“商标”字样。19世纪末—20世纪初，这一现象在广东、上海、天津、宁波、大连等地已非常普遍。

我国近代商标作为一种法律制度的出现，很大程度上是西方列强为侵占中国市场、保护自身利益而形成的。随着西方商品大量输入，西方列强担心商标被仿冒，为保护自身利益，他们要求清政府推行商标法律制度。同时，商标是西方近代的品牌营销手段，他们往往通过品牌识别强化产品竞争力。当时英国、法国、德国、美国等国纺织品、机械、染料以及日本的火柴和药品，在中国占据了绝对的市场份额，并出现了一批知名商标，如英国线团商标链条、洋布商标金玉缘、德国染料商标阴丹士林、法国帽子商标永兴、日本药品商标仁丹、毛巾商标铁锚、美国美孚石油商标鹰牌等。

在西方列强干预下，清政府出台了商标管理法规。19世纪40年代，由南北通商大臣对商标进行登记管理；1903年7月，清政府成立商务部专管商标登记备案；1904年8月4日，第一个商标法规《商标注册试办章程》颁布。外商商标由清政府的总税务司负责，上海和天津海关挂号分局负责办理商标挂号。1906年，清政府将商标管理划归农工商部。北洋政府时期，商标管理有了进一步发展。国内外厂商多次强烈要求北洋政府按照西方商标律例制定商标法，在此背景下，北洋政府于1923年5月成立了农工商部商标局，并仿照西方商标法颁布了《商标法》和《商标法实施细则》。中华民国国民政府成立后，于1927年7月发布商标注册登记新规则，当年10月颁布《全国注册局注册条例》，规定原北洋政府商标局注册的商标须重新注册并领取商标注册证。

在近代商标的特殊历史背景下，一批本土著名商标开始出现，如中国近代工商业鼻祖无锡荣氏家族于1903年创办了无锡茂新面粉厂，1910年开始使用兵船牌商标（见图12-2），开启国货商标的先河。1923年北洋政府《商标法》颁布后，同年8月兵船正式申请注册商标，成为我国历史上第一件注册商标。商标分为绿、红、蓝、黑4种颜色，用以区别不同产品的等级。该商标曾经获得1926年美国费城商标博览会荣誉奖。此外，荣氏家族于1915年创办申新纺织公司，注册了人钟牌、四平莲牌、宝塔牌、龙船牌等商标，这些商标当时都比较知名。特别是五四运动时期，上海三友实业社创立的三角牌毛巾商标，打破了日本铁锚牌毛巾对我国市场的垄断，为国货品牌赢得了荣誉。

图12-2 兵船牌商标

第二节　保护知识产权的国际公约

一、保护专利的国际公约

（一）《专利合作条约》

1. 《专利合作条约概述》

1970年签订于华盛顿，1978年生效。该条约的主要内容是，在申请人自愿的基础上，一个发明要想在部分或所有缔约国取得保护，通过一次国际申请，便可在部分或所有缔约国获得专利权。这样的国际申请与分别向每一个缔约国提出的保护申请具有同等的效力。

2. 《专利合作条约》的主要内容

《专利合作条约》规定了申请国际专利的主要程序，并为成员国政府及其国民，特别是为发展中国家的成员国提供专利情报服务和技术援助等做出了指导。实现国际专利申请及审批合作的具体步骤如下。

（1）提出国际申请。条约规定，成员国的所有居民或国民均可按本条约中的相关规定提出国际申请，由该受理局对此申请进行审查。审查合格后，受理局需将该国际申请材料提交世界知识产权组织和国际检索单位，同时自己保留一份。受理局应以收到国际申请的日期作为提交日期。此外，若某一国家是《巴黎公约》的成员国却没有加入本条约，则该国的居民或国民在提出国际申请时需经大会同意。

（2）国际检索。进行国际检索的目的是为了检验现有的技术中是否有与申请专利的发明相同或类似的技术，因此，《专利合作条约》要求每一项国际申请都要经过国际检索。国际检索应在权项的基础上进行，并适当考虑到说明书和附图。

国际检索应由国际检索单位进行。该单位可以是一个国家专利局，或是一个政府间组织，如国际专利研究所。其任务包括完成对申请主题所指发明的在先已有的技艺的文献调查报告。国际检索单位经过检索，应在规定的时间期限内按规定的形式撰写国际检索报告。报告做出后，检索单位应尽快将报告分送给申请人和世界知识产权组织国际局。被指定国的专利局，还可以对国际申请进行补充性检索，以审查专利的新颖性。

（3）国际公布。条约规定，国际局应在国际申请提出之日起算满18个月（有优先权的自优先权日起算）后对国际申请进行早期公布。公布即是将国际申请的全文以小册子的形式进行公布，以促进有关专利申请的技术情报的传播。国际局每周会出版公报，宣布有关公布的通知及索引等。

（4）国际初步审查。国际专利申请人收到检索报告后可自行决定是否进入国际初步审查阶段。国际初步审查，是依据申请人的请求对发明的新颖性、创造性以及工业实用性进行审查的实质阶段。根据条约规定，受理局有权确定进行国际初审的单位。国际初审单位的审查程序，应受到本条约、其附属规则以及国际局和当局签订的服从于本条约及其附属规则的协议的管辖。国际初审也应在规定的时间期限内按规定的形式撰写国际初级审查报告。该审查结果对于被指定国的专利审查无约束力，是否授予其专利权最终将由被指定国的专利局决定。

（5）指定国专利局的最后审查。国际初审通过后，国际初审单位需将国际申请的原件和初步审查报告送交国际局，由国际局对被选定的指定国进行告知，并送交该申请的译文给指定局。最后各指定局按照本国专利法对该申请进行审查，做出是否授予专利权的决定。

（二）《海牙协定》

1.《海牙协定》概述

为了方便权利人就某一工业品的外观设计在不同国家获得专利，避免重复履行备案手续的麻烦，1925 年 11 月 6 日在海牙缔结了《工业品外观设计国际保存海牙协定》，简称《海牙协定》。该协定由世界知识产权组织管理，于 1928 年生效后先后经历了几次修订，形成了以下文本：1934 年伦敦议定书、1960 年海牙议定书、1961 年摩纳哥附加议定书、1967 年斯德哥尔摩补充议定书、1975 年日内瓦议定书、1999 年日内瓦文本等。由于财政开支的分摊、加入及退出，该协定成员国在文本的条件等方面尚未达成一致意见，1960 年海牙文本一直没有生效，但该文本中的一些实体条文已经被收入 1975 年的《日内瓦议定书》中。《海牙协定》规定，只有《巴黎公约》的成员国可以加入该协定。

2.《海牙协定》的主要内容

《海牙协定》共分五部分，分别由 1934 年伦敦议定书、1960 年海牙议定书、1961 年摩纳哥附加议定书、1967 年斯德哥尔摩补充议定书、1975 年日内瓦议定书组成。

《海牙协定》规定，缔约国的国民，以及虽非缔约国的国民但在缔约国领土内有住所或有真实有效的工商业营业所的人，可以向国际局提交外观设计保存。国际保存应包括外观设计，其形式或者是使用该外观设计的工业品，或者是该外观设计的绘图、照片或其他能充分体现该外观设计的图样。申请人只要向世界知识产权组织国际局提交了一次申请，就可以在想要得到保护的成员国内获得工业品设计专利保护。申请国际保存时，只要通过一次保存即可同时在几个国家得到保护，无需先在一个国家的专利局得到外观设计的专利批准。国际保存在每五年可以续展一次，续展时只须在每五年一期的最后一年内按施行细则的规定缴纳续展费。

此外，协定还声明加入《海牙协定》的国家组成海牙联盟，并规定了联盟的组织结构及各机构的职能。

资料

高通 60 亿元罚单落地　国产手机或掀起内战

收取专利费商业模式终止

“按整机批发净售价的 65%收取专利许可费”意味着，高通手机专利收费将整体下降 35%。

核心商业模式被改变

搅动中国手机芯片市场的高通反垄断调查终于画上了句号。

2015 年 2 月 9 日，美国芯片巨头高通公司宣布，已同意向国家发改委支付 60.88 亿元（约合 9.75 亿美元）罚款。这是中国反垄断历史上的最大一笔罚款。另外，高通也将对手机的专利授权方式做出多项调整，包括对中国厂商不再捆绑专利授权、不强制交叉授权、整机收费打折等。

自2014年11月，国家发改委对高通中国北京和上海两个分公司进行突击调查以来，已过去15个月，其间，国家发改委反垄断局局长许昆林和高通总裁德里克·阿博利分别领衔团队共进行了九轮交锋、多轮暗战。

在罚单落地后，高通表示将不寻求任何进一步的法律程序进行抗辩。而业内更为关心的是，高通改变了原有的商业模式，将会对国内手机厂商造成不同的影响。未来，专利将成为国内手机厂商主要竞争点，手机专利大战成为必然。

高通的痛点是，国家发改委的这次罚款改变了收取专利费的商业模式。

近两年来，国家发改委加大了对反垄断案的调查力度，从外资奶粉厂商扩展到车企，再到微软、高通等科技巨头纷纷卷入其中。而此次高通因违反中国反垄断法律，被罚款60.88亿元，这一数额更是刷新了中国反垄断罚款的最高纪录。

当处罚结果出来后，2015年2月10日，高通在发给《中国经营报》记者的声明中表示，“高通将不寻求任何进一步的法律程序进行抗辩。高通同意实施整改方案，修改其在中国的某些商业行为以完全满足国家发改委的决定中的要求”。

在业内普遍看来，高通真正惧怕的并不是罚金。据同期最新财报显示，截至2014年第四季度末，高通所持有的现金、现金等价物和有价证券总额为320亿美元。此次接近10亿美元的罚款，对于高通而言应该不会产生太大压力。

不过，除了罚款之外，国家发改委还要求高通对手机的专利授权方式做出多项调整，包括对中国厂商不再捆绑专利授权、不强制交叉授权、整机收费打折等。

作为芯片巨头，高通掌握了包括2G、3G以及4G制式的“标准必要专利”，高达1 400多项。过去，高通并不会单独授权。国内的厂商在购买高通3G、4G必要专利时，被迫购买一揽子专利授权，其中包括厂商并不需要的专利授权，这就是所谓的“专利捆绑授权”。同时，高通还迫使手机厂商签订“反授权协议”，即手机厂商在使用高通芯片时必须将自身所持有的专利同时授权给高通，并且不得以此专利向高通的任何客户征收专利费。

据了解，高通对其现有的3G和4G必要中国专利的许可，将和其他专利的许可分开，并且高通将在协商过程中提供专利清单。如果作为要约的一部分，高通向中国被许可人寻求反向许可，高通将和该被许可人进行诚意协商且对该权利给予公正考虑。

从当年最新一个季度营收报告来看，高通的芯片销售贡献了74%，但是在税前利润中，专利授权费占到了58%。在过去5年时间里，高通累计专利授权费收入高达300亿美元。

业内人士认为，做出这些调整后，将对高通收取专利费的商业模式形成重要影响，这才是正中高通的痛点。

另外，“按整机批发净售价的65%收取专利许可费”的意义同样备受关注，这意味着，高通手机专利收费将整体下降35%。比如，原来1 000元的手机，专利费用是50元，现在减少了35%，即减少了15元，对于用户而言，没有太大的变化。但是对于手机厂商来说，一部手机减少15元，100万部手机就减少1 500万元，1 500万元显然不是小数目，对厂商还是很重要的。

虽然此次处罚压力不小，但德里克·阿博利表示，“我们很高兴这次调查已经结束，并且相信我们的许可业务现在能够很好地参与到中国对我们的3G/4G技术迅速加快的推广过程中去。”

高通公司CEO史蒂夫·莫伦科夫表示，“过去多年，高通对中国移动和半导体产业的成功扮演了重要角色，我们期待通过加强在中国的投资、接触和商业活动，使这一基础更加牢固。我们很高兴这一解决方案消除了我们在中国的业务上的不确定性，我们现在将把所有的精力和资源用在支持我们在中国的客户和合作伙伴上面来寻求许多未来的机会”。

“保护伞”正在消失

国内很多同行除了向高通缴纳专利费之外，没有向任何专利持有者缴纳专利费。向高通授权，也就借到了高通的专利“保护伞”。

高通的核心商业模式被改变，对于国产手机厂商而言，可谓几家欢喜几家愁。

以前按照高通“反授权协议”要求，只要使用高通芯片的手机公司，必须将所持专利授权给高通，并且不得以此专利向高通的任何客户征收专利费。这是高通专利授权商业模式中的重要一环。因此，包括小米、锤子等新兴的手机厂商就很乐意使用高通的芯片。

“因为这些企业给高通交了钱，虽然费用也不便宜，但是交完之后就不需要对付华为、中兴、联想等其他企业。这样一来，他们商务谈判的成本就降低了，同时资产年费也可能没有那么高，因为高通把一揽子专利都圈起来了。”通信行业观察家项立刚表示。

相反，持有大量专利的华为、中兴、联想等企业则处于不利的位置。数据显示，截至2014年11月，华为获得的专利授权量近3万件。魅族只有80多件，小米发明授权仅有10件。

华为消费者终端CEO余承东曾公开表示，“国内很多同行除了向高通缴纳专利费之外，没有向任何专利持有者缴纳专利费。向高通授权，也就借到了高通的专利‘保护伞’，一旦反授权协议取消，失去‘保护伞’，国内多家缺少专利技术的手机厂商将面临10%的成本提升，将会超出手机厂商的利润率”。

而目前这把“保护伞”正在消失。飞象网CEO项立刚指出，“未来华为、中兴等企业会更有优势。以前华为、中兴用了高通的芯片，没有办法跟小米维权，不能找小米要专利费，也不能打官司。现在情况不一样了，他们想找小米就找小米，想什么时候找就什么时候找。这不仅仅是为了钱，还可以打击对手，形成市场的压力，甚至有些产品可以申请法院的禁制令。”

据媒体报道，中兴手机日前已经向同业的厂商发出律师函，想就专利授权问题展开收费谈判。而据多方消息证实，除了中兴之外，华为、酷派等厂商都向其他厂商发出过有关专利的律师函。

用收购补专利短板

企业一旦想要进入美国等市场时，专利的重要性就立刻凸显出来。目前可行的做法无非是更多地收购企业。

在国内的手机市场，厂商们依然围绕着价格、营销等进行对抗，不过有业内人士预测，未来有可能围绕专利，展开新一轮洗牌。

在项立刚看来，洗牌倒谈不上，但是会出现这样一个结果。“如果有知识产权的积累，是一个规模比较大的企业，就变得更加强大。相反，如果是特别小的企业，尤其是规模比较小但又想建成一个品牌，就比较困难了，要承担的成本，包括知识产权的费用，有很多企业需要去谈，没那么容易，各个企业的利益关系又不一样。而高通的想法是希望这些企业都能发展，都能把手机卖出去，从而自己挣更多钱。”

目前，国内手机市场日趋饱和。据中国信息通信研究院发布的数据显示，2014 年全年，中国手机市场累计出货量为 4.52 亿部，比 2013 年的 5.79 亿部下降 21.9%。

在这种背景下，不少国产手机厂商开始转战海外。华为、中兴这类海外征战多年的企业自然不在话下，近年来包括小米、酷派、金立、vivo 等国产品牌也开始纷纷试水海外市场，布局零售渠道寻求突破。

不过，他们现在开拓的主要是印度、印尼、俄罗斯、东南亚等新兴市场，其中重要的原因在于新兴市场的知识产权保护力度远不如北美、欧洲等地区成熟，而当企业一旦想要进入美国等市场时，专利的重要性就立刻凸显出来。

“目前可行的做法无非是更多地收购企业，收购已经有专利的企业，然后就可以做交叉授权、可以谈判了，比如联想有能力，就把摩托罗拉收购下来，摩托罗拉本身积累了很多有价值的东西。那么对于小米而言，申请专利在时间上来不及，但以小米目前的实力应该可以收购一些企业。”项立刚表示。

二、保护商标权的国际公约

（一）《巴黎公约》

《保护工业产权巴黎公约》（Paris Convention for the Protection of Industrial Property）简称《巴黎公约》，于 1883 年 3 月 20 日在巴黎签订，1884 年 7 月 7 日生效。《巴黎公约》的调整对象，即保护范围是工业产权。包括发明专利权、实用新型、工业品外观设计、商标权、服务标记、厂商名称、货物标记或原产地名称以及制止不正当竞争等。巴黎公约的基本目的是保证一成员国的工业产权在所有其他成员国都得到保护，该公约与《保护文学与艺术作品伯尔尼公约》一起构成了全世界范围内保护经济“硬实力”和文化“软实力”的两个“基本法”。《巴黎公约》不仅涉及专利权的保护，也涉及商标权的保护，它为世界各国包括专利权和商标权在内的整个工业产权制度的建立奠定了基础。

《巴黎公约》涉及商标权保护的主要内容如下。

1. 国民待遇原则

在工业产权保护方面，公约各成员国必须在法律上给予公约其他成员国相同于该国国民的待遇。即使是非成员国国民，只要他在公约某一成员国内有住所，或有真实有效的工商营业所，亦应给予相同于该国国民的待遇。

2. 优先权原则

《巴黎公约》规定，凡在一个缔约国申请注册的商标，可以享受自初次申请之日起为期6个月的优先权，即在这6个月的优先权期限内，如申请人再向其他成员国提出同样的申请，其后来申请的日期可视同首次申请的日期。优先权的作用在于保护首次申请人，使他在向其他成员国提出同样的注册申请时，不致由于两次申请日期的差异而被第三者钻空子抢先申请注册。发明、实用新型和工业品外观设计的专利申请人从首次向成员国之一提出申请之日起，可以在一定期限内（发明和实用新型为12个月，工业品外观设计为6个月）以同一发明向其他成员国提出申请，而以第一次申请的日期为以后提出申请的日期。其条件是，申请人必须在成员国之一完成了第一次合格的申请，而且第一次申请的内容与日后向其他成员国所提出的专利申请的内容必须完全相同。

3. 独立性原则

申请和注册商标的条件，由每个成员国的本国法律决定，各自独立。对成员国国民所提出的商标注册申请，不能以申请人未在其该国申请、注册或续展为由而加以拒绝或使其注册失效。在一个成员国正式注册的商标与在其他成员国——包括申请人所在国——注册的商标无关。这就是说，商标在一成员国取得注册之后，就独立于原商标，即使原注册国已将该商标予以撤销，或因其未办理续展手续而无效，但都不影响它在其他成员国所受到的保护。同一发明在不同国家所获得的专利权彼此无关，即各成员国独立地按该国的法律规定给予或拒绝，或撤销，或终止某项发明专利权，不受其他成员国对该专利权处理的影响。这就是说，已经在一成员国取得专利权的发明，在另一成员国不一定能获得；反之，在一成员国遭到拒绝的专利申请，在另一成员国则不一定遭到拒绝。

（二）《商标国际注册马德里协定》

它是以《巴黎公约》为基础，在世界知识产权组织的管理下专司国际注册问题的实质性协定。按《马德里协定》的规定，任何一个缔约国的自然人和法人在所属国办理了某一商标的注册后，如果又要求在其他缔约国得到法律保护，则可向设在日内瓦的国际局申请注册。国际局收到申请即予以公告，并通知申请人要求给予保护的缔约国。被要求保护的缔约国收到通知后在一年内做出是否给予保护的决定。如果在一年内未向国际局提出驳回声明，则该商标被视为已在该国核准注册并予以法律保护。实际上各缔约国只需办理一次注册手续，付一次费用，以法文填写统一的表格，就可取得在两个或两个以上国家的商标注册。

1. 商标国际注册的程序与条件

（1）申请人首先将自己的商标在本国商标主管部门取得注册，然后由原属国主管部门向世界知识产权国际局提出申请。

（2）商标原属国注册当局应先对申请的项目进行审查，“证明这种申请中的具体项目与本国注册簿中的具体项目相符合，并说明商标在原属国的申请和注册的日期和号码及申请国际注册的日期。”申请人“应指明使用要求保护的商标的商品或服务项目，如果可能，也应指明其根据《商标注册用商品和服务国际分类尼斯协定》所分的相应类别”；如果申请人要求将颜色作为其商标的一个显著特点，则必须在申请书中特别说明并随申请书提交彩色图样。

（3）国际局接到申请后即开始对国际申请进行审查。如果审查合格，国际局应立即对该申请的商标予以注册。“如果国际局在向所属国申请国际注册后两个月内收到申请，注册时应注明在原属国申请国际注册的日期，如果在该期限内未收到申请，国际局则按其收到申请的日期进行登记。国际局应立即将这种注册通知有关注册当局。根据注册所包括的具体项目，注册商标应在国际局所处的定期刊物上公布。”

（4）如果国际局没有通过对该国际申请的审查，国际局将通知申请人所在国主管部门，要求在三个月内修改申请案，否则将以驳回。

2. 国际注册的地域效力

某一国际申请取得了国际商标，并不等同于该申请人获得了实际权力。协定中规定，任何缔约国可在任何时候书面通知本组织总干事，通过国际注册所得到的保护，只有在商标所有人明确要求时，才得以延伸至该国。如果某一申请人要求将其通过国际注册所得到的保护延伸至有上述要求的国家之一，“必须用规定的格式，通过原属国的注册当局提出”。“国际局应立即将这种要求注册，不迟延地通知有关注册当局，并在国际局所处的定期刊物上公布。这种领土延伸自在国际注册簿上已经登记的日期开始生效，在有关的商标国际注册的有效期届满时停止效力。”

对于国际局通知的对某一申请要求的领土延伸，相关国家“经国家法律授权的注册当局有权声明在其领土上不能给予这种商标以保护”。“根据《保护工业产权巴黎公约》，这种拒绝只能以对申请本国注册的商标同样适用的理由为根据。但是，不得仅仅以除非用在一些限定的类别或限定的商品或服务项目上，否则本国法律不允许以注册为理由而拒绝给予保护，即使是部分拒绝也不行”。

3. 国际注册的独立效力

协议 UI 定，自国际注册的日期开始满五年时，这种注册即与在原属国原先注册的国家商标无关系。但在自国际商标注册的日期开始五年之内，如根据第一条而在原属国原先注册的国家商标已全部或部分不复享受法律保护时，那么，国际注册所得到的保护，不论其是否已经转让，也全部或部分不再产生权利。当五年期限届满前因引起诉讼而致停止法律保护时，本规定亦同样适用。

4. 国际注册的有效期及续展

在国际局的商标注册有效期为 20 年，但任何注册均可续展，期限自上一次期限届满时算起为 20 年。续展仅需付基本费用，需要时则应按照有关规定付补加费。续展不包括对以前注册的最后式样的任何变更。保护期满前 6 个月，国际局应发送非正式通知，提醒商标所有人或其代理人确切的届满日期；对国际注册的续展可给予 6 个月的宽展期，但要收根据细则规定的罚款。

5. 国际注册商标保护的放弃、变更和转让

商标所有人对商标所做的变更，如果影响到了国际注册的话本国注册当局应同样将在本国注册簿中所作一切关于商标的取消、撤销、放弃、转让和其他变更通知国际局。国际局应将这些变更在国际注册簿上登记，通知各缔约国注册当局，并在其刊物上公布。

当在国际注册簿上注册的一个商标转让给一个协定内部成员国的人，而该国不是此所有人以其自己名义取得国际注册的国家时，后一国家的注册当局应当将该转让通知国际局。国际局应登记该转让、通知其他注册当局，并在刊物上予以公布。如果转让是在国际注册后未满五年时间内办的，国际局应征得新所有人所属国家的注册当局的同意，如可能，应将该商标在新所有人所属国家的注册日期和注册号码公布。凡将国际注册簿上注册的商标转让给一个无权申请国际商标的人，均不予登记。

如果已通知国际局仅就部分注册商品或服务项目转让国际商标，国际局应在注册簿上登记。如果所转让的那部分商品或服务项目与转让人所保留注册的那部分商品或服务项目类似，每个成员国均有拒绝承认转让的有效性。在上述情况下，如果在所有人的国家发生了变更，且如果在从国际注册之时开始不满五年的时间里，国际商标已经转让，新所有人所属国家的注册当局应按相关规定予以承认。

（三）《尼斯协定》

于 1957 年 6 月 15 日在法国签订的《商标注册用商品和服务国际分类尼斯协定》，简称《尼斯协定》，1961 年 4 月 8 日生效。《尼斯协定》的主要内容是对商标注册用商品和服务的国际分类做了专门的规定，其中把商品分为 34 类，服务项目分为 8 类。此外，该协定又把各类中的具体商品和服务项目分为 1 万项。《尼斯协定》规定，各成员国应当使用该商品和服务国际分类方法，但没强调缔约国必须把它作为唯一的商品和服务的分类方法。《尼斯协定》为商标国际注册提供了一个系统的国际分类表，使商标注册和检索更加方便，同时也有利于对商标的管理。

三、《与贸易有关的知识产权协议》

《与贸易有关的知识产权协议》（Agreement on Trade-Related Aspect of Intellectual Property Rights，TRIPS）是关贸总协定乌拉圭回合中所签署的一揽子协议的一部分。将知识产权纳入关贸总协定的议题是 1990 年通过的。1994 年 4 月 15 日，与贸易有关的知识产权等一揽子协议在摩洛哥马拉喀什签署，于 1995 年 1 月 1 日生效。中国政府代表也在协议上签了字。《知识产权协议》主要包括以下几部分内容。

（一）TRIPS 的基本原则

《知识产权协议》规定，所有缔约国应遵守《巴黎公约》《专利合作条约》《商标注册马德里协定》，并继续承担对《伯尔尼公约》《罗马公约》《有关保护集成电路知识产权的华盛顿公约》的义务。缔约方对协议的内容一旦发生争执，应按关贸总协定规定的途径解决。

1. 国民待遇原则

TRIPS 第三条规定，“在知识产权保护方面，每个成员给其他成员国民的待遇不应低于它给本国国民的待遇，除非《巴黎公约》（1967）、《伯尔尼公约》（1971）、《罗马公约》或《关于集成电路的知识产权条约》中已分别有例外规定。对表演者、唱片制作者和广播组织，该项义务仅适用于本协定规定的权利。”

除了上述 4 个公约中规定的例外，TRIPS 国民待遇的例外还包括有关知识产权在司法和行政程序方面的例外，包括指定服务地点和指定某一成员司法管辖内的代理人，但这些例外是为确保遵守不与本协定规定抵触的法律和规章所需，且实施这种做法不对贸易构成变相限制。

2. 最惠国待遇原则

TRIPS 的第 4 条是最惠国待遇条款。根据规定，“在知识产权保护方面，一成员给任何其他成员国民的任何好处、优惠、特权或豁免，应立即无条件地给予所有其他成员的国民。”把最惠国待遇原则引入知识产权的国际保护，这是世界贸易组织所首创的。与大多数基本原则相同，TRIPS 最惠国待遇原则也存在例外的情况，具体体现在以下几个方面：

（1）源于关于司法协助或一般性质的法律实施的国际协定而不特别限于知识产权保护方面的；

（2）依《伯尔尼公约》（1971）或《罗马公约》所允许的，不按国民待遇、而按互惠原则提供的；

（3）TRIPS 协定下未做规定的有关表演者、唱片制作者以及广播组织的权利；

（4）《建立世界贸易组织协议》生效之前已生效的，知识产权保护国际协议中产生的，且已将该协议通知“与贸易有关的知识产权理事会”，并对其他成员国的国民不构成武断的或不公正的歧视。

某一成员国在给予以上所述的好处、优惠、特权或豁免时，可以不适用最惠国待遇原则。

（二）TRIPS 对有关知识产权的保护

1. 版权及相关权利

首先，TRIPS 明确了与《伯尔尼公约》的关系：“各成员应遵守《伯尔尼公约》（1971）第 1～21 条及其附录的规定。然而，各成员对公约第 6 条之二所给予或派生的权利在本协定下不具有权利和义务。”

TRIPS 中版权及相关权利保护涉及的范围是：

（1）《伯尔尼公约》中指出的“文学艺术”，包括文学、科学和艺术领域内的一切作品（不论其表现形式或方式），例如书籍、戏剧、舞蹈、电影、摄影作品等；

（2）计算机程序及数据汇编；

（3）表演者、录音制品制作者和广播组织。

在对计算机程序及数据汇编的保护方面，TRIPS 规定：“计算机程序，无论是源代码还是目标代码，应作为《伯尔尼公约》（1971）下的文字作品来保护。”“数据汇编或其他资料汇编，无论是机器可读形式还是其他形式，只要通过对其内容的选取或安排而构成了智力创造，就应作为智力创造加以保护；该保护不应延及数据或资料本身，并不应损害存在于数据或资料本身的任何版权。”

TRIPS 对表演者、唱片制作者和广播组织的保护体现在第 14 条中：“就将表演录制在唱片上而言，表演者应有权阻止下列未经其授权的行为：录制其未录制过的表演和翻录这些录制品。表演者应有权阻止下列未经其授权的行为：将其现场表演向大众进行无线广播和传播。”“唱片制作者应享有准许或禁止直接或间接翻录其唱片的权利。”“广播组织应有权禁止下列未经其授权的行为：录制其广播、复制其录制品及通过无线广播方式转播其广播，以及将同样的电视广播向公众再转播。如果有成员未授予广播组织这种权利，则应在符合《伯尔尼公约》（1971）规定的前提下，赋予广播内容的版权所有人以阻止上述行为的权利。”

此外，TRIPS 增加了一项《伯尔尼公约》中未加明确的权利，即“出租权”。TRIPS 照顾到完全不承认出租权和承认一切出租权的版权人均享有出租权这两种差距很大的传统，要求成员至少对计算机程序和电影作品给予出租权。

案例

“谷歌侵权门”

自 2004 年开始对图书进行大规模数字化以来，在过去 5 年，谷歌已经将全球尚存有著作权的近千万种图书收入其数字图书馆，而没有通报著作权所有者本人。谷歌此举，激起了欧洲各国的反应，2005 年 4 月 27 日，由法国国家图书馆牵头的欧洲 19 所国家图书馆负责人，在巴黎发表联合共建欧洲数字图书馆的声明，以对抗谷歌的“文化入侵”。

2008 年 10 月，谷歌公布其与美国作家协会和美国出版商协会达成的和解协议。根据该协议，谷歌将其通过合法途径获得的图书进行数字化制作，建立数字图书馆，进行多功能开发利用，包括团体订阅、个人用户购买、公众免费查阅以及对有关数据进行技术研究和开发等使用方式。根据美国民事诉讼法规定，该协议一旦生效，也会对中国的著作权人产生法律效力。

2009 年 10 月 13 日，央视《朝闻天下》栏目报道称，谷歌数字图书馆涉嫌大范围侵权中文图书，从中国文字著作权协会获悉，570 位权利人 17 922 部作品在未经授权的情况下已被谷歌扫描上网。谷歌公司将面临中国权利人的侵权指控。

中国文字著作权协会相关负责人表示，这 570 位包括国家领导人、政府官员和作家在内的权利人对此毫不知情，且没有证据表明谷歌公司取得了权利人的授权。法学专家认为，谷歌的这种未经许可的复制和网络转载的行为均涉嫌侵犯著作权。中国文字著作权协会相关负责人还表示，由于谷歌强势霸道的态度，目前与谷歌总部方面的协商并无结果，中国文字著作权协会正在与知识产权专家协商下一步的维权行动。

2009 年 10 月 16 日，中国文字著作权协会也通过中国作家网发出《就谷歌侵权致著作权人》，呼吁“中国权利人应该有组织地与谷歌交涉，维护中国权利人的正当权利”。

数字技术和网络技术的发展已经是社会发展的趋势和潮流，法律应该顺应这个潮流而不是逆潮流。版权法的发展也是这样，总是技术先行法律跟进。谷歌和解协议需要修改的部分可能包括：谷歌竞争对手在与出版商达成类似协议时不能享受到更有利的条件，以及规定谷歌如何使用网民阅读习惯信息的条款。

2. 商标

TRIPS 对商标进行了明确的定义：任何标记或标记的组合，只要能区分一企业和其他企业的货物或服务，就应可构成一个商标。这些标记，特别是单词，包括个人名字、字母、数字、图形和颜色的组合以及任何这些标记的组合，应有资格作为商标进行注册。

TRIPS 对商标授予权利的规定体现在第 16 条：“注册商标的所有人应有专有权来阻止所有第三方未经其同意，在交易过程中对与已获商标注册的货物或服务相同或类似的货物，或服务使用相同或类似的标记，如果这种使用可能会产生混淆。若对相同货物或服务使用了相同的标记，则应推定为存在混淆的可能。上述权利不应损害任何现有的优先权，也不应影响各成员以使用为基础授予权利的权利。”

TRIPS 规定，各成员可对商标许可和转让规定条件，但这应理解为不允许商标的强制许可，而且注册商标的所有人有权把商标与该商标从属的生意一起或不一起转让。

该协议还对商标的保护期限、使用要求和其他要求等做出了规定，然而 TRIPS 在商标保护方面最突出的进步表现是在对驰名商标的保护上。它比《巴黎公约》的进步体现在三个方面：

（1）宣布《巴黎公约》的特殊保护延及驰名的服务商标；

（2）把保护范围扩大到禁止在不类似的商品或服务上使用与驰名商标相同或相近的标识；

（3）对于任何认定驰名商标做出了原则性的简单规定。

3. 地理标记

TRIPS 所指的地理标记是指“表明某一货物来源于一成员的领土或该领土内的一个地区或地方的标记，而该货物所具有的质量、声誉或其他特性实质上归因于其地理来源。”由于某些货物的地理来源对其质量、信誉度与美誉度等方面具有相当大的影响，该地理来源在一定程度上会影响消费者的选择，因此对地理标记做出相应的规定是十分有必要的。

基于上述原因，TRIPS 在第 22 条对地理标记的保护做出了规定，要求各成员提供法律手段阻止以下行为：

（1）用任何方式在标示和说明某一货物时指示或暗示该有关货物来源于一个非真实原产地的地理区域，从而在该货物的地理来源方面误导公众；

（2）任何构成《巴黎公约》（1967）十条之二意义下不公平竞争行为的使用。

如果一商标包含一个货物并非源自所表明领土的地理标记，并且如在该货物的商标中使用这一标记会使公众对其真实的原产地产生误解，则一成员在其立法允许或有利益关系的一方请求，可依职权拒绝或废止该商标的注册。

TRIPS 第 23 条特意强调了对葡萄酒和烈酒地理标记的额外保护：“每个成员应为有利害关系的各方提供法律手段，防止把识别葡萄酒的地理标记用于不是产于该地理标记所标明的地方葡萄酒，或把识别烈酒的地理标记用于不是产于该地理标记所标明地方的烈酒，即使对货物的真实原产地已有说明，或该地理标记是经翻译后使用的，或伴有‘种类’‘类型’‘特色’‘仿制’或类似表述方式。”

4. 工业设计

工业品外观设计是一种特殊的工业产权，既可以受专利法保护，也可以受版权法保护。

TRIPS 第 25 条规定：“各成员应为新的或始创的独立创造的工业设计提供保护。各成员可以规定工业设计不是新的或始创的，如果它们不显著区别于已知的设计或已知设计的特征的组合。各成员可规定该保护不应延及实质上由于技术或功能的考虑而产生的设计。”由于纺织品设计具有周期短、数量大、易复制等特点，因而得到了特别的重视。TRIPS 规定，对纺织品保护设置的条件，特别是有关费用、审查或公开方面的条件，不得不合理地损害寻求和获得这些设计获得保护的机会。

TRIPS 在保护工业设计方面的特点是在专门把工业品外观设计的保护加以强调的同时，又允许了各成员自由选择以什么样的法律加以保护。

5. 专利

TRIPS 第 27～34 条是有关专利保护的规定。

TRIPS 定义的专利的内容包括："专利应可授予所有技术领域的任何发明，无论是产品还是方法，只要他们具有新颖性、涉及发明性的步骤，并可进行工业应用。"专利权的获得不应因发明的地点、技术领域、产品是进口还是当地生产而受到歧视和限制。

TRIPS 规定，专利所有人应具有以下专有权：

（1）在一专利的客体是产品时；阻止第三方未经其同意而进行制造、使用、兜售、销售或为这些目的而进口该产品。

（2）在一专利的客体是一项工艺时，阻止第三方未经其同意而使用该工艺，或使用、兜售、销售或为这些目的而进口至少是以此工艺直接获得的产品。

此外，TRIPS 还对专利申请人规定的条件、授予权利的例外、未经权利持有人授权的其他使用、专利的撤销与收回等方面分别进行了规定。并提出专利的保护期统一为不少于 20 年，自专利申请提交之日起算。

6. 集成电路外观设计

集成电路外观设计亦属于知识产权法保护的内容，一般受版权法保护。TRIPS 中对集成电路外观设计保护的部分移植了《关于集成电路的知识产权条约》，各成员同意按《关于集成电路的知识产权条约》中第 2 至第 7 条（第 6 条第 3 款除外），以及第 12 条和第 16 条第 3 款的规定，对集成电路外观设计进行保护。

TRIPS 规定，为商业目的进口、销售，或分销受保护的外观设计、含有受保护的外观设计的集成电路，或含有这样一个集成电路的物品，只要该集成电路仍然含有非法复制的外观设计，这些行为如果没有经权利持有人许可则视为非法行为。

对集成电路外观设计的保护期限应不少于 10 年。

7. 未公开信息

TRIPS 中没有"商业秘密"这个术语，但在第 39 条中提到了"未公开信息"。协议中规定可以获得保护的"未公开信息"需要满足的条件为：

（1）是保密的，即无论作为一个整体还是就其各部分精确的排列和组合而言，该信息尚不为通常处理该信息的人所普遍知晓，或不易被他们获得；

（2）因为保密而具有商业价值；

（3）该信息的合法控制人在当时的情况下采取了合理的步骤以保持其秘密权；

TRIPS 并未对"未公开信息"的保护期加以规定。

（三）《知识产权协议》的目标

从名称和内容看，《知识产权协定》的规定主要限于合法的有形货物买卖以及假冒商品贸易中涉及的知识产权问题，并不管辖诸如卫星通信等非贸易领域的知识产权保护。《知识产权协定》的序言部分，明确缔结此协定的目标和宗旨在于：减少国际贸易的贸易扭曲和贸易障碍；促进国际范围内对知识产权充分、有效的保护；确保知识产权的实施和程序不对合法贸易构成壁垒。

第三节　知识产权的海关保护

知识产权海关保护是指海关为禁止侵犯知识产权的货物进出口，对与进出口货物有关并受中华人民共和国法律、行政法规保护的商标专用权、著作权和与著作权有关的权利、专利权依照国家有关规定实施的保护。

一、海关措施适用的知识产权类型与侵权行为

中国海关对知识产权的保护可以划分为“依申请保护”和“依职权保护”两种模式：

依申请保护，是指知识产权权利人发现侵权嫌疑货物即将进出口时，根据《知识产权海关保护条例》第十二、十三和十四条的规定向海关提出采取保护措施的申请，由海关对侵权嫌疑货物实施扣留的措施。由于海关对依申请扣留的侵权嫌疑货物不进行调查，知识产权权利人需要就有关侵权纠纷向人民法院起诉，所以依申请保护也被称作海关对知识产权的“被动保护”模式。

依职权保护，是指海关在监管过程中发现进出口货物有侵犯在海关总署备案的知识产权的嫌疑时，根据《知识产权海关保护条例》第十六条的规定，主动中止货物的通关程序并通知有关知识产权权利人，根据知识产权权利人的申请对侵权嫌疑货物实施扣留的措施（“依职权”一词源于《与贸易有关的知识产权协议》中的 ex-officio）。由于海关依职权扣留侵权嫌疑货物属于主动采取制止侵权货物进出口，而且海关还有权对货物的侵权状况进行调查和对有关当事人进行处罚，所以依职权保护也被称作海关对知识产权的“主动保护”模式。

知识产权权利人向海关申请采取依职权保护措施前，应当按照《知识产权海关保护条例》第七条的规定，将其知识产权及其他有关情况向海关总署进行备案。

二、海关措施条件与程序

（一）海关措施适用的知识产权类型与侵权行为

《中华人民共和国知识产权海关保护条例》2004 年 3 月 1 日起施行，《条例》分总则、知识产权的备案、扣留侵权嫌疑货物的申请及其处理、法律责任、附则共五章三十三条。《条例》指出，知识产权海关保护，是指海关对与进出口货物有关并受中华人民共和国法律、行政法规保护的商标专用权、著作权和与著作权有关的权利、专利权实施的保护。第三条指出，国家禁止侵犯知识产权的货物进出口。

（二）知识产权海关保护办事程序

（1）知识产权权利人可以将其知识产权向海关总署申请备案。申请备案时，应当向海关总署“知识产权海关保护备案申请系统”在线提交申请。知识产权权利人应当就其申请备案的每一项知识产权单独提交一份申请。知识产权权利人申请国际注册商标备案的，应当就其

申请的每一类商品单独提交一份申请。申请应当包括以下内容：

① 知识产权权利人的名称或者姓名、注册地或者国籍、通信地址、联系人姓名、电话和传真号码、电子邮箱地址等。

② 知识产权的名称、内容及注册商标的核定使用商品的类别和商品名称、商标图形、注册有效期、注册商标的转让、变更、续展情况等；作品创作完成的时间、作品的类别、作品图片、作品转让、变更情况等；专利权的类型、申请日期、专利权转让、变更情况等。

③ 被许可人的名称、许可使用商品、许可期限等。

④ 知识产权权利人合法行使知识产权的货物的名称、产地、进出境地海关、进出口商、主要特征、价格等。

⑤ 已知的侵犯知识产权货物的制造商、进出口商、进出境地海关、主要特征、价格等。

申请应当随附以下文件、证据：

① 知识产权权利人个人身份证件的复印件、工商营业执照的复印件或者其他注册登记文件的复印件。

② 国务院工商行政管理部门商标局签发的《商标注册证》的复印件。申请人经核准变更商标注册事项、续展商标注册、转让注册商标或者申请国际注册商标备案的，还应当提交国务院工商行政管理部门商标局出具的有关商标注册的证明；著作权登记部门签发的著作权自愿登记证明的复印件和经著作权登记部门认证的作品照片。申请人未进行著作权自愿登记的，提交可以证明申请人为著作权人的作品样品以及其他有关著作权的证据；国务院专利行政部门签发的专利证书的复印件。专利授权自公告之日起超过 1 年的，还应当提交国务院专利行政部门在申请人提出备案申请前 6 个月内出具的专利登记簿副本；申请实用新型专利或者外观设计专利备案的，还应当提交由国务院专利行政部门做出的专利权评价报告。

③ 知识产权权利人许可他人使用注册商标、作品或者实施专利，签订许可合同的，提供许可合同的复印件；未签订许可合同的，提交有关被许可人、许可范围和许可期间等情况的书面说明。

④ 知识产权权利人合法行使知识产权的货物及其包装的照片。

⑤ 已知的侵权货物进出口的证据。知识产权权利人与他人之间的侵权纠纷已经人民法院或者知识产权主管部门处理的，还应当提交有关法律文书的复印件。

⑥ 海关总署认为需要提交的其他文件或者证据。

知识产权权利人根据前款规定向海关总署提交的文件和证据应当齐全、真实和有效。有关文件和证据为外文的，应当另附中文译本。海关总署认为必要时，可以要求知识产权权利人提交有关文件或者证据的公证、认证文书。

（2）知识产权权利人发现侵权嫌疑货物即将进出口并要求海关予以扣留的，应当向海关法规处提交书面申请及相关证明文件，并提供足以证明侵权事实明显存在的证据。

申请书包括：

① 知识产权权利人的名称或者姓名、注册地或者国籍等；

② 知识产权的名称、内容及其相关信息；

③ 侵权嫌疑货物收货人和发货人的名称；

④ 侵权嫌疑货物名称、规格等；

⑤ 侵权嫌疑货物可能进出境的口岸、时间、运输工具等；

⑥ 侵权嫌疑货物涉嫌侵犯备案知识产权的，申请书还应当包括海关备案号。

有关知识产权未在海关总署备案的，知识产权权利人还应当随附上述申请备案时所需提供的第①②项文件、证据。

知识产权权利人请求海关扣留侵权嫌疑货物，应当在海关规定的期限内向海关提供相当于货物价值的担保。

海关自扣留侵权嫌疑货物之日起 20 个工作日内，收到人民法院协助扣押有关货物书面通知的，应当予以协助；未收到人民法院协助扣押通知或者知识产权权利人要求海关放行有关货物的，海关应当放行货物。

收发货人请求海关放行涉嫌侵犯专利权的货物的，应当向海关提交放行货物的书面申请和相当于货物价值的担保金。海关放行涉嫌侵犯专利权货物后，知识产权权利人就有关专利侵权纠纷向人民法院起诉的，应当在海关放行书面通知送达之日起 30 个工作日内向海关提交人民法院受理案件通知书的复印件。

（3）海关依据职权发现涉嫌侵犯在海关总署备案的知识产权的侵权嫌疑货物的，知识产权权利人应自收到海关书面通知之日起 3 个工作日内选择下列方式予以书面回复：

① 认为有关货物侵犯其在海关总署备案的知识产权并要求海关予以扣留的，向海关提出扣留侵权嫌疑货物的书面申请并提供担保。

② 认为有关货物未侵犯其在海关总署备案的知识产权或者不要求海关扣留侵权嫌疑货物的，向海关书面说明理由。知识产权权利人提出扣留侵权嫌疑货物的申请，应当按照以下规定向海关提供担保：

- 货物价值不足人民币两万元的，提供相当于货物价值的担保；
- 货物价值为人民币两万至 20 万元的，提供相当于货物价值 50%的担保，但担保金额不得少于人民币两万元；
- 货物价值超过人民币 20 万元的，提供人民币 10 万元的担保。

知识产权权利人请求海关扣留海关依据职权查获的涉嫌侵犯商标专用权货物的，可以向海关总署提供总担保。总担保的担保金额应当相当于知识产权权利人上一年度向海关申请扣留侵权嫌疑货物后发生的仓储、保管和处置等费用之和；知识产权权利人上一年度未向海关申请扣留侵权嫌疑货物或者仓储、保管和处置等费用不足人民币 20 万元的，总担保的担保金额为人民币 20 万元。

海关对扣留的侵权嫌疑货物进行调查，不能认定货物是否侵犯有关知识产权的，应当自扣留侵权嫌疑货物之日起 30 个工作日内书面通知知识产权权利人和收发货人。

对海关不能认定有关货物是否侵犯其知识产权的，知识产权权利人可以向人民法院申请采取责令停止侵权行为或者财产保全的措施。海关自扣留侵权嫌疑货物之日起 50 个工作日内收到人民法院协助扣押有关货物书面通知的，应当予以协助；未收到人民法院协助扣押通知或者知识产权权利人要求海关放行有关货物的，海关应当放行货物。

知识产权权利人与收发货人就海关扣留的侵权嫌疑货物达成协议，向海关提出书面申请并随附相关协议，要求海关解除扣留侵权嫌疑货物的，海关除认为涉嫌构成犯罪外，可以终止调查。

收发货人请求海关放行涉嫌侵犯专利权的货物的，应当自海关扣留货物之日起 50 个工作日内向海关提交放行货物的书面申请和相当于货物价值的担保金。

（4）收发货人和知识产权权利人应当对海关调查予以配合，如实提供有关情况和证据。

（5）海关发现个人携带或者邮寄进出境的物品，涉嫌侵犯受海关保护的知识产权的并超出自用、合理数量的，应当予以扣留，但旅客或者收寄件人向海关声明放弃并经海关同意的除外。

海关对侵权物品进行调查，知识产权权利人应当予以协助。进出境旅客或者进出境邮件的收寄件人认为海关扣留的物品未侵犯有关知识产权或者属于自用的，可以向海关书面说明有关情况并提供相关证据。

（6）进出口货物或者进出境物品经海关调查认定侵犯知识产权，依法应当由海关予以没收，但当事人无法查清的，自海关制发有关公告之日起满 3 个月后可由海关予以收缴。进出口侵权行为有犯罪嫌疑的，海关应当依法移送公安机关。

（7）海关依照规定扣留侵权嫌疑货物，知识产权权利人应当支付有关仓储、保管和处置等费用。知识产权权利人未支付有关费用的，海关可以从其向海关提供的担保金中予以扣除，或者要求担保人履行有关担保责任。

海关没收侵权货物的，知识产权权利人应当按照货物在海关扣留后的实际存储时间支付仓储、保管和处置等费用。但海关自没收侵权货物的决定送达收发货人之日起 3 个月内不能完成货物处置，且非因收发货人申请行政复议、提起行政诉讼或者货物处置方面的其他特殊原因导致的，知识产权权利人不需支付 3 个月后的有关费用。

海关没收侵权货物的，应当于货物处置完毕并结清有关费用后向知识产权权利人退还担保或解除担保责任。

（8）对没收的侵权货物，海关应当依照下列规定处置：

① 有关货物可以直接用于社会公益事业或者知识产权权利人有收购意愿的，将货物转交给有关公益机构用于社会公益事业或者有偿转让给知识产权权利人；

② 有关货物不能按照上述第 1 项的规定处置且侵权特征能够消除的，在消除侵权特征后依法拍卖。拍卖货物所得款项上交国库；

③ 有关货物不能按照上述两种方式处置的，应当予以销毁。

海关拍卖侵权货物，应当事先征求有关知识产权权利人的意见。海关销毁侵权货物，知识产权权利人应当提供必要的协助。有关公益机构将海关没收的侵权货物用于社会公益事业以及知识产权权利人接受海关委托销毁侵权货物的，海关应当进行必要的监督。

第四节　新形势下国际贸易中知识产权保护新议题

一、区域贸易协定中的知识产权保护

全球化进入知识经济时代，国际贸易、国际投资活动与知识产权保护的联系日益紧密，在制度建设方面，国际知识产权保护出现了不同法域、不同层次、不同组织间的共存体系，知识产权保护全球化体制日益复杂。在全球知识产权制度的发展中，由于多边贸易体系内知识产权谈判陷入僵局，知识产权保护全球化开始向双边或区域性体制转换，主要表现为在自由贸易协议中实施高水平的知识产权保护。区域贸易安排中的知识产权保护既是推动当代国际知识产权制度发展的重要力量，也制造着新的知识产权矛盾与摩擦。

（一）知识产权保护规则

在区域贸易安排中，发达国家主导的知识产权谈判和规则具有典型性，代表着国际知识产权制度的发展趋势，比较成熟的安排包括欧盟与北美自由贸易区协议中的知识产权规则，最新进展则体现在《反假冒贸易协定》以及加拿大——欧盟经济贸易协议和《跨太平洋伙伴关系协定》的谈判上。

1. 北美自由贸易区（NAFTA）知识产权保护规则

（1）NAFTA 知识产权客体保护。北美自由贸易区知识产权保护内容与 TRIPS 相似，不追求知识产权保护制度的区域统一，只是确定知识产权保护标准，且仅限于与贸易投资措施有关的知识产权保护。版权保护在《伯尔尼公约》基础上范围拓展到计算机程序和数据库保护，对录音制品和加密卫星信号保护期限作了补充规定。工业产权保护在《巴黎公约》基础上，对医药、农业化工保护做出特别规定；商标注册不以注册前的“实际使用”为条件。集成电路布图设计保护遵循《集成电路知识产权公约》，不允许实施强制许可。对地理标志（不包括葡萄酒和烈性酒）和商业秘密（包括药品和化学品）保护也进行了特别规定。

（2）NAFTA 知识产权执行规则。北美自由贸易区知识产权保护执行并不依靠超国家机构，而是建立了专门的争端解决机制和保障程序。行政和民事救济包括，公平合理的执行程序、禁令、损害赔偿等；临时措施包括证据获得、担保、赔偿等；刑事救济包括处罚条件和措施等；边境措施包括海关停止放行、赔偿、检查通知、依职权诉讼、不予进口等。

2. 区域贸易安排中的知识产权保护新规则

（1）ACTA 打造知识产权保护规则的新基础。反假冒贸易协议（ACTA）是美国、欧盟等知识产权强国推进知识产权强制保护的谈判，通过重点实施针对假冒和盗版的执法措施，加强国际合作，试图建立一个超越 TRIPS 协定、执行措施更严格的知识产权保护新标准。在民事执法方面强权利人的利益诉求，ACTA 扩大了禁令和临时强制措施的适用范围，排除和限制争议产品进入市场，并接受所有合理的赔偿金额计算方法，保障赔偿的实现；在刑事执法方面，扩大了刑事责任的适用范围，包括进口或使用侵权商品标签与包装、未经授权复制公开上映的电影等行为，降低了追究刑事责任的适用门槛，明确“商业规模”行为是指，为直接或间接经济或商业利益而实施的任何行为；在边境措施上，扩大了海关权利，海关可以主动对受到怀疑的假冒和盗版产品有权扣留，并增加了对过境货物的审查权利；扩大网络服务商的义务安排，权利人对网络环境下的盗版和假冒产品提起合法请求时，网络服务商应披露疑似侵权账号的用户身份，削弱了用户的隐私权。

ACTA 创立的知识产权谈判文本具有很强的示范效应，被后来发达国家区域贸易安排谈判大量借鉴，成为其延续与升级。

（2）CETA 知识产权保护规则。

① CETA 知识产权客体保护规则。2009 年，加拿大与欧盟开始谈判建立全面经济贸易协定（CETA），在知识产权保护领域特别强调适用知识产权国际保护的新进展。版权及相关权保护方面，特别规定了技术保护措施，即阻止或限制侵权的技术、设备或组件只有在表演者或录音制品制作者利用访问控制或加密等保护流程时才被确认为有效；特别规定了网络服务商的责任，指明执法程序适用于网络版权及相关权的侵权行为。专利权保护应努力遵守《专利法条约》（2006），特别延长了医药产品和植保产品的保护期，对投放市场前进行行政审批的给予 5 年以内的保护期和 12 个月的申请宽限期。商标权保护遵循《商标法新加坡条约》（2006）和《商标国际注册的马德里协定》。商业秘密保护要求必须存放于文件、电子电磁设备、光盘、胶卷或类似设备中，不允许限制自愿许可。数据保护方面，规定未经许可只有数据提交者在授权保护 5 年内可获得产品上市许可；特别规定了植保产品数据临时保护，保护期至少 10 年。对植物多样性保护主要依据《国际植物新品种保护条约》。

② CETA 知识产权执行规则。CETA 知识产权执行规则特别重视对假冒及盗版侵权行为的救济。临时及预防措施规定，司法机构可扣押商业规模的知识产权侵权人的财产；民事救济措施规定，依权利人申请可不予赔偿地清理侵权商品的商业渠道或销毁侵权产品及制造材料与工具；刑事救济措施包括主动调查、扣押涉嫌假冒和盗版的商品与工具以及文件证据，没收或销毁假冒和盗版商品，在商业渠道处理未销毁的假冒或盗版商品。边境措施包括中止放行或扣留涉嫌侵权货物、要求权利人申请提供信息（加拿大反对）、担保等。

二、TPP 框架下知识产权保护

（一）TPP 知识产权客体保护规则

跨太平洋伙伴关系协定谈判方不断壮大，美国主导后意欲打造为高规格的区域贸易安排范本，对世界知识产权体制发展也具有很强的示范作用。在版权及相关权利保护上，列举或原则性地规定了规避技术保护措施、侵权管理信息行为与例外限制，保护期延长为作者有生之年加死后 70 年或首次授权发布不少于 95 年，若创作完成 25 年内未授权发布，其保护期自创作完成不少于 120 年。在专利权保护上，对动植物、人或动物疾病诊断治疗及外科手术方法授予发明专利，只有依据保护公共秩序和良俗、保护动植物和人的生命健康、保护环境的理由才能拒绝授予专利；对于上市申请提交的产品安全及功效信息，未经提供者同意，不得在上市产品 10 年内批准其他申请人相同或类似产品的上市。在商标权保护上，不要求注册标识具有视觉上的感知性，也不拒绝注册仅由声音或气味组成的标识；驰名商标保护不受未注册、未纳入驰名商标目录或缺乏认知的影响；对地理标志予以商标形式的保护；对互联网域名进行保护以防止商标网络盗版。

（二）TPP 知识产权执行规则

民事救济中，TPP 特别强调赔偿的震慑作用，规定至少在版权及相关权利侵权和商标假冒案件中建立先行赔付制度，赔偿额应足以警示未来侵权行为并补偿权利人的所有损失；在专利侵权案件中可判定侵权人承担其侵权行为造成损失的三倍赔偿额。对于盗版和假冒商品的销毁上，做法与 CETA 规定相同。刑事救济特别规定，使用足以引起混淆、误判或欺骗的假冒商标标识或包装，不论是否有假冒或盗版意图，都应受到刑事处罚。边境措施规定，中止放行措施适用于缔约方境内所有港口，自其申请日起不低于 1 年或与版权或商标权保护期限相同；主管当局有权对进口、出口、转口或自贸区中涉嫌侵犯版权或商标权的货物采取主动措施。协议还特别规定了数字环境下的民事和刑事执法措施，鼓励网络服务提供商与版权人合作，阻止未经授权的版权材料的存储和传输；各缔约方国内立法可规定网络服务提供商承担版权侵权责任的例外。

（三）TPP 对全球知识产权保护的影响

在多年的谈判和多轮的最终谈判后，《跨太平洋伙伴关系协议》（TPP）在 2015 年 11 月 5 日公之于众。TPP 知识产权章节为知识产权保护和执法设定了区域标准，涉及一系列权利，如专利、版权、商标以及商业秘密，由于在多个缔约国范围内确保更大的透明度和协调度，亚洲太平洋地区的企业将会因此获益。

1. 专利

在专利领域，TPP 试图通过在客体和专利期限方面设定标准以达到更大的地区协调，包括以下方面：

（1）发明专利：缔约国应规定任何满足新颖性、创造性和实用性的发明（产品和方法）都可以获得专利。

（2）可专利性例外：缔约国可以排除下列发明的可专利性：发明的商业利用会违反公共秩序或公共道德；人类或动物的诊断、治疗以及手术方法；动物以及动植物生产的实质生物方法。

（3）专利的二次使用：TPP 还要求缔约国确认，“已知产品的新用途、新方法或者新的使用程序”都可以获得专利。

（4）因迟延而延长专利期限：如果一缔约国不合理地迟延授予专利权，则该缔约国应根据专利所有人的申请，通过调整专利期限来补偿迟延。类似的，对于因上市审批程序导致专利期限不合理的缩减，也要调整专利期限来进行补偿。

（5）宽限期：为判定新颖性或者创造性之目的，缔约国必须为提交专利申请前的公开披露规定 12 个月的宽限期。

2. 版权

TPP 称版权的目标是，保护权利持有人的利益，同时协调区域版权保护，并确保互联网服务的合法提供者无须过分承担版权侵权责任。关于版权的一些关键条款如下：

（1）统一版权期限：TPP 规定版权期限最低标准为 70 年。出版作品从出版之日起算，自然人作品从作者死亡之日起算。

（2）向公众传播权、销售权和邻接权：TPP 还规定了一致性的标准，要求所有缔约国规定作者享有将其作品传播给公众并销售其作品的专有权，还享有邻接权，比如，广播和表演的录制。

（3）互联网服务提供商（ISP）责任：缔约国必须限制 ISP 对使用其系统或网络发生的版权侵权承担的责任。同时还要求缔约国为 ISP 提供法律激励措施，以使其与版权人合作，来避免版权侵权的发生。

（4）区域内更强更统一的刑事执法条款，包括对电影产业的特别保护：对恶意商业规模盗版行为进行刑事处罚，如进出口盗版商品，加强对电影产业的区域保护，要求缔约国对在剧院中录制电影行为采用或维持刑事处罚和程序。

3. 商标

TPP 通过协调商标申请和处理程序，便利亚洲太平洋地区的公司进行商标“检索、注册以及保护”。具体来说，TPP 要求缔约国规定：

（1）商标权期限：TPP 规定商标最初注册以及每次注册延展的最低期限为 10 年。

（2）审查和注册系统的透明化：TPP 规定了最低标准，以确保所有缔约国的商标申请的驳回、撤销或者异议程序透明化。

（3）商标电子系统：缔约国必须为商标申请和维护提供一个电子系统，以及一个对公众公开的在线数据库，列明当前的商标申请和注册。

（4）集体商标和证明商标：缔约国必须允许集体商标和证明商标的存在，这些商标对中小出口企业来说尤其有益。

关于版权法和商标法，TPP 要求缔约国执行打击假冒和盗版商品的进口和使用的一系列法律，并且为版权和商标侵权提供充分的民事救济，包括：

（1）假冒或盗版标签或包装的扩张的违法行为：TPP 要求缔约国为未经授权进口或在国内使用（与注册商标相同或者难以区分的）标签或者包装规定刑事程序和处罚。

（2）假冒或盗版商品的明确的没收权：缔约国必须规定，其司法机构有权下令没收或者销毁所有的假冒商标商品或者盗版商品，以及主要用于制作此类商品的任何材料或者工具，还有此类商品使用的任何标签或者包装。

（3）版权和商标侵权的民事救济：缔约国必须在民事程序中，为版权或者商标侵权提供充分的损害赔偿，同时提供一个其他损害赔偿或者先定损害赔偿的制度。

4. 商业秘密

TPP 通过要求缔约国制定有效的法律机制，避免企业合法控制的商业秘密被他人盗用，包括国企，以帮助企业对抗商业秘密盗用。

除此之外，缔约国还必须为下列行为规定刑事程序和处罚：未经许可恶意获取计算机系统中存有的商业秘密，未经许可通过计算机系统恶意盗用商业秘密，欺诈性或者未经许可恶意披露商业秘密，包括通过计算机的方式披露。

三、3D 打印技术下的知识产权保护

3D 打印技术，是一种以 CAD（计算机辅助设计数字模型文件）为基础，运用粉末状金

属或塑料等可黏合材料，通过逐层堆叠累积的方式来“打印”三维物体。它几乎可以直接制造任意形状的三维实物，又称积层制造技术，从而区别于传统的通过减材工艺的机械加工技术。

3D 打印技术已经成为全球最受关注的新兴技术之一，被英国《经济学人》杂志称为“将带来第三次工业革命”的数字化制造技术。制造技术的变革带来了一系列新问题和新挑战，知识产权隐患就是各界担心的主要问题之一。

（一）专利侵权判定标准遇到挑战

如果说 3D 打印机打印一个产品，实际上是在制造或生产一个产品，3D 打印只是一个形象化的称呼而已。通过 3D 打印机打印出某一专利产品或专利产品的零部件，这是否构成了专利法意义上的“制造”或“生产”行为？

通过 3D 打印机打印出一个产品，打印以后还要通过网络、实体店进行销售，那么这就涉及产品的制造和销售，如果用户未经授权，通过互联网下载 CAD 文件以后打印了专利产品，该用户可能构成专利权侵权，而对于网络服务提供者来，是否构成帮助侵权，是否属于间接侵权？这些问题值得探讨。

我国专利法第 11 条规定，任何人在未经授权的情况下不得为生产经营目的实施他人专利，但在 3D 打印时代，随着 3D 打印技术的普及，普通消费者可以使用 3D 打印机打印专利产品，出于非生产经营目的实施专利的行为将可能增多，从而可能会大大减少市场对专利产品的需求。

（二）商标制度理论基础面临冲击

3D 打印技术颠覆了消费者通过商标认定商品来源与特定生产者的传统认知，它使消费者成为兼具自助生产者和消费者的双重属性，从而导致原商品的商标来源识别功能弱化，将对整个商标制度的理论基础产生冲击。

3D 打印中商标侵权与否判定面临的一个难题是：3D 打印设计文档复制了产品上的商标，但如果消费者打印产品仅仅进行了个人使用而不进行销售，或者个人设计并公开传播包含有已注册商标的产品设计图文件，这些行为是否构成商标侵权。如果这种仅仅为了个人使用而未进行商业使用商标的行为不构成商标侵权，那么 3D 打印技术的出现将会使商标权失去其应有的意义，因为在 3D 打印条件下，生产成本大为降低，个人购买正牌知名商品的意愿将降低，相反更愿意花费低廉的成本购买原材料，在家里打印所需产品。因此，3D 打印行为的拓展将打破商标法对于个人使用侵权豁免问题上的利益平衡机制，有必要在商标法修改时加以调整。

（三）版权适用法律体系继续沿用

由于 3D 打印需要建立 CAD 文件，CAD 文件的获得过程通常有两种方式：一是用户从网络上下载，另外一种是对已有物体的扫描。从网络上下载 CAD 文件属于复制行为，如果未经授权则构成对复制权的侵犯。对已有物体扫描建立 CAD 文件，这是从三维到二维的复制；而由 CAD 文件打印物体，这是从二维到三维的复制。目前，我国现有著作权法没有明确规定，从二维到三维的复制或三维到二维的复制，这就对 3D 打印技术下用户行为的规制提出了难题。

由于 3D 打印行为并未在著作权领域产生新的法律关系，因此通过对现有规则的类推适用和已有判例的解释经验，仍然足够解决 3D 打印行为带来的著作权保护问题。3D 打印技术在著作权法意义上只是一种新的复制方式，因其作用在作品生产的最后阶段，因而其可能对既有著作权法律体系的挑战是有限的，作品、独创性、演绎创作、复制权以及个人使用等核心范畴将在涉及该技术的案件中得到沿用。

本章小结

知识产权，是指人们就其智力创造的成果依法享有的权利。国际技术贸易中涉及的知识产权包括专利权、专有技术、商标权、计算机软件著作权等。鉴于知识产权具有无形的财产权、专有性、时间性、地域性等特点，知识产权国际保护制度的建立和完善对国际技术贸易发展至关重要。知识产权是受到法律保护的无形财产权，它能够给权利人带来经济利益，知识产权的特性决定它的交易方式不同于普通的货物商品，它的所有权和使用权可以分离。

知识产权制度是关于专有权授予或权利确立的一系列法律程序。知识产权专有权归属的界定，限制了权利人以外的任何人未经权利人许可，不得使用或实施其专有权，否则就属于侵犯专有权人的权利。专利制度、商标制度、版权制度是知识产权制度的重要内容。

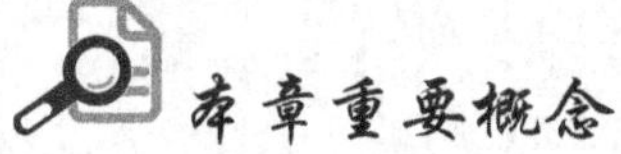

本章重要概念

知识产权　专利　商标权　巴黎公约　TRIPS

思考题

1. 知识产权的概念及基本性质。
2. 综述知识产权的保护制度。
3. 保护知识产权的重要国际公约有哪些?
4. TRIPS 协定的基本原则是什么?

学生课后参考文献阅读

[1] 杜奇华，冷柏军. 国际技术贸易［M］. 北京：高等教育出版社，2016.

[2] 林珏. 国际技术贸易［M］. 北京：北京大学出版社，2016.

[3] http://en.wikipedia.org/wiki/Technology.

[4] http://www.zgjsmy.com/中国技术贸易网.

[5] https://data.worldbank.org/indicator/BM.GSR.ROYL.CD.